Olaf Latzel

# Schwarzbrot für das Leben

Predigtreihe

Band III

Altes Testament

Psalm 32 bis Psalm 90

LICHTZEICHEN
VERLAG

Arbeitsgemeinschaft
Weltanschauungsfragen e.V.
AG WELT

Olaf Latzel

**Schwarzbrot für das Leben**

Predigtreihe Band III

Altes Testament Psalm 32 bis Psalm 90

1. Auflage 2022



Covergestaltung: Manuela Bähr-Janzen

Titelbild: Alexandra Brietzke

ISBN: 978-3-86954-477-9

Bestell-Nr.: 548477

## Inhalt

# Vorwort

Seit Jahrzehnten ist zu hören: Wer von Gericht und Hölle spricht, wer nur Bibel und Bekenntnis gelten lässt, predigt die Kirchen leer. Die Praxis spricht eine andere Sprache und an Olaf Latzel's Predigtstätte, der Bremer St. Martinikirche, wurde erneut der Gegenbeweis erbracht. Die Gottesdienste sind voll und der Livestream im Internet brummt. Die Predigthörer sind jedoch keine Fundamentalisten und Faschisten, wie ein netter Pfarrkollege in Bremen sinnierte. Vom Doktor bis zum Schulabbrecher und vom Greis bis zum Teenager sind alle Bevölkerungsschichten unter Latzel's Kanzel versammelt.

Im vorgelegten Schwarzbrot-Predigtband kann nun das, was eigentlich nicht sein darf, nachgelesen werden. Wo Jesus gepredigt wird, der von sich sagt, dass er das Brot des Lebens ist, werden Menschen satt. Wo Latzel drauf steht, steckt Klartext für Jesus drin. Fakt ist, das gefällt nicht allen. Besonders denen, die eine Aussage gerne verdrehen oder nicht verstehen wollen. Selbst dann, wenn der Weser-Pastor eine verkürzte Formulierung gerade rückt und überflüssigerweise auch noch um Entschuldigung bittet, wollen besonders die von der „Kirche der Vergebung“ nichts davon gelten lassen.

Auch wenn Latzel von seinen Gegnern immer wieder mit Worten, Drohungen oder Schmierereien eins vor den Latz geknallt bekommt, geht er treu seinen Weg. Er gräbt sich in die Bibel ein, fördert Schätze zu Tage und liefert Schwarzbrot von der Kanzel, auf der schon der Liederdichter Joachim Neander (*1650 – †1680) stand. Eine Zeile aus dem Neander-Lied „Lobe den Herren, den mächtigen König“ kann der heutige Martini-Pastor vermutlich aus vollem Herzen singen: „In wieviel Not hat nicht der gnädige Gott über dir Flügel gebreitet!“

*Lutz Scheufler*

## Hinweise zum Buch

Die Predigten von Pastor Olaf Latzel wurden - bis auf wenige stilistische Änderungen - so übernommen und zu Papier gebracht, wie sie von ihm an den jeweiligen Sonntagen im Kirchenjahr gehalten und tontechnisch gespeichert wurden.

Wer schon einmal in der Bremer St. Martini-Gemeinde, über einen Livestream oder eine YouTube-Aufzeichnung im Internet die Wortverkündigung von Pastor Latzel miterleben konnte, der hört ihn ganz sicher beim Lesen der gedruckten Predigten erneut klar und deutlich reden.

Vor Ihnen liegt der dritte Predigtband zu alttestamentlichen Bibelstellen. Weitere Bände zum Alten Testament und zum Neuen Testament folgen.

Wir danken Bruder Latzel für die Freigabe zur gedruckten Veröffentlichung und grüßen unsere Leser mit dem wunderbaren Zuspruch aus 2. Mose 15,18:

***Der HERR wird König sein immer und ewig.***

Mögen diese Predigten zum wahren und irrtumslosen Wort Gottes für die Menschen heute und für nachfolgende Generationen zum Segen sein. Das Wort Gottes kehrt nie leer zurück. Es bewirkt, was der HERR will. Und ER will nur Gutes!

*Michael Bähr*
Lichtzeichen Verlag GmbH

*Thomas Schneider*
Arbeitsgemeinschaft
Weltanschauungsfragen e.V.

## Wie biblische Wegfindung funktioniert

Psalm 32,8

Gnade sei mit euch und Friede von dem, der da war und der da ist und der da sein wird, in alle Ewigkeit, unser HERR, Jesus Christus. Amen.

Liebe Gemeinde, zum Thema dieses Gottesdienstes „Wegführung durch den Heiland“ wollen wir hören auf den Predigtvers aus Psalm 32, der Vers 8. Dort heißt es:

***Ich will dich unterweisen und dir den Weg zeigen, den du gehen sollst. Ich will dich mit meinen Augen leiten.*** Amen.

**Wir wollen stille werden und beten:** Lieber HERR und Heiland, in diesem wunderbaren Vers verheißt du eben deine Leitung, dass du uns den Weg zeigen willst, dass du uns Unterweisung schenken möchtest, HERR, wie wir zu gehen haben. Aber du weißt, dass wir das manchmal nicht erkennen, dass wir uns manchmal schwer tun damit, diesen deinen Weg zu erkennen. Wir wollen dich jetzt bitten, HERR, dass du uns in dieser Predigt ein Stück weiter Klarheit schenkst darüber, wie du führst und wie du uns deinen Weg deutlich machst. Damit wir das verstehen können und damit es uns wirklich Frucht bringt für unseren Glauben und für unser Leben, dazu brauchen wir deine Hilfe in dieser Predigt, HERR. Und darum wollen wir dich jetzt alle miteinander bitten: Segne du selber Reden und Hören deines heiligen und lebendigen Wortes an uns allen. Amen.

Liebe Gemeinde, eines der ersten theologischen Bücher, das ich als junger Mann - ich war noch nicht im Studium und kurz nach meiner Bekehrung - gelesen habe, war von dem großen Theologen aus Hamburg, Helmut Thielicke. Ein gläubiger Mann, wirklich sehr gebildet, er hat ganz viele tolle Sachen gesagt und hat ein Buch geschrieben „Zu Gast auf einem fremden Stern“. Darin berichtet er von seinem Glaubensweg. Eine Geschichte erzählt aus der Zeit, als er noch ein junger Mann gewesen ist. Er schien damals nicht der Unattraktivste gewesen zu sein, er hatte zwei Doktortitel und sowas. Das kam bei der jungen Damenwelt auch gut an. Er wollte heiraten, aber da waren sehr viele Bewerberinnen da. Und da war ihm nicht ganz klar, welche von denen sollte denn jetzt die Frau fürs Leben werden? Er wollte natürlich das Richtige tun und hat mit Gott geredet und gesagt: „Gott, ich mache jetzt mit allen einen Ausflug, die in Frage kommen. Und diejenige, die am wenigsten laut auf dem Motorrad schreit, wenn ich sehr beherzt in eine Kurve fahre, die werde ich heiraten." Das hat er auch getan und da ist eine ganze Reihe Kandidatinnen rausgefallen, weil die eben sehr laut geschrien hatten. Eine hat keinen Ton von sich gegeben, die hat er geheiratet und mit ihr eine glückliche Ehe geführt. Ich hab damals so - ich war, glaube ich, 16 - gedacht: Meine Güte, was machen denn diejenigen, die kein Motorrad haben? Also, so kann es natürlich nicht funktionieren, auch wenn Helmut Thielicke dadurch zu einer gläubigen und guten Frau gefunden hat.

Aber wie funktioniert das denn jetzt konkret? Wie passiert das denn, dass man den Willen Gottes erkennen kann? Das ist eine Frage, mit der ich in der Seelsorge immer wieder konfrontiert werde, dass Menschen mich fragen: „Wie geht das denn? Sie reden immer davon, ja, Gott, der redet mit einem, der schenkt einem klare Weisung; der sagt, was richtig und falsch ist. Aber wie bitte, wie funktioniert das denn?" Und darum soll es heute Morgen gehen. Ich habe Ihnen ein Fünf-Punkte-Programm mitgebracht von einer biblischen christlichen Wegführung, wie man ganz konkret für sich erkennen kann - auch ohne Motorrad - wie Gott einen führt. **Fünf Punkte**, über die ich sprechen werde:

1. **Was sagt mir Gottes Wort?**
2. **Was hätte Jesus getan?**
3. **Was sagt mir Gott durch meinen Verstand und mein Gewissen?**
4. **Was sagt mir Gott durch die Geschwister im Glauben?**
5. **Was sagt mir Gott durch ungewöhnliche Botschaften?**

Dieses Fünf-Punkte-Programm habe ich in eine Vorbedingung und in eine nachfolgende Bedingung eingebettet. Das ist ganz wichtig. Das heißt, wenn ihr Führung durch Gott haben wollt, dann ist das Erste und Wichtigste immer wieder: Hände falten, auf die Knie gehen und den HERRN bitten „HERR, zeige du mir deinen Weg, ich lege dir jetzt mein Leben hin. Und ich bitte dich, führe du mich!" Das ist das Erste und Wichtigste. Bevor alles andere, bevor das Praktische kommt, ist diese Gebetshaltung das Allerwichtigste:

> ***Befiehl dem HERRN deine Wege und hoffe auf ihn; er wird es wohl machen.*** Psalm 37,5

Dieser Vers liegt immer aufgeschlagen in der Bibel auf dem Abendmahlstisch, zumindest so lange, wie ich hier Pastor bin. Warum? Weil es darauf ankommt, dass wir immer wieder persönlich, aber auch als Gemeinde unseren Weg Jesus anbefehlen, immer wieder darum beten: „HERR, nimm du mein Leben, mach etwas daraus, zeige es mir!"

Wenn wir das inständig gemacht haben, dann dürfen wir auch die Dinge anwenden, die jetzt kommen, dieses Fünf-Punkte-Programm, wie Gott einen Menschen führt; wie das wahr wird, was hier in dem Predigtvers verheißen wird, dass Er unterweist, dass Er den Weg zeigt und dass Er ihn durch die Augen leitet. Diese fünf Punkte habe ich in einer Staffelung aufgebaut und der erste Punkt, den ich jetzt bringe, ist der wichtigste. Alle anderen, die dann kommen, sind minder wichtig und der erste gilt bei allen anderen vier Punkten auch, er ist der zentrale.

**Der erste Punkt**, wie ich die Wegführung Gottes erkenne, ist: **Was sagt mir Gottes Wort?** Es wird immer wieder gesagt in der Bibel, dass Gottes Wort die Orientierung, der Maßstab oder - wie wir es eben auch in der Lesung gehört haben - das ***Licht auf meinem Wege*** ist. Immer, wenn wir Evangeliumslesung haben, spreche ich vor dem Halleluja Psalm 119, Vers 105:

***Dein Wort ist meines Fußes Leuchte und ein Licht auf meinem Wege.***

Jesus sagt das selber, dass Er in Seinem Wort uns leitet. In Johannes 10, das ist die Hirtenrede, da sagt er:

***Meine Schafe hören meine Stimme, und ich kenne sie und sie folgen mir.***

Und so, wie ein Hirte kommuniziert mit seinen Schafen, so kommuniziert der lebendige Gott auch mit uns in Seinem Wort. Wer Führung durch Gott haben möchte, wer sich leiten lassen möchte durch die Augen Gottes, der muss unabdingbar das Wort Gottes lesen. Er muss hören auf die bibeltreue Verkündigung und wird dann erleben, wie Gott ihn führt, wie wir es eben in der Lesung in Psalm 119 gehört haben. Aber auch die Kirchengeschichte ist voll von Beispielen, wo Männer und Frauen das erlebt haben. Sie hören das Wort Gottes und das gibt ihnen die große Klarheit, wie es weitergehen soll.

Zum Beispiel der große Mönch Antonius, der hat quasi damals, 350 nach Christus, das Mönchtum begründet. Er ist als junger Mann sehr vermögend und weiß mit seinem Leben nichts anzufangen. Er sucht nach Orientierung, guckt bei der Philosophie, macht alles Mögliche, was damals angeboten wird. Und irgendwann geht er dann auch in eine Kirche. Er kommt in die Kirche, gerade wo der Gottesdienst schon läuft. Vorher hat er gebetet: „Wenn es dich gibt, Gott, dann zeig mir, was dran ist." In dem Moment, wo er in die Kirche kommt, liest der Pastor eine Stelle aus Matthäus 19, die Geschichte vom reichen Jüngling. Dann sagt der Pastor - in dem Moment, wo Antonius reinkommt: „Geh hin, gib alles, was du hast, den Armen und folge mir nach." Und das war seine Erkenntnis. Er hat sofort all seine Habe verschenkt und ist nur noch für Jesus da gewesen. Das war seine klare Führung.

Oder denken wir an Martin Luther. Er ringt über Jahre damit, wie er denn vor Gott gerecht sein kann, und er findet keine

Antwort. Er betet und fleht, er peitscht sich aus, er geißelt sich, bis er eines Tages bei der Übersetzung des Römerbriefes Römer 1,16 liest und versteht, dass die Gerechtigkeit Gottes nicht etwas ist, was er zu bringen hat mit seiner Religiosität, sondern die Gott ihm schenkt. Da kriegt er die Antwort auf all seine Fragen. Er nennt es das Turmerlebnis, weil er in seiner Studierstube in Wittenberg war. Und das macht ihn so glücklich und ist die Voraussetzung auch für die ganze Reformation gewesen.

Gott spricht durch Sein Wort. Ich kann das auch persönlich bezeugen - auch wenn ich nur ein kleines Licht bin und nicht so ein Großer wie Antonius und wie Luther. Ich war junger Pfarrer im Siegerland und das war eine große und lebendige Gemeinde; da hast du genug zu tun. Da kam der Chef der Feuerwehr Siegen, des gesamten Kreises Siegen, auf mich zu und sagte: „Ich brauche dich. Du musst mein Fachberater für Seelsorge werden und Notfallseelsorge machen." Ich hatte davor eine Verabschiedung eines Feuerwehrmannes bei uns im Dorf mit begleitet und eine Andacht gesprochen. Danach kam er zu mir, - er war so ein bisschen hemdsärmelig - und sprach mich direkt an: „Genauso jemand, wie dich, brauchen wir!" Ich sagte ihm darauf: „Ach ja, mit der Feuerwehr hab ich nichts zu tun, danke, danke! Ich habe genug mit der Kirchengemeinde zu tun" und habe abgewunken. Am nächsten Tag ruft der wieder an und sagt: „Hör zu, ich brauche dich." - Das war kein gläubiger Mann, das muss man dazu wissen. - Meine Antwort war: „Nein, das geht nicht." Am nächsten Tag rief der wieder an: „Ich brauch unbedingt jemanden! Du musst das tun!" Das Schlimmste war, ich hatte eine Fortbildung genau dafür gemacht, ich war ausgebildet zum Notfallseelsorger. Aber wieder habe ich abgelehnt. Und ich weiß noch, nach dem zweiten Telefonat bereitete ich die Konfirmandenstunde vor. Als junger Pastor hat man ja schon so alles in petto, wo man sagen kann, da kannst du mal drauf zurückgreifen. Ich wollte die Stunde über Lukas 10, den barmherzigen Samariter, machen - denn ich hatte als Vikar eine richtig tolle Stunde ausgearbeitet -, holte mir die Unterlagen, las mir das noch einmal durch und das Ergebnis dieser Ausarbeitung war: Der Nächste ist nicht der, weil du entscheidest, wer der Nächste ist, sondern wer von dir *möchte*, dass er der Nächste ist. Ach du liebe Zeit, so habe ich da gedacht. Am nächsten Tag ruft der Feuerwehrchef wieder an; und was meint ihr, was ich dem gesagt habe? Ich habe gesagt: „Ja, jetzt mach ich's!" Es war für mich klare Führung. Nicht das, was der Mann gesagt hatte. Aber als ich dann klar Gottes Wort nochmal verstanden hatte - in diesem Moment war mir so deutlich: Das musst du machen! Heute darf ich im Rückblick sagen, das ist solch ein Segen für mich gewesen, dass ich das machen durfte. Ich konnte so viel auch vom Evangelium weitergeben, es war etwas Großartiges! Führung durch Gottes Wort! Und glaubt mir bitte: Als ich damals dem Kirchenvorstand, dem Presbyterium in Siegen sagte: „Leute, ich muss da jetzt auch noch nebenbei Notfallseelsorge machen und Fachberatung Seelsorge", da haben die sich nicht gefreut. Aber sie haben auch klar gesagt: „Wenn Gott dir das gesagt hat, dann können wir dazu nichts sagen, dann musst du diesen Weg gehen, egal, was es uns als Gemeinde kostet." Und das muss man auch dazu sagen: Wir sind als Gemeinde dadurch gesegnet worden. Was sagt mir Gottes Wort? - das ist das Erste. Wenn ihr in der Bibel etwas lest, wo ihr ganz genau merkt, da spricht mich Gott in dieser Situation an; oder wenn ihr bei Losung und Lehrtext mitbekommt, das ist mir eine Tröstung, das ist mir der Aufruf zur Korrektur, dann nehmt es an und tut es bitte. Das ist das Entscheidende! Glaubt mir, 95 Prozent aller Fragen „Wie soll es denn weitergehen? Was ist denn dran?" lösen sich dadurch, wenn man zu Hause in der Schrift liest, bibeltreue Verkündigung hört, den Anker auswirft, vorher sagt „HERR, sprich du zu mir" und dann merkt, hey, wie die Antworten kommen.

Also das Erste: Wie kriege ich die Wegweisung durch Gott? Wie erlebe ich das Führen durch seine Augen? Ihr müsst im Wort Gottes lesen. Ihr müsst auf die bibeltreue Verkündigung hören und dann auch das tun, was dort gesagt ist.

**Das Zweite: Was hätte Jesus getan?** Ich habe eben gesagt, so 95 Prozent der Dinge sind dann erledigt, aber es bleiben ja noch 5 Prozent übrig, das sind dann manchmal die ganz lebensentscheidenden Dinge. Das ist dann eben so, dass Jesus nicht konkret antwortet auf Fragen wie: „Soll ich die jetzt heiraten oder nicht? Soll ich den Job jetzt wechseln oder nicht?" Das steht in der Bibel so oft nicht drin. Wie kann ich mich dann aber von Gott leiten lassen? Nun, da kommt der zweite Punkt. Da soll man so entscheiden, wie Jesus entschieden hätte. Was hätte Jesus getan? In Johannes 13,13-15 heißt es:

> ***„Jesus Christus spricht: Ihr nennt mich HERR und Meister und sagt es mit Recht, denn ich bin es auch. Wenn nun ich euer HERR und Meister bin und euch die Füße gewaschen habe, so sollt ihr auch untereinander die Füße waschen. Ein Beispiel habe ich euch gegeben, damit ihr tut, was ich euch getan habe."***

Also diese Fußwaschung an den Jüngern, von der hier erzählt wird, die müssen wir nicht nachholen. Es gibt ja auch Gemeinden, wo das getan wird. Das ist sicherlich nicht falsch, aber darauf kommt es nicht an! Wenn man nur dieses Zeichen wiederholt, aber nicht die Haltung daraus ableitet, die hier gefordert ist, ist alles umsonst. Jesus gibt ein Beispiel, indem er sagt: „Damit habt ihr eine Orientierung. So wie ich, der HERR, der lebendige Gott, an euch Sündern gehandelt habe, so sollt ihr auch an den Mitmenschen handeln, nämlich demütig und als Diener." Jesus hat uns ein Vorbild gegeben und an dem sollen wir uns orientieren. Und bitte, bitte, bitte orientiert euch immer an Jesus, immer an Christus, nie an den Christen. Auch das wisst ihr, die ja schon häufiger Predigten von mir gehört habt, folgenden Standardsatz: Christen enttäuschen immer, Christus nie! Ich muss es aber immer wiederholen, weil es dem Widersacher ganz einfach fällt, Menschen in Verzweiflung und Enttäuschung zu führen, auch Gemeinden kaputt zu machen. Warum? Weil sich Christen an Christen orientieren. Orientiert euch nicht an den Pastoren, egal wie vollmächtig und gut sie für den Moment sind. Das, was sie sagen, müsst ihr annehmen, aber nicht an dem Menschen, nicht an Menschen orientieren, dann seid ihr verlassen. Das sind allesamt nur Sünder, auch wenn sie für den Moment gerade dastehen. Sie müssen alle nur in den Tod. Bitte orientiert euch nicht an Menschen, sondern an Christus.

Das ist das, was die Bibel sagt: Wir sollen so handeln, so denken, so entscheiden wie Jesus und uns auf IHN verlassen. Dann bleiben uns ganz viele Enttäuschungen erspart und wir wissen, wie wir zu entscheiden haben. Wer die Bergpredigt kennt, der lebt anders in dieser Welt. Der hat eine andere Ethik, da geht's auf einmal los mit dem Lastentragen der anderen. Da ist man auf einmal bereit, zu vergeben. Da hört man auf einmal damit auf, andere auszugrenzen. Ich kann jedem immer wieder nur Mut machen, so zu handeln, wie Jesus gehandelt hätte. Dazu muss man natürlich wissen, wer Jesus ist und was er getan hat. Wie schon im ersten Punkt erwähnt, muss ich dazu in der Bibel zu Hause sein. Da darf ich nicht irgendeinen Jesus nehmen, der da - wie uns zum Teil erzählt wird - so ein Öko-Typ ist, oder der nur auf soziale Gerechtigkeit setzt. Dazu muss ich Jesus kennen und tagtäglich in der Schrift lesen, im Alten wie im Neuen Testament. Dann weiß ich auch, wie ich zu handeln habe. Wenn ich mir dann vorstelle, was hätte denn Jesus jetzt an meiner Stelle getan. Das sind dann nicht immer die Entscheidungen, die uns den finanziellen Benefit bringen. Das sind auch nicht die Entscheidungen, die uns dann ruhig im Gartenstuhl liegen lassen. Das sind häufig Entscheidungen, die tun weh, die kosten uns Zeit, Geld und auch Liebe. Aber es sind ganz häufig die richtigen Entscheidungen.

Es gibt bei den Jugendlichen einen Brauch, so ein Armband zu tragen, auf dem WWJD drauf steht - What would Jesus do?, also die Frage: Was würde Jesus tun? Also, wenn ihr bei dem ersten Punkt nicht weiterkommt, wenn ihr keine klare Antwort habt, was das Wort Gottes direkt sagt, dann nehmt den zweiten Punkt: Was würde wohl Jesus an dieser Stelle machen? Wenn ihr diese Frage klar beantworten könnt, dann habt ihr klare Wegführung. Das ist der zweite Punkt, wie man den Weg Gottes findet und erlebt, wie Er mit Seinen Augen leitet: Was hätte Jesus getan?

**Ein dritter Punkt. Was sagt mir Gott durch meinen Verstand und mein Gewissen?** Der Predigtvers lautet, Psalm 32,8:

> ***Ich will dich unterweisen und dir den Weg zeigen, den du gehen sollst. Ich will dich mit meinen Augen leiten.***

Dann geht es weiter im Vers 9:

> ***Seid nicht wie Rosse und Maultiere, die ohne Verstand sind...***

Das sagt Gott - direkt im Anschluss - nicht ohne Grund. Er will uns leiten. Das heißt nicht, dass wir dann hingehen und sagen, so nach dem Motto: „Ja, wir knipsen dann unser Gehirn aus". Bitte, das ist unser protestantisch Eigenes. Wir haben erkannt, durch die Gnade Gottes, dass wir den Zugang zum Willen Gottes über den *Verstand* bekommen, nicht über die Gefühle! Hütet euch vor den Gefühlen! Wir sind nicht irgendeine Truppe, die da einen Weihrauch anzündet und dann so ein bisschen schnuppert und sagt: „Es ist ja so romantisch hier im Gottesdienst, das ist jetzt irgendwie Gott." Nein, Gott hat Sein Wort, darin offenbart Er sich final und endgültig, und dieses Wort erfassen wir mit dem *Verstand*. Wenn wir es ohne Verstand tun, kommen wir häufig in absurde Situationen.

Ich habe schon mal erzählt von einer Frau, die wirklich gläubig war und für Jesus brannte. Sie hatte beschlossen, ihr ganzes Leben dem lebendigen Gott zu weihen und alles so zu tun, wie Er das wollte. Aber da ging das dann schon morgens im Bett los, da wusste die nicht, soll sie mit dem rechten oder mit dem linken Fuß aufstehen. Da wirst du als Pastor gefragt: „Was ist denn richtig, wie ich als gläubiger Christ aufstehe? Mit welchem Fuß zuerst?" Und das setzte sich bei der Frau fort: „Wie soll die Farbe der Strümpfe sein, damit es Gott wohlgefällig ist? Wie müssen die aussehen?" So - und da machst du natürlich folgendes: Da kommst du in eine Gesetzlichkeit rein, wo der Teufel sich freut und in die Hände klatscht, aber was nichts mit dem lebendigen Glauben zu tun hat. So ist es, wenn man seinen Verstand ausschaltet, den uns Gott gegeben hat, und den sollen wir gebrauchen! Es gibt ganz viele Dinge im Glauben, die sind gar keine Frage. Ich muss jetzt nicht auf eine große Offenbarung Gottes warten, sondern muss einfach nur nachdenken, und der gesunde Menschenverstand sagt einem, was richtig ist. Im 2. Timotheusbrief heißt es:

> ***Bedenke, was ich sage! Der HERR aber wird dir in allen Dingen Einsicht*** (Verstand) ***geben.***

Wir sollen nicht auf das Gefühl achten, sondern auf den Verstand! Es kommen immer wieder Menschen in die Seelsorge, die sagen: „Haaa, aber ich *fühle* momentan nichts von der Liebe Gottes, ich *fühle* mich momentan nicht geborgen." Wenn in der Schrift steht, Gott liebt dich, Gott ist für dich auf Golgatha gestorben, dann nimm das an, was du in der Schrift liest. Gefühle kann der Widersacher steuern, das Wort Gottes nicht. Und ich kenne auch Parolen von gläubigen Christen, zwanzig Jahre verheiratet, sitzen vor einem und sagen: „Ja, ich habe jetzt doch eine andere kennengelernt. Es kann doch nicht Sünde sein, weil dieses wunderbare Gefühl der Liebe in mir ist..." Und ich sage: „Was steht in der Schrift? Du sollst nicht ehebrechen!" - „Ja, aber das Gefühl..." - Nix Gefühl! Das, was die Schrift sagt, gilt! Den Verstand gebrauchen! Nicht über die Gefühle leiten lassen! Wir sind nicht irgendwie so in den 50er Jahren mit Heimatfilm und so, wo es hoch und runter mit den Gefühlen geht. Nichts! Das weiß Gott, dass damit der Widersacher manipulieren kann. Wir bleiben beim Wort, das ist ganz wichtig! Und dann wirklich das tun, was einem auch der Verstand sagt, auch wenn Gott uns normale Dinge schenkt.

Ich möchte eine Geschichte erzählen, die mir immer wieder hilft zu sagen, was Verstand heißt. Das ist eine Rabbi-Geschichte. Die Geschichte ist nicht tatsächlich passiert, aber damit versuchen immer wieder die Rabbiner ihren Leuten klarzumachen, was wichtig ist. Diese Geschichte erzählt von einem Rabbi in Israel, dessen Dorf von einer Überschwemmung bedroht ist. Als klar ist, dass eine Überschwemmung kommen wird, läuft der Bürgermeister durchs Dorf und sagt allen Leuten, sie sollen ihre Häuser verlassen, denn das Dorf gehe unter. Alle gehen, bis auf den Rabbi. Er sagt: „Um mich müsst ihr euch nicht kümmern, Gott wird mich retten." Er bleibt da. Das Wasser kommt. Es ist im ersten Stock. Da kommt die Armee mit einem Schlauchboot, will ihn retten und sagt: „Rabbi, du musst kommen, sonst gehst du unter." Er sagt: „Nichts! Gott kümmert sich um mich, ihr könnt weiterfahren." Das Wasser steigt weiter. Er muss aufs Dach klettern. Da kommt die Armee nochmal mit einem Hubschrauber und sagt: „Steig ein! Wir wollen dich retten!" Darauf der Rabbi: „Nein, fliegt weiter. Gott wird sich um mich kümmern." Das Wasser steigt weiter. Der Rabbi ertrinkt. Er kommt in den Himmel und beschwert sich ganz furchtbar und sagt: „Was ist das denn, HERR? Ich habe vertraut und bin trotzdem untergegangen." Und dann kriegt er als Antwort: „Was sollte ich denn noch machen? Ich hab dir den Bürgermeister, das Schlauchboot und den Helikopter geschickt."

Nochmal, diese Geschichte ist so nicht passiert, aber da kann man sich deutlich machen, was wirklich Führung durch Gott ist. Durch ganz viel Alltägliches, was wir mit dem Verstand erkennen können, erleben wir die Führung des lebendigen Gottes. Das ist ganz normal, das kann ich verstehen. Da muss ich nicht auf irgendwelche Riesen-Offenbarungen warten. - Das erlebe ich leider auch immer wieder, dass manche Menschen so blockiert sind von irgendeiner Erwartung, die sie in Gott projizieren, dass sie gar nicht mehr erkennen, dass er längst schon da ist und sie wunderbar führt.

Aber nicht nur durch den Verstand, auch durch das Gewissen führt Gott. Er hat uns nicht nur Intellekt gegeben, sondern auch ein Gewissen. In der Bibel heißt das Gewissen, *syneidēsis* im Griechischen, das heißt *Mitwissen*. Das ist das Gewissen. Das Gewissen ist eine Instanz, die uns sagt, wo die Dinge richtig und falsch sind. Das ist etwa die Instanz, auf die sich Luther im Reichstag in Worms beruft, als er 1521 da steht und alle gegen ihn sind, der Papst, die Kardinäle, die Bischöfe, die Fürsten, der Kaiser. Und alle sagen: Du hast unrecht, die Konzilien und alles haben doch anderes gelehrt. Da sagte Luther: „Ich kann nicht anders. Mein Gewissen ist in Gottes Wort gefangen und so kann und will ich nicht widerrufen." Er wusste, es ist falsch zu widerrufen, und er hat dann das Richtige getan und ist seinem Gewissen gefolgt.

Übrigens eine Instanz, ich sage das auch immer wieder, auf die bei den Nürnberger Prozessen rekurriert wurde. In Nürnberg sind 1946-47 die nationalsozialistischen Verbrecher verurteilt worden. An dem Ort, wo eben diese ganzen Rassegesetze Jahre zuvor erlassen worden waren. Und tatsächlich konnten sich viele Leute, die in den KZs gemordet haben, berufen auf das, was ja gesagt wurde in diesen Rassengesetzen: Juden sind keine Menschen. Sie haben gesagt: „Wir haben Befehl gehabt. Das war ja Gesetz." Dann haben damals sowohl die Alliierten - Amerikaner, Engländer und Franzosen -, aber auch die kommunistischen Sowjets gesagt: Es gibt ein Gewissen. Vor dem Naturgesetz weiß jeder Mensch, dass es falsch ist, kleine Kinder totzuschlagen und Menschen ins Gas zu schicken.

Das ist ganz wichtig, wenn ihr merkt, euer Gewissen klagt euch an. Ich muss euch das nicht erklären. Jeder weiß, was der Begriff „schlechtes Gewissen" ist. Jeder hat schon mal gesündigt, hat Mist gebaut und ist so irgendwie durchgekommen, aber man merkt, das war nicht in Ordnung. Dann schlägt das Gewissen an. Und da kann ich euch nur sagen: Hört auf das Gewissen. Das hat Gott uns gegeben, damit wir wissen, was gut und was böse ist. Wir haben ja vom Baum der Erkenntnis gegessen, damit wir da den richtigen Weg gehen. Das heißt als Drittes: Was sagt mir Gott durch meinen Verstand und mein Gewissen?

**Ein Viertes**, wie wir Gottes Weg erkennen, wie er uns führt. **Was sagt mir Gott durch die Geschwister im Glauben?** In Kolosser 3, Vers 16 heißt es - auch hier wieder der Rückbezug zum Wort Gottes:

> ***Lasst das Wort Christi reichlich unter euch wohnen, lehrt und ermahnt einander in aller Weisheit.***

Das heißt, wir sollen das Wort Gottes hören, lesen und uns damit beschäftigen. Aber wenn wir nicht weiterkommen, ist es manchmal auch gut, auf Brüder und Schwestern zu hören, nicht auf Menschen der Welt. Hört *nicht* auf die Menschen der Welt, die den Heiligen Geist nicht haben. Die Einflüsterungen von ihnen sind die Katastrophe. Hört immer nur, wenn ihr nicht weiterkommt, auf Brüder und Schwestern. Wir haben eben gehört, Paulus und Barnabas, als sie da durch Kleinasien zogen, haben sie Briefe verteilt, die sie mitgebracht hatten vom Apostelkonzil. Und da war eine Entscheidung getroffen worden bezüglich der Beschneidung. Petrus und Paulus haben einen großen Konflikt gehabt über die Frage: Müssen denn neu zum Glauben gekommene Griechen - also die nicht als Kinder beschnitten sind - sich beschneiden lassen, ja oder nein? Da finden sie keine Einigung. Sie finden auch keine Antwort im Wort, das heißt, Paulus dachte so und Petrus anders. Und was machen sie, als sie nicht weiterkommen? Da gehen sie nach Jerusalem und fragen die Brüder. Dann halten sie ein Konzil ab und kommen schließlich zu einer Einigung. Und dann wird eben gesagt: Das sind die Beschlüsse, die sie da verteilt haben, von denen eben in der zweiten Lesung die Rede war. Da wird gesagt: Petrus macht es in seinem Bereich für die Judenchristen so, *mit* Beschneidung, und Paulus macht es in seinem Bereich der Heidenchristen *ohne* Beschneidung. Das sind die Geschwister im Glauben, die ihnen geholfen haben. Manchmal ist es so, dass man da eben auch eine Wegführung findet. Klar, nicht immer sind wir auch bereit, die anzunehmen.

Ich habe vor einiger Zeit in einem Buch eine ganz interessante Geschichte gelesen. Da berichtet ein Pastor von einem Ereignis in seiner Gemeinde, von einer Gebetsgemeinschaft. Da hat ein Mann immer wieder dasselbe Gebet gesprochen, er hat immer wieder gebetet: „HERR, gib mir eine Aufgabe." Schließlich ist dann der Pastor nach solch einer Gebetsversammlung zu ihm hingegangen und hat gesagt: „Du, ich habe eine Aufgabe. Wir müssten einfach mal die Kirchenbänke renovieren, wenn du die bitte abschleifen und streichen könntest." Das war diesem Mann nicht so angenehm und in der nächsten Gebetsversammlung hat er gebetet: „HERR, gib mir bitte eine Aufgabe, aber nicht Kirchenbänke streichen." Wenn ich höre, hier sind Brüder und Schwestern, die haben eine Not und das ist eine Antwort auf meine Frage, dann ist das der Weg, auch wenn es nicht gerade das ist, was du dir manchmal vorgestellt hast. Da dürfen wir auch drauf hören, wenn wir um Wegführung bitten und haben es nicht im Wort gefunden, auch nicht in unserem Nachdenken über das, was Jesus getan hätte, dann ist es manchmal ein guter Hinweis, mit Geschwistern zu sprechen. Wenn die einem dann Dinge sagen, dann dürfen wir auch darauf hören.

Ich wiederhole nochmal, das ist eine Staffelung. Als Erstes das Wichtigste und Zentrale und das geht dann immer von der Bedeutung nach unten. Aber auch das gibt es, **ein Fünftes** und Letztes. **Was sagt mir Gott durch ungewöhnliche Botschaften?** Die Mission Europas beginnt durch Paulus, wir haben es eben gehört, dadurch, dass er eine Erscheinung bei Nacht hat. Er hat klare Pläne, aber vorher schon bei den Plänen wird er immer wieder gehindert durch den Geist Jesu. Gott führt ihn, es ist etwas Besonderes (das erkennen Sie aber erst rückwirkend). Dann kommt ein Mann und ruft (Apostelgeschichte 16,9): ***Komm herüber und hilf uns!*** Das versteht Paulus sofort, worum es da geht. Er weiß, okay, wir müssen *auch* nach Griechenland.

Ich stelle mir das so vor: Dem war natürlich klar, wenn man die ganze Türkei missioniert, hat man genügend zu tun. Das ist unstrittig. Nicht nur genügend, das ist mehr, als du leisten kannst. Von daher wird er sich wohl gedacht haben: Hier arbeite ich. Er wusste ja, dass es noch Rom und Spanien gibt und alles. In Zypern war er ja auch unterwegs gewesen; ein Riesengebiet, was er bestreitet. Aber jetzt heißt es auf einmal, ein noch weiteres Gebiet zu missionieren. Paulus versteht sofort, „ich muss rüber nach Griechenland". Da wird nicht überlegt, sondern da wird sofort dieser wunderbaren Botschaft einfach Folge geleistet. Gott kann das tun. Die Bibel spricht das immer wieder an. Denken wir etwa an Bileam. Als er Israel verfluchen will, schickt Gott einen Engel. Und sehen tut den nicht der Bileam, sondern der Esel. Und der Esel rettet ihn davor, dass er getötet wird. Er fängt an, mit Bileam zu reden. Eine wahnsinnige, ungewöhnliche Botschaft! Denken wir an die Visionen und Träume, die Jakob gegeben wurden im Alten Testament, wodurch er schließlich viele Menschen rettete. Oder wie das Jesuskindlein bewahrt wird durch die Träume von Josef, ganz viele Dinge. Oder die Weisen aus dem Morgenland, wie sie daran gehindert werden, wieder zu Herodes zu gehen. Das sind ungewöhnliche Botschaften.

Aber das ist ganz wichtig: Wenn ihr solche ungewöhnliche Botschaften, einen Traum oder eine vermeintliche Vision bekommt, immer, immer, immer am Wort Gottes verifizieren und immer schauen: Stimmt das überein mit dem Wort des HERRN? Wenn da irgendetwas anderes ist, wissen wir, das ist vom Widersacher. Nochmal: Das Wort Gottes kann der Widersacher nicht manipulieren, wohl aber kann er auch über Visionen, Träume oder sonstige Dinge kommen. Habt deshalb da große Vorsicht! Ja, es gibt solche Dinge, auch meine Berufung hierher nach Bremen. Wir hatten ja vor, in Siegen ein Haus zu kaufen. Es war schon alles fertig, der Vorvertrag vom Makler war unterschrieben, ich hatte schon die Schlüssel für das Haus. Es war nicht so, dass die mich in Siegen rausschmeißen wollten, sondern wir wollten gerade richtig durchstarten. Und wie dann klar war, ich habe die Aufhebung der Dienstwohnungs-Pflicht und Residenzpflicht im Pfarrhaus, dann habe ich nochmal klar gebetet: „HERR, wenn das nicht sein soll, dann hau richtig rein, dann mach die Türen zu." Und dann kam, für mich eine ungewöhnliche Botschaft, diese Geschichte mit einer halbseitigen Anzeige idea-Spektrum, wo mir klar war: Hier bin ich gemeint. Ich wollte nie nach Bremen, das wisst ihr auch. Das hab ich euch zu Anfang immer wieder gesagt. Das hab ich jedem gesagt, der das hören wollte oder nicht hören wollte. Und ich habe auch gesagt: „HERR, wenn das jetzt wirklich der Weg sein sollte, dann musst du es aber auch bestätigen." Und der HERR hat's bestätigt. Auf jeden Fall war mir klar, ich bin hier gemeint. Ich kann rückblickend sagen, dass es zumindest für die Gemeinden im Siegerland richtig war. Ob es für euch richtig war, das müsst ihr eines Tages sagen, aber für mich mindestens ist es richtig gewesen. Es war eine ungewöhnliche Botschaft. Aber auch dazu: Diese Botschaften kann man auch nicht erzwingen. Also: Ungewöhnliche Botschaften immer wieder an Gottes Wort verifizieren, und nicht erzwingen. Es gibt wiederum Menschen, die hingehen und sagen: „Ich muss jetzt ein Urteil von Gott haben", und machen es wie Gideon. Solche Dinge gehen in den Bereich wie Gelübde, zu sagen: „Wenn das jetzt passiert, wenn ich gleich um die Ecke fahre und da steht ein gelber VW Passat, dann passiert Folgendes ..." Oder: „Wenn die Ampel jetzt auf Grün ist, dann heißt es für mich das ..." Bitte, legt nicht solche Dinge hin, wo der Widersacher auch mitmachen kann! Fragt nicht danach! Die ungewöhnlichen Botschaften, die schenkt Gott euch. Übrigens auch Vorsicht, wenn Leute zu euch ungefragt kommen. Wenn ungefragt Brüder kommen und sagen, Gott hat mir eine Vision für dich gegeben, dann glaubt mir bitte eins: Gott spricht mit den Leuten selber, die redet er persönlich an. Ganz große Vorsicht bei diesen Dingen, weil das auch ein ganz anderer Geist sein kann, der die Leute führt. Man kann das auch annehmen, ich will das jetzt nicht kleinreden, Gott schenkt ungewöhnliche Botschaften. Aber wie gesagt, immer an Seinem Wort verifizieren und sich dann dadurch führen lassen.

Das ist dieses Fünf-Punkte-Programm, wie man erleben kann, wie Gott einen leitet und einem den Weg zeigt, den man zu gehen hat. Jetzt sagte ich eben schon, als Vorbedingung: Immer beten. Als Nachbedingung möchte ich euch ein ganz konkretes Gebet geben, und zwar ein Gebet, das der König David gebetet hat. Wenn ihr dann all das abgeprüft habt und habt auch eine klare Entscheidung gefunden, ihr sagt „Ich habe hier klar gehört im Wort, ich habe hier klar verstanden, was du, Jesus, getan hättest, ich mache jetzt Folgendes...", dann gibt's nur eins, die Entscheidung vor den Thron Gottes legen und sagen: „HERR, ich habe eine Entscheidung getroffen. Ich will jetzt *die* Frau heiraten, ich will jetzt *das* Projekt in der Gemeinde angehen, ich will mich *da* auf diese Stelle bewerben. Aber, HERR, wenn das falsch sein sollte und ich das nicht erkenne, weil ich ein schwacher Kandidat bin (so bete ich tatsächlich), dann brich ein in mein Leben und mach die Türen so fest zu, dass ich es auch verstehen kann."

Das ist ganz wichtig, dass ihr das immer wieder tut, selbst wenn ihr denkt, ihr seid jetzt auf dem richtigen Wege. Bitten, bitten, dass der HERR den Weg zumachen möchte, wenn er falsch ist. David schreibt (Psalm 139,23+24):

> ***Erforsche mich, Gott, und erkenne mein Herz; prüfe mich und erkenne, wie ich's meine. Und sieh, ob ich auf bösem Wege bin, und leite mich auf ewigem Wege.***

Es gibt so viele Dinge, wo wir *denken*, das ist jetzt das Richtige oder *meinen,* von etwas überzeugt zu sein, aber Gott hat einen ganz anderen Plan. Deshalb immer wieder Gott hinlegen und bitten: „Wenn`s falsch ist, mach die Türen zu!" Wenn dann aber die Türen offen bleiben und man das andere abgeklärt hat, dann kann ich nur sagen: fröhlich mit Jesus Christus nach vorne- und mutig vorangegangen. - Wir haben eine Anfrage gehabt von der Landeskirche, wir sollten einen Kindergarten aufmachen dort am Stadtwerder. Darüber haben wir lange im Vorstand diskutiert und dann eine Entscheidung getroffen. Die Entscheidung hieß: Wir wollen einen Kindergarten haben. Das ist jetzt so fünf Jahre her. Wenn die Landeskirche fragt, die Stadt Bremen hat das gewollt, gar kein Thema. Dann haben wir diesen Kindergarten beantragt. Mir war ganz flau im

Magen, weil ich weiß, was Kindergarten bedeutet. Die Leute denken immer, das sei so wunderbar, aber kostet der Gemeinde viel Kraft, Zeit, Nerven und kommt wenig für den Gemeindeaufbau raus. Aber wir hatten uns entschieden und haben gebetet: „HERR, wenn es falsch sein sollte, machst du die Türen zu." Und tatsächlich. Das war ein großes Wunder. Sechs Wochen später zieht die Stadt Bremen, aus welchen Gründen auch immer, den Stecker. Wir haben den Kindergarten nicht gekriegt. Da könnten wir traurig drüber sein. Ich sage immer: Wenn Gott klar führt (und wir waren bereit, es zu tun), aber an anderer Stelle funktioniert es nicht mehr, dann darf man getrost diese Wegführung Gottes auch annehmen.

***Ich will dich unterweisen und dir den Weg zeigen, den du gehen sollst, ich will dich mit meinen Augen leiten.***

Wunderbar, dass wir einen Gott und HERRN haben, der uns nicht nur sieht, sondern uns auch klar und deutlich sagt, wie wir den Weg auf dieser Welt zu seiner Ehre zu gehen haben. Deshalb sei Jesus Christus alle Ehre, aller Lob und Preis in Ewigkeit. Amen.

Und der Friede des allmächtigen Gottes, der sehr viel höher ist als alle unsere menschliche Vernunft, bewahre unsere Herzen und Sinne in Christus Jesus, unserem auferstandenen und lebendigen HERRN. Amen.

## Erinnerung an den HERRN

Psalm 33

> Gnade sei mit euch und Friede von dem, der da war und der da ist und der da sein wird, in alle Ewigkeit, unser HERR, Jesus Christus. Amen.

Liebe Gemeinde, ich habe Ihnen zu Beginn des Gottesdienstes gesagt, Sie bekommen heute etwas geschenkt, nämlich den Psalm 33. Jetzt haben wir ihn schon einmal gehört, aufgeteilt in die beiden Lesungen. Aber wenn Sie zu Heiligabend von Ihrer Frau eine Armbanduhr geschenkt bekommen, eine ganz teure, oder Sie Ihrer Frau einen Diamantring schenken, da gehen Sie ja auch hin und gucken sich die Armbanduhr nicht nur einmal an und legen sie wieder ins Kästchen, sondern es wird einen ganzen Abend geguckt an der tollen Rolex-Uhr. Oder wenn die Frau so einen Diamantring hat, da guckt die einmal und nochmal, die lässt gar nicht den Blick davon. Weil das so ist mit wunderbaren, tollen, kostbaren Geschenken, wollen wir auch nochmal auf den Psalm 33 gucken, jetzt aber in Gänze. Ich lese uns noch einmal alle 22 wunderbaren Verse, die uns der HERR schenkt an diesem Sonntag, für die vor uns liegende Woche.

> ***Freut euch des HERRN, ihr Gerechten; die Frommen sollen IHN recht preisen. Danket dem HERRN mit Harfen; lobsinget IHM zum Psalter von zehn Seiten. Singet IHM ein neues Lied; spielt schön auf den Seiten mit fröhlichem Schall, denn des HERRN Wort ist wahrhaftig, und was ER zusagt, das hält ER gewiss. ER liebt Gerechtigkeit und Recht. Die Erde ist voll der Güte des HERRN. Der Himmel ist durch das Wort des HERRN gemacht und all Sein Heer durch den Hauch Seines Mundes. ER hält die Wasser des Meeres zusammen wie einen Schlauch und sammelt in Kammern die Fluten. Alle Welt fürchte den HERRN und vor IHM scheue sich alles, was auf dem Erdboden wohnt. Denn wenn ER spricht, so geschieht es, und wenn ER es gebietet, so steht es da. Der HERR macht zunichte der***

***Heiden Rat und wehrt den Gedanken der Völker. Aber der Ratschluss des HERRN bleibt ewiglich, Seines Herzens Gedanken für und für. Wohl dem Volk, dessen Gott der HERR ist, dem Volk, das ER zum Erbe erwählt hat. Der HERR schaut vom Himmel und sieht alle Menschenkinder. Von Seinem festen Thron sieht ER auf alle, die auf Erden wohnen. ER lenkt ihnen allen das Herz, ER gibt acht auf alle ihre Werke. Einem König hilft nicht seine große Macht. Ein Held kann sich nicht retten durch seine große Kraft. Rosse helfen auch nicht, da wäre man betrogen und ihre große Stärke errettet nicht. Siehe, des HERRN Auge achtet auf alle, die IHN fürchten, die auf Seine Güte hoffen, dass ER sie errette vom Tode und sie am Leben erhalte in Hungersnot. Unsere Seele harrt auf den HERRN, ER ist uns Hilfe und Schild, denn unser Herz freut sich Seiner und wir trauen auf Seinen heiligen Namen. Deine Güte, HERR, sei über uns, wie wir auf dich hoffen.*** Amen.

**Wir wollen beten:** Lieber HERR und Heiland, von ganzem Herzen wollen wir dir Dank sagen für dieses Geschenk von dir an uns, für diese 22 Verse aus dem Alten Testament, für diesen Wochenpsalm. Lob, Preis und Ehre, dass du ihn uns gibst! Danke, dass wir frei und unverboten dieses Geschenk empfangen dürfen und dass wir jetzt Gelegenheit haben, auf die Predigt über dieses wunderbare Geschenk zu hören. Damit wir die Kostbarkeit dieser Verse erkennen können, dass wir sehen können, wo wir gemeint sind, wo du uns jetzt ganz konkret ansprechen willst in unserer Situation, dazu brauchen wir deine Hilfe für diese Predigt, HERR. Darum wollen wir dich alle miteinander bitten, um diese Hilfe: Segne du selber, HERR, Reden und Hören deines heiligen und lebendigen Wortes an uns allen. Amen.

Liebe Gemeinde, als ich Jugendlicher war und mit meinen beiden Geschwistern (wir sind alle etwa gleichaltrig, kurz nacheinander geboren) von unseren Eltern für ein Wochenende alleine zu Hause gelassen wurden, da gab es, unmittelbar bevor meine Eltern wegfuhren, eine Ansprache durch meinen Vater. Da mussten wir dann alle antreten und es wurde nochmal alles ganz kurz ins Gedächtnis gerufen, was wichtig war. Das waren alles Dinge, die kannten wir: „Wenn ihr rausgeht, immer die Tür zuziehen und abschließen. Wenn ihr etwas aus dem Gefrierschrank holt, nochmal gegendrücken, damit die Truhe zubleibt. Den Hund morgens, mittags, abends und nochmal vor dem Schlafengehen rausgehen lassen. Wenn ihr Geld braucht, oben im Küchenschrank, in dem Pöttchen." All diese Dinge wussten wir und doch wurde uns nochmal Wichtiges in Erinnerung gerufen - von unserem Vater. - Warum erzähle ich Ihnen das? Bei diesem Psalm ist es mir ganz genauso gegangen. So, wie mein leiblicher Vater mir nochmal Dinge in Erinnerung gerufen hat, die ich längst schon wusste, die mir aber wichtig und hilfreich waren für den Vollzug in der nächsten Zeit, so ruft uns auch unser himmlischer Vater diesen Wochenpsalm in Erinnerung. Als ich ihn gelesen habe, da hat er mich direkt angesprochen, ja angesprungen, muss man fast schon sagen. Dinge, die ich natürlich kenne und die Sie alle auch kennen und worüber wir gleich die Predigt hören; aber die so wichtig, so fantastisch, so toll sind, dass wir sie immer wieder hören müssen, weil wir sie so häufig nicht beherzigen. So, wie mein leiblicher Vater wusste, „das sagst du deinem Jungen lieber nochmal, damit er das richtig drauf hat", so tut das auch mein himmlischer Vater, dein himmlischer Vater. Er weiß, er hat es uns schon häufig gesagt, aber wir sind vergesslich, lassen uns von anderen Dingen gefangen nehmen. Und so schenkt Er uns ganz viele Dinge, an die Er uns erinnert in diesem wunderbaren Psalm. So habe ich dann auch die Predigt überschrieben: **Erinnerungen an den HERRN**. Es sind fünf Dinge, an die wir uns erinnern lassen dürfen.

**1. Das Wort des HERRN**
**2. Die Furcht des HERRN**
**3. Der Ratschluss des HERRN**
**4. Das Schauen des HERRN**
**5. Die Hilfe des HERRN**

**Die erste Erinnerung: das Wort des HERRN.** Die ist ganz wichtig, die Erinnerung daran, dass das Wort Gottes wirkliche Wahrheit ist. So heißt es im Vers 4:

> ***Des HERRN Wort ist wahrhaftig und was ER zusagt, das hält ER gewiss.***

Ja, das wissen wir doch alle. Wenn ich hier herumgehen und ins Mikrofon fragen würde, „Glaubst du das?", dann würden doch alle, denke ich, „Ja" sagen. Aber obwohl wir das alle glauben und alle wissen, halten wir uns so häufig nicht daran, sondern lassen uns von anderen Dingen bestimmen. Ich habe da eben auch im Beichtgebet gebetet darüber. Obwohl wir Sein Wort haben als Fundament und Grundlage des Lebens - was die Wahrheit ist und wo wir wissen, da stimmt zu 100 Prozent alles -, da ist es doch häufig so, dass wir uns auf ganz andere Dinge verlassen. Ich sage immer, Wort Gottes und Lottospielen zeigen, wie die Menschen sind. Beim Lottospielen wissen wir zu 99,999 Prozent, wir werden nie die Millionen gewinnen. Trotzdem laufen die Menschen zu Heerscharen hin und spielen Lotto, obwohl sie wissen, es bringt nichts. Beim Wort Gottes ist es genau umgekehrt. Wir wissen zu 100 Prozent, es ist die Wahrheit, es stimmt alles, es ist so, weil es das lebendige Wort des HERRN ist. Und so häufig ignorieren wir es. Pastor Wilhelm Busch (Sie wissen, das ist eines meiner Predigtvorbilder) hat immer wieder, bevor er gepredigt hat, gebetet mit Worten aus dem hohepriesterlichen Gebet Johannes 17,17: ***HERR, heilige sie in der Wahrheit. Dein Wort ist die Wahrheit.*** Darauf kommt es an! Im Prinzip müsste man das vor jeder Predigt sagen (natürlich vorausgesetzt, dass die Predigt bibeltreu ist): Was jetzt kommt, ist Wahrheit! Das Wort ist wahrhaftig, weil Er es sagt. Und wir sollten, so wie das auch der Psalm auffordert, jubeln und preisen über diese wunderbare Wahrheit, die wir haben, statt sie immer wieder zu ignorieren, es besser zu wissen oder sie gar in Frage zu stellen. ***Das Wort des HERRN ist wahrhaftig.*** Wir wissen es alle! Ich möchte es uns trotzdem heute morgen nochmal mit ein paar Punkten sagen, damit ihr es vor Augen habt und auch alles, was gleich kommt, wirklich annehmen könnt. Nicht, dass ihr wieder anfangt, Fragen zu stellen, zu zweifeln und es besser zu wissen.

In der Bibel steht, schon vor 2500 Jahren, dass das Volk Israel zerstreut wird über die ganze Welt. Und dann steht drin, dass eine Zeit kommen wird, wo der HERR wieder sammeln wird. Wir feiern in diesem Jahr 70 Jahre dieser Wiedersammlung, dass Israel wieder entstanden ist. Wahr gewordene Prophezeiung. Es gibt kein anderes Volk der Erde, das vor 2500 Jahren Bestand hatte und jetzt wieder in seiner kulturellen, religiösen, soziologischen Identität zusammen gekommen ist. Wahnsinn! Wahrhaftigkeit des Wortes Gottes - können Sie nachlesen. In der Bibel steht so viel drin, was Sie über Israel bewahrheitet finden. Da steht drin: Israel ist Gottes **Augapfel**. Lesen Sie nach in Sacharja 2,12:

> ***Denn so spricht der HERR Zebaoth, nachdem seine Herrlichkeit mich gesandt hat zu den Völkern, die euch berauben: Wer euch antastet, der tastet Seinen Augapfel an.***

Die deutsche Geschichte ist im letzten Jahrhundert ein Beweis für die Wahrhaftigkeit des Wortes Gottes. Wir haben den Augapfel Israel angetastet und damit den Zorn Gottes über dieses Land gebracht.

Aber nicht allein nur all die Wahrheiten über Israel, die wir schon sehen und greifen können. Wenn wir die Wahrheiten über den HERRN und Heiland Jesus Christus sehen, all die Voraussagen im Alten Testament, die in Jesus in Erfüllung gegangen sind, die wir schon sehen - Hunderte! Oder wenn wir sehen, wie Jesus gesprochen hat, wie er beispielsweise Kapernaum, Bethsaida, Chorazin verflucht hat und die Städte heute nicht mehr sind, da muss es doch auch der Blindeste erkennen: Das Wort Gottes ist wahr und es ist stark, es ist wahrhaftig! Es gibt so viele anthropologische Wahrheiten. Wenn da drinsteht in 1. Mose 6, also ein 3000 Jahre alter Text, das Menschenleben wird auf 120 Jahre begrenzt, ja woher sollten denn das die Leute vor 3000 Jahren wissen? Da wurde kein Mensch 120. Das Normale war, dass da die Leute mit 20 bis 25 Jahren starben. Woher sollten sie es wissen, wenn nicht Gott es ihnen in Seinem Wort gegeben hat!? Oder wenn Sie lesen 1. Chronik, die Kontinentalverschiebung. Was da alles berichtet ist, gigantische Wahrheiten! Ich könnte jetzt weitermachen, aber da sitzen wir heute Abend noch hier, aber wir haben noch weitere Punkte. Nur dass wir das als Erstes festhalten: ***Des HERRN Wort ist wahrhaftig und was ER zusagt, hält ER gewiss.*** Das ist ganz wichtig, da können wir uns drauf verlassen, auf alles, was ihr in der Bibel lest, aber auch auf das, was jetzt kommt. Auch wenn einer wieder denken wird, „Naja, vielleicht ist das doch ein bisschen steil, vielleicht ist das doch ein bisschen zu viel auf die Pauke gehauen von unserem Pastor". Wenn's so in der Bibel steht, dann ist das, was ich sage, wahrhaftig und dann nehmt es bitte an. Noch einmal: ***Was ER zusagt, das hält ER gewiss.***

Wir kommen zum **zweiten Punkt: Die Furcht des HERRN.** Da werden wir in unserem Wochenpsalm erinnert, da heißt es im Vers 8:

***Alle Welt fürchte den HERRN, vor IHM scheue sich alles, was auf dem Erdboden wohnt.***

Die Furcht des HERRN ist etwas ganz Wichtiges, ganz Zentrales. Was wir aber ganz häufig vergessen: Die Furcht des HERRN (das muss man immer wieder erklären) ist etwas anderes als Angst haben. Angst haben in dieser Welt ist etwas, das verboten ist! Die Bibel sagt immer wieder: ***Fürchte dich nicht!*** Aber Furcht des HERRN heißt: Ehrfurcht haben. Das eine, Angst haben, ist biblisch verboten; das andere ist von der Schrift her eingefordert, die Ehrfurcht vor dem lebendigen Gott. Furcht des HERRN heißt, zu wissen, dass Er die unüberbietbare Autorität ist; zu wissen, dass Er die absolute Heiligkeit ist; zu wissen, dass Er allwissend, allmächtig ist und dass Er fortwährende Anbetung verdient hat. Das ist Furcht des HERRN. Diese Furcht des HERRN, die möchte der lebendige Gott, dass wir sie haben. Die Schrift sagt uns in Sprüche 23,17b: ***Trachte täglich nach der Furcht des HERRN.*** Hier lesen wir es auch: ***Alle Welt fürchte den HERRN.*** Das ist eine Botschaft, an die Gott dich erinnert. Hast du genügend Furcht vor dem HERRN? Du sollst Furcht vor dem HERRN haben! Die Furcht vor dem HERRN hat zwei positive Elemente. Einmal gegenüber dem lebendigen Gott. Du gibst IHM die Ehre. Das ist schon mal super! Zum anderen passiert dadurch etwas in deinem Leben: Die Segnungen, die du erhältst, sind gigantisch! Kümmere dich nicht so sehr um deine Geldanlage, nicht so sehr um dein Trainingsprogramm, damit dein Körper noch gestählter und noch gesünder wird. Kümmere dich zuallererst um die Furcht des HERRN. Denn wenn du dich darum kümmerst, fällt dir alles andere zu (Matthäus 6,33):

> ***Trachtet zuerst nach dem Reich Gottes und nach seiner Gerechtigkeit, so wird dir alles andere zufallen.***

Das will ich kurz sagen: Also wenn du gesünder sein willst, bitte, dann kümmere dich um die Furcht des HERRN. Sprüche 10,27:

> ***Die Furcht des HERRN mehrt die Tage; aber die Jahre der Gottlosen werden verkürzt.***

Wenn du jetzt anfängst zu fragen, „Ja, wie soll das denn funktionieren, stimmt das wirklich?“, erinnere ich hier nochmal an den Punkt 1 dieser Predigt: ***Des HERRN Wort ist wahrhaftig und was ER zusagt, das hält ER gewiss.*** Ich kann euch auch nicht alles erklären, wie das medizinisch-biologisch klappt. Ich weiß nur, dass es so ist. Wenn du Furcht des HERRN hast, wirst du länger leben. Wenn du Furcht des HERRN hast, wirst du finanziell größeren Erfolg haben. Wir glauben ja, wir müssen mehr rackern, mehr schaffen, noch schlauere Bücher lesen über irgendwelche Investment- und Aktienfonds und sonst irgendwas, und dann erst kriegen wir es hin. In der Schrift lesen wir anderes.

***Der Lohn der Demut und der Furcht des HERRN ist Reichtum, Ehre und Leben.*** (Sprüche 22,4)

Das ist der Lohn von Demut und Furcht des HERRN: Reichtum und Ehre. Punkt! Das heißt natürlich nicht, das wir das missbräuchlich anwenden, so nach dem Motto, ich will jetzt noch mehr Geld haben, also beschäftige ich mich ab sofort mit der Furcht des HERRN. Das ist der falsche Impuls! Aber du musst dir keine Gedanken um dein Geld machen. Wenn du in der Furcht des HERRN lebst, bekommst du das, wonach du dich so irdisch sehnst, sowieso.

Auch, dass du Hilfe bekommst. Vielleicht bist du ja gerade in eine Notsituation gekommen. Wir kommen im letzten Punkt nochmal darauf zurück. Auch Hilfe und Beistand, Bewahrung vor dem Bösen, kriegen wir durch die Furcht des HERRN. Wenn ihr den Psalm 33 nochmal zu Hause in der Bibel lest, nehmt ruhig den nächsten Psalm dazu, ein gigantischer Psalm, der Lieblingspsalm von Wilhelm Busch, Psalm 34. Da heißt es im Vers 8:

***Der Engel des HERRN lagert sich um die her, die IHN fürchten, und ER hilft ihnen heraus.***

Oder Sprüche 16,6:

***... durch die Furcht des HERRN meidet man das Böse.***

Also, da hast du Hilfe, da hast du Beistand, wenn du darin lebst, dass ER alles ist, allmächtig, allwissend und dass du IHN anbetest und darin dich verwurzelst. Dann wirst du Bewahrung, Behütung und Hilfe erleben. Du wirst auch Weisheit bekommen. Das ist ja für viele Menschen, die nicht so sehr dem Materialismus zugetan sind, auch etwas ganz Wichtiges, zu sagen: „Ja, Geld und ein schöner Körper sind nicht so wichtig, aber Intellekt, Weisheit, Bildung." Da heißt es in Sprüche 15, Vers 33:

***Die Furcht des HERRN ist Zucht, die zur Weisheit führt.***

Also bitte, tut euch was Gutes, lebt in der Furcht des HERRN. Sie ist, so sagt die Bibel an anderer Stelle, eine Quelle des Lebens und mit ihr entgeht man den Fallen des Todes. Das wissen wir natürlich. Damit erzähle ich euch heute Morgen nichts Neues. Gott erinnert mich und euch aber auch dran, ob das wirklich in ausreichendem Maße in unserem Leben Berücksichtigung findet. Trachtet täglich nach der Furcht des HERRN!

**Ein Drittes: Der <u>Ratschluss</u> des HERRN.** Im Vers 11 heißt es:

***Der <u>Ratschluss</u> des HERRN bleibt ewiglich, Seines Herzens Gedanken für und für.***

Der Ratschluss Gottes, also das, was Er will, was Er möchte, das steht, da können wir nichts dran ändern, das hat ewigen Bestand. Auch Dinge, die wir in dieser Welt nicht verstehen. Gott sitzt im Regiment. Er sitzt auf dem Thron und steuert alles in dieser Welt. In Apostelgeschichte 4,27+28 heißt es:

***Wahrhaftig, sie haben sich versammelt in dieser Stadt gegen deinen heiligen Knecht Jesus, den du gesalbt hast, Herodes und Pontius Pilatus mit den Heiden und den Stämmen Israels, zu tun, was deine Hand und dein Ratschluss zuvor bestimmt haben, dass es geschehen sollte.***

Gott hat Herodes und Pilatus gelenkt, auch wenn wir das nicht verstehen. Es gibt einen ewigen Ratschluss. Sie können ja die Offenbarung lesen. Da offenbart uns Gott etwas von diesem Ratschluss, wie das werden wird mit der Welt, ist alles längst schon geschrieben. Aber nicht nur im Großen. Das ganze Kosmische, auch wie diese ganze Welt, dieses ganze Universum enden wird, ist in Gottes Ratschluss beschieden. Es ist auch - im Kleinen heruntergebrochen - für unser Leben entschieden. Es soll niemand meinen, er würde glauben, weil er schlauer ist und im Konfirmandenunterricht besser aufgepasst hätte. Es ist reine Gnade Gottes, die Er nach Seinem Ratschluss beschlossen hat, uns zu erwählen. Wir, die wir heute Morgen hier sind und sagen, „Jesus Christus ist der HERR meines Lebens", wir sind es, wir können das sagen nach dem ewigen Ratschluss Gottes. Epheser 1,11:

> ***In IHM sind wir auch zu Erben eingesetzt worden, die wir dazu vorherbestimmt sind nach dem Vorsatz dessen,*** und jetzt kommt es, ***der alles wirkt, nach dem <u>Ratschluss</u> Seines Willens...***

Jesus Christus sagt in Johannes 15,16a:

> ***Nicht ihr habt mich erwählt, sondern ICH habe euch erwählt und bestimmt, dass ihr hingeht und Frucht bringt...***

Ich weiß jetzt schon, was wieder kommen wird in der nächsten Woche an Briefen: „Jaaa, das darf man so nicht sagen. Die Vorherbestimmung, die Prädestination, das stimmt nicht, der Mensch hat einen *freien Willen*." Und dann opponieren die Leute. Nein, Gottes Ratschluss steht, ER bestimmt alles vor, ER weiß alles, ER tut alles, ER bestimmt die Einen zu diesem Leben, die anderen zum anderen. Auch wenn ihr den Psalm lest, geht es ja weiter, dass ER die Menschen steuert, wie sie sind. Ja, wir haben noch freie Entscheidung - das ist es auch! Wir können auch entscheiden über Gut oder Böse, so wie Adam und Eva im Paradies. Vor allem aber steht der Ratschluss Gottes. Wenn Sie mich dann fragen, „Ja wie kriegt man das dann übereinander, auf der einen Seite der Ratschluss Gottes über allem und trotzdem haben wir noch freie Entscheidung?", da sage ich Ihnen: „Ich weiß es nicht, aber die Bibel offenbart es so, also muss ich es so verkündigen." Das ist die Grundlage der Anthropologie, dass der Mensch in Gottes Ratschluss vorherbestimmt ist, dass er aber, was die Soziologie, die Rettung, angeht, selber noch entscheiden muss. Das ist ein Spannungsfeld, das können wir in dieser Welt nicht lösen. Gott versteht das. Ich verstehe es nicht, aber ich muss das immer wieder auch sagen, dass es einen ewigen Ratschluss gibt. Und ich warne die Menschen davor, dieses in Frage zu stellen. Die Bibel ist dort eindeutig. Ich könnte jetzt Bibelstellen über den Ratschluss Gottes bringen, über die Vorherbestimmung Gottes, aber dann sitzen wir heute Nachmittag noch hier. Die Bibel warnt davor, wenn Menschen das in Frage stellen.

Das Buch Hiob endet damit, dass Hiob und seine Freunde überlegen: Wie ist es denn nun? Sie diskutieren und wollen das erklären, wie der Ratschluss ist. Sie denken hin und her und dann heißt es zweimal dort in den Reden:

> ***Wer ist's, der den Ratschluss verdunkelt mit Worten ohne Verstand?***

Das wirft Gott Hiob vor in der ersten Rede: ***Wer ist es, der meinen Ratschluss verdunkelt mit Worten ohne Verstand?*** Da muss Hiob sich in den Staub schmeißen, weil er nichts ist. In Psalm 107 heißt es (ganz genau zuhören):

> ***Die da sitzen mussten in Finsternis und Dunkel, gefangen in Zwang und Eisen, weil sie Gottes Worten ungehorsam waren und den Ratschluss des Höchsten verachtet hatten, sodass er ihr Herz durch Unglück beugte und sie stürzten und ihnen niemand half...***

Ganz wichtig! Wenn wir denken, wir hätten den freien Willen und Gott kann nur darauf reagieren, was wir tun, dann beleidigen wir die Majestät des lebendigen Gottes! ER ist allwissend, allmächtig, ER steuert alles in dieser Welt. Auch wenn wir es nicht verstehen können, aber das müssen wir anerkennen. Übrigens ist das auch wichtig, dass wir nicht in einer Zufälligkeit leben, wo wir vom Heute ins Morgen fallen, so nach dem Motto, „Alles wird nur gewürfelt". Nein, es gibt einen lebendigen Gott, der mein Leben vorherbestimmt hat, der, so heißt es in Psalm 139, über alle Tage Bescheid wusste, die noch werden sollten, von denen keiner war und alle schon in sein Buch geschrieben waren. Wenn ich weiß, dass dieser Gott mich lieb hat in Jesus Christus, dann ist mir *das* ein Trost!

Ich verstehe gar nicht, wie Leute dagegen opponieren können. Nicht nur, weil es in der Schrift steht, sondern einfach auch, weil das Durchdenken dessen so hervorragend ist, zu wissen: „Hey, ER ist da, ER weiß schon alles. Ich verstehe das jetzt nicht, was passiert, aber ER hat einen Plan. Ich glaube, wie es in Römer 8,28 heißt, ***dass denen, die Gott lieben, alle Dinge zum Besten dienen, denen, die nach seinem Ratschluss berufen sind.***" Daran erinnert uns unser HERR und Heiland heute morgen, dass es diesen ewigen Ratschluss gibt.

**Ein Viertes: Das <u>Schauen</u> des HERRN,** auch ein ganz wunderbares Motiv dieses Psalms, Vers 13:

> ***Der HERR <u>schaut</u> vom Himmel und sieht alle Menschenkinder.***

Nicht nur die Gläubigen, auch die Ungläubigen. Dieses Wort kann ich ganz persönlich in ganz unterschiedlicher Weise hören. Ich kann es als Mahnung hören bei alledem, was ich so im Verborgenen denke über meine Gemeinde, meinen Kirchenvorstand, die Menschen dieser Stadt, über meine Frau, meine Tochter, alles, was ich nicht öffentlich tue, was die anderen nicht mitkriegen. Aber ER sieht es. ER weiß um alles und das mahnt mich! ER weiß auch um meine Haltung zu Seinem Wort. Das eine ist ja, das Wort Gottes zu verkündigen und anderen zu sagen, was der Weg ist. Aber für mich persönlich als Christ, diesen Weg zu gehen, demütig zu sein, vergebungsbereit zu sein, Nächstenliebe zu üben, da muss ich immer und immer wieder ran.

Und Gott sieht das, wo ich stehe. In Römer 2 heißt es:

> ***Du aber mit deinem verstockten und unbußfertigen Herzen häufst dir selbst Zorn an auf den Tag des Zornes***

***und der Offenbarung des gerechten Gerichtes Gottes, der einem jeden geben wird nach seinen Werken: ewiges Leben, denen, die in aller Geduld mit guten Werken trachten nach der Herrlichkeit, Ehre und unvergängliches Leben; Ungnade und Zorn aber denen, die streitsüchtig sind und der Wahrheit nicht gehorchen, gehorchen aber der Ungerechtigkeit. Trübsal und Angst über alle Seelen der Menschen, die Böses tun.***

Ich könnte es mir jetzt leicht machen und sagen: „Ich bin natürlich Christ, das gilt mir nicht, das sind nur die anderen." Aber ich nehme das an, dass Gott sagt: ***Du aber mit deinem verstockten und unbußfertigen Herzen...*** Denn wenn ich ein verstocktes und unbußfertiges Herz habe, dann weiß ich, dass es Gott nicht wohlgefällig ist und ER sieht es. ER schaut vom Himmel, sieht alle Menschenkinder, sieht auch Olaf Latzel, wenn er mit verstocktem und unbußfertigem Herzen da ist.

Das müssen wir vor Augen haben, auch wissend, dass wir eines Tages uns verantworten müssen. Das sage ich jetzt denen, die nicht gläubig sind. Die, die gläubig sind, wissen, dass sie gerichtet sind. Unser Gericht ist geschehen auf Golgatha, Halleluja! Wir sind freigesprochen durch das Blut des Heilandes. Aber die, die nicht unter dem Kreuz von Golgatha stehen, die werden gerichtet werden. Und Gott sieht alles, was du tust. Und wenn du nicht unter dem Kreuz von Golgatha stehst, wirst du dann für jedes Werk, für jeden Gedanken, für jedes nichtsnutzige Wort - so sagt es die Bibel - zur Verantwortung gezogen, dann musst du Rechenschaft geben. Du wirst auf Tausendes, was Gott dir sagt, nicht auf eins etwas sagen können.

In diesen Tagen denken wir an das Ende des Ersten Weltkrieges, das sich zum hundertsten Mal jährt. 100 Jahre ist es her, dass im November 1918 der Erste Weltkrieg zu Ende ging - und nicht nur der. Wir haben dann auch eine andere Staatsform bekommen. Damals endete die Monarchie. Der letzte Kaiser ging ins Exil. Kaiser Wilhelm ist dann 22 Jahre später, nachdem er Deutschland verlassen hatte, im Exil gestorben und ist dort beerdigt worden. Das war jemand, der sich ganz intensiv mit Gott auseinandergesetzt hat, der jeden Morgen eine Andacht gehalten hat - bei all dem Falschen, was er getan hat, bei all dem Schwierigen. Aber es war jemand, der tief gegründet war in der Bibel und er hat seine Grabinschrift selber verfasst. Er hat eine ganz interessante Grabinschrift auf sein Grab schreiben lassen: „Lobet mich nicht, ich bedarf keines Lobes. Rühmet mich nicht, denn ich bedarf keines Ruhmes." Und jetzt kommt es: „Richtet mich nicht, denn ich werde gerichtet werden." Das war dem letzten Kaiser von Deutschland bewusst, dass er gerichtet wird. Da hatte er etwas Richtiges erkannt. Und das ist so: Wir werden gerichtet werden. Entweder sind wir auf Golgatha gerichtet worden oder wir werden vom lebendigen Gott für alles gerichtet werden, was wir tun. Gott sieht alles, was wir tun. Wehe dem, der nicht unter dem Kreuz von Golgatha steht, sondern dann ins Gericht hinein muss. Es ist nicht nur ein Mahnwort, es ist mir auch ein Bußwort. Es ist ja nicht so, dass ich noch gerichtet werde - mein Gericht ist gelaufen. Aber Gott ruft mich durch Sein Wort zur Veränderung. Mir ist das ein Bußwort. In 1. Samuel 16,7b heißt es:

***Ein Mensch sieht, was vor Augen ist; der HERR aber sieht das Herz an.***

Ich habe das eben schon gesagt. In mir, in eurem Pastor, ist so viel Falsches, so viel Sündiges, und das kriegt ihr nicht mit. Die Leute sagen manchmal: „Herr Pastor Latzel, Sie müssen sich auf der Kanzel doch nicht so kasteien." Bitte, der HERR weiß, dass das, was ich sage, die Wahrheit ist. Ich bin der Sünder Erster dieser Gemeinde und ich weiß das, ihr nicht. Ich weiß es und der HERR weiß es. Es ist ein Wort, das sagt, „ich sehe alles", dann ruft es mich zur Buße, dann überführt es mich der Sünde, und das ist gut so. Dann kann ich nur sagen: „HERR, vergib und richte mich neu aus." Und nicht nur meine Sünde sieht der HERR, auch deine Sünde sieht er. Er sieht alles, was du tust, mit Gedanken, Worten und Taten, was sonst keiner mitkriegt. Und bitte, es liegt offen vor Gott und es gefällt ihm nicht, was Sünde und Schuld in deinem Leben ist. Da bleibt dir nur eins: Gehe hin, bringe es dem HERRN, bitte IHN um Vergebung und um neue Ausrichtung für dein Leben. Deshalb ist das auch ein Bußwort. Es ist aber nicht nur ein Buß- und Mahnwort, es ist auch ein *Trost*wort. Das ist ein Trostwort, dass Gott vom Himmel alle Menschenkinder sieht und alles sich merkt, was an Sünde, Schuld und Dreck in dieser Welt passiert. Denn das dürfen wir wissen, was wir in dieser Welt an Schuld erleben, was vielleicht nicht wieder gut wird, was Ungerechtigkeit ist, es wird final eines Tages in der Ewigkeit von unserem Gott wieder zurecht gebracht werden. ER sieht alles, das dürfen wir wissen! Gerade wenn uns Unrecht geschieht. Es heißt hier weiter in den Versen 18 und 19:

***Siehe, das Auge des HERRN achtet auf alle, die ihn fürchten, die auf Seine Güte hoffen, dass ER sie errette vom Tode und sie am Leben erhalte.***

Also, wenn wir Gott fürchten und wir Unrecht erleiden, dann wird er uns helfen in dieser Welt. Das ist das Wunderbare, das ist ein Trost. Er *sieht* uns, Gott *sieht*! Er schaut vom Himmel, als Abraham seinen Sohn Isaak opfern soll und das dann nicht passiert. Dann schlachtet er einen Widder und nennt die Stätte, wo diese Opferung des Widders passiert, „Der HERR sieht". Er war in tiefer Not. Er sollte seinen Sohn schlachten, die existentielle Katastrophe, und dann erlebt er das Eingreifen Gottes, weil er gemerkt hat, Gott hat das alles in den Händen. ER sieht, ER steuert, ER weiß alles. Daran erinnert er dich auch, sowohl mahnend, also zur Buße rufend, aber auch tröstend. Wenn du im Elend bist und denkst, der HERR sieht mich nicht - doch, der HERR sieht vom Himmel, sieht alle siebeneinhalb Milliarden Menschen auf dieser Welt. ER sieht auch dich, sieht jedes deiner Haare, was heute von deinem Haupt fällt. ER sieht dich in deinen Problemen, in deinen Schwierigkeiten und ER will und wird dir helfen. **Das Schauen des HERRN.** Diese Hilfe, die Gott dir schenken will, davon hören wir **im fünften und letzten**

**Punkt** dieser Predigt: **Die Hilfe des HERRN**. Daran erinnert uns der HERR als Letztes in diesem wunderbaren Geschenk des Wochenpsalms, dass ER uns hilft.

> ***Unsere Seele harrt auf den HERRN,*** heißt es im Vers 20, ***ER ist uns Hilfe und Schild.***

Es ist so wunderbar in diesem Vers, dass Gott uns Hilfe schenkt. Aber: dass auch genau die Verbindung dazu geknüpft wird, wie diese Hilfe zu uns kommt. Die Hilfe kriegen wir, wenn wir auf ihn *harren*. Wenn wir auf Gott *harren*, dann wird ER uns Hilfe schenken. Es ist kein Automatismus, so nach dem Motto, „Ja, ich lebe in dieser Welt, ich bin ja sein Geschöpf, da muss der Schöpfer mir helfen." Nein, nicht allen Geschöpfen hilft er! ER hilft denen, das hat ER gesagt, die auf IHN harren. Also wenn du kraftlos bist, wenn du momentan nicht weiter weißt, dann darf ich dir sagen: Harre auf den HERRN! ER wird dir neue Kraft geben. Jesaja 40,31:

> ***Die auf den HERRN harren, kriegen neue Kraft, dass sie auffahren mit Flügeln wie Adler, dass sie laufen und nicht matt werden, dass sie wandeln und nicht müde werden.***

Wenn du momentan traurig bist, wenn du in einer depressiven Phase bist, wenn du nicht weißt, wie es weitergeht, wenn du in einem tiefen Loch drin bist, dann darf ich dir sagen, was die Hilfe ist: Harre auf den HERRN! Psalm 42, Vers 6:

> ***Was betrübst du dich, meine Seele, und bist so unruhig in mir? Harre auf Gott, denn ich werde ihm noch danken, dass ER meines Angesichts Hilfe und mein Gott ist.***

Ich erinnere nochmal an den ersten Punkt der Predigt, deshalb bringe ich diese Bibelworte. Was des HERRN Wort zusagt, das ist wahrhaftig! Nicht, weil Pastor Latzel das erzählt, um irgendwie PR (PR = Public Relations, Öffentlichkeitsarbeit) für die Kirche zu machen oder für die Sankt Martini. Nein, ich mache, wenn, dann nur PR für Jesus Christus und für das, was ER sagt. Das darfst du so annehmen, gerade wenn du jetzt traurig bist. Nicht zweifeln, nicht in Frage stellen, sondern harren! Dieses hebräische Wort *Cara* meint soviel wie „gespannt erwarten, was denn jetzt kommt", und zwar freudig erwarten! Harre auf den HERRN und ER wird dir helfen, in deiner Kraftlosigkeit, in deiner Depression, in deiner Katastrophe. Es gibt Dinge, die sind furchtbar, in der Ehe, in der medizinischen Diagnose für mein Leben, aber der HERR ist da! In Psalm 40, Vers 2-3 heißt es:

> ***Ich harrte des HERRN, und ER neigte sich zu mir und hörte mein Schreien. ER zog mich aus der grausigen Grube, aus lauter Schmutz und Schlamm, und stellte meine Füße auf einen Fels, dass ich sicher treten kann...***

Warum erlebt der Psalmist das, dass er da aus der Grube gezogen wird, aus dem ganzen Dreck, der ihm bis zum Halse steht? Weil er dem HERRN geharrt hat. Wenn du in so einer Grubensituation bist und dir stehen das Wasser und der Schlamm bis zum Hals - harre des HERRN, harre des HERRN! Auch wenn du in einer Glaubenskrise bist, da gibt's nur eine Hilfe, dem HERRN harren, nicht den Zweifeln nachgeben und denken: „Na ja, ich muss jetzt mal was anderes ausprobieren. Vielleicht stimmt das doch nicht mit der Bibel, mal Buddhismus probieren oder Agnostizismus..." oder was weiß ich für einen Mist. Nein! Auf Gott harren! Wenn du angefochten wirst in deinem Glauben, wenn Dinge nicht passen, auf den HERRN harren, dann hilft ER dir! Habakuk 2:

> ***Die Weissagung wird ja noch erfüllt werden zu ihrer Zeit und wird endlich frei an den Tag kommen und nicht trügen. Wenn sie sich auch hinzieht, so <u>harre</u> ihrer; sie wird gewiss kommen und nicht ausbleiben.***

Das war zur Zeit Habakuks so, dass sie auch gedacht haben: Ja, stimmt das wirklich oder ist das ganze politische Geschehen doch größer als das, was über unser Volk geht? Ist das wahr, was in der Schrift steht, dass der HERR unser Volk erhalten wird, oder doch die politische Realität? Da kommt Habakuk und sagt „Ja, die Weissagung, sie wird noch erfüllt werden". Aber wenn sie sich auch hinzieht, spricht die Bibel ganz klar: Harre ihrer!

Vielleicht bist du auch in so einer Situation, wo du sagst: „Ja, der HERR hat mir schon so vieles gesagt, aber die Situation hat sich noch nicht geändert", und du dadurch in der Glaubenskrise bist und fragst: „Stimmt das alles?" Dann sagt Gott dir noch einmal anlässlich deiner Glaubenskrise, in der du vielleicht bist: Harre des HERRN und dann wird dir geholfen. Dann wirst du wieder stark im Glauben werden, auch wenn du es jetzt noch nicht siehst. Das, was Gott zusagt, das ist gewiss, das wird kommen und nicht ausbleiben. Die Hilfe des HERRN. Wenn du Hilfe brauchst für dein Leben, ganz gleich in welcher Situation, egal, wo du momentan hilfsbedürftig bist, bitte, dann harre auf IHN und du wirst erleben, dass ER Hilfe und Schild ist. Daran erinnert dich unser HERR und Heiland in diesem letzten Punkt.

Erinnerungen an den HERRN. Erstens: Das *Wort* des HERRN. Zweitens: Die *Furcht* des HERRN. Drittens: Der *Ratschluss* des HERRN. Viertens: Das *Schauen* des HERRN. Und Fünftens: Die *Hilfe* des HERRN. Möge unser HERR und Heiland diese Predigt an deinem Leben und deinem Glauben segnen. Amen.

Und der Friede unseres lebendigen Gottes, der sehr viel höher ist als all unsere menschliche Vernunft, Er bewahre unsere Herzen und Sinne in Christus Jesus, unserem auferstandenen und lebendigen HERRN. Amen.

## Was sind die Quellen des Rühmens?
Psalm 34,3

Gnade sei mit euch und Friede von dem, der da war und der da ist und der da sein wird, in alle Ewigkeit, unser HERR, Jesus Christus. Amen.

Liebe Brüder und Schwestern, das Wort, das wir als Predigttext hören wollen für diesen Sonntag, für unser Leben, steht in dem Psalm, den wir zu Beginn des Gottesdienstes schon gehört haben. Wir wollen hören, aus Psalm 34, auf den Vers 3. Da heißt es:

***Meine Seele soll sich rühmen des HERRN, dass es die Elenden hören und sich freuen.*** Amen.

**Wir wollen beten:** Lieber himmlischer Vater in Jesus Christus, Heiliger Geist, wir wollen dich jetzt bitten für unser Nachdenken über dieses Wort, dass du uns ansprechen und segnen wollest durch diese Predigt. Wir wollen dich bitten, dass du uns neu deutlich machst, was es heißt, dich zu rühmen, und wie wir dich rühmen können; so, dass andere es hören und sich darüber freuen. Damit wir das aber verstehen können, dein gutes Wort, deine Stimme aus diesem Predigttext, HERR, dazu brauchen wir deinen guten Geist für diese Predigt. Und darum wollen wir dich bitten, alle miteinander: Segne du selber das Reden und das Hören deines heiligen und lebendigen Wortes an uns allen. Amen.

Liebe Gemeinde, wessen sollen wir uns rühmen? Darauf haben schon immer Menschen Antworten gegeben, haben Denkmäler gebaut, haben Ruhm- und Lobgedichte geschrieben, haben sich sonst irgendwie verewigt. Denken wir z.B. in unserem Vaterland an die Walhalla. Ich denke, die meisten von Ihnen haben sie schon einmal besucht, dort am Donauufer, dieses wahnsinnige Gebäude, wo die großen Deutschen geehrt werden, wo ihnen der Ruhm gegeben wird: ein Bonifatius, ein Karl der Große, ein Martin Luther, ein Albrecht Dürer, ein Goethe, ein Schiller, ein Kant, ein Haydn, ein Beethoven, ein Bismarck. Da bekommen die Großen unseres Volkes die Ehre. Sollen wir uns dieser Menschen rühmen, bei allem, was sie getan haben? Oder wollen wir uns rühmen unserer Sportler?

Da könnte ich mittlerweile nicht nur eine Walhalla nennen, sondern wir haben auch eine Hall of Fame. Es muss ja alles heute Englisch heißen, eine Hall of Fame. Die Deutsche Sporthilfe-Stiftung hat vor einigen Jahren eine Hall of Fame gegründet, wo die großen Sportler unseres Vaterlandes gelobt, gepriesen und gerühmt werden: ein Beckenbauer, ein Max Schmeling, ein Sepp Herberger, eine Rosi Mittermaier, eine Steffi Graf und wer da alles ist. Diese Ausstellung geht als Wanderausstellung durch ganz Deutschland und irgendwann wird sie auch Bremen erreichen. Sollen wir diesen Sportlern den Ruhm geben?

Oder wollen wir die guten Menschen in unserer Umgebung rühmen? Unsere Großeltern, die so liebevoll waren und so treu für uns gebetet haben? Die Eltern, die auch in schweren Zeiten für uns dagewesen sind? Die Kinder, die so hervorragende Leistungen in der Schule und an der Universität gebracht haben? Oder die Ehefrau und der Ehemann, die so viele Jahre und Jahrzehnte uns zur Seite gestanden haben. Sollen wir uns dieser Menschen rühmen?

In der Bibel finde ich nichts davon, dass gesagt wird, wir müssen andere Menschen rühmen für ihre Taten, für ihr Dasein oder für ihre Leistungen. Aber das Eine finde ich immer und immer wieder: den Aufruf dazu, Gott zu rühmen, IHN zu loben und zu preisen. Wessen sollen wir uns rühmen? Der König David sagt das in dem Predigtvers ganz deutlich:

***Meine Seele soll sich rühmen des HERRN***

Und zwar nicht so ein bisschen nach dem Motto, neben all den anderen Dingen auch des HERRN, sondern so heißt es in unserem Predigtvers, ***dass es die Elenden hören und sich freuen.***

Also wenn ich den Ruhm Gottes ausspreche, dass da bei anderen Menschen was passiert. Die, die tief drin sind, die deprimiert sind, die traurig sind, dass sie aufgebaut werden durch meinen Ruhm Gottes. Als ich es gelesen habe, habe ich mir gedacht: „Das möchte ich gerne, so möchte ich gerne Gott, so möchte ich gerne Jesus rühmen können, dass, wenn andere Menschen aus meinem Mund den Ruhm des Allmächtigen hören, dass sie aufgebaut werden, dass sie sich freuen in ihrem Elend." Die Frage ist nur: Wie komme ich dahin? Wie komme ich zu solch einem Rühmen, das so eine Vollmacht hat, das so stark ist, dass durch das Hören des Rühmens andere im Glauben gestärkt werden und wirklich dadurch verändert werden, und zwar zum Positiven hin? Was sind die Quellen für solch ein Rühmen? Ich habe Ihnen vier Punkte mitgebracht, von denen ich denke, dass sie wichtig sind, die man beherzigen muss, um wirklich Gott in Vollmacht rühmen und preisen zu können.

**1. Das Wissen um den HERRN**
**2. Das Erlebnis mit dem HERRN**
**3. Die Alleinverehrung des HERRN**
**4. Die Freude am HERRN**

Diese vier Punkte muss man haben, damit man vollmächtig den HERRN Jesus rühmen kann, auf dass es andere hören und in ihrem Elend getröstet und erfreut werden.

Das Erste, was ich haben muss, wenn ich den HERRN vollmächtig loben und preisen will, ist *Wissen* um den HERRN. Ich muss um diesen HERRN Jesus Christus wissen. Wenn ich den nicht kenne und wenn ich nicht intensiv um den Bescheid weiß, dann werde ich den nicht vollmächtig loben, preisen und rühmen können. Ich möchte Ihnen das an einem ganz profanen Beispiel deutlich machen. Nehmen Sie mal an, Sie haben richtig Geld von der Erbtante bekommen und wollen jetzt ein neues Auto kaufen. So gehen Sie durch alle Autohäuser und sind auch bei der Porsche-Autovertretung gelandet. Sie gehen da hinein und da kommt der Autoverkäufer und preist Ihnen, weil sie signalisiert haben, dass Sie schon einen sechsstelligen Betrag hinlegen, den Porsche 911 an. Er sagt, das sei ein super Auto, ein prima Auto und nach einer Weile stellen Sie die erste Nachfrage: „Wie viel PS hat er denn?“ Er sagt: „Das weiß ich gar nicht so genau.“ Sie fragen weiter: „Wieviel verbraucht er denn?“ „Weiß ich auch nicht so genau.“ Na also, wenn der vorher den Wagen angepriesen hat, da werden Sie merken, der weiß gar nicht, wovon er spricht. Wenn man nicht weiß, wovon man spricht, dann kann man zwar mit den Lippen jemanden preisen und loben, aber dann hat das gar keine Vollmacht, da ist kein Inhalt dahinter. Wenn ich etwas wirklich rühmen und preisen will, sodass es für andere Leute wichtig wird, dann bitteschön muss ich schon wissen, wovon ich spreche. Das ist ganz wichtig! Ich brauche das Wissen davon.

Letzte Woche war ich nicht hier, da hat mich ein Bruder vertreten. Ich war in meiner alten Heimat und habe da ein Jahresfest einer Gemeinschaft gestaltet. Nach der Verkündigung kam da ein Mann zu mir, der war so zehn Jahre älter als ich. Er war wirtschaftlich sehr erfolgreich. Das hatten mir schon andere angedeutet: „Der Bruder, der den Chor leitet, der hat es aus unseren Reihen gepackt. Er hat einen Betrieb aufgebaut mit 200 Angestellten, also bei dem fluppt es so richtig.“ Der ist zu mir gekommen, ich hatte an dem Nachmittag über Mission und Evangelisation gesprochen, und da sagt er: „Olli, ich hab da ein Problem. Ich versuche das ja auch immer, aber ich weiß zu wenig von Jesus.“ Er sagte, in seinem Betrieb hat er irgendwann seine 200 Leute antreten lassen und allen eine Bibel geschenkt. Dann hat er vor der ganzen Mannschaft klar Zeugnis für Jesus abgelegt, hat den HERRN bekannt und auch gesagt, wie wichtig das ist, und dass er all den Erfolg, den er hat, allein Jesus verdankt. Ein Großteil seiner Leute sind Muslime. Einer von denen nimmt die Bibel, läuft zu seinem Imam und eine Woche später kommt der Imam zu diesem Geschäftsmann und bittet um ein Gespräch. Dann sagte der: „Du glaubst gar nicht, wie dieser Imam mich lahm gemacht hat. Der hatte mehr Ahnung von Jesus als ich, obwohl ich von Kindesbeinen mit dabei bin. Ich bin beschämt gewesen, wie vieles ich nicht gewusst habe. Ich muss mehr über Jesus wissen." Da hat er selber gemerkt - er hat alles richtig gemacht -, ihm fehlte ein stückweit weiteres Wissen. Das hat ihm der HERR ganz deutlich gemacht. Durch dieses Gespräch hat mir das Gott auch gezeigt, dass das ein ganz wichtiger Punkt heute für euch ist, dass ihr wirklich über Jesus Bescheid wissen solltet. Wenn einige von euch jetzt sagen: „Also zu mir kann jeder Imam kommen. Ich weiß genug über Jesus und ich freue mich schon auf die nächsten drei Punkte. Ich muss eigentlich nichts mehr über Jesus wissen." Wer so denkt, den kann ich nur warnen. Also ich bin jetzt 30 Jahre im Glauben dabei, habe Theologie studiert und mache das hauptberuflich. Sicherlich, einige von euch sind älter, aber glaubt mir, ich bin längst noch nicht fertig mit dem Wissen über Jesus Christus. Da stehe ich immer noch am Anfang. Ich habe manches erkennen dürfen durch die Gnade Gottes. Aber je mehr ich erkenne, desto mehr weiß ich auch, wieviel ich nicht weiß.

Es ist wie mit dem Schwimmen im Ozean. Ich schwimme raus, komme ein bisschen voran und bin 200 Meter, 300 Meter vom Ufer weg. Aber je weiter ich vom Ufer wegkomme, sehe ich, wie groß der Ozean ist. So ist das mit dem Wissen um Jesus Christus. In Kolosser 2 heißt es:

> ***In Jesus Christus liegen verborgen alle Schätze der Weisheit und Erkenntnis.***

Alles, was es an Wissen gibt, finden wir nicht bei CERN, der Weltmaschine, unten bei Genf, bei Physikern, die irgendwelche kleinen Teilchen finden und uns irgendwelche Märchengeschichten erzählen, wie die Welt entstanden wäre. Bei allem, was die Physiker auch Richtiges sagen, glaubt mir, das ist „Topfschlagen". Ich habe letzte Woche den SPIEGEL gelesen, da war der Leitartikel über diese Entdeckung und da wurde gesagt, was 10 Sekunden nach dem Urknall passiert ist, was 30.000 Sekunden nach dem Urknall passiert ist. Irrsinn, absoluter Irrsinn! Das kann keiner sagen, aber das verkaufen sie uns. Wissen der Menschheit! Und da wird gerühmt und sie sollen Nobelpreise kriegen.

Wo wirkliches Wissen drinsteckt, das ist im HERRN. Ich kann euch garantieren: In den ersten elf Kapiteln der Bibel, in der Urgeschichte, in der Schöpfungsgeschichte, stecken mehr Weisheit und Erkenntnis drin, als alle Physiker dieser Welt jemals zusammentragen werden, bei aller Richtigkeit und Wichtigkeit der Physik und der Wissenschaft. Glaubt mir, in der Bibel liegt mehr. Es ist wichtig, dass wir uns darum kümmern, dass wir dieses Wissen um Jesus haben. Nicht nur das Basiswissen. Das Basiswissen ist wichtig, gar kein Thema. Dass Jesus der HERR ist, dass Jesus wahrer Gott ist, dass Jesus mich liebt, dass Jesus für mich in den Tod gegangen ist, dass Jesus mich erlöst hat aus aller Schuld und dass Jesus mir ewiges Leben gibt, wenn ich an ihn glaube. Das ist alles wichtig und ich denke und hoffe, dass das auch alle von euch wissen. Aber wir dürfen uns bitteschön auch um die Detail-Wissensdinge bemühen und werden dann merken, wie wir ganz tief hineinkommen in alle Schätze der Weisheit und der Erkenntnis.

Ich habe mir gedacht, zu diesem Punkt stelle ich euch eine Prüffrage. Für diejenigen, die jetzt vielleicht sagen, „Ich weiß alles über Jesus". Wer die Frage richtig beantworten kann, der kann sich ja vielleicht sagen, nächste Woche muss ich nicht viel tun. Wer aber die Frage nicht umfassend beantworten kann, der mag sich dann prüfen, ob er wirklich schon genug über Jesus weiß. Nur eine Frage, die euch der Pastor stellt, eine Frage, die wir im Konfirmandenunterricht besprechen. Jesus hat ja Brüder gehabt, also Maria und Josef hatten dann ja noch insgesamt vier Söhne und auch noch einige Schwestern. Ich möchte mal fragen: Wie hießen denn diese vier Brüder von Jesus? (Es muss sich jetzt keiner melden.) Könnt ihr die vier Namen benennen? Prüft euch mal, wie ist es mit eurem Wissen über Jesus? Wir können vermutlich erzählen, wie die Geschwister eures Nachbarn heißen und wie alle Fußballnationalspieler heißen; aber wie heißen die vier Brüder von Jesus? Jakobus, das war der Herrenbruder, der die Gemeinde geleitet hatte, den kennt man noch. Einer hieß Judas, wie der Verräter, einer Joses und einer Simon. Ich weiß nicht, ob ihr alle gewusst hättet, aber wenn ihr sie nicht parat hattet, dann merkt ihr schon bei einer einzigen Frage, dass euer Wissen nach Jesus ein stückweit in Frage gestellt ist. Wenn du das jetzt feststellst und sagst, ja, ich möchte mehr über Jesus wissen, dann gebe ich euch einen Tipp mit: Lest nochmal die Psalmen. Die Psalmen? Da steht doch Jesus gar nicht drin. Doch, überall da, wo da *HERR* steht, da steht *Jesus*. Das ist Jesus. Lest nochmal die Psalmen, 150 Kapitel, studiert nochmal, wie dieser Jesus ist und ihr werdet in den Psalmen ganz viel neues Wissen entdecken über unseren HERRN. Also, das Erste, was man braucht, um Gott wirklich vollmächtig zu rühmen, ist intensives Wissen.

**Ein Zweites,** was man braucht, um den HERRN vollmächtig rühmen zu können, damit andere es hören und wirklich in ihrem Elend getröstet werden, sich freuen, ist nicht nur das Wissen, sondern auch die Erfahrung, **das Erleben mit dem HERRN**. Wissen und Wissen ist ja zweierlei. Also wenn ich euch jetzt frage: Wer kennt Angela Merkel? Lächerlich! Die kennt jeder. Das wissen sogar die Kinder im Kindergottesdienst. Es ist die Bundeskanzlerin. Aber würde ich fragen: Wer kennt sie denn wirklich? Wer war denn schon mal zu Hause bei ihr und hat mit ihr morgens gefrühstückt? Wer weiß denn wirklich so um die intimen Dinge und hat Sachen mit ihr erlebt? Da müssen wir alle die Hand unten lassen. Bei Angela Merkel ist das nicht so schlimm, aber bei unserem Jesus ist das schlimm. Theoretisch wissen von dem HERRN Jesus tun wir alle eine Menge. Vielleicht nicht genügend, das haben wir eben festgestellt, aber da gibt's schon einiges. Wirkliche Erfahrung, Erlebnis mit dem HERRN, das ist wieder etwas anderes.

Ich komme wieder zu unserem Autoverkäufer zurück. Also nehmen wir mal an, da ist dieser Autoverkäufer und der preist den Porsche 911 an, mit allem, was dazugehört. Er kennt alle technischen Details, hat so die Betriebsanleitung auswendig gelernt, ist da richtig fit, hat das Ding aber noch nie gefahren. Er hat vielleicht gar keinen Führerschein. Naja, auch das wäre so eine Sache, wo man sagen würde: „Meine Güte, da fehlt ja Entscheidendes!" Aber stellen wir uns vor, der hätte das Ding schon mal richtig gefahren. Das machen übrigens diese Autofirmen, ihre Verkäufer müssen die Autos auch fahren. Sie werden häufig eingeladen, wenn ein neues Modell kommt, damit die auch davon erzählen können, weil die wissen, wie wichtig das ist in Verkaufsgesprächen, dass sie davon schwärmen können, was passiert, wenn man beim Porsche mal richtig das Gaspedal durchdrückt.

Genauso ist das bei Jesus. Solange wir nur theoretisch über ihn wissen und nicht erfahren und erlebt haben, was der HERR wirklich alles tun kann bei uns im Leben - nicht im Leben von einem David und nicht im Leben von einem Pastor, sondern in meinem Leben -, da wird unser Rühmen sehr schwach bleiben. Das ist wichtig, dass wir Erfahrungen mit Jesus machen, dass wir nicht nur von IHM gehört haben, sondern dass wir IHN erfahren haben. Dass wir es nicht nur wissen, sondern es erlebt haben, dass Gott so ein großartiger, wunderbarer Gott ist. David schreibt dass hier einige Verse weiter:

> ***Als einer im Elend rief*** (und das ist David selber)***, hörte der HERR ihn und half ihm heraus aus allen seinen Nöten. Der Engel des HERRN lagert sich um die her, die ihn fürchten und ER hilft ihnen heraus.***

Das ist toll, dass David dieses Zeugnis gibt. Aber noch viel toller ist das, wenn wir dasselbe in unserem Leben erlebt haben, wenn wir tief im Elend drin waren und wenn wir gefleht und gebetet haben. Auf einmal hat der HERR ein Wunder geschenkt und die Dinge verändert. Das ist so wichtig! Es ist wichtig für den Glauben und für das Rühmen des allmächtigen Gottes in Jesus Christus. Das braucht's! Wenn man das hat, da kann man ganz anders anderen Menschen zum Zeuge werden. Da braucht es dann nicht mehr viele Worte.

Ich habe vorletzte Woche über diesen Predigttext eine Predigt von Pfarrer Wilhelm Busch gehört. In dieser Predigt erzählt er eine Geschichte, in der es darum geht, wie wichtig es ist, Dinge mit Gott zu erfahren. Noch bevor er Christ wurde, 1915, war er als junger Soldat im Ersten Weltkrieg. Die Soldaten waren beim Grabenausheben und es herrschte eine lustige Stimmung, so eine ganze Kompanie junger Männer, die da ihre Scherze machten. Der Krieg war noch ziemlich jung, sie hatten noch nicht viel Elend gesehen und auf einmal nehmen die Franzosen sie unter Feuer und es schlagen mehrere Granaten bei ihnen ein. Es kommt ein Volltreffer und wo eben noch zwanzig gesunde Männer standen, liegen auf einmal fünfzehn Tote und die Verletzten kriechen herum. Wilhelm Busch hatte, wie durch ein Wunder, überlebt. Er sieht dann furchtbare Bilder - er beschreibt alles ausführlich - und er will nur noch weg. Er ist traumatisiert, hat einen furchtbaren Tinnitus, hört nichts mehr und will weglaufen. Busch kriecht so aus dem Graben raus, die Franzosen schießen immer weiter, und da sieht er einen, der da liegt und bei dem es die Beine total zerschmettert hat. Busch kriecht zunächst weiter, haut ab, aber dann kann er nicht, weil er sich denkt: „Den kann ich da nicht alleine liegen lassen, der verblutet." Dann kriecht er zurück und nimmt diesen Verwundeten mit den zerschmetterten Beinen auf seinen Rücken und robbt dann mehrere 100 Meter. Busch sagt in seiner Predigt, er erzähle das nicht, weil er ein Held sein oder sich darstellen wolle, sondern dass ihn dieses Erlebnis mit diesem Mann, der da überlebt hat, zeitlebens geprägt hat. Er sagte, dieser Mann habe ihm jedes Jahr einen Brief geschrieben. Ab und zu habe er den Kameraden im Elsass besucht, da wo er lebte, und sagte: „Wir hatten etwas zusammen erlebt in einer schwierigen Situation, was uns zusammengeschweißt hat. Da brauchte es keine Worte mehr." Diesem Mann, der da so schwer verwundet war und den Wilhelm Busch gerettet hatte, dem brauchte niemand mehr etwas Gutes oder Schlechtes über Wilhelm Busch zu erzählen. Er wusste, wer dieser Wilhelm Busch war. Er brauchte dieses Erleben. Dann sagt Wilhelm Busch in dieser Predigt: „Noch viel intensiver ist es für mich gewesen, als ich erlebt habe, wie der HERR Jesus mich rausgeschleppt hat aus meiner Sünde, wo ich nämlich auch lag, aber nicht raus konnte, zerschmettert war und darnieder lag. Da kam der HERR und zog mich raus." Das war das Grunderlebnis seines Glaubens gewesen, dass das, was er schon immer gehört hatte, auf einmal lebendig wurde.

Es ist wichtig, dass wir das auch erleben mit dem HERRN Jesus. Nicht nur, dass er uns aus unserer Schuld und unserer Sünde herausgezogen hat, sondern dass er eben auch all die Wohltaten tut, die die Männer und Frauen der Bibel bezeugen, dass wir das selber erlebt haben. Wenn wir das wirklich selber erlebt haben, dann werden wir Gott ganz anders rühmen und preisen können und dazu möchte ich euch aufrufen: Erlebt Dinge mit dem HERRN! Beim Wissen ist das ja ganz einfach zu sagen. Denn wie kann man das Wissen über Jesus steigern? Lest in der Bibel, besucht eine Bibelschule, macht sonst irgendwas. Beim Erlebnis ist das ein bisschen schwieriger. Wie steigere ich meine Erfahrung, mein Erleben mit dem HERRN? Nun, nehmt Jesus mit in euer Leben hinein, nehmt Jesus mit zum Autofahren, mit auf eure Arbeitsstelle, mit in eure Familie, als wäre er neben euch, so wie eure Frau, euer Mann oder euer Beifahrer neben euch und unterhaltet euch immer wieder mit IHM. Nehmt Jesus mit hinein, erzählt IHM von euren Sorgen, von euren Freuden, von euren Problemen. Ihr werdet merken, wie der HERR bei euch ist, und dann werdet ihr Dinge mit IHM erleben.

Viele von uns halten das ja auch für richtig, was sonntags gesagt wird, sie sind sonntagmorgens mal so zwei Stunden für den HERRN Jesus da, aber von Montag bis Samstag, da verlassen sie sich lieber auf ihren Verstand, auf die Treue ihrer Ehefrau, auf ihre Gesundheit und das prall gefüllte Bankkonto. Jesus ist da häufig weit weg und deshalb erleben wir auch so wenig mit IHM. Nehmt Jesus mit in den Alltag hinein. Sprecht mit IHM, redet mit IHM. Seid euch dessen gegenwärtig, dass Gott überall ist. Du umgibst mich von allen Seiten, sagt der

König David, du bist überall und umgibst mich. Jesus ist da, so wie er jetzt hier gegenwärtig ist. Er geht daher auch mit euch, seid euch dessen gegenwärtig, nehmt Jesus mit in euer Leben hinein und habt dann Erlebnisse mit dem HERRN. Und erzählt dann auch davon weiter.

**Ein Drittes,** was wichtig ist, um vollmächtig Gott und Jesus rühmen zu können, ist **die Alleinverehrung des HERRN**. Ich komme wieder zu unserem Porsche-Verkäufer. Also, stellen wir uns vor, wir sind wieder in der Porsche-Verkaufsabteilung und dieser Verkäufer preist den 911er mit allem an, was er zu bieten hat und sagt: „Der ist so super, der Wagen, also das tollste Gefährt, riesig!" Und während wir noch am Zögern sind, sagt er: „Aber wissen Sie, ich bin auch Mercedes-Vertreter. Also, ich könnte Ihnen auch den SLK empfehlen." Dann erzählt er genau dasselbe, was er eben über den Porsche erzählt hat. Und sobald wir da angebissen haben, erzählt er das gleiche von BMW, von Bentley oder was weiß ich was alles. Da würden wir vermutlich bei dem 911er auch nicht mehr zuschlagen. Wir würden eins merken: „Naja, also was der da erzählt, der macht's grad so, wie es ihm gefällt; da preist er mal den und mal den an."

Wir machen unseren Ruhm häufig so schwach, weil wir genauso sind. Wir rühmen alles Mögliche: den letzten Urlaub, den wir verbracht haben; die tollen Leistungen unseres Kindes und unseres Enkels in der Schule (es gibt ja nächste Woche wieder Zeugnisse); all das, was der Ehemann so beruflich gemacht hat und und und... Vielleicht auch noch die Dinge, die irgendein Sportstar gemacht hat oder wir rühmen die Fußballspieler von Werder Bremen, also alles Mögliche. Und dann wundern wir uns, wenn wir neben anderen Dingen auch noch Jesus rühmen. Das ist dann häufig so wenig vollmächtig. Wenn wir Jesus rühmen wollen in Vollmacht, dann müssen wir aufhören, alles menschliche zu rühmen: unsere Kraft, unsere Leistung, auch bei anderen Menschen. Da müssen wir den Bankrott erklären und das eigene Rühmen und das Rühmen über andere Menschen abtöten. - „Was, Herr Latzel? Das ist ja so lebensfeindlich, das ist wieder sowas Hartes, steht das wirklich so in der Bibel?" So steht es in der Bibel. Es steht drin, wir sollen Gott *allein* die Ehre geben. Das haben wir übrigens auch gesungen. Das singen wir jeden Sonntag und ich habe das deshalb auch nicht aus der Liturgie gestrichen, weil es - trotz dass es altmodisch ist - einfach passt. Es wird immer wieder gefragt: „Warum singen Sie denn diese altmodischen Lieder? Es muss doch etwas Peppiges hin." Wir singen das *Allein Gott in der Höh' sei Ehr',* weil das die zentrale Aussage für unser Leben ist. IHM allein die Ehre, so steht es in der Bibel.

In der Bibel gibt es einen ganz wichtigen Satz, in 5. Mose 6, das sogenannte „Schma Jisrael", das kleine Glaubensbekenntnis der Gemeinde Gottes, des Volkes Israel:

> ***Du sollst den HERRN, deinen Gott, lieben von ganzem Herzen, von ganzer Seele und mit all deiner Kraft.***

***Von ganzem Herzen, von ganzer Seele und mit all deiner Kraft*** - IHN allein! Wir waren ja vorletzten Monat in Israel und an jeder Tür in Israel, in jedem Hotel, überall, wo wir waren, hing so ein kleines Röhrchen an der Wand, eine sogenannte Misusa. Manchmal war sie aus Metall, manchmal aus Stein, manchmal aus Holz. Manchmal war sie einen Meter groß in den Stadttoren, manchmal nur so klein wie ein Finger. Da steht nur ein Buchstabe drin, ein „Sch", das *Schma Jisrael,* dieses „Höre Israel", höre Gemeinde Gottes. Da steht immer innendrin dieser Text: „Höre Israel, du sollst Gott lieben von ganzem Herzen, von ganzer Seele und von all deiner Kraft." Ein gläubiger Jude, der durch ein Tor oder durch eine Tür durchgeht, soll sagen: Wenn ich einen Raum betrete, dann muss mir das im Gedächtnis sein: Gott loben, Gott ehren, Gott preisen mit ganzer Seele, ganzer Kraft, ganzem Gemüt, mit allem, was du hast. Das sagt die Bibel! Und das gilt nicht nur für das Volk Israel, das gilt auch für uns. Wir sollen IHN rühmen, IHN loben, IHN lieben von ganzer Seele und ganzer Kraft, mit allem, was wir haben. Nicht 50 Prozent steht hier, nicht 70 Prozent, nicht 95 Prozent und auch nicht 99 Prozent, sondern hier sind 100 Prozent gemeint. 100 Prozent allein Verehrung Gottes, IHN loben, ehren, preisen und lieben mit ganzem Herzen, mit ganzer Seele und mit ganzem Verstand!

Wenn wir das nicht tun, schwächen wir unser Gotteslob. - „Ja, wie menschenfeindlich ist das denn? Will Gott das denn? Ihn allein? Dann sollen wir unsere Kinder und die Enkelkinder ignorieren, wenn sie jetzt wieder Freitag kommen und die guten Zeugnisse bringen? Das darf ich doch meiner Nachbarin erzählen!" - Ja, das darfst du deiner Nachbarin erzählen. Aber geh nicht hin und erzähl deiner Nachbarin das so: „Ja, und unsere Anja, auch unsere Kerstin, die haben wieder nur Einsen im Zeugnis." - Das ist nämlich Ruhm von Menschen. Sage es folgendermaßen: „Durch die Gnade Jesu Christi haben unsere Kerstin und unsere Anja nur Einsen im Zeugnis." Genauso, wenn dir etwas beruflich gelingt. Gehe nicht hin und lasse das so um die Ecke alle wissen, sondern sprich das ruhig an, was gelungen ist, dass du wieder einen super Auftrag bekommen hast. Setze aber dieses voran: „Durch die Gnade Jesu Christi ist es mir möglich geworden, dass das und das gelungen ist." Dann ist das in Ordnung, dann geschieht das nämlich zum Lob und zum Preis unseres Gottes. Wenn du einen tollen Ehemann hast, dich darüber freust und das auch ausdrücken möchtest, ist das ok. Das sollen ja ruhig andere wissen, aber dann mache dir klar, wem du das zu verorten hast. Dass du ein tollen Ehemann hast, dass du einen tollen Geschäftsabschluss gemacht hast, dass du eine Enkelin hast, die nur Einsen im Zeugnis hat, das ist nicht dein Verdienst, auch nicht das Verdienst deiner Enkelin und auch nicht deiner Tochter, die die Enkeltochter so gut erzogen hat, das hat allein Gott gegeben. Deshalb lasst uns Gott alleine rühmen, IHN rühmen und preisen! Wenn wir Menschen rühmen, wenn wir uns rühmen, dann geben wir Gott auch nicht die Ehre und wir schwächen unseren Ruhm. Deshalb ist die Alleinverehrung Gottes so wichtig. Das können wir bringen, wenn wir in allen Dingen Gott sehen. ***Seid dank-***

***bar in allen Dingen***, heißt es im Thessalonicher-Brief (5,18). Also sind wir in allem, was wir erleben, dankbar gegenüber unserem allmächtigen Gott.

**Und ein Viertes** und Letztes, was wichtig ist, damit wir vollmächtig rühmen können, das ist **die Freude am HERRN** - nach dem Wissen um den HERRN, dem Erlebnis mit dem HERRN, die Alleinverehrung des HERRN. Für vollmächtiges Rühmen ist die Freude am HERRN wichtig. In Nehemia 8 heißt es:

***Die Freude am HERRN ist eure Stärke.***

Ich bin wieder beim Autoverkäufer, bei dem Porsche-Händler. Wenn der einem ein Auto verkaufen will und dann noch erzählt: „Wissen Sie was, den Porsche 911, den hab ich mir selber auch gekauft. Ich hab jetzt noch 15 Minuten Zeit mit Ihnen. Dann ist meine Zeit hier zu Ende - da ist Feierabend - und dann fahr ich mit meinem Porsche, weil es so viel Spaß macht!" - Wenn Sie merken: „Mensch, da steckt eine Freude dahinter!" Wenn jemand an einer Sache solche Freude vermitteln kann, da sind wir schon ganz anders interessiert.

Ich denke an die wunderbare Geschichte von Tom Sawyer und Huckleberry Finn. Sie kennen die Geschichte wohl auch, wo die Tante Polly dem Tom Sawyer sagt „Du musst den Zaun streichen!", und der hat gar keine Lust, der will lieber schwimmen gehen. Und er druckst sich so rum und weiß, dass das eine furchtbare Arbeit ist. Und dann geht er hin - das ist so ein Schlitzohr, dieser Tom Sawyer - und dann streicht er den Zaun und tut so, als hätte er richtig Spaß dabei, als wäre das eine Riesenehre. Er streicht den Zaun, da kommen seine Kumpels vorbei und fragen ihn: „Willst du mit schwimmen gehen?" Doch er sagt: „Nee, nee, nee, schwimmen gehen? Nein, ich habe keine Lust drauf! Hier, den Zaun streichen, das ist die ganz große Musik!" Und seine Freunde sind so - wie es dokumentiert wird -, dass sie sagen: „Lass mich doch auch mal!" Und dann verkauft der Tom gegen einen Apfel und alles Mögliche dieses Zaunstreichen, weil er so tut, als hätte er die große Freude daran.

Wir sollen nicht so tun, als *hätten* wir die Freude am HERRN Jesus, denn die schenkt ER uns ja. Aber die braucht es auch, damit wir Gott rühmen. Da brauchen wir die Freude von Jesus Christus in unserem Herzen. Das ist ganz wichtig, von dem herrlichen Gott zu sprechen, dem Vater, dem Sohn und dem Heiligen Geist. Mit runtergezogenen Mundwinkeln sagen „Wir haben es ja gehört. Ich muss es ja tun. Hab es in der Predigt vom Pastor gehört und muss irgendwie einen finden, dem ich in der Woche sage, wie toll Jesus ist", aber nicht wirklich mit Freude dahinter stecken, das bringt kaum etwas!

Wir müssen so erfüllt sein von der Freude am HERRN, dass das aus uns rausbricht, dass wir kaum schweigen können. So muss unser Herz erfüllt sein. Dann ist auch unser Rühmen vollmächtig. ***Denn wes das Herz voll ist, des geht der Mund über*** (Lukas 6,45).

Das ist einfach so. Wenn wir wirklich erfüllt sind von der Freude über Jesus Christus, dann fällt uns das auch mit dem Rühmen ganz, ganz leicht. Das Tolle ist, dass wir als Christen allen Grund zur Freude haben. Wer das verstanden hat durch den Heiligen Geist, was Jesus für ihn getan hat, der kann einfach nur fröhlich sein. Ich habe eben gelesen aus der Apostelgeschichte 16, wie Paulus und Silas Gott loben, obwohl sie gefoltert worden sind. Es gibt so eine ähnliche Szene in Apostelgeschichte 5. Da werden Petrus und Johannes gefoltert vom Hohen Rat. Und da heißt es im Vers 41:

> ***Sie gingen aber fröhlich von dem Hohen Rat fort, weil sie würdig gewesen waren, um Seines Namens willen Schmach zu leiden...***

Sie freuten sich darüber, dass sie gefoltert worden sind. Sie haben es für Jesus getan. Dankbar in allen Dingen, super Sache! „Wir haben es für Jesus getan und sind fröhlich." Das ist ein

Zeugnis für die Menschen gewesen. Sie haben gesehen: „Was ist hier los? Wieso freuen die sich, die sind doch gefoltert worden?" Das ist ein vollmächtiges Zeugnis, dass andere in ihrem Elend es hören und sich freuen.

Das Tolle ist, dass Gott für unser Leben die Freude will. Das ist ganz wichtig: Gott möchte für uns nicht ein geknechtetes Leben. Das denken so viele Leute: „Die Gebote, die Gebote, die Gebote - und ich darf bald gar nichts mehr im Leben machen!" Nein, die haben die Bibel scheinbar missverstanden. Gott will für uns die Freude! Deshalb heißt das ganze Ding auch Evangelium, „*eu*-angélion", frohe Botschaft. Wer das im Herzen durch den Heiligen Geist verstanden hat, der kann auch nur berichten von der fröhlichen Botschaft. In Römer 14,17 heißt es unter anderem:

> ***Das Reich Gottes ist ... Freude im Heiligen Geist.***

Ich überlege mir wirklich ernsthaft, ob wir das, wenn wir die Kirche renovieren, nicht irgendwo hinschreiben und anbringen: ***Das Reich Gottes ist Freude im Heiligen Geist.*** Das ist das Reich Gottes! Nicht die Erfüllung von irgendwelchen Gesetzen, irgendwelchen 700 Vorschriften, die wir machen müssen, sondern: Reich Gottes ist Freude im Heiligen Geist. Diese Freude im Heiligen Geist braucht es in unserem Herzen, die muss ganz groß sein und dann quillt sie aus uns heraus. Und das hört dann ein anderer, der im Elend ist, dem es nicht gut geht, und er sieht: „Hey, der freut sich. Was hat der denn für einen Grund zur Freude?" Dann fragt er nach Jesus. Und wenn er dann zu Jesus findet, wird er selber in seinem Elend getröstet. Aber dazu braucht es die Freude, die wir haben.

> ***Und seid nicht bekümmert; denn die Freude am HERRN ist eure Stärke.*** (Nehemia 8,10b)

Die Freude am HERRN ist auch Grund unseres Rühmens, das ist ganz wichtig. Wir rühmen Gott nicht, weil es ein Pastor, ein Kirchenvorsteher oder ein Gemeindeältester gesagt hat. Wir rühmen Gott, weil wir uns so freuen über Jesus, was ER für uns getan hat.

Und das wünsche ich mir für euch für die nächste Woche, dass ihr als Erstes nochmal richtig erfüllt werdet mit der Freude über Jesus Christus, was ER für euch getan hat, und dass das so stark in euch wird, dass das wie in so einem Kochtopf überkocht. Das bricht aus euch raus und ihr erzählt es anderen und ihr könnt weitergeben von dieser Freude. Aber wenn ihr diese Freude nicht habt, wenn ihr feststellt „Mensch, bei allem Wissen vom HERRN, bei allem, was ich schon erfahren und erlebt habe, habe ich aber momentan nicht so sehr die Freude“, da fehlt euch der Heilige Geist. Dann bittet Gott intensiv im Gebet „HERR, gib mir deinen Geist!“, und bittet wirklich intensiv! Wenn ihr zum Physiotherapeuten geht und Probleme mit eurem Knie habt, dann geht das auch nicht so: ...zehn Sekunden ein bisschen drübergleiten und dann war es das. Wenn da so Anwendungen kommen, die dauern dann schon mehrere Minuten, manchmal eine halbe Stunde, das geht über Tage, über Wochen, über Monate. So sollen wir intensiv bitten um den Heiligen Geist, dass ER zu euch kommt und richtig groß und stark in euch wird, dann wird ER als Frucht des Geistes die Freude bringen.

Das wünsche ich euch einfach, dass ihr diese Freude habt, einmal für euer Leben, aber dass ihr auch in eurem Zeugnis, in eurem Rühmen von Jesus, vollmächtig werdet gegenüber anderen Menschen. ***Meine Seele soll sich rühmen des HERRN, dass es die Elenden hören und sich freuen.*** Wir wollen uns Jesus, des HERRN, rühmen. Um IHN wirklich vollmächtig rühmen zu können, müssen wir erstens Wissen um den HERRN Jesus haben, zweitens Erfahrung mit dem HERRN Jesus haben, drittens den HERRN Jesus allein verehren und viertens die Freude am HERRN haben.

Möge der HERR und Gott in Jesus Christus und durch Seinen Heiligen Geist euch stärken im Glauben, auf dass ihr in der nächsten Zeit in die Lage versetzt werdet, IHN zu rühmen, auf dass es andere in ihrem Elend hören und erfreut werden. Amen.

Und der Friede unseres allmächtigen Gottes, der sehr viel höher ist als all unsere menschliche Vernunft, bewahre unsere Herzen und Sinne in Christus Jesus, unserem auferstandenen und lebendigen HERRN. Amen.

## Drei Fragen zu deiner Beziehung zum HERRN!

Psalm 34,5

Gnade sei mit euch und Friede von dem, der da war und der da ist und der da sein wird, in alle Ewigkeit, unser HERR, Jesus Christus. Amen.

Liebe Brüder und Schwestern, das Wort, das heute unser Predigttext sein soll, ist Teil dieses wunderbaren Wochenpsalms. Wir haben als Predigttext nur einen einzelnen Vers aus dem Psalm 34, den Vers 5. Da heißt es:

***Als ich den HERRN suchte, antwortete ER mir und errettete mich aus aller meiner Furcht.*** Amen.

**Wir wollen beten:** Lieber HERR und Heiland, wir wollen dir von Herzen Dank sagen, dass wir jetzt auf diesen Vers hören dürfen in der Predigt. Wir wollen dir Dank sagen, dass du jetzt sprechen willst und wirst aus diesem Wort, dass du an uns arbeiten möchtest durch dieses Wort, dass du uns begegnen willst und dass du uns neu helfen willst in unserem Glauben zu dir, HERR. Dass das alles geschieht, dass du an uns arbeiten kannst, dass du uns ansprichst, dass wir dir begegnen in dieser Predigt, HERR, dazu brauchen wir deinen guten Heiligen Geist. So wollen wir alle miteinander darum bitten, HERR, dass du uns den Heiligen Geist für diese Predigt schenken wollest, für das Reden und das Hören deines heiligen und lebendigen Wortes, auf dass du groß wirst in dieser Predigt und an uns arbeiten kannst, HERR. Amen.

Liebe Gemeinde, das Lied, das wir vor der Predigt gesungen haben, „Heute will dich Jesus fragen", das ist nicht zufällig ausgewählt worden von mir, weil das so ein schöner Schlager der Heilsarmee ist und weil er so knackig klingt. Nein, ich habe es deshalb ausgesucht, weil dieses Lied uns hineinführen sollte in diese Predigt. Da geht es ganz genau darum, dass Gott dich heute Dinge fragen will, dass Jesus heute dich ganz konkret etwas fragen möchte. Dass der HERR dir Fragen stellt für dein Leben und über dein Leben. Es gibt ja Predigten, die sind eher so ein bisschen katechetisch, ein bisschen lehrhaft. Es gibt Predigten, die sind tröstlicher. Es gibt Predigten, die sind missionarischer. Heute haben wir aus diesem Predigtvers heraus eine sehr intime Predigt, eine sehr persönliche Predigt, in der Gott dich Dinge fragen möchte über deine Beziehung zu IHM. Drei Fragen zu deiner Beziehung zum HERRN:

**1. Suchst du den HERRN?**
**2. Hörst du den HERRN?**
**3. Rettet dich der HERR?**

**Das Erste: Suchst du den HERRN?** Der König David, das ist ein schlimmer Finger gewesen. Das haben wir schon häufig gehört von dieser Kanzel. Er hat vieles falsch gemacht in seinem Leben. Das war ein brutaler Mann, das war ein harter Mann, auch ein ungerechter Mann - immer wieder. Aber eines kann man über sein Leben sagen: Egal, was er gemacht hat, in den Höhen wie in den Tiefen, in dem, wo er versagt hat oder wo er Großes fürs Reich Gottes, für Israel getan hat: Er war immer ein Mann, der den HERRN gesucht hat. Wenn er gesündigt hatte und ihm das klar wurde, dann hat er ganz besonders das Angesicht Gottes gesucht. Davon zeugen die Beicht- und Bußpsalmen. Wenn er wunderbare Dinge erlebte, dann hat er Lobpsalmen geschrieben. Er hat immer wieder Gott gesucht. Wenn er in schlimmen Krisen war, wenn er Ängste hatte, hat er immer wieder die Nähe und den Schutz Gottes gesucht. Ich glaube, dass das der Hauptgrund dafür ist, dass dieser David eben alt und lebenssatt sterben durfte, so wie es in der Bibel nur von ganz wenigen Männern heißt, weil er immer und immer wieder den HERRN gesucht hat, und zwar mit ungeteiltem Herzen. Das unterscheidet ihn auch von allen anderen Königen, die später gekommen sind. Da heißt es immer wieder: Sie sind abgefallen, sie haben so ein bisschen Gott gesucht, aber ein bisschen auch die weltlichen Dinge. Da heißt es immer wieder: Dieser oder jener König war nicht so wie David, der eben Gott mit ungeteiltem Herzen suchte. David war so ein Sucher. Das drückt er auch hier in diesem Predigtvers aus und sagt:

> ***Als ich den HERRN suchte, antwortete ER mir und errettete mich aus aller meiner Furcht.***

David war ein Sucher des HERRN. Das könnte man über sein Leben schreiben. David - einer, der den HERRN zeitlebens gesucht hat.

Das ist das, wozu uns auch die Bibel aufruft, immer und immer wieder, dass wir den HERRN suchen sollen. Ich werde euch jetzt einige Bibelstellen zu Gehör bringen, wo die Bibel das sagt. Die Auswahl hätte ich beliebig ausweiten können. Doch da wären wir um halb Zwölf damit noch nicht fertig. Vor zwei Wochen habe ich die Bibellese gehabt in einem der beiden Chronikbücher, die doch eher unbekannt sind. Allein in diesem einen Buch stand siebenmal drin: ***Richtet euer Herz darauf, den HERRN zu suchen.*** Das habe ich immer wieder hören sollen und dürfen in der letzten Zeit, in meiner Bibellese, wie wichtig das ist. In Kolosser 3, in den Versen 1 und 2, heißt es:

> ***Seid ihr nun mit Christus auferweckt, so sucht, was droben ist, wo Christus ist, sitzend zur Rechten Gottes. Trachtet nach dem, was droben ist, nicht nach dem, was auf Erden ist.***

Also eine ganz scharfe Vermahnung: *sucht* Gott, so sagt das der Apostel Paulus hier im Heiligen Geist. Oder die Jahreslosung, die uns geschenkt ist in Hebräer 13:

> ***Denn wir haben hier keine bleibende Stadt, sondern die zukünftige suchen wir.***

Das ist das Motto für das ganze Jahr 2013, was uns gegeben ist. Das soll uns daran erinnern: Hier haben wir nichts, was bleibt, nicht unser Häuschen, nicht unser Auto, nicht unsere Beziehung, die wir leben. Wir suchen die bleibende, die zukünftige Stadt, das himmlische Jerusalem, das Sein mit Gott. Die Bibel gibt große Verheißungen denen, die Gott suchen. In Amos 5,4b heißt es: ***Suchet mich, so werdet ihr leben.*** Oder in unserem Wochenpsalm (den Psalm 34 bekommt ihr nachher noch als Hausaufgabe), da heißt es im Vers 11, den haben wir schon als Lesung zu Beginn des Gottesdienstes gehört:

> ***Reiche müssen darben und hungern; aber die den HERRN suchen, haben keinen Mangel an irgendeinem Gut.***

Der Lebensinhalt und der Lebenssinn der Menschen, so sagt uns die Bibel klar und deutlich, bestehen nur darin, Gott zu suchen; nicht viel Geld zu verdienen, nicht gute Gesundheit zu haben, nicht ein toller Familienvater, ein guter Fußballer oder was weiß ich noch zu sein. Lebenssinn und Lebensinhalt der Menschen bestehen in der Suche Gottes. In der Apostelgeschichte 17, dieser gewaltigen Rede, wo der Apostel Paulus auf dem Areopag und mit den klügsten Männern der damaligen Zeit, den Stoikern und Epikureern, im Heiligen Geist spricht:

> ***Und Gott hat aus einem Menschen das ganze Menschengeschlecht gemacht, damit sie auf dem ganzen Erdboden wohnen, und ER hat festgesetzt, wie lange sie bestehen und in welchen Grenzen sie wohnen sollen, dass sie Gott suchen sollen, ob sie ihn wohl fühlen und finden könnten; und fürwahr, ER ist nicht ferne von einem jeden unter uns. Denn in IHM leben, weben und sind wir...***

Das sagt die Bibel ganz klar hier noch einmal. Das ist der Lebenssinn. Dazu hat Gott die Menschen geschaffen, dass sie IHN suchen und zu IHM kommen.

Wie gesagt, das sind nur einige wenige Bibelstellen, in denen die Bibel das stark macht, Gott zu suchen. Das ist auch das Kennzeichen des Christseins. Man ist dann Christ, wenn man immer wieder den HERRN Jesus, den Schöpfer sucht. Das unterscheidet uns von der Welt. Wir als Christen suchen den Schöpfer. Der Weltmensch, der ohne Christus lebt, sucht nur die Schöpfung und die Segnungen der Schöpfung. Er sucht nur, mehr Geld zu verdienen, eine gute Ehe zu führen, möglichst gesund zu sein, möglichst 95 Jahre alt zu werden. Der Weltmensch, der Jesus nicht kennt, beschäftigt sich nur mit den Segnungen der Schöpfung und verbringt sein ganzes Leben damit, dem hinterherzulaufen. Unser Lebensinhalt, unser Lebenssinn, die wir zu Jesus gehören, besteht darin, dass wir den **HERRN** suchen. Deshalb geben wir auch dem HERRN die Ehre. Die Welt gibt der Schöpfung die Ehre. Die Weltmenschen geben dem Geld die Ehre. Wenn einer viel Geld verdient, der ist angesehen, dem gibt man die Ehre. In einer gut gelingenden Ehe gibt man der Ehefrau die Ehre oder umgekehrt. Das tut alles der Weltmensch. Aber der Christenmensch, der zu Jesus gehört, der den Heiligen Geist hat, der sucht den HERRN und gibt dem Schöpfer die Ehre. Das ist der Unterschied zwischen der Welt und dem Christenstand. Der Christ sucht den Schöpfer, sucht den HERRN. Die Welt sucht nur die Schöpfung und die Segnungen der Schöpfung.

Da möchte ich dich jetzt fragen, im Namen Jesu: Wie sieht es da mit deiner Suche aus? Suchst du wirklich den HERRN in deinem Leben oder bist du auch noch so ein Mensch, der sagt: „Naja, so ein bisschen ja, so zwei Prozent meines Lebens, da suche ich mal nach Gott, aber die anderen 98 Prozent, die gehören der Suche nach den Segnungen der Schöpfung. Da interessiert mich der Schöpfer relativ wenig. Nein, den brauche ich dann nur, damit er mir hilft, dass ich noch mehr Segnungen bekomme. In Wirklichkeit suche ich die Segnungen dieser Schöpfung, das Geld, die Gesundheit, die glückliche Familie, das schöne neue Haus, das große neue Auto." - Wie sieht es da bei dir aus? Suchst du den Schöpfer oder suchst du die Segnungen der Schöpfung? Jetzt ist es leider so, dass es nicht nur Licht und Dunkel gibt, dass man sagt, in dieser Welt gibt es einmal die Menschen, die suchen nur das Weltliche, die Segnungen der Schöpfung, und die anderen suchen nur den Schöpfer. Leider gibt's da auch einen Graubereich, also Leute, die Jesus kennen und dann aber nicht mit ganzem Herzen IHN suchen, sondern die dann versuchen, Kompromisse zu machen.

Für diese Menschen hat Gott uns einen Wochenspruch geschenkt. Da heißt es in Lukas 9,62:

> ***Wer seine Hand an den Pflug legt und sieht zurück, der ist nicht geschickt für das Reich Gottes.***

Ein sehr hartes Wort. Jetzt könnte wieder einer sagen: „Oh, die Predigt war so hart!" Aber glaubt mir, im dritten Punkt kommt was ganz Fröhliches, Gutes. Und sagt nicht, ich wäre hart, denn ich muss mich da auch drunter stellen, ich bin der erste Adressat dieses ersten Punktes. Ich bin ja ein „Berufssucher" von Jesus. Ich suche natürlich in meinem Leben Jesus, ich suche Gott, ich lese in der Bibel, ich lese Predigten, das ist gar keine Frage. Aber ich muss es selber auch bekennen, ich suche auch immer wieder die Segnungen dieser Schöpfung. Leider ist es manchmal so, dass der Widersacher so stark wird, dass diese Dinge mich einfach gefangen nehmen und dass dann die Suche nach dem HERRN ganz klein wird. Und da spricht Gott mich ganz besonders an, dass er mich fragt: „Olli, suchst du mich wirklich von ganzem Herzen? Das ist so einfach, dass man sich hier am Sonntagmorgen hinstellt, um die Gemeinde durchzudeklinieren; aber das ist nicht die primäre Aufgabe, die du hast. Du musst dich selber fragen!" - Da knacke ich die ganze Woche schon dran, seit ich diese Predigt vorbereite, weil Gott mich das neu gefragt hat und ich neu herausgefordert bin in meiner Nachfolge; weil er mich fragt: „Suchst du mich wirklich von ganzem Herzen?"

Wisst ihr, die Intensität unserer Suche nach Gott steht in direktem Zusammenhang mit unserer Liebe zu Gott. Wenn wir Gott nicht von ganzem Herzen suchen, dann lieben wir Gott auch nicht von ganzem Herzen. Das wissen wir, dass das das oberste Gebot ist, Gott zu lieben von ganzem Herzen, ganzer Seele und ganzer Kraft. Wenn man als junger Mann, so mit Anfang zwanzig, erst einmal so richtig frisch verliebt ist in so ein junges Mädchen und in Liebe entbrannt ist, dann sucht man immer wieder seine Nähe, da schreibt man SMS und Liebesbriefe. Das wissen wir alle. Da sucht man die Nähe zu dem, den man lieb hat. Und wenn es so ist, dass ich jemanden nicht mehr suche, dann hat das häufig mit dem Erkalten der Liebe zu tun. Das ist mir auch klar geworden. Der Heilige Geist muss mir neu die Liebe zum HERRN schenken, sodass die Suche nach Jesus noch intensiver werde.

So wie Gott mich gefragt hat aus diesem Bibelwort über die Suche nach IHM, so fragt ER dich in deinem Christsein, wo du vielleicht schon 20, 30, 40 Jahre lang mit Gott gehst. Bist du vielleicht auch einer, der immer wieder die Hand an den Pflug legt, aber dann zurückblickt und sagt: „Na, hier ist der HERR, den suche ich zwar, aber die Segnungen der Schöpfung, ja, die sind ja auch so schön. Da kann der Schöpfer doch ein bisschen warten.“ Suchst du den HERRN?

**Ein Zweites,** was Jesus dich heute fragen will: **Hörst du den HERRN?** Da heißt es in unserem Predigtvers:

> ***Als ich den HERRN suchte, antwortete er mir.***

David hat ganz klar Worte von Gott bekommen und das wissen wir alle, die wir mit Jesus, mit Gott durchs Leben gehen, die wir den Heiligen Geist haben, dass es einen Gott gibt, der spricht. Das merkt man auch. Das unterscheidet uns auch vom Weltmenschen. Der Weltmensch hat zwar schon Texte aus der Bibel gelesen, auswendig gelernt im Konfirmandenunterricht, aber er hat noch nie die Stimme Gottes gehört in seinem Leben, dass er wirklich gemerkt hat: Hier trifft mich die Stimme! Das ist das Wunderbare, das Großartige des Christenstandes, dass man das immer wieder erleben darf, wie *ich* gemeint bin, wie *ich* angesprochen bin in meiner Bibellese.

Es gibt dieses wunderbare Gedicht von Jochen Klepper, das später auch vertont worden ist, „Er weckt mich alle Morgen“. Da heißt es in einer Strophe:

*Gott spricht wie an dem Tage,*
*da er die Welt erschuf.*
*Da schweigen Angst und Klage;*
*nichts gilt mehr als sein Ruf!*
*Das Wort der ewigen Treue,*
*die Gott uns Menschen schwört,*
*erfahre ich aufs neue*
*so wie ein Jünger hört.*

Halleluja, dass ich das auch erleben darf! Nicht nur ein David, nicht nur ein Jochen Klepper, dass ich das auch erleben darf und dass ihr das immer wieder erleben dürft, wenn ihr Jesus Christus habt, wenn ihr im Heiligen Geist seid, dass ihr ***hört***, wie der Allmächtige euch anspricht. Dass man das dann erfährt, das ist etwas ganz Großartiges. Es gibt ja eine Menge Menschen, die glauben das nicht und werden da manchmal sogar patzig. Sie machen einen noch so lächerlich, so nach dem Motto, als würde man sich das so selber einreden, als wäre das eine Selbstsuggestion. Ich sage diesen Menschen dann immer: Das können wir getrost abwarten, ob wir die Stimme Gottes hören können oder nicht. Das sagt die Bibel auch ganz deutlich. Es kommt der Tag, wo alle Menschen die Stimme des Allmächtigen hören werden. Nicht nur so ein bisschen, sondern da sagt die Bibel (Joel 4,16):

> ***... und der HERR wird aus Zion brüllen und von Jerusalem her seine Stimme hören lassen, dass Himmel und Erde zittern.***

Wenn mir die Leute sagen: „Mensch, Sie sind immer so laut! Das passt überhaupt gar nicht zur Bibel, das passt gar nicht zur Verkündigung des Wortes Gottes!“ Da sage ich denen: „Na dann lest mal genau nach, was alles drinsteht, wie Wort Gottes eines Tages verkündigt wird.“

***Der HERR wird brüllen aus der Höhe und seinen Donner hören lassen aus seiner heiligen Wohnung.*** Jeremia 25,30.

***Der HERR wird aus Zion brüllen und seine Stimme aus Jerusalem hören lassen.*** Amos 1, Vers 2.

Oder in Offenbarung 10 (1+3) heißt es: ***Und ich sah einen andern starken Engel vom Himmel herabkommen ... und er schrie mit großer Stimme, wie ein Löwe brüllt.***

Also: Dass Gott spricht und dass man ihn hören kann, das dürfen wir heute schon im Heiligen Geist erleben. Die ganze Welt wird es eines Tages erfahren!

Ich muss mich immer wieder davor bewahren, dass ich da nicht so ein bisschen hämisch und schadenfroh werde, so nach dem Motto: „Heute lästerst du noch, aber eines Tages werden wir es erfahren, dass ich recht habe." Es geht ja nicht darum, dass ich recht habe. Das ist die Wahrheit, die wir den Menschen sagen müssen! Wenn wir erleben, dass Menschen bisher Gott nicht gehört haben, dann wissen wir, wofür wir zu beten haben. Das sind ganz, ganz arme Menschen. Wehe dem Menschen, der vor dem Allmächtigen steht und ihn bisher geleugnet hat und dann auf einmal mit dieser brüllenden Stimme des Allmächtigen konfrontiert wird; und nicht mit dieser Stimme, die vom Kreuz ruft: „Vater, vergib ihnen, denn sie wissen nicht, was sie tun!" Wehe diesen Menschen! Wenn wir solchen Menschen begegnen, dann wollen wir das immer wieder bezeugen: Sowohl, dass eines Tages am Ende der Zeiten das Gericht kommt, wo der HERR brüllen wird und jeder es hören wird; aber eben auch, dass heute schon ganz fein seine wunderbare Stimme zu vernehmen ist vom Kreuz, die jeden zu sich ruft, damit er gerettet wird.

Wir wissen das ja, dass Gott spricht und dass wir ihn hören können, dass Er antwortet. Jetzt ist es allerdings so, dass auch Christen manchmal in Krisen kommen und sagen: „Ja, natürlich habe ich das erfahren in meinem Leben, bei meiner Berufung, an so vielen Punkten, aber momentan habe ich eine Durststrecke. Ich höre gar nicht mehr, wie der HERR spricht." - Nicht nur uns geht das heute so. Wenn ich die Bibel lese, schreibt Jeremia einmal (Klagelieder 3,8):

***Und wenn ich auch schreie und rufe, so stopft er sich die Ohren zu vor meinem Gebet.***

Er macht so eine Erfahrung mit einem langen Leiden und hat den Eindruck, dass Gott nicht mehr spricht. Wenn ihr das erlebt, dann kann ich euch nur anraten, da müsst ihr dringend in die Seelsorge. Ich sage jetzt nicht, kommt zu mir, sondern sucht euch einen Bruder, eine Schwester, jemanden, der stark im Glauben ist, dass ihr mit der Person sprechen könnt, wenn ihr die Stimme Gottes nicht mehr hört. Wenn ihr keine Antworten bekommt auf eure Gebete, dann stimmt etwas nicht!

Ich habe ein Handy, wie ihr alle Handys habt, meine Frau hat auch eins. Wenn ich mit meiner Frau telefonieren möchte, wähle ich ihre Nummer und da gibt's normalerweise Kontakt. Aber es gibt gewisse Gründe, wenn manchmal der Kontakt nicht hergestellt sein kann. Zum Beispiel, wenn meine Frau in einem Funkloch ist. Da muss sie irgendwo anders hingehen oder ein bisschen weiterfahren mit dem Auto, dann kann sie wieder telefonieren. Oder wenn mein Akku leer ist, das kann auch ein Grund sein. Man telefoniert, das kennt ihr auch, und auf einmal macht es „Bubs!", der Akku ist leer und die Verbindung ist abgerissen. Das sind Gründe, wieso man den anderen nicht mehr hören kann.

Genauso gibt es Gründe, wenn man als Christ auf einmal Gott nicht mehr hören kann. Das muss man im Einzelnen genau eruieren. Ich nenne euch mal ein paar Gründe. Beispielsweise: fortgesetzte Sünde. Nehmen wir an, einer ist verheiratet und hat da im Geheimen noch eine Geliebte. Der muss sich dann nicht wundern - nachdem Gott ihm das klar gemacht hat, dass es nicht sein darf -, wenn er irgendwann die Stimme Gottes nicht mehr hört, weil Gott keine Gemeinschaft damit hat. Wenn man Sünde von Gott gezeigt bekommt und hält daran fest, dann schweigt irgendwann Gott. Ihr könnt das nachlesen im Alten Testament, dem Volk Israel ist das passiert.

Oder eine andere Sache: okkulte Belastungen. Da hat man manchmal noch nicht mal eigene Schuld. Das erlebe ich immer wieder. Wenn man dann so spricht mit Menschen und tief hineingeht, merkt man, dass die Eltern zum Beispiel die Kinder besprechen lassen haben; oder man hatte vor seiner Bekehrung ziemlich viele Sexualkontakte und hat mit Menschen geschlafen, die wiederum ganz tief okkult belastet waren. Den nimmt man mit, diesen ganzen Dreck - entschuldigen Sie, wenn ich das so sage -, das belastet einen! Davon muss man freigemacht werden, denn der Widersacher möchte nicht, dass wir auf das Wort Gottes hören. Das geht schon los im Alten Testament bei der Versuchung (1.Mose 3,1): ***Ja, sollte Gott gesagt haben...?*** Das ist die Hauptangriffswelle des Widersachers, er will die Leute vom Wort Gottes wegziehen. Er will nicht, dass Menschen das Wort Gottes hören. Da kämpft er gegen. Er hat so viele perverse Tricks. Das kann dreißig Jahre im Dunkeln schlummern, wie ein Virus, der irgendwann ausbricht. So ist das mit okkulten Belastungen.

Oder wenn man beispielsweise immer so heimlich zu den Horoskopen greift, so wie der König Salomo. Er folgte Gott die ganze Zeit, aber dann baute er für zwei, drei Frauen ein paar Tempel, weil er die ja so gut fand. Das geht nicht miteinander, das mag dieser Gott überhaupt nicht, wenn wir anfangen, so kleine okkulte Ecken in unserem Leben zu schaffen. Da müssen wir uns nicht wundern, wenn Gott auf einmal nicht mehr zu hören ist.

Noch eine andere Sache, wie man das Hören Gottes blockieren kann: wenn man hochmütig ist. Man hat doch alles richtig gemacht. Nie eine voreheliche geschlechtliche Beziehung gehabt; alle Sünden, die man erkannt hat, sofort bereinigt. Man lebt so richtig vorbildhaft. Okkulte Belastungen sind keine da, weil die Familie schon Ewigkeiten wirklich klar in die Gemeinschaft und in den Gottesdienst geht, aber innerlich geht man so in die Gemeinde und sagt sich: „Ach, wisst ihr was, ihr seid alle so ganz kleine Leuchten im Glauben, aber ich bin der ganz große Star." Das kriegt zwar keiner mit, wenn man nach außen auch noch so die Demut heuchelt, aber innendrin ist im Herzen Hochmut. Wenn Gott das erkennt, dann macht Gott auch „den Schalter aus" und sagt: „Mit dir rede ich nicht mehr." Hochmut ist auch so ein Problem.

Dann heißt es einmal in Lukas 8, dass das Wort Leute erreicht und ein Stück weit aufgeht, aber dass es dann erstickt unter den Sorgen, Freuden und den Reichtümern dieses Lebens. Der Widersacher arbeitet nicht nur mit Okkultismus, er arbeitet auch mit den Sorgen, den Freuden und den Reichtümern. Wenn wir das zulassen, dass diese Dinge ganz groß werden, dann wird manchmal eben das Wort Gottes auch erstickt und wir hören IHN nicht mehr. Das sind ganz unterschiedliche Dinge und da muss man in der Seelsorge genau hingucken. Glaubt mir bitte: Gottes Stimme ist zu hören! Wenn ihr IHN sucht, wenn ihr in der Bibel lest, dann könnt ihr IHN hören. Wenn ihr IHN nicht hört, dann bitte geht dem nach - so, wie ihr dem auch nachgeht, wenn ihr auf einmal am Computer keinen Empfang mehr habt mit eurem WLAN-Netz. Da holt ihr ja auch einen Techniker, der das reparieren muss. Er sagt dann auch, „hier stimmt was nicht". Da sagt man ja auch nicht: „Ist einfach so, es war zwar mal anders, aber ich gebe mich damit zufrieden." Nein! Wenn ihr nicht mehr aktiv die Stimme Gottes hört, dann geht dem nach!

Ich hab euch ein paar Bibelstellen unten auf den Predigtzettel geschrieben, das sind die vorgesehenen Predigttexte für den Sonntag Okuli. Für jeden Tag ein Vers. Und ich möchte euch bitten, nehmt das wirklich mit als Hausaufgabe, dass ihr nochmal neu auf das Wort Gottes hört. Nicht nur heute am Sonntag, sondern auch in den nächsten Tagen. Und das vielleicht mal als Tipp: Geht mal hin und lest die Texte wirklich ganz intensiv durch, zwei-, dreimal am Tag und Abends. Stellt euch da mal hin und schreibt die drei Punkte raus, wo ihr gemerkt habt, dass Gott euch aus diesem Text etwas sagt. Ich weiß, dass Gott für jeden etwas bereithält. Gott spricht! Wenn ihr aber merkt, bei diesen Texten, die lese ich, die lese ich, die lese ich, aber genauso kann ich die Rundfunkzeitung lesen, dann stimmt etwas nicht. Wenn ihr aber beim Lesen merkt, „Wow! Hier bin ich ja gemeint in meiner Situation!", dann ist das der normale Christenstand, dass man eben den HERRN hört. Und das ist so toll, das ist so wunderbar, dass man hört, wie Gott zu einem spricht! Das ist für mich nach wie vor das Allerschönste und Allerwunderbarste, was es gibt auf dieser Welt: wenn ich Gottes Stimme höre, die da ganz persönlich mit mir spricht. Ich lese in der Bibel, ich höre eine Predigt von einem vollmächtigen Verkündiger, und dann offenbart mir der Heilige Geist, wo ich gemeint bin. Das ist etwas Großartiges! Das ist noch schöner, als wenn einem die Frau eine Liebeserklärung macht oder die Tochter einen Zettel malt, „Ich hab dich so lieb, Papa!". Das ist alles schön und nett, aber das Großartigste ist, wenn man die Stimme Gottes hört. Das möchte ich euch nochmal neu zusprechen. Das dürft ihr alle erleben, wenn ihr Gott sucht, so wie der König David, als er die Stimme Gottes hörte. Aber ich möchte euch trotzdem fragen: Hört ihr wirklich ganz persönlich die Stimme des allmächtigen Gottes in eurem Leben? Hörst du den HERRN?

**Ein Drittes: Rettet dich der HERR?** ***Als ich den HERRN suchte, antwortete ER mir,*** so schreibt der König David, ***und errettete mich aus aller meiner Furcht.*** Das ist das Tolle, wenn man diesen HERRN hört und weiß: Da ist der lebendige Gott! Das ist keine Illusion, das ist keine Suggestion, das ist nicht irgendein psychischer Tick, den ich da habe, sondern ER ist wirklich da! Ich kann IHN erleben und die Gewissheit haben, er rettet einen aus allen Situationen. Das ist ein super Leben, wenn man das ganz fest als Gewissheit hat. Wenn man weiß, dass man gerettet ist, dann passieren zwei Dinge. Erstens, man hat vor den Problemen dieser Welt keine Angst mehr. Das Zweite, man wird ein fröhlicherer Mensch. Das hat mit Rettung zu tun!

David ist ein Zeugnis davon. Er ist gerettet worden aus aller Furcht. Ich sehe diesen David vor mir, als er noch ein ganz junger Kerl ist, noch kein König; wie da ganz Israel zittert, als sie sich gelagert haben in Socho, als sie kämpfen gegen die Philister. Und die Philister sind hochgerüstet, sie haben ein Heer, sie sind stärker. Sie haben auch den Superkrieger, die haben den absoluten Super-Typen, diesen Goliath, den unbesiegbaren Krieger und Kämpfer. Und er stellt sich jeden Tag auf, wo diese Heere gegeneinander stehen, läuft vor den Israeliten auf und ab und verhöhnt sie und sagt: Ihr seid alles Feiglinge, alles Waschlappen und ihr habt einen Gott, der nichts taugt. Und keiner hat den Schneid, keiner den Mut, dem entgegenzutreten, weil sie alle einfach vor Angst bibbern. Dann kommt dieser kleine Hirtenjunge. Der kommt hin, kann nicht einmal die Waffen tragen, die Saul ihm bringt und sagt: „Mit denen kannst du kämpfen". Er hat nicht genug Körpergröße und Kraft, die Rüstung zu tragen. Aber eins hat er, das sagt er nämlich in 1. Samuel 17,37:

***Und David sprach: Der HERR, der mich von dem Löwen und Bären errettet hat, der wird mich auch erretten von diesem Philister.***

Und weil er diese Erfahrung der Rettung mit Gott gemacht hat, da hat er genug Schneid und stellt sich dann vor den Goliath hin und sagt: „Mein lieber Freund, heute ist für dich Schluss und deinen Körper werden die Aasgeier fressen und dein ganzes Heer werden wir zerschlagen, weil du den HERRN verhöhnt hast und nicht im Namen des HERRN kommst." Da kann David sich der Goliath-Situation stellen.

Das können wir alle auch. Wir brauchen uns von den Dingen dieser Welt keine Angst machen zu lassen. Das ist alles vom Teufel. Sinn und Zweck des Teufels ist erstens, dass er uns vom

Wort Gottes wegbringen will und dass er uns Angst machen will. Die Angst gebraucht er häufig, uns vom Wort wegzubringen, damit wir nur noch auf die Probleme gucken. Nochmal: Sie erstickten das Wort unter den Sorgen, Freuden und Reichtümern dieser Welt. Die Sorgen können das Wort Gottes ersticken. Das macht der Widersacher ganz geschickt. Wir machen uns Sorgen und haben dann Angst und immer mehr Angst und lassen uns gefangen nehmen, wie eben das Volk Israel. Wenn man aber weiß, man hat den rettenden Gott auf seiner Seite, ja, was will uns denn in dieser Welt bitteschön noch Angst machen? Nix, gar nichts! Das ist die Wirklichkeit des Glaubens! So sind die ersten Christen in Rom reinmarschiert, als die Löwen kamen. Da haben sie gesungen und in die Hände geklatscht. Da haben die Leute im Zirkus gesagt: „Was ist denn hier los? Die haben ja gar keine Angst! Die lassen sich von den Löwen fressen." Sie gingen in den sicheren Tod, sie wurden getötet, aber sie hatten keine Angst. *Warum* denn nicht? Weil sie wussten, selbst im Tod konnte ihnen nichts passieren. Es kann ihnen nichts passieren!

Liebe Brüder und Schwestern, ein Christ ist ein Mensch, der felsenfest weiß, dass er gerettet ist und deshalb in allen Widrigkeiten dieses Lebens froh und getrost stehen kann. Selbst am Grab der lieben Geschwister, von denen er Abschied nehmen muss, wenn sie im HERRN gestorben sind. Das können wir, weil wir wissen, dass wir gerettet sind. Aus uns selbst heraus können wir das nicht! Wir sind ganz schwache Kreaturen! Aber der HERR dieser Welt, der HERR über Leben und Tod, wenn ER bei uns ist. Wenn wir das erlebt haben in unserem Leben, wie ER uns immer wieder gerettet hat, dann wissen wir auch, dass ER uns durch alle anderen Dinge hindurch rettet. Das möchte ich dir zusprechen für deine „Goliath-Situationen", die dir momentan Angst und Sorgen machen. Oder Einflüsterungen, so nach dem Motto: „Wirst du das schaffen? Ist das richtig? Bin ich nicht zu klein, zu schwach, zu elend, zu hässlich, zu dick, zu sonstwas für diese Aufgabe, die vor mir liegt?" Nein, bist du nicht!

Wenn du an der Seite von Jesus bist - ER ist da, der dich rettende Gott. ER kann dich durch alles hier auf dieser Welt durchführen. Du musst nur das Zutrauen zu IHM haben. Wenn du das nicht hast, wenn du dem HERRN nichts zutraust, dann bitteschön, darfst du dich alleine mit den Sorgen, Nöten und Problemen dieser Welt herumschlagen. Dann wird es ganz bitter im Leben. Glaub mir, der Widersacher, der dekliniert euch dann durch, das ist Wahnsinn. Das Spiel versteht er richtig gut. So wie unser Organist, den wir heute gehört haben, schön spielen kann auf der Orgel, so spielt dann der Widersacher auf uns herum. Wenn wir aber den HERRN haben, dann ist es wie bei der Orgel, wenn man da die Tastatur rausgerissen hat, da kommt kein Ton mehr aus den Flöten raus. Wenn wir die Gewissheit haben, dass der HERR uns rettet, dann brauchen wir keine Furcht mehr zu haben. Ich wünsche euch so sehr, dass ihr gerade diese Frage mit Ja beantworten könnt: „Wisst ihr, dass der HERR euch rettet?" - „Jawohl, das weiß ich!" Dann braucht ihr vor nichts, was da auch kommt, Angst zu haben. Nicht vor dem Gespräch mit dem Chef in der Firma, nicht vor dem Ehekonflikt, der vor euch steht, und auch nicht vor eurem eigenen Tod. ER, Jesus Christus, der Retter ist da! Ihr braucht euch nicht mehr zu fürchten! Christsein heißt, eine angstfreie Existenz zu führen. Dann ist es auch so, dass man richtig fröhlich wird. Das ist der Kern unseres Glaubens. Wenn man gerettet ist, wird man fröhlich!

Ich weiß nicht, ob ihr noch die Bilder vor Augen habt. Vor zweieinhalb Jahren war ja in Chile dieses Unglück, wo in 700 Metern Tiefe die Kumpel verschüttet wurden. Es ging ja um die ganze Welt und die ganze Welt hat mitgehofft und gebangt, werden die das schaffen oder wird dieser Gang einstürzen? Ganz Chile hat mitgefiebert, der Staatspräsident war vor Ort. Und irgendwann hat man einen Tunnel gegraben und die Bergarbeiter rausgeholt. Sie sind dann rausgekommen und alle haben sich gefreut. Ich habe mit denen ja nichts zu tun, es ist am anderen Ende der Welt, aber ich habe mich auch gefreut, weil Menschen gerettet wurden. Rettung macht Leute froh.

Schmutzig wie sie waren, haben die Bergleute ihre Kinder und Frauen in die Arme genommen. Sie waren gerettet und haben sich einfach gefreut. Übrigens, die haben jeden Tag unter der Erde Gottesdienst gefeiert. Sie wussten, hier kann uns kein Mensch mehr helfen. Sie wussten, der Einzige, der hier helfen kann, das ist Jesus. Ganz viele von ihnen sind als erstes niedergekniet und haben dem Allmächtigen gedankt, dass ER die Rettung geschenkt hat. Sie hätten die ganze Welt umarmen können, und wir haben uns alle mitgefreut über diese Rettung.

Das ist so, wenn man das Gefühl der Rettung hat. Oh, was ist das für ein tolles Gefühl! Da freut man sich und das geht schon im Kleinen los, zum Beispiel wenn man ein Fußballfan ist. Bei Werder Bremen sieht das nicht so gut aus, wenn die jetzt noch weiter verlieren und erst am letzten Spieltag gerettet werden und nicht absteigen in die zweite Liga. Wenn es so kommen sollte, dann kann ich euch garantieren, da laufen sie alle hier durch die Straßen und jubeln, als hätten sie die Champions League gewonnen. Gerettet vom Abstieg. Da weiß ich auch, wie der Weser-Kurier schreiben wird: „Gerettet! Große Freude!"

Das geht weiter: Wenn man in der Schule nicht ganz so fleißig gewesen ist und wenn es dann darum geht, „Schaff' ich's Abi oder nicht?", und dann die entscheidende Klausur kommt und „Super! Ich habe doch eine Zwei geschrieben, ich bin gerettet, ich krieg die Note!" Das geht dann über in so existenzielle Geschichten, wenn einer eine schwere Krebskrankheit hat und dann die Chemo war, es kommt die nächste Diagnose, der Arzt sitzt dann vor einem und sagt: „Wissen Sie was? Wir haben nichts finden können. Tumor ist nicht da." Oh! Gerettet! Super! Das kennen wir. Das sind Momente der Freude und das, was schön ist, das macht das Leben wertvoll. An diese Dinge erinnern wir uns zurück.

Die größte Freude aber haben wir, wenn wir wirklich bei Jesus sind, wenn wir das ganz sicher im Herzen wissen, dass wir gerettet sind, weil dann all die Problemchen, die in dieser Welt kommen, keine Rolle mehr spielen. Wenn der Fußballverein absteigt oder wenn man mal sitzenbleibt oder auch, wenn man in eine schwere Krankheit hinein muss. Wenn man die Rettung in Jesus ganz fest im Herzen hat, dann hat man Freude. Darum geht es im Evangelium, um die Freude! Wir sind gerade in der Bibelstunde beim Korintherbrief, da schreibt der Apostel Paulus:

> ***Nicht dass wir Herren wären über euren Glauben, sondern wir sind Gehilfen eurer Freude; denn ihr steht im Glauben.*** (2.Korinther 1,24)

Das soll auch diese Predigt sein. Sie soll eine Hilfe zur Freude sein. Jetzt weiß ich wieder, dass einige sagen werden: „Ah, das ist nicht der Bremer Stil zu predigen, das war zu intim und dass diese drei Fragen halt zu tief gegangen sind." Ich habe das nicht gemacht, um euch irgendwie bloßzustellen oder klein zu machen. Ich wollte es im Auftrag Gottes tun, damit, wenn ihr da Probleme habt, bei diesen drei Fragen, und irgendwo mit einem Nein antworten müsst, dass ihr dahin kommt, dass ihr wirklich zur Freude in Jesus Christus geführt werdet. Die bekommt ihr, wenn ihr durch den Heiligen Geist offenbart bekommt, dass ihr gerettet seid. So möchte ich euch diese drei Fragen aus unserem Predigttext noch einmal stellen:

> **Suchst du den HERRN?**
> **Hörst du den HERRN?**
> **Rettet dich der HERR?**

Ich rufe euch dieses Wort aus dem Wochenvers noch einmal zu: ***Als ich den HERRN suchte, antwortete ER mir und errettete mich aus aller meiner Furcht.*** Amen! Möge unser HERR und Gott diese Predigt an deinem Leben segnen. Amen.

> Und der Friede Gottes, der sehr viel höher ist als alle unsere menschliche Vernunft, bewahre unsere Herzen und Sinne in Christus Jesus, unserem auferstandenen und lebendigen HERRN. Amen.

## Auf Jesus sehen!

Psalm 34,6

Gnade sei mit euch und Friede von dem, der da war und der da ist und der da sein wird, in alle Ewigkeit, unser HERR, Jesus Christus. Amen.

Liebe Gemeinde, wie schon zu Beginn des Gottesdienstes abgekündigt, haben wir als Predigttext nur einen einzigen Vers heute. Wir hören aus dem Psalm 34 den Vers 6:

***Die auf IHN sehen, werden strahlen vor Freude und ihr Angesicht soll nicht schamrot werden.*** Amen.

**Wir wollen beten:**
Lieber HERR und Heiland, wir wollen dir von Herzen Dank sagen für dieses verheißene und trostreiche Wort, das du uns schenkst an diesem Sonntag für unser Leben. Ich möchte dich bitten, dass du uns dieses Wort öffnest, dass wir alle miteinander den Sinn für uns persönlich erkennen. Wir werden das nur erkennen und verstehen, was du in diesem Wort meinst, wenn du selber diese Predigt segnest durch deinen guten Heiligen Geist. Darum wollen wir dich alle miteinander bitten: HERR, segne du selber das Reden und das Hören deines heiligen und lebendigen Wortes an uns allen. Amen.

Liebe Gemeinde, an dieser Stelle, von dieser Kanzel, da habe ich wohl schon häufig nicht so positiv über das Theologiestudium berichtet. Damit ist es auch sehr schwierig. An den deutschen Universitäten wird die Bibel in ihrer Autorität immer wieder in Frage gestellt und ganz, ganz vieles ist dort nicht in Ordnung. Heute muss ich erzählen, dass ich auch vom Theologiestudium Positives mitgenommen habe und einiges gemacht habe, was mich sehr gefreut hat. Vor allen Dingen in der Philosophie. Wir mussten damals von der westfälischen Landeskirche einige Philosophie-Scheine und eine Prüfung machen, das hat mir besonders gut gefallen. Und ganz besonders gut gefallen hat mir in der Philosophie die Beschäftigung mit Sokrates, dem alten Philosophen. Von ihm haben wir zwar nichts Schriftliches, aber Platon, sein Schüler, hat viel über ihn geschrieben. Eines habe ich bei diesem Sokrates ganz sauber gelernt und aus der altgriechischen Philosophie übernommen für mein Leben, auch für die Theologie, nämlich das Fragen. Der alte Sokrates hatte das so an sich, dass der in Athen über den Marktplatz lief. Und immer, wenn Leute kamen und Behauptungen aufstellten oder irgendwelche Philosophien verkaufen wollten, dann ist er hingegangen und hat ganz intensiv gefragt. Häufig so lange, bis sie feststellen mussten, dass sie gar keine Ahnung hatten. Aber diese Systematik, die Sokrates uns gelehrt hat, dass man durch Frage und Antwort einem Sachverhalt genauestens auf den Grund gehen kann, das gefällt nicht nur mir, das haben auch die Väter der Reformation für sich entdeckt, als sie Katechismen geschrieben haben. Da wird ja auch in Frage und Antwort der Glaube ganz genau erklärt. Ich rufe immer wieder dazu auf, die Bibel zu lesen. Aber nach der Bibel - sage ich auch immer - da müsst ihr den Heidelberger Katechismus lesen! Da könnt ihr so viel lernen für und über den Glauben. Genau diese Systematik des Sokrates, - dieses Katechetische, dieses Fragen und dann Antworten bekommen - genau diese wollen wir heute Morgen mit dem Predigtvers machen. Wir wollen an diesen Predigtvers vier Fragen stellen, die auf den ersten Blick so selbstverständlich und so einfach klingen, aber die uns hoffentlich tief in das Verständnis dieses Wortes hineinführen.

**1. Wie kann man wissen, dass hier Jesus gemeint ist?**
**2. Wie kann man Jesus sehen?**
**3. Wie kann man im Schauen auf Jesus Freude bekommen?**
**4. Wie kann man das Schauen auf Jesus derart glorifizieren?**

**Die erste Frage: Wie kann man wissen, dass hier Jesus gemeint ist?** ***Die auf IHN sehen*** - das ist Jesus. Das will ich Ihnen gleich erklären. Vorweg eine kleine Anekdote und wir werden gleich verstehen, warum ich die erzähle.

Vor zwölf Jahren ist sie passiert. Da war ich noch nicht so lange in meiner alten Gemeinde, im Siegerland. Ich fuhr durch unser Dorf mit dem Auto. Und da ist es anders als hier in Bremen. Da kannte jeder jeden, sie winkten und haben sich gegrüßt. Da stand die Tochter unserer Küsterin am Straßenrand, mit ihrem kleinen, damals dreijährigen Sohn, der hieß Jonas. Die waren jeden Sonntag im Gottesdienst und die Tochter hat mir gewunken. Der kleine Junge - dieses Bild habe ich noch vor mir - der stand da, winkte mit beiden Händen und ist sogar noch ein Stück weit hinter dem Auto hergelaufen. Am nächsten Tag treffe ich seine Großmutter, also unsere Küsterin, sie kommt ganz aufgeregt auf mich zu und sagt: „Olli, weißt du, was passiert ist gestern?" Ich sage: „Nein!" „Du, als du an der Maritta (das ist die Tochter) vorbeigefahren bist und Jonas gewunken hat, da hat sie gefragt: „Du, Jonas, weißt du denn, wer das da im Auto war?" Und dieser kleine dreijährige Steppke sagte: „Ja, das war der Gott."

Da hat die Mutter natürlich einen tüchtigen Schreck gekriegt und gesagt: „Auf gar keinen Fall! Das ist nicht der Gott, das ist nur der Pastor und Pfarrer, das ist nicht der Gott." Der Kleine hatte so mit seinem begrenzten Verstand - weil er mich in der Kirche predigen sah - gedacht: Oh, das muss er sein, wenn wir da sonntags so hingehen. Das wurde ihm erklärt und er hat es so verstanden. Das war ein furchtbares Missverständnis, aber diesem Dreijährigen sehen wir das nach.

Warum erzähle ich jetzt diese Geschichte? Wissen Sie, was das Traurige ist? Ganz vielen gebildeten und erwachsenen Menschen geht das so. Sie wissen nicht, wer Gott ist und packen da irgendetwas rein. Sie können sich hinstellen auf dem Marktplatz und die Leute fragen, die vorbeikommen: „Sagen Sie mal, wer ist denn Gott?" Da werden Sie verschiedene Antworten kriegen. Der eine wird Ihnen erzählen: „Das ist so eine Macht, die irgendwo über uns ist." Der Nächste wird Ihnen etwas von irgendeinem „älterlichen, großväterlichen Typen" erzählen, „der alles vergibt und immer nur nett ist". Jemand anders wird

Ihnen den Namen „Buddha" um die Ohren schmeißen und einige werden vielleicht nur mit den Schultern zucken.

Wissen Sie, das ist aber ganz wichtig, zu wissen, wer Gott ist, wer hier gemeint ist: ***die auf IHN sehen***! Wer ist Gott? Das will ich Ihnen sagen, wer Gott ist: Jesus ist Gott! Das müssen Sie wissen, für Ihr Leben und für Ihr Sterben. Ob Sie wissen, wie Ihr Auto funktioniert, wenn Sie den Zündschlüssel rumdrehen - vollkommen egal! Ob Sie wissen, was passiert, wenn Sie zu Hause den Computer anmachen, welche Vernetzungen da sind und was da mathematisch passiert - vollkommen egal! Schön, wenn Sie es wissen, aber das ist nicht lebensnotwendig. Lebensnotwendig ist nur Eines: dass Sie wissen, wer Gott ist, Jesus! Da werden Sie sich vielleicht so ein bisschen fragen, - so, wie der Sokrates auch gefragt hätte auf dem Marktplatz: „Ja, woher wissen Sie das denn? Woher wissen Sie das denn, dass Jesus Gott ist, dass ER hier gemeint ist?" Nun, da könnte ich sagen, das weiß ich aus Gottes Wort. Da steht das ganz genau drin, dass Jesus hier in Psalm 34, ***die auf IHN sehen***, gemeint ist. Hier steht im hebräischen Urtext: ***JAHWE, die auf IHN sehen***. Also, wenn wir einen Text lesen und es heißt, ***ich will den HERRN loben***, ***ich will den HERRN suchen***, ***die Engel des HERRN***, da heißt es immer wieder ***HERRN***, das bedeutet ***JAHWE***. Das ist hier gemeint mit ***IHM***, das ist der ***HERR***. Da, wo im Hebräischen ***JAHWE*** steht, steht in der deutschen Übersetzung ***HERR***. Wenn wir die Bibel genau kennen, wissen wir, dass immer wieder gesagt wird, ***GOTT*** ist der ***HERR***, ***JAHWE*** ist der ***HERR***, aber dass auch gesagt wird, ***JESUS*** ist der ***HERR***! In 2. Korinther (4,5) sagt der Apostel Paulus:

> ***Denn wir predigen nicht uns selbst, sondern JESUS CHRISTUS, dass ER der HERR ist...***

***JAHWE*** ist der ***HERR***, ***JAHWE*** ist ***GOTT***, der ***HERR*** ist ***GOTT*** und ***JESUS*** ist der ***HERR***. Und das wissen Sie aus der Mathematik: Sind zwei Größen einer dritten gleich, so sind sie auch untereinander gleich. Wenn ***GOTT*** der ***HERR*** ist und ***JESUS CHRISTUS***

der ***HERR*** ist, dann muss ***JESUS GOTT*** sein. Das haben Sie alle auch im Konfirmandenunterricht gelernt und das haben wir eben auch bekannt im Glaubensbekenntnis: ***JESUS* ist *GOTT*!** Hier ist ***JESUS*** gemeint, auf den wir sehen sollen, und niemand anderes!

Da würde vielleicht Sokrates fragen - und Sie auch: „Sind Sie sich da ganz, ganz sicher?" Darauf sage ich: „Ja, da bin ich mir ganz, ganz sicher. Da gibt es nicht einen Millimeter zu weichen." Und wenn Sie es nicht glauben wollen, dann lesen Sie eine der Kernstellen des Neuen Testamentes in der Pfingstpredigt des Apostel Petrus (Apostelgeschichte 2,14-36). Da nimmt er sich zehn Zeilen Zeit, um das deutlich klar zu machen, wenn er vom ***HERRN*** gesprochen hat. Das war ***CHRISTUS***, der Gekreuzigte! Lesen Sie es zuhause nochmal nach. Also da müssen und können wir nur eindeutig sein, dass wir sagen: Der, der auch hier gemeint ist in Psalm 34, ***die auf IHN*** - die auf Gott - ***schauen***, das ist ***JESUS***. Die auf ***JESUS*** sehen, ***werden strahlen vor Freude und ihr Angesicht soll nicht schamrot werden.***

Das müssen wir als Erstes ganz klar festhalten. Nochmal: Einmal sagt die Bibel immer wieder, ***GOTT*** ist der ***HERR*** und ***JESUS*** ist der ***HERR***, also ist ***JESUS GOTT***. Und zweitens: In der Pfingstpredigt, diese entscheidende Stelle für die Kirchwerdung der Gemeinde Jesu, da wird das ganz deutlich gesagt, dass DER, auf den David geschaut hat, dass das ***JESUS*** gewesen ist. Also das können wir aus der Bibel wissen, dass hier Jesus gemeint ist.

Wenn wir das abgehakt haben, kommen wir zur **zweiten Frage**. Gut, wenn wir wissen, dass Jesus gemeint ist. Auf den sollen wir sehen, dann werden wir strahlen vor Freude. **Aber wie kann man denn Jesus sehen?** Kann man Jesus sehen? Wenn meine Frau und ich Besuch kriegen - Leute, die noch nie in Bremen waren -, dann führen wir sie natürlich auch hier in die Kirche und zeigen ihnen, was es hier zu sehen gibt. Da wird die Orgel präsentiert, das Neanderfenster, die Kanzel und die wunderbaren Kronleuchter. Da gehen wir mit ihnen zum Roland, in die Böttchergasse und zeigen auch das Rathaus. Das kann man alles sehen. Aber haben Sie schon einmal Jesus gesehen? Jesus können wir mit den Augen nicht sehen. Da legt die Bibel auch ganz viel Wert drauf. Die Bibel sagt, dass wir Jesus nicht sehen können, das kennen wir schon aus der Ostergeschichte (Johannes 20,24ff). Als da die Mitjünger dem ungläubigen Thomas sagen: ***Wir haben den HERRN gesehen,*** sagt er: ***Wenn ich nicht in seinen Händen die Nägelmale sehe und lege meinen Finger in die Nägelmale und lege meine Hand in seine Seite, kann ich's nicht glauben.*** Da kommt Jesus, und Thomas bekommt das geschenkt. Dann sagt Jesus einen wichtigen Satz:

> ***Selig sind, die nicht sehen und doch glauben!***

Das ist unsere Situation: Wir sehen IHN nicht. Der Apostel Paulus schreibt in 1. Korinther 2, Vers 9:

> ***Sondern wir reden, wie geschrieben steht (Jesaja 64,3): »Was kein Auge gesehen hat und kein Ohr gehört hat und in keines Menschen Herz gekommen ist, was Gott bereitet hat denen, die ihn lieben.«***

Oder in 2. Korinther 5,7:

> ***...denn wir wandeln im Glauben und nicht im Schauen.***

Jetzt werden einige sagen: „Ja, wie das denn jetzt, Pastor Latzel? Jetzt passt doch gar nichts mehr beieinander! Jetzt können wir die Predigt abbrechen! Jetzt haben Sie sich doch selber widersprochen! Auf der einen Seite sagen Sie, die Bibel sagt klar und deutlich, wir sollen auf Jesus gucken, aber dann sagen Sie, man kann ihn gar nicht sehen. Wie kommt das denn zueinander?" - Nun, da muss man wissen, dass die Bibel noch andere Augen kennt als die leiblichen. Also das, was wir hier so mit unserer Optik erfassen können, was im Alter immer ein bisschen schwächer wird, was wir dann mit Kontaktlinsen oder Brillen oder mit einer Operation ein bisschen korrigieren können, das sind nicht die Augen, die hier gemeint sind, das sind die leiblichen Augen. Das, was hier gemeint ist, das sind die Augen des inwendigen Menschen, die „inwendigen" Augen. Was ist das jetzt? Lassen Sie mich das Ihnen erklären. Die Bibel kennt den inwendigen Menschen, der das sieht, was nicht zu sehen ist. 2. Korinther 4,18:

> ***... die wir nicht sehen auf das Sichtbare, sondern auf das Unsichtbare. Denn was sichtbar ist, das ist zeitlich; was aber unsichtbar ist, das ist ewig.***

Hier spricht die Bibel von diesen inwendigen Augen und es wird noch deutlicher in Epheser 3, wo Paulus für die Gemeinde betet. Da sagt er:

> ***Deshalb beuge ich meine Knie vor dem Vater, von dem jedes Geschlecht im Himmel und auf Erden seinen Namen hat, dass er euch Kraft gebe nach dem Reichtum seiner Herrlichkeit,*** (und jetzt kommt es!) ***gestärkt zu werden durch seinen Geist an dem inwendigen Menschen...***

Paulus bittet nicht, dass ihr ein gesundes Herz habt und dass ihr klar gucken könnt, dass die Haare noch wachsen im hohen Alter. Das ist vollkommen egal, was mit unserem vergänglichen Leib passiert. Er betet für die Gemeinde in Ephesus, dass sie durch den Heiligen Geist stark werden am inwendigen Menschen, auf dass die inwendigen Augen das erkennen, was und wer Jesus Christus ist. Das können wir mit den leiblichen Augen nicht sehen. Das kann nur der inwendige Mensch.

Das war jetzt ziemlich theologisch und kompliziert. Ich will das mal runterbrechen, mal praktisch machen. Es gibt eine Menge Leute, auch heute morgen unter uns, die haben in Kirche und Gemeinde schon eine Menge gesehen. Sie haben auch schon mal in der Bibel gelesen, haben schon Predigten gehört, aber sie haben noch nie mit den inwendigen Augen Jesus Christus gesehen. Ich kann Ihnen von zwei extremen Beispielen berichten: Unser ehemaliger Pastor Dr. Dr. Huntemann, der lange von dieser Kanzel gepredigt hat. Das war ein hervorragender und brillanter Theologe, der hatte promoviert in Theologie und in Philosophie. Huntemann hatte seine Examina an den Unis gemacht und dann wurde er hier Pfarrer. Als er das zweite Examen da drüben im Landeskirchenamt machte, da haben die Prüfer geschlottert vor Angst, weil er Antworten auf Fragen wusste, da wussten sie nicht einmal von der Existenz der Fragen. Der kannte viele Dinge, hatte sich mit Jesus und mit allem beschäftigt, war in der Gemeinde aufgewachsen. Aber wissen Sie, was das Problem bei diesem Huntemann war? Der kannte Jesus nicht! Und dann irgendwann - er war schon lange Pfarrer der Rembertikirche - da ist er zu einer Evangelisation nach Hamburg gefahren, zu Billy Graham. Nicht, weil er sich da irgendwie ansprechen lassen wollte. Der wollte diesem amerikanischen „Spinner" mal erklären, was der für einen „Dreck" erzählt. Und dann geht er zu dieser Evangelisation, kriegt die Augen geöffnet am inwendigen Menschen und erkennt Jesus! Der war schon Pfarrer! Also schämen Sie sich nicht, wenn Sie heute morgen hier sitzen und sagen: „Ja, ich bin zwar konfirmiert und bin ja auch kirchlich getraut und ich gehe auch ab und zu in den Gottesdienst, aber ich habe Jesus noch nie gesehen, von dem da die Rede ist." Das ist keine Schande! Eine Schande ist, wenn Sie jetzt sitzen bleiben und sich nicht wirklich nachher aufmachen und sich in Bewegung setzen!

Oder denken wir an Pastor Müller, den gesegneten Pfarrer aus der Matthäus-Gemeinde. Der ist auch erst im Dienst zum gläubigen Menschen geworden. Er hat auch Theologie studiert, Leute beerdigt, getraut, Konfirmandenunterricht gehalten, aber die inwendigen Augen waren ihm noch verschlossen. Das kann man nicht durch irgendein Studium bekommen, das schenkt Gott einem im Heiligen Geist. Dass ich die Augen geöffnet bekomme für JESUS CHRISTUS und dass ich IHN erkenne. Ich kann fragen: „Wer ist Jesus?". Dazu weiß fast jeder heute was zu sagen, der ein bisschen Bildung hat. Aber dass ich wirklich erkenne, wer der HERR ist, und dass mir dieses Erkennen von den inwendigen Augen her auch die Freude schenkt, dazu braucht es den Heiligen Geist. Übrigens, man kann sich mit Jesus beschäftigen, solange man will. Solange der Heilige Geist nicht die inwendigen Augen öffnet, kann man zwar eine Menge über ihn wissen, aber wird nie die Freude bekommen. Übrigens, ist es das erste wichtige Zeichen, dass ich schon mal JESUS gesehen habe, dass ich unbändige Freude in mir spüre, von der hier die Rede ist, wenn ich auf JESUS sehe.

Leider ist das so, dass in dieser Welt der Teufel den Menschen die Augen verblendet, dass er ihnen die Augen schließt, damit sie JESUS nicht erkennen. Das sind häufig ganz gebildete Menschen, aber im inwendigen Menschen sind sie blind. In 2. Korinther 4,4 heißt es:

> ***...den Ungläubigen, denen der Gott dieser Welt den Sinn verblendet hat, dass sie nicht sehen das helle Licht des Evangeliums von der Herrlichkeit Christi, welcher ist das Ebenbild Gottes.***

Oder lesen Sie im Buch der Offenbarung über die Gemeinde Laodicea. Die haben sich dort wer weiß was eingebildet, die hatten richtig Kohle und waren eine reiche Gemeinde. Alles war wunderbar, da war alles gut gesättigt. Und dann kommt der Seher Johannes und er sagt ihnen das Urteil. Er wirft ihnen vor, dass sie lau sind und sagt:

> ***Du sprichst: Ich bin reich und habe mehr als genug und brauche nichts!, und weißt nicht, dass du elend und jämmerlich bist, arm, <u>blind</u> und bloß.*** (Offenbarung 3,17)

Sie hatten sich in Laodicea so wunderbar eingerichtet. Der ganze kirchliche Betrieb lief besser als irgendwo anders. Und dann bekommen sie dieses Wort, nämlich am <u>inwendigen</u> Menschen war gar nichts. Die Augen waren verschlossen, ***dass du***

***elend und jämmerlich bist, arm, blind und bloß*** bist, sagt der Seher Johannes. Genau das ist gemeint mit den inwendigen Augen. Also, das ist ganz wichtig als Antwort auf diese zweite Frage: Wie kann man Jesus sehen? Nicht mit diesen körperlichen, leiblichen Augen. IHN können wir nur sehen mit dem inwendigen Menschen. Das kann nur der Heilige Geist schenken, dass die inwendigen Augen geöffnet werden für JESUS.

**Eine dritte Frage** an unseren Predigttext - denn das ist verheißen, wenn man diesen Jesus dann sieht mit den inwendigen Augen: **Wie kann man dann Freude bekommen?** Wenn mich Sokrates so fragen würde (er war ja kein Christ), würde ich antworten: „Das kann nur einer fragen, der Jesus nie gesehen hat." Dann würde ich ihm erzählen davon, wie ich Freudigkeit habe, wenn ich auf meinen HERRN Jesus Christus schaue.

Sehen Sie, wenn Sie die Schöpfungsgeschichte in Genesis 1 lesen und sehen, wie der dreieinige Gott, wie JESUS da die Welt geschaffen hat, da wird man einfach froh, zu wissen, dass man so einen mächtigen HERRN hat, der das mit einem Wort (!) machen kann, dass ER Himmel und Erde schaffen kann.

Ich lese in der Bibel die Geschichte, wie Jesus den Petrus da rauszieht aus dem Wasser. Petrus, der, solange er auf den HERRN guckt, auf dem Wasser gehen kann, und sobald er auf die Wellen guckt, untergeht. Da lese ich, wie der HERR ihm die Hand entgegen streckt und werde froh darüber - genauso wie Petrus. Der HERR ist da mit seiner Hand, mich reißt er auch raus.

Ich lese die Geschichte von Zachäus, der auf dem Baum sitzt, wie der HERR ihn herunterruft, da werde ich einfach froh drüber, was unser HERR ist, der jeden einzelnen sieht und beim Namen kennt.

Ich werde froh über die Ostergeschichte. Was ist das für eine herrliche Geschichte! Ich habe jetzt unserem Verantwortlichen für den Gemeindebrief gesagt, der da noch ein bisschen Platz im Gemeindebrief hatte und mich fragte, was man noch reinschreiben sollte: „Dann schreib Matthäus 28 rein, diese herrliche Geschichte, weil ich immer so froh darüber werde."

Also ich könnte Ihnen erzählen, wo ich überall froh und freudig drüber werde, über welche Geschichten. Aber wissen Sie, wo ich am meisten glücklich drüber werde? Die meiste Freude empfinde ich, wenn ich aufs Kreuz schaue! Es heißt doch in der Pfingstpredigt, dass der Gekreuzigte gemeint ist, auf den David schaut. Wenn ich aufs Kreuz schaue, auf dieses Bild, da werde ich am glücklichsten. „Wie kann man da Freude kriegen", würde dieser Sokrates vielleicht fragen, „wenn man sieht, dass einer da die Nägel durch die Hände und durch die Füße geschlagen bekommt und elendig verreckt?" Übrigens, das ist auch von vielen Intellektuellen in unserer Gesellschaft immer wieder gefragt worden. Die Älteren wissen das noch. Alfred Rosenberg, der Name sagt Ihnen etwas, der Chefideologe der Nationalsozialisten. Der hat das Buch geschrieben „Der Mythos des 20. Jahrhunderts". Darin schreibt er: Wir müssen ein anderes Christentum haben. Erst erklärt er, dass Jesus Arier gewesen ist, also gar kein Jude war, und dass man auf alle Fälle das Kreuz eliminieren müsse, weil der Anblick eines Gekreuzigten ein Anblick der Schwäche sei und das würde unser Herrenvolk, die Deutschen, nicht vertragen. So argumentierte Rosenberg - so einen Wahnsinn! Also aufs Kreuz blicken, war ein Anblick der Schwäche und das sollte nicht sein. - Wie kann man das denn kriegen: aus dem Blick aufs Kreuz Kraft und Freude, dass man sich richtig freuen kann am Leben.

Übrigens, war Rosenberg nicht allein. Viele Theologen der evangelischen Kirche behaupten, dass wir das Kreuz nicht brauchen, das sei nicht notwendig gewesen. Was für ein Wahnsinn! Das Kreuz ist das Wichtigste, was es gibt und das, was am Kreuz geschehen ist. Wer JESUS kennt, wer auf IHN und aufs Kreuz schaut und daran Freude findet, der weiß, dass JESUS ihm die Augen geöffnet hat.

Übrigens, wenn man dann JESUS gesehen hat, wird man auch einen Schreck kriegen. Das erste Zeichen dafür, dass man die inwendigen Augen geöffnet hat, ist, dass man sich freut. Das zweite Zeichen ist, dass man auf einmal einen richtigen Schreck bekommt, wenn man das Kreuz das erste Mal erkannt hat. Das, was man im Konfirmandenunterricht gelernt hat, was man in den Predigten gehört hat, dass Jesus für alle Menschen gestorben ist ... - ja, ja, ja, das geht hier rein und da wieder raus, man hat es intellektuell verstanden. Aber wenn man es am inwendigen Menschen begreift, da kriegt man einen wahnsinnigen Schreck. Da wird einem klar, dass da der lebendige Gott am Kreuz hängt. Das ist nicht die Schuld von einem Pilatus, nicht von irgendeinem Hohepriester, der ihn hingebracht hat, nicht von den römischen Legionären, die die Hämmer bedient haben. - Das ist **meine** Schuld! Paul Gerhardt schreibt:

*Nun, was du, HERR, erduldet,*
*ist alles meine Last;*
*ich hab es selbst verschuldet,*
*was du getragen hast.*
*Schau her, hier steh ich Armer,*
*der Zorn verdienet hat.*
*Gib mir, o mein Erbarmer,*
*den Anblick deiner Gnad.*

Also, wenn Sie noch keinen richtigen Schrecken über das bekommen haben, was auf Golgatha geschehen ist - auch dann muss ich Ihnen leider sagen -, dann hat der Heilige Geist Ihnen überhaupt noch nicht die Augen geöffnet. Dann sind Sie noch ganz am Anfang Ihres Glaubens, wenn Sie noch nicht erkannt haben, dass das Kreuz von Jesus Christus für Sie, für dich geschehen ist. Das war eine Erkenntnis in meinem Leben. Als ich das erkennen musste, dass der HERR Jesus für mich gehangen hat, und als er geschrien hat, ***Vater, vergib ihnen, denn sie wissen nicht, was sie tun***, da hat er geschrien, „Vater, vergib Olaf Latzel, denn er weiß nicht, was er tut." - „Ja, aber Pastor

Latzel, aufhören damit, aufhören! Sagen Sie uns doch mal, wie man Freude kriegen kann aus dem Kreuz." Man erkennt das erst aus dem Erschrecken, aber dann versteht man auch das ***Vater vergib ihnen***.

Wenn man das Kreuz verstanden hat, was am Kreuz geschehen ist, dass es für einen selber geschehen ist, dann kriegt man richtige tiefe Freude. Wissen Sie, was am Kreuz passiert ist? Der ganze Dreck meines Lebens, all meine Fehler, all meine Sündhaftigkeit hat der HERR Jesus da erledigt. Alles, alles, was schief gelaufen ist, was ich falsch gemacht habe, und alles, was ich noch falsch machen werde, das hat alles der HERR getragen. Man kriegt erst einen Schrecken, aber dann wird man glücklich drüber, weil Jesus einem ja den Anblick seiner Gnade schenkt. Er schenkt einem den Trost des Gewissens. Wissen Sie, das Gewissen, das ist im Menschen drinnen, so wie es ein Herz und ein Gehirn gibt, so gibt es eine Seele und das Gewissen. Ob ich an Gott glaube oder nicht: Mein Gewissen kann ich nicht ausschalten. Das Gewissen, mein innerer Gerichtshof, klagt mich immer wieder an. Übrigens: Glauben Sie nicht, dass das nur eine Idee von Theologen ist. Als man damals die Nazis verurteilt hat, 1946 in Nürnberg, konnten sie ja alle sagen: „Ja, das stand ja bei uns in den Gesetzen drin, dass z.B. Juden keine richtigen Menschen sind." Dann haben die Alliierten gesagt: „Es gibt ein Naturgesetz, es gibt ein Gewissen und das weiß jeder, was richtig und falsch ist. Jeder weiß, dass es falsch ist, Menschen in die KZs zu bringen." Das ist das Gewissen! Und glauben Sie mir, es ist etwas Furchtbares, nicht nur, wenn man Schuld erlitten hat, sondern auch wenn man Schuld getan hat und wenn das Gewissen einen packt. Das weiß ich aus der Seelsorge mit älteren Menschen. Wenn Menschen älter werden, fängt das Gewissen an zu sprechen. Da ist niemand, auf den man die Schuld werfen kann. Das macht Menschen fertig!

Wissen Sie, wenn Sie auf JESUS gucken, dann haben Sie den Trost des Gewissens. Da ist man getröstet. Hier heißt es in unserem Predigttext: ***Die auf ihn sehen, werden strahlen vor***

***Freude und ihr Angesicht soll nicht schamrot werden.*** Warum werden wir denn schamrot im Gesicht? Weil wir uns für etwas abgrundtief schämen, weil wir wissen, wir sind schuldig geworden. Das kennen wir alle, nicht? Wenn ein kleines Kind dabei ertappt worden ist, wenn es die Eltern belogen hat und es sich der Schuld bewusst wird, da wird es knallrot. Das wissen wir, wir kennen diese Dinge. Aber wenn wir auf JESUS sehen, so heißt es hier, dann wird unser Angesicht nicht schamrot werden. Da können wir selbst einst vor dem Allmächtigen stehen. Wir müssten schamrot werden ob unserer Schuld, die wir getan haben, aber wir werden es nicht, weil diejenigen, die auf Jesus sehen, mit ihrem Blick ausgerichtet sind auf den HERRN und Heiland. Die werden nicht schamrot, weil sie sich für nichts mehr schämen müssen. Alles, was zu schämen wäre, ist getilgt durch das Blut Jesu Christi. Es ist weg. Halleluja! Das ist Freude! Es ist einfach nur noch unverdiente Gnade. Ich habe sie nicht verdient und ihr alle habt sie nicht verdient, aber der HERR, Jesus Christus, hat sie uns geschenkt auf Golgatha. Das ist das Wunderbare!

> ***Die Strafe liegt auf IHM, auf dass wir Frieden hätten, und durch seine Wunden sind wir geheilt,*** sagt der Prophet Jesaja (53,5).

Der Friede, den wir haben, das ist der ewige Friede mit Gott und der Friede unseres Gewissens, der in uns ist. Wenn bei dir in deinem Leben irgendetwas nicht stimmt und nicht in Ordnung ist, dann kann ich dich nur einladen: Blick auf den HERRN Jesus und lade alles ab. Der HERR schenkt dir den Trost und die Ruhe, den Frieden deines Gewissens. Du brauchst für nichts mehr schamrot zu werden, wenn du JESUS hast, weil ER für alle deine Schuld gestorben ist.

**Ein Viertes** und Letztes, was der gute Sokrates vielleicht fragen würde, wenn er so eine Predigt hören würde. Er würde vielleicht fragen: **„Muss man, kann man, darf man denn das Schauen auf Jesus so glorifizieren?"** Muss das so sein, dass man so deutlich einen ganzen Gottesdienst hindurch auf dieses Thema eingeht? Gibt es nicht auch andere Erfahrungen, wo Menschen, die auf Jesus geschaut haben, treue Christen, ganz andere Dinge mitgemacht haben? Der eine oder andere von uns, der weiß das vielleicht aus dem eigenen Leben: „Klar, ich bin seit 30, 40, 50 Jahren Christ, aber hier erlebe ich so wenig von der Freudigkeit. Ich habe so viel Elend hier. Stimmt dieses Wort denn? Wo kann man das so uneingeschränkt glorifizieren und hochhalten?" - Wissen Sie, jetzt wünschte ich, wir könnten gemeinsam einen Schritt in die Ewigkeit machen. Das können wir nicht, aber wir denken das mal so irreal. Manchmal denke ich so, wenn ich über Gott nachdenke, einfach auch darüber, wie es in der Ewigkeit ist. Wir hätten zu tun und könnten Menschen treffen, von denen eben die Rede war im Hebräerbrief, die wirklich Schlimmes erlebt haben, die zersägt worden sind, die durchs Feuer gegangen sind, wo man wirklich sieht, ihr Leben ist furchtbar geendet, weil sie auf JESUS geblickt haben.

Ich denke an einen Stephanus. Er steht da und guckt in den geöffneten Himmel und sagt (Apostelgeschichte 7,56):

> ***Siehe, ich sehe den Himmel offen und den Menschensohn zur Rechten Gottes stehen.***

Dann schmeißen sie die Steine auf ihn, er wird getötet, fällt in den Dreck und sagt

> ***HERR, rechne ihnen diese Sünde nicht an!***

Und dann stirbt er. Gesteinigt!

Ich denke an Petrus und Paulus, die beide furchtbar gelitten haben und gekreuzigt worden sind, wie der HERR Jesus. Ich denke an Johannes Hus, der in Konstanz am Konzil war, der für seine Meinung verbrannt wurde für dieses klare Evangelium. Ich denke an Traugott Hahn, der gestorben ist, weil er das

Evangelium verkündet hat vor den Kommunisten und nicht eingeknickt ist. Ich denke an einen Paul Schneider, der das Evangelium rausgeschrien hat im KZ von Buchenwald und der dafür tot geprügelt wurde. Ich denke an Dietrich Bonhoeffer, der gehangen wurde, nur weil er an Jesus Christus geglaubt hat.

Jetzt stellen wir uns mal vor, wir würden vor dieser Wolke der Zeugen stehen und denen könnten wir diese Frage stellen: „Sagt mal aus eurer Erfahrung: Kann man Jesus zu sehr glorifizieren? Ihr seid ja alle gescheitert in eurem Leben, vor der Zeit abberufen, viel zu früh gestorben, eure Kinder musstet ihr zurücklassen. Ist das wahr, dass das so wunderbar ist, auf JESUS zu sehen?" Also, wenn ich denen die Frage stellen würde, die würden mich für bekloppt erklären und sagen: „Pastor Latzel, weißt du, was du da fragst? Jesus zu sehr zu glorifizieren? Das geht überhaupt gar nicht. Das ist schlechterdings ein Unding. Man kann den HERRN überhaupt nicht zu sehr glorifizieren. Wir, zuschanden geworden? Wir, die wir hier stehen, die wir an der Schwelle des Todes von des HERRN Heilandes Hand gepackt und in die Ewigkeit gebracht wurden? Ja, der HERR hat uns einen Strich gemacht, einen dicken Strich durch unsere <u>weltliche</u> Rechnung! <u>Das</u> hat ER getan. Das haben wir vielleicht für den Moment auch nicht verstanden. Aber zuschanden worden? Niemals, nie!" Die würden mich fragen: „Pastor Latzel, kennst du denn nicht dieses Wort aus Psalm 25, wo es im Vers 3 heißt:

> ***...keiner wird zuschanden, der auf dich harret; aber zuschanden werden die leichtfertigen Verächter.***

Keiner, niemand! Und wir überhaupt nicht. Wir sind die Weizenkörner gewesen, die der HERR in die Erde gelegt hat, damit seine Gemeinde wächst. Wir sind geadelt durch das, was wir tun durften. Nein, wir sind niemals zuschanden geworden." Und wenn ich nochmal nachfragen würde, „Ist das wirklich so, dass ich die Bedeutung des Blicks auf den HERRN Jesus gar nicht genug glorifizieren könnte?", da würden sie sagen: „Du kannst IHN überhaupt gar nicht genug glorifizieren. Das geht überhaupt nicht, sondern ganz im Gegenteil. Sag das den Menschen, mit denen du zu tun hast, sie sollen nur auf JESUS blicken. Es ist vollkommen egal, was dann passiert."

Das möchte ich heute Morgen tun. Ich möchte werben mit dieser Predigt. Bitte, blickt auf JESUS CHRISTUS, schaut auf den HERRN, schaut auf IHN und ich darf euch versprechen: Ihr werdet strahlen vor Freude und euer Angesicht wird niemals schamrot werden!

Ich wünschte, ich könnte es euch eintrichtern, eintrichtern mit dem Nürnberger Trichter. Mein alter Mathelehrer, das war ein alter Wehrmachtsoffizier, der sagte das immer in so einem Bild: „Ich muss euch halt den Nürnberger Trichter bringen, da muss ich die mathematische Gleichung in euch reinstopfen, wenn ihr die nicht kapiert!" Diesen Nürnberger Trichter wünschte ich mir auch, aber nicht für mathematische Gleichungen, den wünschte ich mir für diese Erkenntnis, nur noch auf JESUS zu schauen.

Aber wissen Sie, im Reich Gottes wird nicht eingetrichtert, in das Reich Gottes wird auch nicht reingeprügelt und reingeschubst. Das nicht! Ins Reich Gottes wird eingeladen und auch zum Schauen auf JESUS wird eingeladen. Deshalb keine Angst! Ich springe jetzt niemanden an, aber ich möchte dich und Sie einladen, im Namen Jesu Christi stehe ich als sein Bote hier und lade dich ein:

Schau auf den HERRN! Schau auf JESUS, damit du Hilfe und Kraft hast für die Situation, die jetzt vor dir liegt. Schau auf JESUS, damit du Orientierung für dein Leben findest. Schau auf JESUS, damit du Trost und Hoffnung in deiner Traurigkeit erhältst. Schau auf JESUS, auf dass die Bedeutung des Kreuzes dir klar und deutlich vor Augen steht und du strahlend vor Freude wirst. So kann ich euch allen nur dieses Wort unseres Gottes zurufen für euer Leben:

***Die auf JESUS sehen, werden strahlen vor Freude, und ihr Angesicht soll nicht schamrot werden.***

Möge unser HERR und GOTT dieses Wort an deinem Leben segnen. Amen.

Und der Friede unseres allmächtigen Gottes, der sehr viel höher ist als all unsere menschliche Vernunft, ER bewahre unsere Herzen und Sinne in Christus Jesus, unserem auferstandenen und lebendigen HERRN. Amen.

## Über den Engel des HERRN - Ein Psalmwort wird durchbuchstabiert

Psalm 34,8

Gnade sei mit euch und Friede von dem, der da war und der da ist und der da sein wird, in alle Ewigkeit, unser HERR, Jesus Christus. Amen.

Liebe Gemeinde, der Predigttext für diesen Sonntag ist das Losungswort, mit dem ich Sie zu Beginn des Gottesdienstes schon begrüßt habe. Wir finden dieses Wort in Psalm 34 im Vers 8. Dort heißt es:

***Der Engel des HERRN lagert sich um die her, die IHN fürchten, und hilft ihnen heraus.*** Amen.

**Wir wollen beten:** Lieber Heiland, wir wollen dir Dank sagen für dieses wunderbare verheißende Wort, das du uns als Losung für diesen Tag geschenkt hast, mit dem du uns jetzt einfach begegnen willst in diesem Gottesdienst, in dieser Predigt. Wir wollen dich bitten für diese Predigt, dass du jedem Einzelnen von uns klar und deutlich sagst, was du ihm zu sagen hast, was er hören soll. Damit das passiert, dass wir deine Stimme vernehmen können in dieser Predigt, HERR, dazu brauchen wir deine Hilfe. Und darum wollen wir dich bitten, HERR: Segne du selber Reden und Hören deines heiligen und lebendigen Wortes an uns allen. Amen.

Liebe Gemeinde, als Jugendlicher habe ich einige Jahre in einem Posaunenchor gespielt, ohne dass das den Posaunenchor weitergebracht oder ich mich besonders hervorgetan hätte. Da durfte ich so ein bisschen näher an die Musik herangeführt werden. Ich habe es auch nur bis zur zweiten Stimme gebracht. Wenn wir ein neues Stück einübten, dann spielte der Posaunenchor-Leiter uns zwar selber kurz die Melodie vor, dann aber hat er sie mit uns wirklich durchbuchstabiert. Es wurde Stimme für Stimme geprobt: erste Stimme, zweite Stimme, Bass,

Tenor. Danach wurden - je nachdem, wie schwer das Stück war - die besonders schweren Dinge herausgegriffen; dann Takt für Takt nochmal durchgespielt, bis wir es schließlich soweit drauf hatten und in Gänze spielen konnten.

Warum erzähle ich Ihnen das? Ich möchte heute in dieser Predigt genauso vorgehen, wie dieser Posaunenchor-Leiter. Ich habe Ihnen auch ein ganz wunderbares Stück aus der Bibel mitgebracht, diesen Psalm 34, Vers 8. Gott schenkt es Ihnen als Losungstext für diesen Tag. Und ich möchte dieses Wort mit Ihnen auch noch einmal durchbuchstabieren, damit es am Ende dieser Predigt in seiner ganzen Fülle, in seiner ganzen Herrlichkeit, neu für Sie erklingen kann. So habe ich diese Predigt überschrieben mit: **Über den Engel des HERRN - Ein Psalmwort wird durchbuchstabiert.** Ich habe vier Punkte:

**1. Der Engel des HERRN**
**2. Das Lagern des Engel des HERRN**
**3. Der Ort des Engel des HERRN**
**4. Die Hilfe des Engel des HERRN**

**Der erste Punkt: Der Engel des HERRN.** So will ich dieses Stück nochmal betonen:

> ***Der Engel des HERRN lagert sich um die her, die IHN fürchten, und hilft ihnen heraus.***

In diesem Wort geht es um den Engel des HERRN, und diesem Engel wollen wir uns zuwenden im ersten Punkt der Predigt. Engel, so kann man generell sagen, sind Werkzeuge Gottes; Werkzeuge, durch die Gott einen zum einen beschützt und zum anderen Botschaften mitteilt. Im Griechischen heißt übrigens das Wort für Engel *ángelos,* das heißt soviel wie Bote; und im Hebräischen ebenfalls *mal'akh,* ebenfalls Bote, Botschafter. Diese Engel sind Werkzeuge Gottes, keine eigenen geistlichen Geschöpfe, die eine Anbetung oder Verehrung verdient hätten, sondern sie sind in den Händen unseres lebendigen Gottes wie der Hammer in der Hand eines Schlossers oder eines Schmiedes. Die Bibel zeigt unterschiedliche Arten von Engel auf. Das ist ganz interessant. Es gibt die gewöhnlichen Engel. Wenn wir morgen am Heiligabend das 2. Kapitel aus dem Lukasevangelium hören, da ist die Menge der himmlischen Heerscharen über dem Stall in Bethlehem. Das sind die gewöhnlichen Engel, ganz viele Engel, die dort singen. Es gibt den Erzengel Michael, dann besondere Engel wie den Gabriel, wie wir eben gehört haben. Es gibt die Cherubim, diese streitbaren Engel, die etwa vor dem Paradies liegen. Die Seraphinen, die Jesaja sehen darf, als er die Gottesschau hat in Jesaja 6. Es gibt einen starken Engel, davon berichtet die Offenbarung. Es gibt die Schutzengel. Es gibt schließlich auch die Engel, die ihre Bestimmung verlassen haben - die gefallenen Engel, die sich dem Wirkbereich des Widersachers unterstellt haben. Also, das ist ganz spannend und interessant. Ich habe vor einigen Jahren auch schon einmal eine Predigt nur über die so unterschiedlichen Arten der Engel gehalten. *Ein* Engel jedoch fällt aus dieser Gruppe raus. Ich habe Ihnen gerade verschiedene Dinge gesagt, aber einer fällt raus und steht über allem. Da fragt man sich: Ist das überhaupt ein Engel? Das ist die etwas rätselhafte Figur des Engel des HERRN.

Der Engel des HERRN. An besonderen Stellen im Alten Testament taucht dieser Engel auf. Übrigens wird das im Neuen Testament in der Lutherbibel schwach übersetzt. Da schreibt tatsächlich die Lutherbibel in Matthäus 1 und Lukas 1: ***der Engel des HERRN***. Das ist aber der Engel des HERRN aus dem Alten Testament bei der Verkündigung des Zacharias; da war es ja Gabriel, das war nicht der Engel des HERRN! Und auch bei der Verkündigung bei Josef ist es *ein* Engel, so steht es im Urtext. Leider übersetzt die Lutherbibel da sehr schwach. Da muss man gucken, das ist ein ganz großer Übersetzungsfehler. Es ist nicht *der* Engel des HERRN, der dort verkündigt, sondern *ein* Engel des HERRN, denn *der* Engel des HERRN ist etwas ganz Besonderes. *Der* Engel des HERRN ist Gott selber! Hier geht etwas ineinander, was wir so nur annehmen können, wie die Bibel das in der Brüchigkeit sagt. Aber es wird klar und deutlich aus den Bezügen, dass der Engel des HERRN Gott und damit Jesus selber im Alten Testament ist.

Ich will Ihnen das an einigen Stellen zeigen und beweisen. Zum Beispiel in 1. Mose 31,13 heißt es, dass Jakob im Traum der Engel des HERRN erscheint. Dann spricht dieser Engel und er sagt:

> ***Ich bin der Gott, der dir zu Bethel erschienen ist, wo du einen Stein gesalbt hast...***

Also, der Engel des HERRN sagt selber: ***Ich bin der Gott***. Genauso spricht er in 2. Mose 3, Vers 6, als Mose die Schafe seines Schwiegervaters Jethro hütet. Da erscheint ihm im brennenden Dornbusch der Engel des HERRN und er fängt an zu sprechen und sagt dann:

> ***Ich bin der Gott deines Vaters, der Gott Abrahams, der Gott Isaaks und der Gott Jakobs.***

Also, der Engel des HERRN bezeichnet sich selber als Gott. Das würde kein anderer Engel tun, kein Cherubim, kein Seraphin, keiner der gewöhnlichen Engel, nicht Michael, nicht Gabriel - das tut nur der Engel des HERRN!

Auch als Gideon eine Begegnung mit dem Engel des HERRN hat, ist es so, dass er dann zum Ende ein Opfer darbringt und der Engel das annimmt. Wäre der Engel nicht Gott, so hätte er das Opfer abgewehrt und hätte gesagt: Das darf nicht sein. An anderen Stellen der Bibel sehen wir das, etwa in der Offenbarung (19,10). Da will Johannes niederknien und den Engel anbeten, da sagt dieser: ***Tu es nicht! Ich bin dein und deiner Brüder Mitknecht, die das Zeugnis Jesu haben. Bete Gott an!*** Aber bei Gideon nimmt der Engel des HERRN diese Anbetung an. Also ist klar, dass hier Gott sein muss, der sich in besonderer Weise hier offenbart, dass Jesus den Menschen schon verborgen im Alten Testament entgegentritt. Ich könnte jetzt noch zahlreiche Stellen im Alten Testament aufführen. Zusammenfassend darf ich Ihnen sagen, dass der Engel des HERRN als Gott wahrgenommen wird, dass er als Richter handelt, dass er Dinge aus eigener Autorität befiehlt, dass er Anbetung annimmt, dass er Verheißungen schenkt, dass er tröstet. Das sind alles Eigenschaften, die dem lebendigen Gott, die Jesus Christus zugehören. Das ist ganz wichtig, das muss man klar haben, wenn man diesen Text liest. Es ist nicht irgendein Engelchen. Die Engel sind schon gewaltig und großartig, das ist etwas Fantastisches, wenn der HERR seine Schutzengel zu uns sendet. Ja, aber der Engel des HERRN, von dem hier die Rede ist, das ist noch etwas ganz anderes. Hier haben wir die Gegenwart des Lebendigen, Ewigen selber im Alten Testament. Hier tritt uns Jesus im Alten Testament entgegen. Das ist übrigens nicht meine Auslegung, sondern alle gläubigen Brüder in den letzten 2000 Jahren Kirchengeschichte haben das so verstanden. Das ist das Erste, das wir festhalten müssen, wenn wir diesen Text durchbuchstabieren, dass der Engel des HERRN der Lebendige selber, dass es Jesus selber ist.

**Ein zweiter Punkt,** dem ich mich zuwenden möchte, ist das Lager des Engel des HERRN. Noch einmal möchte ich diesen Text lesen. Da heißt es:

> ***Der Engel des HERRN lagert sich um die her, die IHN fürchten, und hilft ihnen heraus.*** Amen.

Der Engel des HERRN tut etwas. Sonst wird in der Bibel, im Alten Testament, nicht viel beschrieben, was der Engel des HERRN tut, deshalb ist das ein ganz besonderes Wort. Es sagt uns, dass sich der Engel des HERRN lagert. Und da lohnt es sich einfach, dieses Wort mal ein bisschen zu assoziieren, zu gucken, was das heißt, dass Gott, der Lebendige, sich im Engel des HERRN um uns herum lagert. Lagern hat ja etwas mit niederlassen zu tun. Also wenn man irgendwo hinkommt und sein Lager aufschlägt, dann bleibt man da ja für einige Zeit. Das heißt, da ist man dann (und da muss ich Ihnen jetzt etwas zumuten), da ist dann die Gegenwart von einem. So schenkt auch Gott uns, wenn wir ihn fürchten, seine Gegenwart. Das klingt so unspektakulär, ist aber das Größte, was es gibt. Übrigens so großartig, dass wir in unserer Liturgie das jeden Sonntag hier durchbuchstabieren. Wir singen immer als Allererstes: „Gott ist gegenwärtig". Ich habe das heute bei der Begrüßung so ein bisschen ausgeführt. Gott ist dort gegenwärtig, wo Zwei oder Drei in SEINEM Namen versammelt sind, wo sie IHM die Ehrfurcht bringen, dass sie am vierten Advent nicht zu Hause mit der Mutti das Frühstück ausdehnen bis um 1 Uhr, sondern sagen: „Nein, ich ziehe mich an, ich mache mich schick, ich gehe ins Haus unseres Gottes, IHM zur Ehre, weil ER gesagt hat, wir sollen den Feiertag heiligen." Bei diesen Menschen, die Gott Ehrfurcht geben, da lagert sich der Engel des HERRN, da ist die Gegenwart des Lebendigen bei uns.

Gegenwart Gottes ist das Großartigste und Wunderbarste, was es gibt. Als Salomo den Tempel gebaut hat, war das quasi der Endpunkt der Landnahme. Nicht nur, dass sie die ganzen fremden Völker niedergerungen haben, dieses Land in Besitz genommen haben, Häuser gebaut, Gärten angelegt und Weinstöcke angebaut haben, das ist alles wunderbar! Höhepunkt der Landnahme war letztlich der Bau des Tempels, und als Salomo betet, dass die Gegenwart Gottes einzieht in den Tempel. Oh, was für ein besonderer und heiliger, was für ein wunderbarer Platz! Aber hier wird uns gesagt, dass sich der Engel des HERRN um *die* lagert, dass Gott *da* seine Gegenwart hat, die IHN fürchten.

Im Englischen heißt dieser Vers: ***The angel of the Lord encamps around those who fear him***. ***Encamps*** - da steckt dieses *Camping* drin. Ich will nicht despektierlich von Gott sprechen, aber Gott *campt* bei uns, er nimmt *Lager* bei uns. Das ist das Wunderbare! Wenn wir IHN fürchten, dann ist ER bei uns. Die Gegenwart des lebendigen Gottes ist bei uns.
David sagt im Psalm 139,5 (Elberfelder): ***Von hinten und von vorn hast du mich umschlossen, du hast deine Hand auf mich***

***gelegt.*** Warum? Weil David Gott gefürchtet hat. Das ist das Tolle: Gott *lagert* sich um einen herum und sein *Lager* gibt einem Schutz.

Ich habe als junger Mann begeistert die Bücher von Reinhold Messner gelesen. Heute halte ich nicht mehr sehr viel von diesem Mann, weil er ein schlimmer Okkultist ist. Aber dieser Reinhold Messner ist unbestritten der beste Bergsteiger, den es jemals gegeben hat. Wenn man so Bücher gelesen hat wie „Alleingang zum Endpunkt“, wie er ohne Sauerstoff - zusammen mit Peter Habeler - den Mount Everest bestiegen hat; sie kommen herunter und sind fast am Sterben und es gibt für sie nur eine Sache: zurück ins Lager. Im Lager haben sie Schutz, da haben sie Essen, da ist das Zelt. Aber sie müssen noch gehen. Das ist etwas, was bei mir hochschießt, wenn ich das Wort *lagern* höre.

So ist Gott für mich. ER ist *mein* Schutz, ER ist *meine* Burg, ER ist *mein* Zuhause. Und wenn du diesen lebendigen Gott fürchtest, dann darfst du wissen, dann lagert ER sich auch um dich herum, dann hast du auch Schutz und Zuflucht. Übrigens, das Lagern Gottes wird an anderer Stelle (einer ganz wichtigen!) von dem Engel noch einmal gesagt, als die Menschen aus dem Paradies vertrieben werden. Da setzt Gott seine Cherubim, diese Kampftruppe, vor den Eingang des Paradieses. Da heißt es in 1. Mose 23:

> ***Und ER trieb den Menschen hinaus und ließ lagern vor dem Garten Eden die Cherubim mit dem flammenden, blitzenden Schwert, zu bewachen den Weg zu dem Baum des Lebens.***

Auch hier wieder dieser Begriff des Lagerns, dieser Schutzbegriff; hier natürlich zur Abwehr, dass die Menschen nicht mehr vom Baum des Lebens essen können. Aber Gott *lagert* sich bei *uns* und der Engel des HERRN ist nun mal eine ganz andere Nummer als diese Cherubim. Das ist schon gewaltig! Das ist das Wunderbare, dass sich der Engel des HERRN um *uns* lagert und *wir* in dieses Lager wirklich kommen dürfen.

Im Lager bekommt man ja allen Nachschub, den wir brauchen. Wenn Sie an irgendetwas Mangel haben, dann gehen Sie ins Lager, ob auf der Arbeit oder beim Bergsteigen. Sie kommen in Ihr Lager und bekommen dann Essen, Trinken, Wärme, was weiß ich. So ist es auch bei dem lebendigen Gott! Wenn ER sich um uns lagert, dann haben wir allen Nachschub in unserem (ich spreche jetzt im Bild) Lager in SEINER Gegenwart: Trost, Kraftzulagen, Wegweisung. Egal was wir brauchen, wir kriegen es bei dem Gott, der sich um uns lagert.

Aber nicht nur, dass wir dort die Kraftzulagen, den Trost, die Wegweisungen kriegen. Nein, wir haben dort auch unsere soziologische Beheimatung. Wenn sich Gott um uns lagert, dann gehören wir zum Lager Jesu. Es gibt ja auch Lager im Politischen, die Konservativen, die Linken und so weiter. Es gibt beim Militär und im Krieg auch unterschiedliche Lager, da ist die eine Heeresgruppe, dort ist die andere Heeresgruppe. Da gibt es Lager, denen man zugehört. Und wenn wir Gott fürchten, *lagert* sich, so sagt es dieses Wort, der Engel des HERRN um uns. Und damit gehören wir zum Lager Jesu. Durch die Gottesfurcht gehören wir zum *Lager* Jesu. Das ist etwas ganz Wunderbares, ein ganz starkes Bild, zu sagen: „Ich weiß, zu welchem Lager ich gehöre, weil ich Gott die Ehre gebe." Und umgekehrt: „Weil ich Gott die Ehre gebe, bin ich im Lager Gottes." Das ist etwas ganz, ganz Wunderbares! Wenn du Gott ehrst, wenn du ihn fürchtest, dann hast du eine Beheimatung, dann gehörst du zum Lager Gottes, weil ER sich im Engel des HERRN um dich herum lagert. Das Lagern des Engel des HERRN.

**Ein Drittes: Der Ort des Engel des HERRN.** Noch einmal möchte ich diesen Vers lesen:

> ***Der Engel des HERRN lagert sich um die her, die ihn fürchten, und hilft ihnen heraus.***

Das ist die Voraussetzung für das *Lagern* des Engel des HERRN, dass wir den lebendigen und heiligen und ewigen Vater, Sohn und Heiligen Geist *fürchten*. Dann - dann! - lagert er sich um uns herum. Die *Furcht* des HERRN schenkt uns das *Lagern* des Engel des HERRN. Wir haben schon häufig darüber gesprochen, das betont die Bibel immer wieder, wie wichtig die *Furcht* des HERRN ist. Auch das habe ich von dieser Kanzel schon häufig gesagt, aber weil es so zentral ist, wiederhole ich es gerne heute Morgen noch einmal. Die Bibel unterscheidet zwei Arten von Furcht. Einmal: Angst haben in dieser Welt; Angst, zu sterben; Angst, krank zu werden; Angst, kein Geld mehr zu haben; Angst, nicht fertig zu werden mit den Problemen, die vor mir sind; Angst um meine Ehe, und weiß der Kuckuck alles was. Diese Angst ist Gottes Kindern verboten!

Meine Lieben, wir haben die Lesungen gehört. Da kommen die Engel, und das Erste, was sie sagen, ist: ***Fürchte dich nicht!*** Der häufigste Satz der Bibel, auch das wiederhole ich immer wieder, lautet ***Fürchte dich nicht***! Ich weiß ja nicht, mit welcher Angst du heute morgen gekommen bist, was deine persönliche Angst ist. Die ist dir verboten von dem lebendigen Gott! Dieser lebendige Gott ruft dich heute Morgen zu einer Furcht auf, nämlich zu der Ehrfurcht vor IHM. „Schau auf MICH, habe Ehrfurcht vor MIR", so sagt der lebendige Gott heute Morgen, da brauchst du in dieser Welt vor nichts mehr Angst zu haben. Das ist das Geheimnis christlichen Lebens. Je größer unsere Ehrfurcht vor Gott, die in der Bibel geboten ist, desto kleiner wird unsere Weltangst. Das ist genau ein reziprokes (wechselseitiges) Verhältnis. Und je größer unsere Weltangst wird, desto kleiner ist unsere Ehrfurcht. Ehrfurcht ist das, wozu Gott dich heute Morgen aufruft. Wenn du die hast - das verheißt ER dir -, dann wird ER sich selber in seinem Engel, im Engel des HERRN, bei dir lagern. Dann hast du Gemeinschaft mit IHM. Ehrfurcht ist das Bewusstsein der unüberbietbaren Autorität unseres HERRN, das Bewusstsein der absoluten Heiligkeit Gottes, das Bewusstsein, dass diesem Gott fortwährend Anbetung, Lobpreis und Ehre gebührt. Diese Ehrfurcht hat die Welt nicht! Das können Sie sehen, wie Menschen zum Teil morgen Heiligabend feiern. Da geht es um Geschenke, um den Weihnachtsbaum, um das Essen, um den Nachtisch, um tausend Dinge, die für Menschen an Menschen gemacht werden. Aber die Ehrfurcht des lebendigen Gottes gibt es bei der Welt nicht. Das Gotteskind muss kein Weihnachten feiern, weil für das Gotteskind jeden Tag Heiligabend ist. Es weiß, es gibt einen lebendigen Gott. Und der in Ehrfurcht lebt, der hat keine Angst mehr vor dem Menschen. Zu dieser Ehrfurcht vor Gott sind wir aufgerufen, immer wieder Ehrfurcht zu haben; übrigens auch in unserem Gottesdienst, in der Liturgie, diese Elemente, die uns zur Ehrfurcht treiben. Viele Leute verstehen nicht, warum wir gewisse Dinge machen. Da hat alles, was wir tun, mit Ehrfurcht zu tun.

Beispielsweise, wenn wir singen „Ehre sei Gott in der Höhe", dann nicht deshalb, weil es so ein tolles Lied ist und weil uns nichts anderes einfallen würde. Nein! Weil das das Wichtigste ist. Das müssen wir jeden Sonntag, jeden Tag tun, die Ehre des lebendigen Gottes nicht nur besingen, sondern sie auch im Herzen haben, Ehrfurcht haben. Dass wir im Gottesdienst aufstehen vor dem Wort Gottes, das hat etwas mit der Ehrfurcht des lebendigen Gottes zu tun; weil wir ja wissen, dass Gott selber das Wort ist. Wenn ER spricht, wenn ER redet, dann stehen wir auf, weil wir sagen: Jetzt begegnet uns Gott in Seinem Wort und aus Ehrfurcht erheben wir uns. Wir machen nicht irgendwie ein Gesundheitsprogramm, weil es ganz gut ist, nach eineinhalb Stunden Sitzen mal aufzustehen, das ist besser für die Durchblutung in ihren Waden. Das mag es auch sein, aber das Zentrale ist die Ehrfurcht vor dem lebendigen Gott. Auch dass wir hier bei uns im Gottesdienst nicht klatschen, wir sind keine weltliche Vereinigung! Wenn hier einer eine gute Leistung bringt, ob auf der Orgel, auf der Kanzel, an der Posaune, wo auch immer, dann tut er das zur Ehre Gottes! Das ist ein Privileg, dafür braucht es keinen Beifall von Menschen. Ein lieber Bruder hat mich zum Beispiel gefragt: „Warum bleiben wir denn beim Nachspiel nicht sitzen, wenn der Organist spielt?"

Weil der Gottesdienst immer mit dem Segen beginnt, mit dem „Im Namen des Vaters, des Sohnes und des Heiligen Geistes", und endet mit dem Segen. Deshalb stehen wir auf. Alles andere ist nur weltlich, egal wie gut der Organist spielt. Aber das ist wichtig. Wir tun es aus Ehre und aus Wertschätzung gegenüber dem lebendigen Gott. Das ist übrigens auch das, was wichtig ist für uns als Gemeinde, das ist mir wichtig, das war meinen Vorgängern immer wieder wichtig: Wir wollen nichts sein für Menschen, wir wollen etwas sein zur Ehre, zum Lob Seiner Herrlichkeit, wie es übrigens in Epheser 1,12 steht:

***...damit wir zum Lob seiner Herrlichkeit leben...***

Damit ist eine Gemeinde immer gut aufgestellt, wenn sie nur nach Einem trachtet: zur Ehre und zum Lob des lebendigen Gottes zu leben. Wenn sie das tut, ist alles in Ordnung. Da kommen die menschlichen Dinge automatisch sowieso. Aber wehe der Gemeinde, wehe der Kirche, die anfängt, nicht in der Ehrfurcht Gottes mehr zu leben, nicht nach der Ehrfurcht Gottes zu trachten und zu verkündigen, sondern auf die Welt guckt! Nach dem Zweiten Weltkrieg standen dem Programm der EKD in Deutschland die Türen offen. Wir hätten machen können, was wir wollten. Und was haben die angefangen? Sie haben gesagt, wir müssen politische Bildung machen. Da hat man Bildungsinstitute gegründet und hat dieses Bonhoeffer-Wort falsch verstanden, Kirche für das Volk zu sein. Kirche für das Volk! Man will etwas sein in dieser Gesellschaft. Ich will nichts sein in dieser Gesellschaft. Ich will etwas sein zur Ehre und zum Lob des lebendigen Gottes.

Es gibt jetzt auch Gemeinden, die sich neue Konzepte geben. Dann sind sie auf einmal Familienkirche, Kirche für den Stadtteil. Da gibt's ganze Theologien, die sich daraus entwickeln, wie „Emerging Church". Da wird nicht erst geguckt, was in der Schrift steht, sondern da wird eine Gemeinde gegründet nach dem Motto: „Was braucht denn der Stadtteil"? Ich kann euch die Antwort geben, was ein Stadtteil braucht: Jesus! Jesus! Jesus! Nichts anderes! Nicht was Menschen brauchen, wollen oder sonst was, sondern was Gott denkt, was die Menschen brauchen. Das hat ER uns gesagt. Jesus! Jesus! Jesus! Nichts anderes! Jesus ist die Antwort und die Lösung für alles! Und zu SEINER Ehre, zu SEINEM Lob und zu SEINEM Preis wollen wir da sein. Wenn wir das tun, dann werden wir erleben, wie im Persönlichen und im Gemeindlichen der HERR Segen schenkt.

Wenn wir auf die Welt schauen, und wenn wir uns an der Welt ausrichten, dann werden wir genau das andere erleben. Dann spielen wir das Spiel des Teufels und der dekliniert uns von A bis Z durch, mit all den Ängsten, mit all den Sorgen, mit all den Schwierigkeiten. Lasst uns immer, gemeindlich wie persönlich, in der Ehrfurcht vor dem lebendigen Gott stehen. Dann hat ER uns verheißen, dass ER sich um uns lagern wird. Dann werden wir allen Segen haben, den wir brauchen. Die Bibel lädt ein zu einem Leben in der Furcht des HERRN, in der Ehrfurcht vor dem Lebendigen. Das möchte ich heute Morgen auch noch einmal ausdrücklich tun: dich einladen zu solch einem Leben, zu einem Leben in der Ehrfurcht vor dem lebendigen Gott.

**Ein Viertes,** was wir durchbuchstabieren wollen, ist der Schluss dieses Wortes, **die Hilfe des Engel des HERRN**.

> ***Der Engel des HERRN lagert sich um die her, die IHN fürchten, und hilft ihnen heraus.***

Der Engel des HERRN *hilft* heraus. Da habe ich mir überlegt: Woraus *hilft* denn Gott? Woraus *hilft* denn der Engel des HERRN? Nun, ER hilft aus Problemen und Schwierigkeiten. David, der diesen Psalm 34 geschrieben hat - wir kennen diese Geschichte - hat als junger Mann einmal ein großes Problem gehabt. Als er zu seinen Brüdern kommt, um ihnen Essen zu bringen, und mitbekommt, wie der Philister Goliath, der Philisterkrieger, Gott lästert und niemand aus seinem Volk aufsteht und dem wehrt. Die Ehre Gottes wird beschmutzt. Niemand ist in Ehrfurcht vor dem lebendigen Gott, sondern ganz Israel hat „die Hosen voll", hat Weltangst vor diesem tatsächlichen Super-Krieger, der über zwei Meter groß war und schwer bewaffnet gewesen ist.

Als David das mitbekommt, da sieht er nicht das Weltliche, sondern die Ehrfurcht Gottes. Die packt ihn so, dass er sagt: „Das kann nicht sein, dass der Name des lebendigen Gottes hier gelästert wird" und dann tritt er den Kampf an - im Namen des HERRN! Obwohl er nicht einmal das Schwert und die Rüstung von Saul tragen kann, die ihm angeboten werden, tritt er nur mit seiner kleinen Steinschleuder gegen diesen Super-Militärmann und Super-Krieger an. Und er darf erleben, wie Gott ihn rausholt. Das ist auch ein so wunderbares Wort, als David in den Kampf tritt und sagt in 1.Samuel 17,23:

> ***Der HERR, der mich von dem Löwen und Bären errettet hat, der wird mich auch erretten von diesem Philister.***

Da ist keine Angst bei ihm. Da ist ein Problem, eine große Schwierigkeit, oh ja! Aber da ist Ehrfurcht vor dem lebendigen Gott! Und dann darf David erleben, wie Gott selber ihm die Hand führt und ihm den Philister, diesen Goliath, in seine Hand gibt, und er ihn schließlich abschlachten kann.

Goliath ist das Sinnbild der übergroßen Probleme unseres Lebens, mit denen wir aus weltlicher Sicht nicht fertig werden. Wir nicht! Aber für unseren HERRN ist das ein Klacks! Der HERR schenkt uns diese Hilfe und holt uns aus diesen Problemen raus, wenn - ja, wenn wir IHN fürchten. Aber ER *hilft* uns nicht nur bei den Problemen und Schwierigkeiten, er *hilft* uns auch aus den Ängsten. Es gibt ein Wort im 2. Timotheusbrief:

> ***Gott hat uns nicht den Geist der Furcht gegeben, sondern der Kraft, der Liebe und der Besonnenheit.*** (1,7)

Vielleicht sagen Sie: „Ja gut, wenn der Latzel sucht in den 66 Büchern der Bibel, wird er schon irgendwo etwas finden, was da gegen die Furcht spricht. Aber Timotheus ist ein besonderes Buch. Sie wissen, Timotheus ist der junge Gemeindeleiter in Ephesus gewesen. Er hatte auch Ängste und hat gedacht: „Wie schaffe ich das denn, diese Gemeinde zu leiten, sie aufzubauen?" Und Gott sagt das dem Timotheus persönlich. Diejenigen von Ihnen, die so ein bisschen sprachgewandt sind, wissen, Timotheus heißt „Fürchte Gott". Fürchte Gott, das ist die deutsche Übersetzung dieses griechischen Wortes. Das heißt, was im Timotheusbrief steht, das gilt allen, die Gott fürchten. Und wenn wir Gott fürchten, dann gilt uns dieses Wort aus 2. Timotheus 1, Vers 7:

> ***Gott hat uns nicht den Geist der Furcht gegeben, sondern der Kraft, der Liebe und der Besonnenheit.***

Wenn du heute Morgen mit irgendeiner Weltangst, die dich bewegt, gekommen bist, dann kann ich dir nur eins sagen: Fürchte Gott! So wird Gott dir diese Angst nehmen und dir durch Seinen Geist Kraft, Liebe und Besonnenheit schenken. Das ist das Wunderbare, wenn man - so wie Timotheus - den HERRN fürchtet, dass man das erleben darf, dass selbst in angstvollen, furchtbaren Situationen der HERR kommt. Aber nicht nur in Ängsten. Auch in Depressionen, in Traurigkeit, in Trauer, hilft unser HERR heraus. Wenn wir IHN fürchten! Jesus selber sagt in Matthäus 11,28:

> ***Kommt her zu mir, alle, die ihr mühselig und beladen seid; ich will euch erquicken.***

Das möchte ich dir sagen, angesichts deiner Traurigkeit, deiner Trauer und deiner Depression: Fürchte den HERRN und ER wird dir heraushelfen.

Da kommen Leute zu mir und sagen: „Das dürfen Sie so nicht sagen, das ist eine unzulässige Verkürzung. Also, wenn einer Depressionen hat, da muss er zum Psychologen und zum Arzt!" Ja, Depression ist eine Krankheit, da muss man zum Arzt, aber vor allen Dingen muss man Ehrfurcht vor Gott haben. *Der* holt raus aus Depressionen. Lest es nach in 1. Könige 18 und 19, wie der depressive Elia geheilt wird. Ehrfurcht vor dem lebendigen Gott! Wenn ich das nicht mehr sagen kann, dann höre ich auf Pfarrer zu sein. Das werde ich immer sagen, weil es die Wahrheit ist. Gott holt nicht nur raus aus Sorgen und Problemen, nicht nur aus Ängsten, auch aus Depressionen, Nöten und Schwierigkeiten. Jesus selber sagt: ***Kommt her zu mir, alle, die ihr mühselig und beladen seid.*** ER hilft euch heraus! Dazu braucht ihr aber die Ehrfurcht vor dem lebendigen Gott, dass ihr wirklich auch sagt: „Ja, das kann Gott tun!“ Wer dann sagt, „Ja, da hat vielleicht mein Neurologe, mein Arzt mehr drauf als der lebendige Gott“, der gibt dem Arzt mehr Ehre als dem lebendigen Gott und muss sich nicht wundern, dass er zeitlebens Medikamente fressen wird und nicht geholfen bekommt. Gebt dem lebendigen Gott die Ehre! Fürchtet IHN und ihr werdet sehen, wie ER euch hilft, wie ER euch herausholt. Und das nicht nur aus Trauer, Depression, Ängsten und Sorgen. ER holt uns auch heraus aus der finalen Katastrophe, aus dem Tod. Der Engel des HERRN lagert sich um die herum, die ihn fürchten, und *hilft* ihnen heraus.

Ich fürchte meinen lebendigen Gott und ehre IHN, versuche IHN zu ehren mit meiner sündigen und kleinen Kraft, und weiß deshalb, dass dieses Wort wahr werden wird. Es wird wahr, ganz besonders im Moment meines Todes, wenn hier nichts mehr zu holen ist auf dieser Welt. Wenn biologisch das Finale eingeläutet wird, das Herz aufhört zu schlagen, der Verwesungsprozess eintritt und alles zerfällt und nichts mehr ist, dann ist ER da und hilft mir heraus aus all dieser Verwesung, aus all diesem Staub und all diesem Elend. Dann schenkt ER mir das ewige Leben bei IHM im himmlischen Jerusalem. Das ist das Wunderbare, dass unser Gott und HERR, wenn wir IHN fürchten, sich um uns lagert und dass er uns heraus hilft, selbst heraushilft aus dem Tod. Ich weiß nicht, mit welchem Hilfsbedürfnis du heute Morgen gekommen bist und du sagst: „Da ist Not, da ist Elend, da ist Schwierigkeit in meinem Leben“.

Weil du trauernd bist, weil du traurig bist, weil du Angst hast, weil du Sorgen hast. Ich weiß nicht, was es ist, was dich momentan bekümmert. Aber ich darf das sagen im Namen des lebendigen Gottes, dass er dir heraus helfen wird, wenn du ihn fürchtest.

***Der Engel des HERRN lagert sich um die her, die IHN fürchten, und <u>hilft</u> ihnen heraus.***

Vier Punkte, die wir durchbuchstabiert haben. Erstens, über den Engel des HERRN. Zweitens, über das Lagern des Engel des HERRN. Drittens, über den Ort des Engel des HERRN und viertens, über die Hilfe des Engel des HERRN.

Ich habe die Predigt begonnen mit der Erzählung davon, dass der Posaunenchor-Leiter, bei dem ich früher geblasen habe im Chor, uns immer wieder hat diese Stücke durchbuchstabieren lassen, die wir dann geprobt haben. Er hat es darum gemacht, damit wir hinterher dieses Stück als Ganzes spielen können, in all seiner Herrlichkeit, in all seiner Klarheit. Wir sollten hinterher das richtig erklingen lassen. Das wünsche ich mir für Sie, dass Sie dieses Losungswort für den heutigen Tag, das Gott Ihnen schenkt, jetzt wirklich auch ganz neu erklingen lassen können in Ihrem Leben. Vielleicht können Sie ein Stück intensiver und tiefer verstehen, was der lebendige Gott Ihnen gesagt hat. Deshalb haben wir es durchbuchstabiert und deshalb darf ich Ihnen, darf Ich dir noch einmal zurufen: Die Losung Gottes für dich, für diesen Tag und die Zeit, die vor dir liegt, lautet:

***Der Engel des HERRN lagert sich um die her, die IHN fürchten, und hilft ihnen heraus. Amen.***

Und der Friede unseres lebendigen Gottes, der sehr viel höher ist als alle unsere menschliche Vernunft, bewahre unsere Herzen und Sinne in Christus Jesus, unserem auferstandenen und lebendigen HERRN. Amen.

## Die Nähe des HERRN bei zerbrochenem Herzen!

Psalm 34,19

Gnade sei mit euch und Friede von dem, der da war und der da ist und der da sein wird in alle Ewigkeit, unser HERR Jesus Christus. Amen.

Liebe Gemeinde, es geht in diesem Gottesdienst um die Nähe Gottes. Wir wollen hören, als Predigtvers, ein Wort aus dem Psalm 34, den Vers 19. Dort heißt es:

***Der HERR ist nahe denen, die zerbrochenen Herzens sind.***
Amen.

**Wir wollen beten:**
Lieber himmlischer Vater in Jesus Christus, du Heiliger Geist, wir loben und wir preisen dich dafür, dass du uns immer wieder neu in deinem Wort begegnest und dass wir immer wieder neu Nähe mit dir haben dürfen in deinem Wort. Du schenkst uns allen, jetzt für diesen Sonntag, für die vor uns liegende Zeit, dieses Wort, in dem du uns deine Nähe zusagst in unsere Herzen, die zerbrochen sind. Wir wollen dich bitten, HERR, für dieses Wort, das du uns auslegen wolltest, dass du uns begegnest in der Predigt, in deinem guten Geist, auf dass wir es verstehen mögen für unser Leben. Das wird nur dann gelingen und geraten können, wenn du selber, HERR, uns deinen Geist für diese Predigt schenkst und du selber das Reden und das Hören deines heiligen und lebendigen Wortes an uns allen segnen wollest. Darum bitten wir dich in Jesu Namen. Amen.

***Der HERR ist nahe denen, die zerbrochenen Herzens sind.*** Wir wollen diese Predigt überschreiben mit: **Die Nähe des HERRN bei zerbrochenem Herzen**. Ein zerbrochenes Herz ist etwas, was es ja eigentlich gar nicht gibt. Also, das Herz besteht aus einem Muskel. Der kann irgendwie verstopft werden durch Arterienverkalkung, der kann auch ein stückweit altersdement werden, wenn die Muskelfasern älter geworden sind. Aber brechen kann ein Muskel nicht, so wie Glas bricht oder wie ein Knochen im menschlichen Körper zerbricht. Ein Herz kann in Wirklichkeit gar nicht zerbrechen. Das ist hier symbolisch gemeint. Die Bibel spricht damals, vor 3000 Jahren, schon in dieser starken Symbolsprache und wir alle verstehen, was das bedeutet - ein zerbrochenes Herz. Weil das symbolisch gemeint ist, muss man gucken, was denn wirklich in der Realität dem entspricht, was alles ein zerbrochenes Herz sein kann. Da habe ich geschaut, in der Vorbereitung dieser Predigt, und habe drei Felder gefunden. Auf diesen drei Feldern möchte ich Ihnen und euch dieses Wort auslegen. Ich möchte sprechen über:

**1. Das zerbrochene Herz im Leid**
**2. Das zerbrochene Herz im Sündenbekennen**
**3. Das zerbrochene Herz im Tod**

**Das Erste,** was hier symbolisch gemeint ist: **das zerbrochene Herz im Leid**. Da dürfen Sie jetzt im ersten Teil der Predigt etwas ganz Tröstliches hören, gerade diejenigen, die momentan in einer schweren Situation sind. Gott sagt dir zu, dass der HERR dir nahe ist bei deinem zerbrochenen Herzen, in deinem Leid. ER, der Schöpfer dieser Welt, steht dir in deiner Leidsituation jetzt konkret zur Seite.

Ich war jetzt zwei Wochen im Urlaub und habe mich richtig gefreut auf diese Predigt, gerade auf den ersten Teil. Ich darf euch dieses wunderbare Wort zusprechen. Gott hat mir das ganz deutlich gemacht, dass ihr das hören sollt! Vielleicht nicht alle unter uns. Einigen geht es vielleicht so gut, dass sie momentan gar keine Leiderfahrung haben. Aber es gibt Leute unter uns, die haben eine Leiderfahrung. Und Leid, ein zerbrochenes Herz des Leides, hat ja ganz unterschiedliche Gesichter. Die Einen sind finanziell gut versorgt, sind kerngesund, haben eine gute Ehe, aber sie haben das Problem mit ihren Kindern und Enkelkindern, wo sie schlimmes Leid haben. Andere haben eine tolle Familie, es läuft gut in der Ehe und mit den Kindern, aber die sind von Arbeitslosigkeit bedroht, sie wissen finanziell nicht ein noch aus. Andere wiederum haben eine intakte Familie, einen tollen Arbeitsplatz, aber sind schwer krank. Andere wiederum stehen vor großen Aufgaben, wo sie wissen, sie werden die nicht schaffen. Und andere wiederum sind vielleicht momentan in einer Glaubenskrise. Sie haben eine lebendige Beziehung zu Jesus, aber so richtig läuft es momentan nicht mehr. Wenn ich jetzt herumgehen und diejenigen fragen würde, die sich auf die Frage „Wer hat denn momentan ein zerbrochenes Herz im Leid?“ gemeldet haben, dann würden, wenn wir offen und ehrlich wären, ganz unterschiedliche Gesichter dieses Leides zum Tragen kommen.

Ganz gleich, was deine Art des Leides ist, was dein zerbrochenes Herz momentan ist, worüber es zerbrochen ist in deinem Leid; ich darf dir heute im Auftrag Jesu Christi das sagen: Der HERR Jesus ist dir nahe! ER ist dir nahe, ER steht dir bei, bei deinem zerbrochenen Herzen.

In den letzten 14 Tagen hatte ich Zeit, in der Bibel zu lesen und habe auch einige gute Predigten gehört. Als ich mich entschieden hatte, dass ich dieses Wort auswähle für diesen Sonntag, habe ich so vieles gefunden, was Gott mir gezeigt hat, was ich euch zu sagen habe. Das war wunderbar! Aber das Stärkste war, als ich am 1. August den Monatsspruch für diesen Monat August gelesen habe. Er steht im Psalm 147 und da heißt es im Vers 3:

> ***Gott heilt, die zerbrochenen Herzens sind, und verbindet ihre Wunden.***

Ich weiß nicht, wie Gott dein zerbrochenes Herz in deiner Leiderfahrung jetzt oder in den nächsten Wochen oder Monaten heilen wird und wie er es verbinden wird. Ich weiß nur, *dass* er es tut wird und dass ich dir das in aller Deutlichkeit zusprechen darf, soll und muss. Gott ist dir nahe bei deinem zerbrochenen Herzen, in deiner Leidsituation, und ER wird deine Wunden heilen. Manchmal - und das ist ja die Schwierigkeit für uns Christen - sehen wir das nicht, dass der HERR da ist. Diejenigen unter uns, die den HERRN Jesus kennen, die werden jetzt sagen: „Herr Latzel hat ja Recht, er sagt nichts Unwahres; ja, der HERR ist nahe denen, die zerbrochenen Herzens sind, *aber* - immer dieses verfluchte *Aber - aber* ich spüre es momentan nicht!" Ihr seid da in guter Gesellschaft. Wir haben es eben gehört, auch Elia und Petrus haben das für den Moment nicht gemerkt. Das ist wichtig, dass wir uns das immer wieder zusprechen, dass ER da ist, dass wir uns als Brüder und Schwestern im Glauben immer wieder - gerade in Leidsituationen - gegenseitig mit dem Blick auf unseren HERRN Jesus ausrichten, dass wir auf IHN sehen, der alle Tränen abwischen wird und der alles Leid zum Ende bringt, wenn wir an IHN glauben.

Ich habe vor einigen Jahren, als ich noch in der alten Gemeinde war, als Notfallseelsorger und als Fachberater Seelsorge bei der Feuerwehr gearbeitet. Da hatten wir einen schweren Unfall in Siegen. Im Schmelz- und Gießbetrieb Gontermann-Peipers war es zu einer Verpuffung gekommen, 1600 Grad heißes Eisen war auf Wasser gestoßen. Da gab es eine riesige Explosion und eine ganze Fabrikhalle war weggebrochen, wie bei einer Bombenexplosion. Zwei Menschen waren schwer verletzt worden und zwei sind auch gestorben. Ich bin dann alarmiert worden und kam zum Einsatzort. Obwohl es damals noch nicht so viele Handys gab, ging natürlich die Nachricht ganz schnell herum. Vor allen Dingen hatten die Betriebsangehörigen ihre Familienangehörigen informiert. Jetzt kamen aus allen Ecken und Enden des Siegerlandes die Frauen, die nach ihren Männern oder nach ihren Kindern suchten. Sie hatten nur gehört, da sind einige Leute gestorben und einige schwer verletzt. Eine Frau - die hab ich noch deutlich vor Augen - kam schreiend dorthin und suchte nach ihrem Mann. Ihrem Mann war gar nichts passiert, aber sie blickte immer nur auf dieses furchtbare explodierte Fabrikgebäude, das wirklich aussah wie nach einem Bombenabwurf. Sie sah nur dieses Elend, dieses Leid und dachte, sie sei davon betroffen. Ihr Mann aber stand

20 Meter hinter ihr und der hatte sie auch erst gar nicht gesehen. Ich bin dann zu der Frau hingegangen (ich wusste ja noch nicht, wer ihr Mann war), und habe versucht, sie zu beruhigen. Dann auf einmal lief der Mann auf sie zu und nahm sie in den Arm. Da war sie natürlich ganz glücklich! Er war dagewesen, die ganze Zeit, er stand 20 Meter hinter ihr, aber sie hatte es nicht wahrgenommen. Sie hatte es nicht wahrgenommen und war in einem ganz tiefen Leid drin. Als sie ihn endlich wahrgenommen hatte, dass er da war, dass er noch lebte, dass er existent war, da war sie mit einem Mal ganz glücklich.

Seht ihr, so geht es vielen Christen. Sie gucken auch nur auf das Irdische, auf die großen „Bombenexplosionen" ihres Lebens. Sie lassen sich so gefangen nehmen davon, sodass sie keinen Blick mehr haben für den HERRN Jesus Christus, der doch da ist und der wirklich lebt, der existent ist, der Schöpfer der Welt, und der einem helfend zur Seite steht.

Das möchte ich heute Morgen erreichen in dieser Predigt, darum habe ich gebetet, dass ich euch so ein bisschen ausrichten möchte. Ich möchte damit eure Leidsituation nicht kleinreden, aber sprechen von DEM, der in eurer Situation bei euch ist, JESUS, und den Blick ausrichten auf ihn hin. Guckt nicht primär auf das, was euch da schwer ist: auf eure Familientragödie, auf deine Krankheit, auf all die Dinge. Dann hat der Widersacher schon gewonnen. Guckt auf JESUS, so wie das Petrus auch getan hat. Solange er auf die Wellen und auf den Wind geguckt hat, da ist er untergegangen, aber als er wieder die Hand des Heilandes gespürt hat, da kam er raus aus der Not. Im Psalm 34 heißt es übrigens an anderer Stelle:

***Die auf IHN sehen, werden strahlen vor Freude...***

Damit ist Jesus gemeint! David spricht hier schon 1000 Jahre vor Jesus Christus: ***Die auf IHN sehen, werden strahlen vor Freude.*** Deshalb blickt auf JESUS in eurem Leid, damit ER - der euch sowieso schon nahe ist - euch Seine Kraft und Seine Stärke geben und euch helfen kann bei dem, was euch momentan das Herz zerbrechen lässt.

Ein großes Vorbild für mich im Glauben - von ihm spreche ich immer wieder - ist Pastor Wilhelm Busch. Er war ein Mann, der ganz viele Menschen zum Glauben hat führen dürfen durch den Heiligen Geist. Es war einer, der auch durch viele Krisen gegangen ist. Im Zweiten Weltkrieg, als er verfolgt wurde wegen seiner Verkündigung, und sein Sohn im Krieg gefallen war, gab es eine Zeit, wo die Gestapo ihn in Gelsenkirchen in eine Zelle eingesperrt hatte. Isolationshaft! Und da ist er in eine tiefe, tiefe, tiefe Krise geführt worden! Da hat er auch gezweifelt am HERRN, ob überhaupt alles richtig ist. Da war er ganz tief drin. Und er, der so viele Leute aufgerufen hatte, immer auf JESUS zu gucken, IHM zu vertrauen, der konnte auf einmal nicht mehr und war vollkommen am Ende. Er hat auch über Selbstmord nachgedacht, er war fix und fertig. Eines Morgens geht die Zellentür auf und da kommt einer dieser Gestapoleute rein und sagt, dass ein alter Mann gekommen sei mit einem Obstkorb und einer Karte darin. Er erklärte Wilhelm Busch, den Obstkorb, den könne er nicht bekommen, das sei verboten, aber die Karte, die wolle er ihm geben. Und dann gab er ihm die Karte und verließ die Zelle. Auf der Karte war nur ein Bibelwort des Trostes, dass er durchhalten solle und dass der HERR JESUS nahe sei. Und so bezeugt dann Wilhelm Busch, dass mit einem Mal, was dunkel war, ganz hell wurde, weil er wusste, der HERR JESUS war da. Rein äußerlich hatte sich nichts geändert, immer noch dieser furchtbare Zweite Weltkrieg, immer noch waren die Nationalsozialisten da, und er war immer noch eingesperrt. Aber auf einmal spürte er die Nähe des HERRN JESUS ganz neu in seiner Situation, in der er drin gewesen ist, wo sein Herz zerbrochen war. Das hat ihm Kraft und Mut gegeben.

Das wünsche ich mir auch für euch, für eure Situation des zerbrochenen Herzens im Leid: dass ihr spürt, dass JESUS da ist, so wie ER es euch verheißen hat, und dass ER euch hilft, dass er euch beisteht.

***Der HERR ist nahe denen, die zerbrochenen Herzens sind,*** und dann geht es weiter in diesem Psalm 34, ***und ER hilft denen, die ein geschlagenes Gemüt haben.***

Vertraut darauf, glaubt daran, dass das so ist in eurer Situation des zerbrochenen Herzens im Leid. Ihr werdet merken, wie der HERR JESUS euch bei eurem geschlagenen Gemüt hilft. Das ist das Erste: ein Wort des Trostes. Wo ein zerbrochenes Herz im Leid ist, da ist der HERR JESUS nahe. Wenn wir im Leid sind, dann steht ER uns ganz besonders zur Seite.

**Ein zweiter Aspekt,** ein zweites Feld, auf dem ich dieses Wort - ***Der HERR ist nahe denen, die zerbrochenen Herzens sind*** - auslegen möchte: **Das zerbrochene Herz im Sündenbekennen**. Nicht nur, wenn wir im Leid sind - das war eben das Tröstliche - nein, auch wenn wir unsere Sünden bekennen, ist Gott uns in besonderer Weise nahe. Wenn wir an unserer Sünde festhalten, dann ist Gott ganz weit weg. Je mehr Sünde wir machen, desto weiter weg ist Gott, und irgendwann geschieht es auch, wenn ein Mensch komplett in Sünde verharrt und nur noch Sünde tut, dass der geistliche Mensch innen drin irgendwann stirbt und dass dann alles zu Ende ist. Gott hat keine Gemeinschaft mit der Sünde, wohl mit dem Sünder, aber nicht mit der Sünde. Wenn wir permanent daran festhalten, dann ist Gott ganz weit weg, dann entfernt er sich. Aber wenn wir Sünde bekennen, dann nähert sich Gott zu uns.

Ich will das mal mit einem recht einfachen Beispiel erklären. Es ist mit der Sünde genau wie mit der Sonne. Wenn wir am Strand liegen und wir da sowieso schon einen halben Sonnenbrand haben; je länger wir in der Sonne liegenbleiben, desto schlimmer wird das, bis dahin, dass man sogar wirklich durch die Sonne getötet werden kann. Aber wenn wir uns aus der Sonne rausbringen, dann kann unser Körper heilen. Dann wird der Sonnenbrand weniger schlimm. Genauso ist es mit der Sünde. Je mehr wir festhalten an der Sünde, desto weiter weg ist Gott und desto schädlicher ist es für unseren geistlichen Menschen. In 1. Johannes 1,8 lesen wir:

***Wenn wir sagen, wir haben keine Sünde, so betrügen wir uns selbst, und die Wahrheit ist nicht in uns.***

Die Wahrheit ist Jesus Christus. Jesus Christus spricht in Johannes 14,6: ***Ich bin der Weg, die Wahrheit und das Leben...***

Dann heißt es*:*

***Wenn wir aber unsere Sünden bekennen, so ist er treu und gerecht, dass er uns die Sünde vergibt und reinigt uns von all unserer Ungerechtigkeit.***

Also, wenn wir Sünden bekennen, dann dürfen wir wissen, dass Gott ganz besonders nahe ist.

Ich erlebe das immer wieder, dass ich in der Seelsorge mit Menschen zu tun habe, die mir dann so halb vorwerfen: „Ja, in der und der Predigt haben Sie ja mal gesagt, dass der HERR Jesus den Menschen nahe ist in Leidsituationen." Und ich wusste, was sie meinte: meine Predigt zu Matthäus 11, über den Heilandsruf ‚Kommt her zu mir alle, die ihr mühselig und beladen seid, ich will euch erquicken'.

Da warf mir doch eine Frau vor, warum sie das in ihrem Leben nicht erfährt; lebt aber in Unzucht, hat sich von ihrem Mann getrennt und lebt mit ihrem Freund zusammen. Da musste ich ihr in der Seelsorge sagen: Da gibt's Zusammenhänge! Der HERR ist schon da, aber wir blockieren IHN ganz häufig, indem wir nämlich an Sünde festhalten. Der HERR ist schon da, aber er kann uns nicht erreichen. Da ist es wichtig, dass wir immer wieder neu vor Gott treten und unsere Sünden bekennen. Nicht nur mit dem Mund, sondern wirklich mit dem Herzen. In Lukas 18 begegnen wir dem Pharisäer und dem Zöllner im Tempel. Der Pharisäer denkt, er hat alles richtig gemacht, gefastet, den Zehnten gegeben, alles ist in Ordnung, ein religiöser Betrieb zu Hause. Der Zöllner sagt nur: ***Sei mir Sünder gnädig!*** Diese Haltung brauchen wir, dass wir immer wieder um die Gnade Gottes flehen, auf dass ER uns wirklich zur Buße führt.

Liebe Brüder und Schwestern, wir können uns selbst keine Buße schenken. Das konnten die Menschen im Alten Bund, die da Stiere, Widder und Tauben in den Tempel geschleppt, alle geschlachtet und verbrannt haben. Ganz Jerusalem war zum Teil voll von Rauchwolken über all dem Opferbetrieb. Viele dachten, so nach dem Motto: „Naja, ich hab den und den Mist gebaut, ich lasse mir wieder ein Schaf oder eine Taube schlachten, dann ist schon alles in Ordnung." Und so denken wir ja manchmal auch, nicht? So nach dem Motto: „Das und das war nicht in Ordnung, aber Sonntag ist ja wieder Abendmahl, da nehme ich alles mit und dann ist ja alles wieder gut. Schwamm drüber!" - Wir kriegen nur dann die Buße, die Vergebung unserer Schuld, wenn unsere Herzen wirklich zerbrochen sind über unsere Schuld, über unsere Sünden. Das Motto „Ich nehme alles Religiöse mit, was die Kirche so zu bieten hat, und dann ist schon alles gut", das läuft nicht! Wir brauchen die Zerknirschung des Herzens, den Zerbruch des Herzens, gerade über unsere Sünden, dann ist Gott uns nahe! Da, wo wir meinen „Naja, in unserem eigenen Gerichtshof, da stehe ich ja super da. Zwei, drei kleine Fehler, aber ich gebe mir mal die Eins Minus, zumindest halt... Da hat Gott keine Nähe mit uns! Mit den Hochmütigen hat Gott keine Gemeinschaft, wohl aber mit den Demütigen, die ein zerbrochenes Herz über ihre eigenen Sünde haben.

Und dazu kann ich euch alle nur aufrufen: Habt immer wieder das zerbrochene Herz über eure eigene Sünde, damit Gott euch nahe sein kann. Es gibt eine Zeit, wenn man das nicht eingeübt hat, wo es zu spät sein kann, wo der Mensch auch hier auf Erden keine Möglichkeit mehr zur Umkehr hat. Wir lesen im Hebräerbrief eine ganz, ganz furchtbare Geschichte - wie ich finde - von Esau. Sie wissen, dass Esau den göttlichen Segen um ein Linsengericht verkauft hat. Also er hat das Geistliche weggeschmissen für das Weltliche, das ist das tiefe Symbol. Er hat das Erstgeburtsrecht seinem Bruder gegeben. Ihn hat es nie interessiert, er wollte nur den Magen voll machen, er wollte nur das Weltliche. Da heißt es im Hebräerbrief über Esau:

**Hernach (also nach diesen Dingen), als er den Segen erlangen wollte, fand er keinen Raum zur Buße, obwohl er sie mit Tränen suchte.**

Lesen Sie das ruhig nach, in Hebräer 12,17. Esau war vorher so verdorben und verroht in der Welt, dass der geistliche Mensch in ihm gestorben war. Und als er das Bedürfnis hatte, als es wirklich in ihm rumorte, da war es letztlich zu spät. Auch das gibt's hier auf Erden. Das geschieht dann, wenn wir unseren geistlichen Menschen nicht immer wieder ins Sündenbekennen führen, wenn unser Herz nicht immer wieder zerbrochen ist über unsere Sünden. Wir können alles mitmachen in der Gemeinde, jeden Sonntag in den Gottesdienst gehen, unseren Zehnten geben und und und. Wir können alles richtig machen, aber das wird uns nichts bringen vor unserem HERRN Jesus Christus, wenn unser Herz in uns nicht zerbrochen ist über unsere Sünde. Das ist ganz wichtig.

Von dieser Kanzel habe ich immer wieder gesagt: Ich bin noch nicht angekommen im Christsein, wenn ich nicht die Bankrotterklärung über ein sündiges Leben gemacht und das wirklich in meinem Herzen gespürt habe. Nicht nur mit den Lippen, sondern im Herzen. Das ist ganz wichtig, dass wir stark werden an diesem inwendigen Menschen, wie die Bibel das sagt. Als ich die Predigt vorbereitet und in den Computer reingeschrieben habe, da stand eine Notiz: Rufe die Gemeinde auf zur Bußfertigkeit. Und ich habe einen Tippfehler reingesetzt. Ich habe nicht bußfertig mit „ß" geschrieben, sondern busfertig. Totaler Blödsinn! Ich habe das dann gesehen und wollte das korrigieren, aber dachte dann: Hoppla, da steckt eine Menge Wahrheit drin. So wie wir uns fertig machen für den Bus, müssen wir uns auch fertig machen für die Buße. Also wenn ich mit dem Bus vom Hauptbahnhof Bremen bis nach Bassum fahren will, dann muss ich natürlich zum Hauptbahnhof gehen. Ich ziehe mir etwas an, gehe dahin und warte dort auf den Bus. Der Bus kommt und transportiert mich. Genauso ist es bei der Buße. Die Buße kann ich nicht machen, dafür muss ich mich fertigmachen. Ich muss meine Sünde bekennen. Die Buße, die schenkt Gott letztlich, dass das gebüßt ist, dass das erledigt ist. So, wie der Bus kommt. Das Letztere macht der Busfahrer, das machen die Verkehrsbetriebe, da tue ich nichts zu.

Und dazu möchte ich euch aufrufen: Seid immer wieder fertig zur Buße. Nochmal: Die Buße schenkt Gott. In Römer 2,4 lesen wir:

***Weißt du nicht, dass dich Gottes Güte zur Buße leitet?***

Gottes Güte leitet dich zur Buße. Nicht wir machen Buße durch irgendwelche Opfer, sondern Gottes Güte schenkt das! Wir können das nur dadurch ein Stück weit möglich machen, indem wir bußfertig sind, indem wir ein zerbrochenes Herz über unsere Sünde haben.

„Ja, Pastor Latzel, es ist ja alles richtig, was du erzählst", wird der eine oder andere denken, „aber wie kriege ich das denn hin: ein zerbrochenes Herz über meine Sünde?" Da kann ich euch nur einen einzigen Tipp geben: Bittet Gott inständig um Seinen guten Heiligen Geist, dass er euch füllen möge und dass er euch durch Seinen Geist zeigen möge, wo ihr in Schuld und Sünde seid und wo ihr ein zerschlagenes Herz haben solltet. Das findet der Mensch, der gerade tief in die Welt eingebunden ist, nicht - ganz im Gegenteil. Je tiefer die Menschen in der Welt drin sind, desto mehr reden die sich das schön. Das macht der Widersacher. Der Teufel sagt, dass alles in Ordnung mit dir ist, alles ganz prima. Du bist ein anständiger Mensch. Erst wenn der Geist Gottes in mich reinkommt, dann erkenne ich meine Schuld und meine Sünde. Deshalb, damit ihr bußfertig seid und der HERR euch Buße geben kann, bittet Gott um Seinen Geist, auf dass ER in euch kommen möge und dass ihr bußfertig seid und der HERR euch die Buße schenken kann. Denn ER ist nahe denen, die zerbrochenen Herzens sind über ihre Sünden.

**Ein Drittes** und Letztes: Im ersten Punkt ging es um das Trostwort, Gott ist uns nahe im Leid. Das Zweite war ein Wort der

Ermahnung. Gott ist uns nahe im Sündenbekennen, dass ihr aufgerufen seid, neu eure Sünden zu bekennen, damit Gott, der HERR, sich euch nähern kann. Nun ein Drittes: **Das zerbrochene Herz im Tod**.

***Der HERR ist nahe denen, die zerbrochenen Herzens sind.***

Ich hab's eben schon gesagt: Ein Muskel kann nicht zerbrechen. Aber wenn so ein Herz aufhört zu schlagen, dann ist es zerbrochen. Ich lese immer sehr gerne Todesanzeigen, weil das viel über den Menschen sagt. Und wenn Menschen keinen Glauben an Jesus Christus haben, dann ist es sehr interessant, was die dann manchmal für unmögliche Dinge in Todesanzeigen schreiben. Das sind manchmal Leute, die einen ganz lieben Menschen verloren haben, und die sich bemühen, irgendwas auszudrücken. Da merkt man so die Sprachlosigkeit. Manchmal steht dann so ein Satz drin wie „Ein liebevolles Herz ist für immer zerbrochen", womit der Tod gemeint ist. Man versucht, dieses Unerklärliche unseres Lebens auszudrücken, den Tod irgendwie zu fassen. Und so möchte ich das auch verstehen: Ein zerbrochenes Herz, dem Gott nahe ist im Tod. Denn an dem Tag, wenn wir sterben, werden wir Nähe mit dem HERRN haben. Wir haben es zu Beginn des Gottesdienstes gesungen: „Gott ist gegenwärtig!" Natürlich ist Gott hier, der Allmächtige, der Schöpfer Himmels und der Erden. Aber wir sehen IHN nicht und wir können IHN nicht anfassen. Wir haben IHN nur im Wort, wir haben IHN nur im Glauben, nicht im Schauen. Aber es kommt die Zeit, in der wir alle - und nicht nur wir, die wir hier sitzen und über Internet zugeschaltet sind - sondern wo alle Menschen - alle 7,2 Milliarden Menschen, die es momentan gibt - alle, alle, alle Nähe mit dem HERRN dieser Welt haben werden, mit Jesus Christus! Philipper 2:

***...dass in dem Namen Jesu sich beugen sollen aller derer Knie, die im Himmel und auf Erden und unter der Erde sind, und alle Zungen bekennen sollen, dass Jesus Christus der HERR ist, zur Ehre Gottes, des Vaters.***

Damit sind ohne Ausnahme alle gemeint. Die, die immer schon an Jesus geglaubt haben, und auch die Verächter und Spötter. Die Kinder sind ja im Kindergottesdienst. Ich sag mal so: In siebzig, achtzig Jahren sind wir alle nicht mehr auf dieser Erde, alles vorbei! Dann sind wir hoffentlich alle beim HERRN, und zwar direkt beim HERRN. Denn diejenigen, die mit Jesus Christus leben und sterben, die werden sofort, unmittelbar, postmortal, beim HERRN Jesus Christus sein. Halleluja!

***Der HERR ist nahe denen, die zerbrochenen Herzens sind.***

Wenn mein Herz hier aufhört zu schlagen, im nächsten Jahr oder in zwanzig Jahren, da weiß ich eines ganz genau: Ich bin sofort beim HERRN Jesus Christus im himmlischen Jerusalem. Nicht weil ich so ein guter Mensch war. Nicht, weil ich Pastor war. Nein! Allein deshalb, weil das Blut des HERRN Jesus Christus über meine Schuld gekommen ist. Halleluja! Und da ist ER mir nahe und ich werde dann Gemeinschaft mit diesem Gott haben bis in alle Ewigkeit. Wunderbar! Was ist das für ein Trostwort. Aber es ist nicht nur ein Trostwort. Dieses Wort ist auch ein Drohwort! Denn es gibt Menschen, die haben Jesus Christus in dieser Welt nicht angenommen. Sie müssen vor den HERRN treten, ohne dass sie das Blut des Heilandes über ihre Sünden haben. Und mit denen wird abgerechnet im Gericht. Ich muss als Christ, wie jeder Christ, nicht ins Gericht.

***Wer mein Wort hört und dem glaubt, der mich gesandt hat, der hat ewiges Leben und kommt nicht ins Gericht, sondern er ist vom Tod zum Leben hindurchgedrungen.***

Das sagt Jesus Christus in Johannes 5,24. Diejenigen aber, die Jesus Christus abgelehnt haben, die müssen ins Gericht und werden abgeurteilt nach ihren Werken. Und die haben keine Chance! Sie sind verloren für Zeit und Ewigkeit!
In meiner alten Gemeinde hatte ich einen Bekannten, mit dem ich immer zusammen trainiert habe. Er war Psychologe, ein ganz intelligenter Mann. Er kam aus einer gläubigen Familie. Der Vater war Pastor, der Bruder war Pastor einer freien Gemeinde. Der wusste um alles. Da hab ich immer mit ihm ganz

intelligent diskutiert. Es wurden immer wieder Dinge vorgebracht. Da ging es um die Schöpfung, die nicht sein konnte; da ging es um die Erklärung des Leides; all diese Dinge. Das zog sich über Stunden, über Tage, über Wochen hin. Irgendwann war ich soweit, dass ich gesagt habe: Ich will auch nicht mehr, das ist Perlen vor die Säue werfen. Und dann habe ich zu ihm gesagt „Pass auf, wir beide werden sterben. Es gibt zwei Möglichkeiten: Entweder du hast Recht und es gibt keinen Gott. Was ist dann verloren und gewonnen? Niemand von uns beiden hat etwas verloren oder gewonnen. Ich habe ein gutes Leben geführt, habe einen wunderbaren Ruf, es ist alles in Ordnung, kein Thema. Wir liegen beide im Grab. Alles ist zu Ende. Was dann ist, wie die Welt zu Ende geht, keine Ahnung. Sagen wir mal, es ist nichts verloren, nichts gewonnen. Ich habe nichts verloren, du hast nichts gewonnen - Ende! Aber denk mal eine Sekunde nach. Wenn das stimmt, was die Bibel sagt, was ich dir erzähle, dass es einen allmächtigen Gott in Jesus Christus gibt, der diejenigen annimmt, die an IHN glauben, und diejenigen verwirft, die IHN ablehnen, dann geht es mir ganz hervorragend und du hast ein Riesenproblem. Und mehr kann ich dazu nicht sagen. Das kannst du annehmen oder verwerfen. Mein Auftrag ist, dir das nur ganz klar und deutlich zu sagen. Gott, der HERR, hat dir deinen Vater geschickt, ER hat dir deinen Bruder geschickt und schickt dir auch noch so einen buckligen Pfarrer, mit dem du zusammen trainierst. Mehr kann dieser Gott nicht tun, als dich immer wieder zu rufen. Die Frage ist: Verweigerst du dich oder nimmst es an?" - Das ist genau der Punkt. Da steht jeder Mensch davor. Was passiert denn, wenn unser Herz zerbricht und wir vor dem Allmächtigen stehen und das Blut Jesu nicht bei uns ist? Vielleicht sind ja heute Morgen auch Menschen da oder sie sind uns zugeschaltet, die Jesus noch nicht haben, die noch nicht wiedergeboren sind, die rufe ich auf: Sucht den HERRN Jesus Christus, solange es noch nicht zu spät ist, solange der geistliche Mensch in euch noch tickt, solange Gott euch noch Möglichkeit lässt zur Bußfertigkeit. Sucht den HERRN Jesus Christus, solange ER für euch noch zu finden ist, auf dass ihr Leben habt und nicht ver-

worfen werdet. Denn ihr werdet ganz bald dem HERRN nahe sein, spätestens wenn euer Herz zerbricht.
Ich bin ja immer auch für Kritik zur Predigt bereit, dass Leute hinterher kommen und sagen, was alles „Mist“ gewesen ist. Und bitte, diejenigen, die jetzt wieder kommen und mir erzählen wollen: „Schwarze Pädagogik, Herr Pastor Latzel, die darf nicht sein.“ Doch, die darf sein! Die Bibel macht das so, Jesus auch. Lest mal die Evangelien, lest mal den Römerbrief, was es heißt, ohne Jesus zu sterben, wie die Bibel da warnt. Nur weil das heute nicht mehr gern gehört wird, dürfen wir darüber nicht schweigen. Übrigens, in allen anderen Bereichen wird deutlichst gefordert, dass gewarnt wird. Ich weiß nicht, ob der eine oder andere von euch in den Urlaub fährt. Wenn ihr in die Berge fahrt und ihr wollt das Matterhorn hochklettern, dann trefft ihr euch Morgens mit dem Bergführer und ihr habt Flipflops an oder eine Badehose und eure Frau auch Flipflops und einen Bikini. Der Bergführer guckt sich das an und weiß, das klappt garantiert nicht, sagt aber keinen Ton und klettert mit euch da hoch. Wenn euch dann was passiert, dann ist der Bergführer dran, denn er muss euch warnen und sagen: „Leute, so geht das nicht!“

In Amerika hat es im letzten Jahrzehnt einen Prozess gegen die Zigarettenindustrie gegeben. Die Zigarettenindustrie wusste natürlich, wie es jeder wusste, dass Zigarettenrauchen schädlich ist. Das haben die aber nicht öffentlich genug gemacht. Daraufhin ist die Zigarettenindustrie in den Vereinigten Staaten im Jahre 1997 zu einer Rekordstrafe von dreihundertsiebzig Milliarden Dollar verurteilt worden. Das musste die Zigarettenindustrie bezahlen, weil sie nicht eingehend genug gewarnt hatte vor den Risiken des Rauchens. Über zwanzig Jahre müssen die das abstottern an die Gesundheitsinstitution in Amerika, weil sie nicht gewarnt hatten. Übrigens, wenn Sie Ihr Auto in die Werkstatt bringen und lassen da die Inspektion machen und Ihre Bremsen sind defekt und der Meister sieht das und macht Sie nicht darauf aufmerksam, dann hat er ein Problem, wenn das zu einem Unfall führt. Das ist wichtig, dass

wir uns gegenseitig vor den Gefahren warnen, die in dieser Welt sind. Das ist gefordert!
Noch viel wichtiger ist, dass wir als Christen diejenigen, die Jesus nicht haben, warnen vor der großen Gefahr, die besteht, wenn man ohne Jesus Christus stirbt, wenn das Herz zerbrochen ist und man dann in der unmittelbaren Nähe mit dem Allmächtigen ist. Das ist nämlich kein Gott, der da - so wie der liebe Großvater - sagt: „Ist ja alles gut, und du auch noch, und du auch noch..." Nein! ER wird am Ende der Zeit richten! Knallhart, knallhart! Da werden Menschen verloren gehen für Zeit und Ewigkeit. Deshalb, wenn dein Herz zerbricht, das heißt, wenn es aufhört zu schlagen, dann sei gefasst auf die Begegnung und unmittelbare Nähe mit unserem allmächtigen Gott. Wenn du an Jesus Christus glaubst, dann brauchst du dich darüber nicht zu grämen und nicht zu fürchten, und darfst dich auf den Tag freuen. Du darfst dein Leben hier genießen in vollen Zügen und dich freuen auf das Beste, was da noch kommt. Halleluja! Im Tod ist der HERR Jesus Christus dir nahe, das ist etwas Wunderbares. Es ist nicht nur ein Drohwort, es ist auch ein Trostwort. Das Wort Gottes ist ein zweischneidiges Schwert, es hat zwei Hälften. Denjenigen in Jesus Christus darf ich sagen, der HERR ist dir nahe, wenn dein Herz aufhört zu schlagen. Du brauchst vor dem Tod überhaupt keine Angst zu haben, weil der Tod für dich schon längst überwunden ist durch den, der der Gott der Auferstehung ist, Jesus Christus.

Aber wehe denen, die Jesus Christus nicht haben, IHN nicht kennen und die ohne das Blut Christi vor den Richterstuhl des Allmächtigen treten. Die kann ich nur ganz eindringlich warnen: Du wirst bald in Nähe mit diesem Gott sein und ohne Jesus bist du verloren! Aber Jesus möchte nicht, dass wir verloren sind, sondern ER will sich uns immer wieder neu nahen. Er will ja auch die Ewigkeit mit uns verbringen und deshalb ruft er uns schon hier auf Erden immer wieder in die Gemeinschaft mit IHM.

***Der HERR ist nahe denen, die zerbrochenen Herzens sind.*** Wir haben dieses Wort der Nähe Gottes ausgelegt. Einmal als tröstliches Wort, dass Gott uns nahe ist im Leid, wenn das Herz zerbrochen ist im Leid; dass Gott uns nahe ist, wenn es zerbrochen ist im Sündenbekennen, und dass Gott uns nahe ist, wenn unser Herz aufhört zu schlagen, wenn unser zerbrochenes Herz im Tode liegt. Ich wünsche dir und wünsche Ihnen, dass das, was Gott dir sagen wollte durch diese Predigt, dass du's gehört hast, dass du es verstanden hast und dass du es bewegst und umsetzt für die nächste Zeit. Deshalb möchte ich dir noch einmal diesen Predigtvers zurufen: ***Der HERR ist nahe denen, die zerbrochenen Herzens sind.*** Amen.

Und der Friede unseres allmächtigen Gottes, der sehr viel höher ist als all unsere menschliche Vernunft, bewahre unsere Herzen und Sinne in Christus Jesus, unserem auferstandenen und lebendigen HERRN. Amen.

## Von der Köstlichkeit der Güte Gottes!

Psalm 36,8

Gnade sei mit euch und Friede von dem, der da war und der da ist und der da sein wird in alle Ewigkeit - unser HERR Jesus Christus. Amen.

Liebe Gemeinde, der Predigttext ist heute nur ein sehr kurzer Vers aus dem Wochenpsalm. Er ist aber sehr gehaltvoll. Wir wollen hören, als Predigttext, Psalm 36, Vers 8. Dort heißt es:

***Wie köstlich ist deine Güte, Gott! Amen.***

**Wir wollen beten:** Lieber HERR und Heiland! Wir wollen uns jetzt in dieser Predigt Gedanken über die Köstlichkeit deiner Güte machen. Wie wunderbar das ist, dass wir in dir einen Gott haben, der gut und gütig zu uns ist. Wir wollen darüber nachdenken vor dem Hintergrund deiner Schrift, aber wir brauchen für unser Nachdenken, für unser Predigen, für unser Hören deinen guten Geist. Und darum wollen wir dich alle miteinander bitten, HERR, dass du durch deinen guten Heiligen Geist diese Predigt wirklich zu deinem Wort machen wollest. HERR, segne du selber das Reden und das Hören deines heiligen und lebendigen Wortes an uns allen. Amen.

Liebe Gemeinde! Ich möchte heute Morgen sprechen über die Köstlichkeit der Güte Gottes. Zunächst bin ich einmal an diesem Wort Köstlichkeit hängengeblieben. Köstlich ist die Güte Gottes. Ich habe mir vorgestellt, was in meinem Leben so köstlich ist. Da ich ein Mensch bin, der gerne isst - das sehen Sie nun auch, nicht wahr, ich werde immer voluminöser und bald passe ich nicht mehr auf die Kanzel - habe ich darüber nachgedacht: Was isst du denn ganz besonders gerne, was ist so deine Lieblingsspeise? Was ich am allerliebsten esse, ist Schwarzwälder Kirschtorte. Ja, da könnte ich Ihnen jetzt erzählen, was meinem Leib köstlich ist. Wenn ich so eine „Schwarzwälder Kirsch" esse, könnte ich Ihnen eine Menge über die aromatisierten Kirschfüllungen erzählen, über die Konditorsahne, über diesen mit Kirschwasser abgeschmeckten Schokoladen-Bisquitboden oder auch nur über die Kaiserkirsche, die so ein Stück wirklich noch krönt. Also ich könnte eine Menge über die Köstlichkeit der Schwarzwälder Kirschtorte erzählen, die meinem Leib nicht ganz so gut tut, aber an der ich so viel Spaß habe.

Ich will aber nicht über den Leib sprechen. Ich möchte über das sprechen, was der Seele so unglaublich köstlich ist, und das ist die Güte Gottes. Es ist nicht etwas, was ich feststelle, sondern was uns Gott selber sagt durch den Mund Davids. Er sagt: „Wie köstlich ist deine Güte, Gott, wie köstlich!" Und so wie ich bei der Schwarzwälder Kirschtorte über verschiedene Aspekte sprechen kann - über die Kirsche, über den Boden, über die Sahne - so kann ich auch über die Güte Gottes ganz viele verschiedene Dinge erzählen. Ich habe uns eine Handvoll mitgebracht. Ich hätte auch zwei oder drei Handvoll mitbringen können, aber dann hätte die Zeit nicht gereicht.

Ich möchte über fünf Punkte sprechen. **Ich möchte sprechen über die Güte Gottes:**

1. **die dir diesen Tag schenkt,**
2. **die dir in deinem Elend hilft,**
3. **die dich tröstet,**
4. **die dich zur Buße leitet,**
5. **die sich dir vollends zeigt in Jesus Christus.**

**Das Erste: Es ist die köstliche Güte Gottes, die dir diesen Tag schenkt.** Ich habe es mir nicht ausgedacht. Ich kann das alles belegen und habe uns ein Wort aus Klagelieder mitgebracht. Da spricht einer, der nicht so einen schönen Tag erlebt hat im zerstörten Jerusalem. In den brennenden Mauern sitzt da der Prophet Jeremia und ruft dem Volk zu: ***Die Güte des HERRN ist's, dass wir nicht gar aus sind; seine Barmherzigkeit hat noch kein Ende*** (Klagelieder 3,22). Das darf ich euch, zweieinhalbtausend Jahre später, auch sagen. Es ist die Güte des HERRN, dass wir nicht gar aus sind. Dass wir diesen heutigen Tag erleben, ist Güte des HERRN. Wir kommen gleich noch zu anderen Dingen, aber das möchte ich als allererstes festhalten, dass wir heute überhaupt hier versammelt sind im Haus Gottes, dass wir hier sitzen, dass wir atmen, dass wir leben, allein das ist Güte Gottes!

Wir haben eben noch gesungen: „Wir loben jeden Morgen neu deine Güte“. Machen wir uns das jeden Morgen klar, dass jeder neue Tag, den wir erleben dürfen, Geschenk Gottes ist? Wir können überhaupt nichts dazu tun, auch nicht unser Arzt und unser Finanzberater. Alles, was wir an Tagen erleben auf dieser Welt, ist allein durch die Güte Gottes geschenkt. Wir können nichts tun, um unserem Leben auch nur eine Spanne hinzuzusetzen. So sehr wir uns auch darum mühen. Unser HERR Jesus Christus sagt das in der Bergpredigt (Matthäus 6,27). Alles, was wir bekommen an Zeit auf dieser Erde, ist nur geschenkt von Gott. Jeder Tag ist Güte Gottes. Das möchte ich dir noch einmal neu ins Gedächtnis rufen. Dieser Tag, den du heute erleben darfst, ist ein Geschenk des gütigen Gottes an dich. Und nicht nur der Tag mit seinen 24 Stunden, mit seinen 60 Minuten pro Stunde, nein, auch alles, was Inhalt dieses Tages ist, ist nur der Güte Gottes zu verdanken. Deine Familie, deine Frau und dein Ehemann, deine Eltern, deine Kinder und Enkelkinder, die Menschen, an denen du Freude hast, die du liebst, deine Gesundheit, dein Wohlstand, dein Haus, dein gefülltes Bankkonto, das Essen, das du heute Mittag haben wirst, deine Arbeitsstelle, alles verdankst du nur ganz allein der Güte Gottes. Nicht deiner eigenen Intelligenz, nicht der Erbschaft, die du von der Tante Erna gemacht hast, oder oder ... - alles nur Güte Gottes, das kannst du zuletzt alles darauf runterdeklinieren.

Übrigens ist das nicht nur meine Meinung, das ist die Meinung eines jeden verständigen Menschen, der über die Bibel nachdenkt. Einer, der es getan hat, Martin Luther, hat einmal gesagt: „Des ganzen Lebens Fülle soll man nicht seiner eigenen Mühe, Kraft oder Intelligenz zuschreiben, sondern allein der Güte Gottes verdankt wissen." Das sollst du als Erstes hören, dass dieser Tag mit allem, was darinnen ist, mit all dem Wunderbaren, was du heute schon erlebt hast und was du noch erleben wirst, alles nur Güte Gottes ist. Dieser Gott, der es gut mit dir meint, der dich so überreich gesegnet hat, ist ein gütiger Gott. Du hast nichts dazu getan!

Wir hatten gestern ja einen wunderbaren Lehrtext, die meisten haben ihn sicherlich gelesen. Da hieß es in 1. Timotheus 6:

> ***Wir haben nichts in diese Welt gebracht und wir werden auch nichts mit hinaus nehmen.*** (1. Timotheus 6,7)

Das ist die simple Wahrheit unseres Lebens und auch was dazwischen läuft. Zwischen dem In-die-Welt-kommen und in dem Aus-der-Welt-hinausgehen; das sind letztlich nicht wir, das ist immer nur unser HERR und Gott in Jesus Christus. ER ist so unendlich gütig! Wenn man darüber nachdenkt, sich wirklich Zeit nimmt und nicht nur zwei Minuten in der Predigt zuhört, sondern sich das wirklich mal - ich sag das mal in der Jugendlichen-Sprache - richtig „reinzieht", da wird man einfach ganz demütig. Aber auch ganz beschenkt über die Herrlichkeit und die Köstlichkeit dieses gütigen Gottes. Das ist das Erste, die Güte Gottes schenkt dir diesen Tag. Wie köstlich!

**Das Zweite: Die Güte Gottes hilft dir in deinem Elend.** Na ja, jetzt, wo ich davon geschwärmt habe, wie schön dieser Sonntag ist, dieser 17. Juni, da wird vielleicht der eine oder andere bei sich gedacht haben: „Na, wenn der Latzel da vorne mehr Ahnung hätte. Für 90 Prozent in der Kirchengemeinde gilt das vielleicht, aber nicht für mich. Ich hab doch so viel Elend." Und das ist tatsächlich wahr. Es gibt nicht nur tolle Dinge in dieser Welt, in der Zeit, die wir hier leben dürfen, sondern es gibt eben auch Dinge, die uns schwer sind: Zeiten der Not und des Elends. Aber gerade da, gerade in diesen schweren Zeiten, die zu jedem Leben dazugehören, ist es wunderbar, dass wir einen Gott haben in Jesus Christus, der uns nicht nur reich beschenkt mit allem, was wir brauchen zum Leben, sondern der uns gerade auch hilft in unserem Elend. Gottes Güte hilft dir in deinem Elend. So heißt es in Psalm 31: ***Ich freue mich und bin fröhlich über deine Güte, ...*** Und dann qualifiziert David, worin die Güte besteht: ***... dass du mein Elend ansiehst und nimmst dich meiner an in der Not*** (Psalm 31,7). Das ist Güte Gottes, dass Gott mein Elend sieht und sich meiner annimmt in der Not.

Nochmal, jeder Mensch, der lebt, bekommt die Tage von Gott geschenkt, das ist Güte Gottes. Aber auch jeder Mensch, der lebt, wird in seinem Leben nicht vor Elend und Not bewahrt bleiben. Elend und Not haben in unserem Leben ganz unterschiedliche Gesichter. Also bei dem einen ist es die Krise in der Ehe; bei dem anderen ist es die Ehelosigkeit, in der er leben muss; bei dem Dritten ist es der schlechte Gesundheitszustand, den er selber hat; bei einem anderen ist es so, dass er sich Sorgen um einen lieben Menschen macht, der schwer erkrankt ist. Bei dem einen ist es der finanzielle Engpass, er kommt mit seinem Geld nicht zurecht; bei dem anderen ist es die Sorge um das gefüllte Bankkonto, das jetzt vielleicht abgeschmolzen wird, wenn Griechenland letztlich heute falsch wählt. Es können die Mitarbeiter oder die Nachbarn sein, die einem das Leben zur Hölle machen; oder es kann die totale Einsamkeit sein, in der man lebt. Also das Elend und die Not haben ganz unterschiedliche Gesichter.

Wenn ich jetzt rumgehen und euch fragen würde, was denn Elend und Not in eurem Leben war oder was es momentan ist, dann würden wir ganz, ganz unterschiedliche Antworten hören. Eines aber ist klar: Kein menschliches Leben besteht ohne Elend und Not, da kommen wir alle nicht drum herum. Bei dem einen ist es mehr, bei dem anderen ist es weniger. Aber - und das ist das Wunderbare - wir sind in dem Elend und der Not nicht allein, sondern ER, Jesus Christus, ist da und ER hilft uns. Nicht, weil wir es verdient hätten oder weil wir so tolle Menschen sind; nein, weil es seiner Güte entsprechend so sein muss, dass ER hilft. Gottes Güte entspricht seinem Wesen, nicht unserem Verdienst. Deshalb hilft ER uns auch in allem Elend und aller Not. Ich erinnere euch noch einmal an den Wochenspruch:

> ***Kommt her zu mir alle, die ihr mühselig und beladen seid, ich will euch erquicken.*** (Matthäus 11,28)

Das möchte ich heute Morgen ganz besonders denen zusprechen, die momentan existentiell richtig getroffen sind von einem Elend, einer Not; nicht wissend, was eure Not oder eure Elendssituation jetzt ist. Du darfst wissen, der gütige Gott ist da und ER hilft dir. ER steht dir bei. Ich weiß, manchmal, gerade wenn man tief drin ist in den schweren Situationen, merkt man das nicht. Da denkt man, man ist ganz allein und Gott hört die Gebete nicht mehr. Aber das darf ich dir heute Morgen zusprechen: ER ist da und aus lauter Güte hilft ER dir und trägt dich.

Es gibt da eine ganz tolle Geschichte. Sie kommt zwar nicht aus der Bibel, aber sie drückt genau das aus, was die Bibel über die Güte und Hilfsbereitschaft Gottes sagt. Es ist die Geschichte eines Mannes, der am Ende seines Lebens träumt und sein Leben vor sich sieht wie einen langen Spaziergang am Meeresstrand. Da sieht er sein ganzes Leben und er sieht immer jeden Abschnitt für sich. Es sind dabei immer zwei Spuren im Sand, die eine Spur ist die Spur des HERRN Jesus und die andere Spur ist die eigene, die er geht. Aber einige Male sieht er nur eine Spur, da ist neben dem Wasser nur eine einzige Spur. Und das sind gerade die Abschnitte seines Lebens gewesen, die am elendsten und schwersten waren. Das verwirrte und irritierte diesen Mann und er wendet sich im Gebet an Gott, an Jesus, und fragt: „Warum ist das denn so gewesen, dass du in diesen schweren Zeiten deine Hand von mir gezogen hast, dass du nicht da warst?" Und da antwortet Gott, so heißt es in dieser Geschichte: „Mein geliebtes Kind! Nie habe ich dich allein gelassen, schon gar nicht in den Zeiten, da du gelitten hast und angefochten warst. Da, wo nur eine Spur zu sehen war, da habe ich dich getragen!"

Liebe Brüder und Schwestern, so ist unser Gott. ER kennt unser Elend, ER kennt unsere Not und wir dürfen wissen, dass wir von IHM getragen sind, gerade in diesen schweren Zeiten. Aus lauter Güte! Ich möchte es dir noch einmal ganz deutlich im Auftrag Gottes zusagen. Ich kann dir nicht zusagen, dass dein Elend, deine Not morgen zu Ende sind, aber ich darf dir eins sagen: Jesus ist da! ER trägt dich und ER hilft dir in deinem Elend aus lauter Güte. Wenn man das durch den Heiligen Geist verstanden hat, ob das nun rückblickend auf das Leben ist für die Notsituation und das Elend, was man durchgemacht hat, oder wenn man es für den Moment erlebt, dann spürt man neu, wie köstlich die Güte unseres Gottes ist.

**Ein Drittes**, was köstlich ist an der Güte unseres Gottes: **Die Güte Gottes tröstet dich.** Ich mag den König David ja so sehr, weil der König David, obwohl das eigentlich ein Krieger, ein Hirte und König war, durch den Heiligen Geist eine Fähigkeit bekam, theologische Inhalte auf den Punkt zu bringen. So tut er das auch im Psalm 69. Da schreibt er einfach ganz kurz und knapp: ***Deine Güte ist tröstlich.*** (Psalm 69,16) Wenn ich mir das klar mache, was für einen Gott ich habe, dass das nicht so ein rachsüchtiger, zerstörerischer, mir so wie ein bösartiger Stiefvater zugewandter Götze ist, sondern dass es ein gütiger Gott ist, dann ist das unglaublich tröstlich. Und nicht nur, dass das tröstlich ist, über die Güte Gottes nachzudenken. Nein, so wie unser Gott gütig ist, so ist er auch ein Gott des Trostes. Im Zweiten Korintherbrief heißt es:

> ***Gelobt sei Gott, der Vater unseres HERRN Jesus Christus, der Vater der Barmherzigkeit, (und jetzt kommt es) der Gott allen Trostes, der uns tröstet in aller unserer Trübsal.*** (2. Korinther 1,3-4)

Und damit knüpfe ich an das an, was ich im zweiten Punkt gesagt habe über dein Elend und deine Not: Wir haben einen Gott, der uns tröstet. Das ist etwas ganz Wichtiges für Gott. Das ist nicht irgendwie so ein Randgebiet des Evangeliums und der Bibel, sondern Zentrum!

Der Heilige Geist, der ja Gott ist, wird im Griechischen „Parakletos“ genannt, und parakaleo heißt trösten. Der Heilige Geist wird auch Tröster genannt. Der Tröster ist der Heilige Geist. So gütig und gut ist unser Gott, dass er uns tröstend zugewandt ist. Übrigens, das haben auch die Religionskritiker aller Zeit, also beispielsweise Hegel oder Marx, festgestellt und immer wieder so gesagt: „Das Christentum ist ja nur eine Trostreligion.“ Marx sagt: „Die Kirche vertröstet die Menschen.“ Die haben schon etwas Richtiges erkannt. Jawohl, wir haben einen gütigen Gott und der tröstet uns. Jawohl, wir sind eine Gemeinschaft von Getrösteten, wenn wir Jesus Christus haben, wir sind eine Trostgemeinschaft. Das ist wunderbar, weil wir einen so gütigen Gott haben, der uns zugewandt ist wie eine liebevolle Mutter. Dieses Wort zitiere ich immer wieder sehr gerne, Jesaja 66, Vers 13, wo Gott den Israeliten und damit auch uns zuruft: Ich will euch trösten, wie einen seine Mutter tröstet. So ist unser gütiger Gott, er ist ein tröstender Gott!

Jetzt weiß ich, dass einigen von Ihnen und euch das wieder ein bisschen zu abstrakt ist. Die sagen: „Gib mal ein bisschen ‚Fleisch‘ dran, nicht immer nur so theologisch und so theoretisch. Wie kann ich das greifbar machen in meinem Leben? Das ist ja schön und gut, ich mache da auch einen Haken dahinter. Ich glaube das auch, es steht alles auch in meiner Bibel drin, aber wie wird das denn praktisch erfahrbar? Mit dem Trost, das könnte ich ja vielleicht gut gebrauchen in meiner Situation. Wie kann ich das denn bekommen, dass ich die Güte Gottes, seine tröstende Güte spüre in meinem Leben?“

Ich möchte Ihnen das ganz praktisch an einem Beispiel deutlich machen. Stellen Sie sich vor, Sie hätten einen reichen

Erbonkel und er schenkt Ihnen ein Sparkassen-Buch von der Sparkasse Bremen. Auf dem Sparkassen-Buch sind 50 Millionen Euro drauf. Enorm! Das bekommen Sie. Da gibt es jetzt drei Dinge, die wichtig sind für den Trost. Das Erste ist, Sie gucken einmal rein, denn im Sparkassen-Buch könnten ja auch nur 50 Euro sein. Aber Sie gucken rein und dann sehen Sie 50 Millionen Euro, sieben Nullen hinter der Fünf! Da geht's einem doch besser. Sie machen das Buch zu, können es am nächsten Morgen vielleicht wieder rausholen, also freut man sich darüber. So müssen Sie es auch machen mit dem Buch, das uns gegeben ist. Es ist zwar kein Sparkassen-Buch, aber hier steckt auch eine Menge an Trost drin. Es steckt Trost drin, wenn wir das Wort Gottes lesen. Es heißt im Psalm 119:

> ***Das ist mein Trost in meinem Elend; dass dein Wort mich erquickt.*** (Psalm 119,50)

Hier müssen wir schon reingucken, wenn wir Trost haben wollen. Deshalb wiederhole ich das auch so häufig: Lest im Wort Gottes, wenn ihr im Glauben gestärkt werden und wissen wollt, wie es weitergeht; aber eben ganz besonders, wenn ihr Trost braucht. Lest es, sonst geht es nicht. Das ist das Erste - lesen! Das Zweite, wenn ihr nun ein Sparkassen-Buch von eurem Onkel geschenkt bekommen habt, dann müsst ihr irgendwas damit anfangen. Also nur mal zu gucken, dass da 50 Millionen Euro drin stehen, ist ja das Eine. Aber wir wollen das Geld ja auch ausgeben. Das heißt, ihr müsst das Geld abrufen, müsst zur Sparkasse gehen und es abheben.

So müssen wir es auch mit dem Trost machen, von dem wir in der Bibel gehört haben. Den müssen wir dann abheben, das heißt, wir müssen Gott bitten: „Gib mir von deinem Trost, von dem ich hier gelesen habe, dass der so köstlich ist. Gib mir den!" Gott wirklich anrufen. Nochmal: Der Heilige Geist ist der Tröster. Da müssen wir Gott bitten um Seinen Heiligen Geist. Wenn er dann in uns ist, dann werden wir diesen Trost bekommen. Also wie wir mit dem Sparkassen-Buch zur Bank gehen und das Geld abheben, so müssen wir den Trost auch abheben in dem, was uns wirklich in der Bibel im Wort Gottes zugesprochen wird. Abheben. Ganz praktisch! Und ein Drittes müssen wir tun. Wie es beim Sparkassen-Buch wichtig ist, dass wir zu den richtigen Zeiten zur Sparkasse kommen und das Geld abheben, so müssen wir auch Gewisses beachten, wenn wir etwas bei Gott abheben wollen. Also, bei der Sparkasse ist das so, wenn man am Samstagmorgen um drei Uhr vor der Tür steht, da ist die geschlossen. Da hat man zwar das dicke Sparbuch, aber man kommt nicht ans Geld heran, weil man nicht reinkommt. Nun ist es bei Gott so, dass er nicht irgendwelche Öffnungszeiten hat, also bei dem ist schon rund um die Uhr geöffnet. Sie können kommen, zu welcher Zeit auch immer. Aber bei Gott gibt's eine Zugangsverweigerung. Diese Zugangsverweigerung ist die Sünde. So wie ich in die Sparkasse nicht um drei Uhr morgens reinkomme, so komme ich zu Gott nicht hinein, wenn ich an Sünde festhalte.

Es gibt so vieles, was Leute fragen und sagen: „Meine Güte, Sie erzählen immer so viel. Ich lese ja auch in der Bibel, ich bete ja auch, aber es passiert in meinem Leben nichts. Ich komme im Glauben nicht weiter, ich werde nicht getröstet, ich kriege keine Wegweisung. Was ist denn da los?" Dann frage ich immer wieder: „Wie sieht es denn in deinem Leben aus?" Und dann geht's ganz schnell an die Dinge, die man nicht mehr als „kleine Sünden" bezeichnen kann, sondern wo die Leute ganz klar erkennen: In meinem Leben ist etwas nicht in Ordnung, weil neben meiner Ehefrau da noch eine Geliebte ist oder weil da Dinge in meinem Leben noch nicht ausgeräumt sind, auf die Gott mich schon mehrfach hingewiesen hat. Dann brauchen wir uns nicht zu wundern, wenn dann der Segen Gottes, sein Trost, seine Führung nicht fließen können.

Also, wenn ich den Trost Gottes haben möchte, muss ich im Wort Gottes lesen, das abrufen, was ich da lese, und auch reinen Tisch machen mit unserem HERRN und Gott, mit all der Sünde, die mich betrifft. Sie muss weg, sonst kann Gott nicht in uns wirken. In 1. Johannes 1 heißt es:

***Wenn wir sagen, wir haben keine Sünde, so betrügen wir uns selbst und die Wahrheit ist nicht in uns. Wenn wir aber unsere Sünden bekennen, so ist er treu und gerecht, dass er uns die Sünden vergibt und reinigt uns von aller Ungerechtigkeit.*** (1. Johannes 1,9)

Also, es gibt Trost für jede Situation. Gott schenkt ihn im Heiligen Geist und das ist unglaublich toll, dass wir so einen gütigen Gott haben, der uns tröstet. Wir müssen den Trost nur abholen.

Damit komme ich **zum Vierten**: Da leitet der dritte Punkt direkt in den vierten über, nämlich, **dass die Güte Gottes dich zur Buße leitet.** „Hoppla", werden Sie jetzt vielleicht sagen, „ich denke, heute geht es um die Köstlichkeiten, um das, was richtig gut ist im Glauben, endlich mal auch was Schönes, aber wieso muss denn jetzt über die Buße gesprochen werden? Das ist doch etwas ganz Hässliches, eher die unangenehme Seite des Lebens und des Glaubens." Liebe Brüder und Schwestern, das ist ein ganz großes Missverständnis, dass wir die Buße für etwas halten, was etwas Negatives ist, was wir machen müssten. Wir denken vielleicht, es ist die Leistung, die wir noch zu bringen haben, um vor Gott gerecht zu sein, so nach dem Motto, sich noch den Rücken auspeitschen oder irgendwie sich selber geißeln oder sonst irgendwas machen. Nein, Buße ist nichts, was furchtbar ist. Buße ist etwas ganz Wunderbares. Martin Luther sagt: „Die Buße ist ein köstlich Ding." Wer das noch nicht verstanden hat, der ist in seinem Christsein wirklich noch in den Kinderschuhen. Die Buße ist nichts Schwieriges und Schlechtes oder irgendetwas, was uns etwas abverlangt, sondern es ist zuerst ein köstliches Ding. In Römer 2 heißt es:

***Verachtest du den Reichtum der Güte Gottes, seine Geduld und Langmut? Weißt du nicht, dass dich Gottes Güte zur Buße leitet?*** (Römer 2,4)

Ein guter Gott, ein gütiger Gott leitet uns zur Buße, zur Reinigung von den Sünden. Auch das möchte ich Ihnen an einem ganz praktischen Beispiel erklären und deutlich machen. Möge Gott es schenken, dass Sie es recht verstehen. Reinigung ist nicht nur etwas Wichtiges für die Seele, Reinigung ist auch wichtig für unseren Körper, wenn wir erkrankt sind. Also, wenn wir Karies am Zahn haben, gehen wir zum Zahnarzt und er stellt fest: Hier ist ein tiefes Loch. Was wird der Zahnarzt tun? Er wird unseren Zahn reinigen von diesen Bakterien, durch die Karies in unserem Zahn ist. Wer schon einmal richtig Zahnschmerzen hatte, der weiß, wie wohltuend es ist, wenn man davon befreit wird, wenn die wegkommen. Alles ist ausgemerzt von dieser Karies und der Zahn wird durch die Füllung wieder in Ordnung gebracht. Das ist wichtig, dass wir gereinigt werden von dem, was dem Körper, in diesem Fall den Zahn, kaputt macht. Genauso ist es bei der Buße. Wenn wir Buße tun, dann werden wir gereinigt von dem, was uns seelisch, geistlich kaputt macht. Dann werden wir befreit von den zerstörerischen Kräften, die unser Leben zerstören, so wie Karies unser Leben beeinträchtigt. Wie ein faulender Zahn oder eine verschmutzte Wunde gereinigt werden müssen, weil sie dem Körper schaden, so ist es letztlich mit der Sünde in unserem Leben. Sie muss weg durch die Buße. Die Reinigung der Seele geschieht durch die Buße. Gott will, dass wir immer wieder gereinigt sind, so wie ein Arzt möchte, dass wir am Körper heil werden.

Wenn wir uns reinigen lassen und von Gott in die Buße geführt werden, dann sind wir befreit von dem Gericht Gottes. Die ganze Welt läuft auf das Gericht Gottes zu, das haben wir eben im Glaubensbekenntnis gesprochen. Jesus Christus wird nämlich wiederkommen, um die Lebenden und die Toten zu richten; und wehe dem, der ins Gericht muss. Halleluja, durch Gottes Güte und Gnade muss ich nicht rein! Nicht, weil ich besser bin als andere Menschen. Nein! Für meine Schuld, für meine Sünden hat ein anderer schon gebüßt. Buße ist nichts mehr, was ich tun muss, sondern die Buße für meine Schuld ist ja längst schon geschehen auf Golgatha. Ich muss das nur noch annehmen, dann ist alles in Ordnung, dann bin ich reingewaschen. Das ist etwas Wunderbares. Übrigens, wer das Gericht Gottes nicht vor Augen hat, kennt sich auch mit der Güte Gottes in Jesus Christus nicht aus. Bengel, der berühmte Theologe, hat einmal gesagt: „Menschen werden immer dann zu Verächtern der Güte Gottes, solange sie das Gericht Gottes nicht mehr vor Augen haben." Wenn ich aber weiß, worauf diese Welt zuläuft und weiß, dass wir eine Rettung haben, eine Rettung, die Gott selber in seinem Sohn Jesus Christus erwirkt hat, dann weiß ich, wie gütig dieser Gott ist. Und da will Gott uns hinführen, zum Erlösungswerk in Jesus Christus. ER will nicht von uns, dass wir uns geißeln, unser Leben beschränken und was weiß ich irgendwelche Vorschriften auferlegen, damit wir noch irgendwas vor IHM zu tun hätten. Nein, ER hat ja schon alles getan. Die Sühne der Schuld, die Buße, ist längst geschehen. Deshalb ist es Gottes Güte, die uns immer wieder zu dem Guten hintreibt, was geschehen ist, nämlich zu dem Erlösungswerk unseres HERRN Jesus Christus. Gottes Güte leitet dich zur Buße. Ich lese noch einmal Römer 2, Vers 4: ***Verachtest du den Reichtum der Güte Gottes, seine Geduld und Langmut? Weißt du nicht, dass dich Gottes Güte zur Buße leitet?***

Damit komme ich zum Fünften und Abschließenden: Die Güte Gottes zeigt sich dir in Jesus Christus. Sie führt uns nicht nur zur Buße. Die ganze Güte Gottes zeigt sich uns vollends in Jesus Christus. So gut ist dieser Gott, dass ER selber für uns stirbt in Seinem Sohn Jesus Christus. Alles aus lauter Güte! Nicht weil wir es verdient haben, sondern einfach, weil es Seinem Wesen entspricht. Die Güte Gottes entspricht nicht unserem Verdienst, sondern allein dem Wesen Gottes, und das wird deutlich in Jesus Christus. Lesen Sie bitte noch einmal das Wort aus Epheser 2. Da heißt es noch einmal ganz deutlich über die Güte Gottes im Vergleich oder im Verhältnis zu Jesus:

> ***Gott hat uns, die wir tot in Sünden waren, mit Christus lebendig gemacht und hat uns mit IHM auferweckt und mit eingesetzt im Himmel, in Christus Jesus, damit ER in***

***den kommenden Zeiten erzeige den überschwänglichen Reichtum seiner Gnade*** (und jetzt kommt es) ***durch seine Güte gegen uns in Christus Jesus.*** (Epheser 2,5)

Diesen Satz lesen Sie bitte zu Hause noch vier-, fünfmal durch, deshalb haben Sie den Predigtzettel. Das muss man erstmal sacken lassen, was da steht. Das ist nicht ganz einfach zu verstehen. Aber darum geht es ganz genau, dass in Jesus Christus alle Güte Gottes liegt. Wenn man das auch nur im Ansatz verstanden hat, dann wird man einfach nur ganz froh und dankbar. Dann spielt übrigens auch alles hier auf Erden gar keine Rolle mehr.

Das ist immer so unser Problem: Wir sind so gefangen in dem, was in unserem Beruf, in unserer Familie und unserer Gesundheit abgeht. Über all den Sorgen, die auf uns einhämmern, haben wir oft gar keinen Blick mehr für das Erlösungswerk unseres HERRN Jesus Christus. Aber da ist alles schon erledigt. David schreibt in Psalm 63: ***HERR, deine Güte ist besser als Leben*** (Psalm 63,3). So ist das. Bei all der Güte und Gnade, die Gott uns hier auf Erden schenkt - aber die Güte Gottes, das, was er für uns in Jesus Christus getan hat, ist viel, viel mehr als dieses Leben hier. Die paar buckligen Jahre und Jahrzehnte, die der HERR uns gibt - die Güte Gottes ist besser als Leben, weil die Güte Gottes das ist, was ER für uns in Jesus Christus getan hat und das ist etwas ganz Wunderbares, was ganz Herrliches und Köstliches. Sie dürfen sich freuen über diesen Tag, den der HERR Ihnen geschenkt hat, das ist Güte Gottes. Sie dürfen sich freuen über all die praktische Hilfe in Ihrem Elend, in Ihrer Not, freuen über den Trost, den Sie jetzt momentan haben in der schweren Zeit. Aber am meisten dürfen Sie sich freuen darüber, was Gott für Sie getan hat aus lauter Güte im Erlösungswerk in Jesus Christus. Dass ER für uns ewiges Leben an den Tag gebracht hat, uns befreit hat von aller Schuld, das ist etwas ganz Herrliches und Köstliches. Allerdings ist es etwas, was uns Gott selber durch den Heiligen Geist erschließen muss. Wenn ER uns das erschlossen hat, dann passiert eins: dass wir zutiefst dankbar werden.

Also, wenn Sie die Predigt mit dem, was ich sagen wollte, durch den Heiligen Geist verstanden haben, dann werden Sie jetzt dankbar werden. Wenn man etwas Köstliches hier auf Erden genießt, z. B. die Schwarzwälder Kirschtorte, dann ist es so, dass man sich für den Moment freut, was man gegessen hat. Aber eine Minute später, nachdem sie runtergeschluckt ist, hat man kein gutes Gefühl mehr, sondern denkt an die Kalorien, die jetzt auf meiner Hüfte sitzen. Das ist etwas, was einen belastet. Aber wenn man das hier richtig verdaut hat, was die Güte Gottes angeht, dann hat man kein schlechtes Gewissen, sondern dann ist man einfach nur noch dankbar. Das sagt übrigens die Bibel an ganz vielen Stellen:

> ***Danket dem HERRN, denn er ist freundlich und seine Güte währet ewiglich.*** (z.B. Psalm 118,1)

Wenn du das verstanden hast, was Gott dir heute in dieser Predigt sagen wollte über die Köstlichkeit seiner Güte, dann wirst du jetzt neu Grund zur Dankbarkeit haben. Deshalb möchte ich diese Predigt über die Köstlichkeit der Güte Gottes schließen mit einem ganz kurzen Reim:

*Mit dankbarem Gemüte*
*freue dich Gottes Güte.*

Das hoffe ich für die nächste Woche für dich, dass du dich über Gottes Güte freust. Amen.

Und der Friede unseres allmächtigen Gottes, der sehr viel höher ist als all unsere menschliche Vernunft, bewahre unsere Herzen und Sinne in Christus Jesus, unserem auferstandenen und lebendigen HERRN. Amen.

## Von der Güte Gottes

Psalm 36,6-11

Gnade sei mit euch und Friede von dem, der da war und der da ist und der da sein wird in alle Ewigkeit, unser HERR Jesus Christus. Amen.

Liebe Gemeinde, ich habe das eben schon in der Begrüßung angedeutet, worüber ich predigen werde, nämlich über den Wochenpsalm. Ein gewaltiges Wort, was wir da für diese zweite Woche nach Trinitatis bekommen haben. Ein wunderbares Wort, das den Reichtum der Güte Gottes beschreibt. Wir wollen als Predigttext hören aus dem Psalm 36, die Verse 6 bis 11:

***HERR, deine Güte reicht, so weit der Himmel ist, und deine Wahrheit, so weit die Wolken gehen. Deine Gerechtigkeit steht wie die Berge Gottes und deine Rechte ist wie die große Tiefe. HERR, du hilfst Menschen und Tieren. Wie köstlich ist deine Güte, Gott, dass Menschenkinder unter dem Schatten deiner Flügel Zuflucht haben. Sie werden satt von den reichen Gütern deines Hauses und du tränkst sie mit Wonne wie mit einem Strom. Denn bei dir ist die Quelle des Lebens und in deinem Lichte sehen wir das Licht. Breite deine Güte über die, die dich kennen, und deine Gerechtigkeit über die Frommen.*** Amen.

**Wir wollen beten:** Lieber himmlischer Vater in Jesus Christus, gelobt und gepriesen seist du, der Ewige und der Allmächtige. Wir sagen dir Danke, HERR, dass du uns immer noch begegnest in dieser Gnadenzeit, in deinem heiligen und lebendigen Wort. Wir wollen dir Dank sagen, dass du uns jetzt diesen Wochenpsalm schenkst, Dank sagen für diese sechs Verse aus dem Psalm 36, die du uns in Sonderheit jetzt gibst für unser Leben. HERR, wir wollen uns in dieser Predigt darüber Gedanken machen, was diese Worte über deine Güte zu tun haben mit unserem Leben, und wir wollen uns ansprechen lassen. Das wird aber nur gelingen können, wenn du dieser Predigt deinen Segen schenkst, wenn du uns jetzt deinen Geist schenkst zum Reden und zum Hören deines heiligen und lebendigen Wortes. So bitten wir dich alle miteinander, HERR, segne du selber durch deinen Geist diese Predigt. Amen.

Ich habe diese Predigt überschrieben mit „Von der Güte Gottes“ und ich muss Ihnen jetzt direkt zu Beginn der Predigt etwas zumuten. Wann immer ich gleich dieses Wort nenne - *Güte*, die *Güte* Gottes - dann müssen Sie im Prinzip ganz vieles mithören. Das hebräische Wort *hesed*, was hier für Güte Gottes steht, sagt viel mehr aus als nur diese vier Buchstaben, Güte. Da steckt viel mehr drin. Das ist ein Konglomerat, eine Mischung aus verschiedenen Dingen. Also wenn man es übersetzen wollte, dann müsste man sagen: liebevolle Fürsorge, vorbehaltlose Freundlichkeit, treue Liebe, vollkommene Liebe, absoluter Trost, zuverlässige Hilfe, seligmachende Führung und noch einiges mehr. Das sind jetzt nur sieben Punkte, aber diese sieben Punkte muss ich Sie und euch bitten mitzuhören, denn das meint Güte Gottes. Das ist nicht nur ein Gut-sein, wie man vielleicht ableiten könnte, nein, da steckt ganz viel drin.

Ich sage nochmal diese sieben Begriffe und die müsst ihr mithören. Hier geht es nicht nur um dieses Wort „Gut-sein, Güte“, sondern um all das, was eben liebevolle Fürsorge, vorbehaltlose Freundlichkeit, treue Liebe, vollkommene Liebe, absoluter Trost, zuverlässige Hilfe und seligmachende Führung ist. Das alles steckt in der Güte Gottes drin. Von der wollen wir jetzt hören und diese sieben Punkte müsst ihr mithören. Das ist ganz wichtig, sonst fasst ihr das zu kurz. Ich hoffe, dass ich euch so ein bisschen mitnehmen kann in meine eigene Begeisterung über das, was Güte Gottes ist. Das ist so stark, dass ist so großartig, das ist so wunderbar, was wir haben in einem gütigen Gott, in Jesus Christus. Das ist einfach fantastisch und dem wollen wir uns jetzt zuwenden.

Ich habe drei Punkte mitgebracht, aus diesem Predigttext:

**1. Die Weite der Güte Gottes**
**2. Die Köstlichkeit der Güte Gottes**
**3. Die Zuwendung der Güte Gottes**

**Der erste Punkt: Die Weite der Güte Gottes.** Also wie groß ist die Güte Gottes, eben seine liebevolle Fürsorge, seine vorbehaltlose Freundlichkeit, seine treue Liebe, seine vollkommene Liebe, sein absoluter Trost, seine zuverlässige Hilfe, seine seligmachende Führung, wie groß ist das? Das sagt die Bibel hier ganz deutlich. Sie beschreibt das so:

> ***HERR, deine Güte reicht, so weit der Himmel ist, ...***

Damit sind jetzt nicht die Wolken gemeint, die kommen im Nachsatz:

> ***... und deine Wahrheit, so weit die Wolken gehen.***

Das ist das, was David gesehen hat, der diesen Psalm schrieb: die Wolken, die man tagsüber sieht. Der Himmel aber, das ist, was du nachts siehst, die Sterne am Himmel. Und damit vergleicht die Bibel die Größe der Güte Gottes. Die Bibel spricht immer wieder davon. Das müsst ihr mal nachlesen in eurer Konkordanz. In Psalm 103 steht:

> ***Barmherzig und gnädig ist der HERR, geduldig und von großer*** - von immenser - ***Güte.*** (Psalm 103,8)

Oder in Psalm 145, da heißt es:

> ***Sie sollen preisen deine <u>große</u> Güte und deine Gerechtigkeit rühmen. Gnädig und barmherzig ist der HERR, geduldig und von <u>großer</u> Güte.*** (Psalm 145,7-8)

Es kommt immer wieder die Größe vor, die hier beschrieben und quantifiziert wird. Es wird genau gesagt, wie groß die Güte ist, wie lange sie reicht, nämlich so weit der Himmel ist, so weit ist die Güte Gottes.

Das gucken wir uns mal genauer an. Da müssen wir zwar ein bisschen astronomisch werden - also nicht astrologisch, das ist ja dieser Blödsinn, das ist Götzendienst, das machen wir nicht. Aber Astronomie ist die Wissenschaft der Beschäftigung mit den Sternen. Die wollen wir nutzen, um zu verstehen, wie groß, wie weit die Güte ist. Die Bibel sagt, ***so weit der Himmel ist***, also so weit das Universum ist, ***so weit ist die Güte Gottes***. Jetzt muss man sich mal klarmachen, wie groß unser Universum ist. Also unsere Erde hat einen Durchmesser von knapp 13.000 Kilometern und das sind 43 Licht-Millisekunden. Wir wissen, dass Entfernungen in der Physik mit Lichtgeschwindigkeit gemessen werden, zumindest größere Entfernungen. Die Sonne, der größte Stern in unserem Sonnensystem, hat einen Durchmesser von etwa 1,4 Millionen Kilometern, das sind knapp 5 Lichtsekunden. Unser Planetensystem, also unser Sonnensystem, in dem wir mit unserer Erde sind, hat einen Durchmesser von mindestens 2 Lichtjahren. Sie wissen, was eine Lichtgeschwindigkeit ist. Wenn das Licht angemacht wird, dann geht das in 300 000 Kilometern pro Sekunde voran und unser Sonnensystem ist über 2 Lichtjahre groß. Jetzt sind wir mit unserem Sonnensystem in einer Galaxie, das ist die Milchstraße. Die Milchstraße hat einen Durchmesser von über 100.000 Lichtjahren. Das wissen wir durch das Hubble-Teleskop - es hatte jetzt übrigens sein 25-jähriges Jubiläum. Das ist unsere Galaxie, die Milchstraße. Mit unserer Galaxie sind wir in einer lokalen Gruppe, dem Galaxienhaufen, das ist die nächste Größe. Der Durchmesser davon ist etwa 8 Millionen Lichtjahre.

Es gibt allerdings noch eine größere Geschichte als diesen Galaxienhaufen, die voids. Das sind gewaltige, quasi materiefreie Blasen. Sie haben einen Durchmesser von etwa 100 Millionen Lichtjahren. Hundert Millionen Jahre fliegt das Licht mit einer Geschwindigkeit von 300.000 km pro Sekunde. So groß ist ein void. Und dann gibt's noch eine größere Sache drüber, die man mittlerweile kennt, das sind die *Large Quasar Groups*. Das ist eine Ansammlung von Quasaren, von denen angenommen wird, dass sie die größten astronomischen Strukturen im bekannten Universum bilden. Diese Ansammlung hat eine Ausdehnung von 4 Milliarden Lichtjahren. Und jetzt passt auf! Das ist nur das, was wir momentan sehen können mit unseren begrenzten Mittelchen. Wir haben so ein kleines Teleskop - so toll das ist - und da können wir vier Milliarden Lichtjahre Ausdehnung sehen. Aber wir wissen, dahinter geht es noch weiter. Das ist das Universum, es hat gar kein Ende. Es ist unendlich groß, Gott hat es gemacht und das können wir uns gar nicht vorstellen.

So, liebe Brüder und Schwestern, jetzt sind wir dem Maßstab, was die Güte Gottes angeht, schon näher. Wenn ihr euch da mal in diese Unendlichkeit des Universums rein denkt. Das sagt die Bibel, es ist ja nicht mein Vergleich. So weit wie der Himmel ist, so weit wie das Universum ist, so groß ist die Güte Gottes, seine liebevolle Fürsorge für uns, seine vorbehaltlose Freundlichkeit, seine treue Liebe, seine vollkommene Liebe, sein absoluter Trost, seine zuverlässige Hilfe, seine seligmachende Führung. Kein Ende, unendlich! Daraus kann man dann Schlussfolgerungen ziehen. Wenn das so groß, so unendlich riesig ist, dann ist diese Güte Gottes nicht aufbrauchbar. Wir Menschen haben Angst, dass das, was wir horten, das, was wir haben, irgendwann zu Ende ist. Du sagst: „Ich habe so ein bisschen gespart, habe immer fleißig gearbeitet, jetzt bin ich in Rente. Jetzt hab ich nicht mehr so viel Kohle wie während meines Arbeitslebens, jetzt muss ich gucken. Vielleicht lebe ich noch 30 Jahre. Wenn ich immer so 2-3 Prozent pro Jahr von meinem Sparguthaben herunter nehme, damit ich weiter gut lebe, wie lange reicht es da?“ Dann hat man Angst, weil das Geld ja aufbrauchbar ist. Wer weiß, was passiert, mit dem Brexit oder mit der Inflation?

Aufbrauchbar ist nicht nur das Geld, es ist auch die Geduld anderer Menschen, das wissen wir auch. Wenn man manche Leute zu sehr strapaziert, wenn man ihnen immer wieder auf den Sender geht, sie immer wieder enttäuscht, dann machen sie irgendwann zu. Sie sagen: „Bis hierhin und nicht weiter!" Da werden Beziehungen abgebrochen - auch da sind Dinge wie Geduld aufbrauchbar, ebenso Liebe und Vergebung. Genauso ist es auch mit den Ressourcen unseres Planeten. Also, wenn wir alle weiter so Auto fahren wie bisher, immer weiter so heizen und so in den Urlaub fliegen, dann haben wir vielleicht in etwa 100 Jahren kein Öl mehr auf dieser Welt. Alles auf dieser Erde ist endlich und aufbrauchbar, aber die Güte Gottes ist nicht aufbrauchbar. Egal wie oft du Gott enttäuschst, egal wie oft du die Hände faltest und um etwas bittest, sie ist nicht aufbrauchbar. ER wendet sich dir immer wieder liebevoll zu, ER ist immer wieder freundlich zu dir - so weit wie der Himmel, so weit wie das Universum ist. Wenn das so weit ist, wenn die Größe so groß ist, dann ist das nicht zu fassen.

Früher als Kind - das werden die Älteren kennen - habe ich „Raumschiff Enterprise" geguckt. Da ging es dann immer so los: „Der Weltraum, unendliche Weiten, wir schreiben das Jahr 2200. Dies sind die Abenteuer des Raumschiffs Enterprise." Mich hat das so begeistert. Ich habe mich immer gefragt, wo ist das Universum zu Ende? Also, ich konnte mir die Unendlichkeit nicht vorstellen. Ich habe gedacht so nach dem Motto, selbst wenn es ein Ende hat, dann muss irgendwo eine Grenze sein, eine Mauer oder irgendwie Plastikballons. Aber was ist dahinter? Das ist eine spannende Frage. Es geht immer weiter, das ist das Tolle, aber die Weite des Universums kannst du nicht fassen. Ich habe euch ja eben so ein paar Zahlen vorgelesen. Man kann sich das nun ein bisschen vorstellen, auch wenn das unendlich weit ist. Aber 4 Milliarden Lichtjahre sind letztlich nicht fassbar.

Und so ist auch die Güte Gottes. Wenn du anfängst, in der Bibel zu lesen, dich da rein zu vertiefen, darüber nachzudenken, da staunst du nur - unglaublich, unglaublich! Die Weite der Güte Gottes ist nicht fassbar. Die kannst du auch nicht im Ansatz begreifen. So großartig, so stark, so wunderbar ist sie. Und sie ist auch mit nichts, mit nichts vergleichbar.

Ich habe mal eine Predigt von einem Pfarrer gelesen, der war jung verheiratet, frisch verliebt und hat scheinbar auch eine ganz tolle Frau geheiratet. Und dann schwärmte er von der Güte Gottes wie von der Liebe seiner Frau. Also, das war wirklich nett gemeint - man merkte die gute Absicht - aber im Kern eine glatte 6, am Thema komplett vorbei. Er verglich wirklich nicht Äpfel mit Birnen, sondern etwas, was man überhaupt nicht vergleichen kann. So nett ein Mensch auch sein kann und dir Gutes tun kann - alles, was er hat, ist doch irgendwann endlich, spätestens wenn er die Augen zumacht. Aber bei der Güte Gottes gibt es keinen Anfang und kein Ende. Die ist so gigantisch, das kannst du dir überhaupt gar nicht ausdenken. Die Bibel sagt auch immer wieder:

***Seine Güte währet ewiglich.*** (z.B. Psalm 18,1)

Die Losung für den heutigen Tag lautet:

***Deine Güte ist besser als Leben.*** (Psalm 63,3)

Unser Leben ist das Wichtigste, was wir haben. Und doch sagt uns die Schrift, dass die Güte Gottes noch *besser* als das Leben ist und - Amen - das kann ich nur bestätigen. Wenn man das ein bisschen verstanden hat, dann kann man nur mit einstimmen. Das bisschen Leben hier auf Erden ist gar nichts, aber die unendliche Güte unseres barmherzigen Gottes ist etwas ganz Wunderbares. Die ist unendlich, die ist so groß, wir können sie nicht vergleichen. Das ist das Erste: die Weite der Güte Gottes. ***HERR, deine Güte reicht, so weit der Himmel ist.***

**Ein Zweites: Die Köstlichkeit der Güte Gottes.** Ein ganz tolles Wort, hier im Vers 8: ***Wie köstlich ist deine Güte***, schwärmt David hier im Heiligen Geist, der den Genuss der Güte Gottes erlebt hat. Wenn dieser Gott einem sich freundlich zuwendet, obwohl man es nicht verdient hat, dass ER sich um einen liebevoll kümmert, dass ER einem Liebe schenkt, dass ER einem Hilfe ist, dass ER einen führt. Das ist ein Genuss, das ist eine

Freude. Ich habe eben gesagt, ich wünsche euch, dass ihr erquickt werdet. Die Güte Gottes ist Erquickung, Köstlichkeit. Ich weiß nicht, was für euch köstlich ist. Einer sagt zum Beispiel: „Wenn ich im Ratskeller gegessen habe oder wenn ich irgendwo im Urlaub gewesen bin, diese vierzehn Tage am Meer, das gute Wetter und der Ausblick - das war köstlich!“ Aber das Köstlichste, was es in dieser Welt gibt, ist durch den Heiligen Geist im Glauben zu erfahren, dass der gütige Gott sich mir zuwendet mit seiner liebevollen Fürsorge, mit seiner vorbehaltlosen Freundlichkeit, mit seiner treuen Liebe, mit seiner vollkommenen Liebe, mit seinem absoluten Trost, mit seiner zuverlässigen Hilfe, mit seiner selig machenden Führung. Dass ER bei mir ist, das ist so stark, das ist so wunderbar. Die Bibel spricht immer und immer wieder davon, wie toll es ist, wenn man die Güte Gottes erlebt, z.B. wenn man im Elend drin steckt und Probleme hat. Da heißt es im Psalm 31:

> ***Ich freue mich und bin fröhlich über deine Güte, dass du mein Elend ansiehst und nimmst dich meiner an in der Not.*** (Psalm 31,7)

Ich weiß ja nicht, wie eure Situation heute Morgen im Einzelnen ausschaut. Ich weiß nicht, wie köstlich momentan euer Leben ist oder ob es da größere und kleinere Problemchen gibt, vielleicht die Krise in der Ehe, der wackelnde Gesundheitszustand, die Sorge um einen geliebten Menschen, der finanzielle Engpass, der Mensch, der einem irgendwie das Leben „zur Hölle“ macht. Ich weiß nicht, was euer Elend und eure Not ist, aber ich darf euch sagen, es gibt zuverlässige Hilfe und seligmachende Führung bei diesem Gott, der dir gütig ist. ***Ich freue mich und bin fröhlich über deine Güte, dass du mein Elend ansiehst und nimmst dich meiner an in der Not.*** Ich darf dir das sagen für deine Not, für dein Elend, in dem du drin steckst. Gott ist da! Der gütige Gott steht dir zur Seite und ER hilft dir. Aber nicht nur das ist köstlich an der Güte Gottes, dass ER uns hilft in unserem Elend, nein, ER tröstet uns auch. Wir haben das eben bei der Lesung gehört, das ganz kurze Wort aus dem Psalm 69, Vers 17: ***Deine Güte ist tröstlich***. Die Güte Gottes - das, was ich eben in diesen sieben Begriffen beschrieb - ist tröstlich, egal, was man in dieser Welt erlebt. Der große Schriftsteller Tolstoi hat einmal geschrieben: „Die Güte Gottes ist für die Seele dasselbe wie die Gesundheit für den Körper." Wenn du das erlebst, dass wir einen gütigen Gott in Jesus Christus haben, dann ist das so, wie wenn du kerngesund morgens aus dem Bett aufspringst und sagst: „Wo sind die Bäume, die ich ausreißen kann?" So ist das für die Seele. Das trifft genau den Punkt, denn wir haben einen Gott, der uns immer wieder tröstet. Das ist so wunderbar zu erleben, dass ER da ist.

In 2. Korinther heißt es:

> ***Gelobt sei Gott, der Vater unseres HERRN Jesus Christus, der Vater der Barmherzigkeit und Gott allen Trostes, der uns tröstet in aller Trübsal.*** (2. Korinther 1,3-4)

Ja, wir müssen in dieser Welt in Trübsal hinein, sie bleibt uns als Christen nicht erspart. Ich sage das immer wieder. Und wehe denen, die sich da hinstellen und erzählen: „Wenn du mit Gott gehst, dann gehst du nur über Höhen, da wirst du keine Probleme, keine Schwierigkeiten haben." Nein, die Bibel sagt etwas ganz anderes. Auch wenn du mit Christus gehst, hast du Trübsal, hast du Bedrängung, hast du Ängste. Das Tolle ist aber, was du dann auch hast: dass dieser gütige Gott dir Trost schenkt. Ich habe das eben bei diesen sieben Punkten beschrieben: Ein Teil der Güte Gottes ist der absolute Trost. Wenn du richtig in Jesus Christus bist, wenn sein Geist in dir ist, dann hast du allen Trost.

Der Heilige Geist wird ja in der Bibel, im Neuen Testament der *Paraklet* genannt. Das griechische Wort *parakaleo* heißt nichts anderes als *trösten*. Und der Heilige Geist wird Tröster genannt. Ist Gott bei dir, ist der Heilige Geist in dir, hast du allen Trost, egal, was um dich herum passiert. Das ist so köstlich, wenn du das erfahren darfst. Das ist so wunderbar! Das ist auch der Heilandsruf:

> ***Kommt her zu mir alle, die ihr mühselig und beladen seid; ich will euch erquicken.*** (Matthäus 11,28)

Der gütige Gott lädt dich ein zu seinem absoluten Trost, er hält ihn für dich bereit, ganz gleich, was für dich momentan schwierig ist, was dich traurig macht. Er hat es versprochen und verheißen. In der Bibel sagt er:

> ***Ich will euch trösten, wie einen seine Mutter tröstet.*** (Jesaja 66,13)

Du musst nur zu diesem Gott kommen. Ich sage damit nicht, dass alles in dieser Welt direkt wieder gut wird und alles gerade gerückt wird, aber du hast Trost und - jetzt sind wir wieder bei dem Punkt - das ist so köstlich! Wenn ich traurig und verzweifelt über die Dinge in dieser Welt bin, dann ist es so wunderbar, dass ich erleben darf, dass da ein Gott ist, der mir seine Güte zuwendet und mich tröstet. Halleluja!

Wir hatten neulich eine Taufe. Da hatten wir ein kleines Kind getauft und nachher wurden Fotos gemacht. Das Kind musste dafür weg vom Arm der Mutter, erst zu den Paten, dann zu den Großeltern und schließlich auch noch zum dicken Pastor Latzel auf den Arm. Das hat dem Kleinen überhaupt nicht gefallen, da fing er an zu schreien. Bei den Paten war es schlimm, bei den Großeltern noch schlimmer und bei mir hat er am meisten geschrien. Untröstlich war er! Ja und dann kam die Mutter, nahm das Kind in den Arm, hat es zwei Sekunden getätschelt und - schwupps - war alles wieder gut! Ein super Bild, nicht? Und so ist es bei unserem Gott. Wenn sein Geist uns füllt, wenn wir das erleben, dann ist das so köstlich. Aber nicht nur, dass ER uns hilft und uns tröstet, ER führt uns auch zur Buße.

Wir feiern heute Abendmahl. Vor dem Abendmahl haben wir ja immer wieder auch die kollektive Buße, wo wir gemeinsam unsere Schuld bekennen. Für viele ist das heute so ein bisschen unangenehm, so „unappetitlich", weil wir uns mit dem ganzen Dreck beschäftigen, der in unserem Leben passiert ist. Und das wird oft so ein bisschen weggeschoben. Aber die Buße ist etwas ganz Tolles und Wunderbares. Es ist Gottes Güte, dass wir uns in Buße verhalten, wenn wir Schuld erkannt haben und sie ans Kreuz bringen.

In Römer 2 heißt es:

> ***Verachtest du den Reichtum der Güte Gottes, seine Geduld und Langmut? Weißt du nicht, dass dich Gottes Güte zur Buße treibt?*** (Römer 2,4)

Gottes Güte treibt und leitet uns zur Buße. Luther hat einmal gesagt: „Die Buße ist ein köstlich Ding." Wenn also die Güte Gottes köstlich ist, dann ist es auch die Buße. Denn wenn wir in Buße sind, werden wir rein. Der Prozess des Abwaschens ist ein schmutziges Geschäft, gar kein Thema. Ich hatte neulich mein Auto hier unter einem Baum stehen gehabt. Und dann fiel dieser ganze Blütenstaub herunter und das Auto war richtig verklebt und schmierig. Man konnte kaum das Ding anfassen, auch die Scheiben waren verklebt. So richtig eklig war das. Da bin ich zu einer Waschstraße gefahren, es wurde sauber gemacht und der ganze Dreck war runter. Dann stand mein Auto wieder schwarz glänzend vor mir. Ach, das war richtig schön, nicht? So ist es mit der Buße, da kommt der ganze Dreck runter. Ja, das ist ein unangenehmes Geschäft, den Dreck runter zu machen, aber das Tolle ist, dass wir den ja nicht selber runtermachen müssen. Dafür haben wir keine Verantwortung, sondern ein anderer ist für uns am Kreuz von Golgatha gestorben - Jesus Christus, unser HERR und Heiland, der den ganzen „Mist" für uns erledigt, die ganze Sünde getragen hat. Wir müssen nur noch hingehen und sagen, „HERR, vergib mir!" Dann ist die Sünde abgewaschen und wir sind wieder rein und glänzend vor Gott - wunderbar! Und das können wir immer wieder machen. Ich weiß, dass viele Geschwister Probleme damit haben und sagen: „Ich glaube ja an Jesus Christus, ich weiß um seine Vergebung. Ich weiß alles, aber ich bin so eine Enttäuschung. Ich falle immer wieder rein, ich bin und bleibe ein Sünder." Und sie haben solche Angst, so nach dem Motto, irgendwann hat dieser Gott von mir „die Schnauze voll" und lehnt mich dann ab. Wisst ihr, das Tolle ist, dass die Weite der Güte Gottes - das haben wir eben besprochen - nicht aufhört. Wann immer wir reumütigen Herzens unter das Kreuz gehen, dann wäscht ER uns rein und schenkt uns die Vergebung der Sünden. Dann macht ER uns wieder glänzend. Auch wenn das dreimal am Tag passiert, hat ER kein Problem damit. Aber ER hat ein Problem damit, wenn wir unter diesem Dreck drunter bleiben, wenn wir uns immer wieder mehr „zuregnen" lassen von unserer Sünde und von unserer Schuld. Aber die Buße zu erleben ist so toll, dass das Blut Jesu einen rein macht und man wieder glänzend dasteht. Nicht durch eigenen Verdienst, sondern nur durch das Blut des Heilandes Jesus Christus. Das ist so, wie wenn man die ganze Nacht gearbeitet hat, sehr verschwitzt und dreckig ist und dann unter die Dusche geht. Ach wie wunderbar, wenn man geduscht und wieder sauber ist! Das schenkt uns eben die Güte Gottes. Die Köstlichkeit der Güte Gottes besteht eben darin, dass er uns zur Buße führt.

**Und noch ein Drittes: Die Zuwendung der Güte Gottes.** Da heißt es im Vers 11: ***Breite deine Güte über die, die dich kennen.*** Ja, die Güte Gottes kommt über die, die ihn kennen, die schon mal gehört haben von diesem Gott. Ich habe eben über dieses hebräische Wort *hesed* - die Güte Gottes - gesprochen. Ich mache das sonst nicht so häufig, aber auch jetzt muss ich wieder ein bisschen dieses Wort „kennen" erklären. Das hebräische Wort *jada*, das hier steht, das ist mehr als nur kennen, das hat eine ganz große Tiefe. Beispielsweise wenn es da heißt, Adam erkannte sein Weib, da steht dasselbe Wort. Also dieses tiefe innig-werden, intensiv kennen, lieben, eins werden mit IHM, das ist hier gemeint. ***Breite deine Güte über die***, die auf dich Acht geben, die ganz intensiven Verkehr mit dir haben und - so würde ich es übersetzen - die dich fürchten, die dir die Ehre geben, dir, dem allmächtigen Gott. Das ist auch das, was die Bibel immer wieder sagt: Der in der Furcht des HERRN ist, der IHN wirklich kennt, der IHM die Ehre gibt, der bekommt in Besonderheit die Güte Gottes geschenkt.

Im Wochenplan von der letzten Woche heißt es:

> ***Der Engel des HERRN lagert sich um die her, die IHN fürchten, und ER hilft ihnen heraus.*** (Psalm 34,7)

In Sprüche lesen wir:

> ***Die Furcht des HERRN mehrt die Tage, aber die Jahre der Gottlosen werden verkürzt.*** (Sprüche 10,27) Und: ***Der Lohn der Demut und der Furcht des HERRN ist Reichtum, Ehre und Leben.*** (Sprüche 22,4)

Also der, der intensiv Gott kennt, der gibt IHM die Ehre, der betet Jesus Christus an, der verehrt IHN und bekommt umso mehr die Güte Gottes geschenkt. Da werden Sie sagen: „Das ist etwas Merkwürdiges, Pastor Latzel. Sie machen wieder eine Zwei-Klassen-Gesellschaft." Nicht ich, sondern die Bibel macht eine Zwei-Klassen-Gesellschaft. Die Bibel unterscheidet knallhart zwischen Menschen, die Kinder Gottes sind und Menschen, die nicht Kinder Gottes sind. Geschöpfe Gottes sind alle. Und allen Geschöpfen wendet Gott auch seine Güte, Liebe und Barmherzigkeit zu. Aber in ganz besonderer Weise denen, die seine Kinder sind, die IHN kennen, die IHN fürchten, die IHN ehren. Da unterscheidet die Bibel.

Ich möchte es einmal an einem Beispiel deutlich machen, wie ich als Vater Kinder unterscheide. Wenn ich durch die Stadt fahren und sehen würde, da ist ein Kind auf der Straße angefahren worden, dem würde ich natürlich helfen. Aber wenn dieses Kind eines Tages auf die Universität gehen will, studieren möchte und Geld braucht, würde ich mich nicht drum kümmern. Bei meiner Tochter ist das anders. Ich würde ihr natürlich auch helfen, wenn sie auf der Straße liegt. Aber um sie kümmere ich mich auch, wenn sie eines Tages studieren will oder wenn sie mal Schulden macht. Für sie bin ich ganz besonders da, denn sie ist ja mein Kind. Die anderen sind nur Mitmenschen. Genauso ist Gott. So sagt es die Bibel. Gott ist gütig gegen alle Menschen, aber in Besonderheit zu denen, die nicht nur seine Geschöpfe, sondern seine Kinder sind. Sie können das nachlesen in Psalm 1, der Weg des Gottlosen und der Weg des Frommen. Die ohne Gott leben, die leben so vor sich hin und werden sein wie die Spreu, die im Wind verstreut wird, aber seine Kinder, die den Heiligen Geist haben, die wiedergeboren sind, die sind wie Bäume, gepflanzt an Wasserbächen, die ihre Frucht bringen.

Wir sollen als Christen allen Menschen, allen Geschöpfen Gottes etwas Gutes tun, aber am meisten den Kindern Gottes. In Galater 6 heißt es:

> ***Tut Gutes gegen jedermann, aber am meisten an des Glaubens Geschwistern.*** (Galater 6,10)

So ist es auch bei der Zuwendung der Güte Gottes. Sie gilt ganz besonders den Kindern Gottes, denen, die IHN kennen, die IHN fürchten, die für IHN da sind. Das möchte ich dir zusprechen: Wenn du Jesus Christus kennst, wenn du vor der Welt bezeugst, „ER ist mein HERR und Heiland, ER ist der lebendige Gott“, wenn du IHM die Ehrfurcht gibst, dann darfst du eins wissen: dann schenkt Gott dir immer wieder in ganz besonderer Weise seine Güte, seine liebevolle Fürsorge, seine vorbehaltlose Freundlichkeit, seine treue Liebe, seine vollkommene Liebe, seinen absoluten Trost, seine zuverlässige Hilfe, seine selig machende Führung. Das tut ER immer wieder. Nicht, weil du das verdient hast, nein, sondern weil ER dich lieb hat.

Der große Spurgeon hat einmal gesagt: „Der HERR Jesus ist nicht in die Welt gekommen, um die Güte bei uns Menschen zu suchen, sondern ER ist gekommen, um die Güte seinen Kindern zu bringen und zu verleihen.“ Seine Liebe, seine Hilfe, seinen Trost. Nicht, weil wir etwas Gutes getan haben, ist

Gott zu uns gütig, sondern einfach nur, weil wir IHN lieb haben. Das Einzige, was wir tun brauchen, ist, um diese Güte zu bitten. Das tut ja auch David hier. Er sagt: ***Breite deine Güte aus über die, die dich kennen.*** David kennt diesen lebendigen Gott, diesen heiligen und ewigen Gott und deshalb bittet er auch: Tu das bitte, schenk das. Er zählt sich nämlich auch zu den Menschen, die Gottes Kinder sind, da gehört er mit dazu. Und dieses Gebet des Psalm 36 darfst du auch sprechen und du dir zu Eigen machen. Du darfst einfach hingehen - heute, morgen, die nächste Zeit, bis zum Ende deiner Tage - und sagen: „HERR, breite deine Güte über mir aus, ich bin dein Kind. Verdient hab ich's nicht, aber breite deine Güte, deine Liebe, deinen Trost, deine Hilfe, deine Zuwendung, deine Führung immer wieder neu über mir aus." Und wisse, das ist diesem Gott wohlgefällig. Das ist nicht so wie bei unserem Nachbarn. Wenn wir uns einmal bei dem Geld geliehen haben, und ein zweites und drittes Mal hingehen und um Geld bitten, dann möchte er irgendwann nicht mehr aushelfen, dann kriegt er schon „so einen Hals", wenn wir klingeln. Nein, Gott freut sich, wenn wir zu IHM hingehen und IHN um all das bitten und nicht bei anderen Größen suchen. Das darfst du tun, denn das hat Gott verheißen: Wenn du zu Jesus gehörst, dann wendet ER sich dir mit seiner Güte in besonderer Weise zu. Das Einzige, was dir dann noch bleibt, ist die Dankbarkeit. In Psalm 107 heißt es:

> ***Danket dem HERRN, denn er ist freundlich und seine Güte währet ewiglich.*** (Psalm 107,1)

Wenn ihr erfahrt in eurem Herzen durch den Heiligen Geist, dass das eben nicht nur ein abstrakter theologischer Begriff ist, diese Güte Gottes, sondern dass das wirklich durch den Heiligen Geist ganz konkret erfahrbar und erlebbar ist, dann bleibt euch nichts anderes übrig, als dass ihr wirklich lobpreisend und dankend durch die Stadt geht. Das wünsche ich mir für euch alle, wenn ihr heute die Martini-Kirche verlasst. Das habe ich unter den Predigtzettel geschrieben: „Mit dankbarem

Gemüte freue dich Gottes Güte." Möget ihr nach Hause gehen und sagen: „Wow, was haben wir für einen wunderbaren Gott, diesen Vater, Sohn und Heiligen Geist! Der ist so gütig, über den freue ich mich und dafür bin ich von Herzen dankbar."

Ihr habt heute gehört von der Güte Gottes - von der Weite der Güte Gottes, von der Köstlichkeit der Güte Gottes und von der Zuwendung der Güte Gottes. Möge der HERR euch immer wieder neu zeigen, was es bedeutet, dass ER sich euch, seinen Kindern, in Güte zuwendet und dass ihr dann mit dankbarem Gemüte euch der Güte Gottes freut. Möge der HERR diese Predigt an eurem Leben und Glauben segnen. Amen.

Der Friede unseres allmächtigen Gottes, der sehr viel höher ist als alle unsere menschliche Vernunft, er bewahre unsere Herzen und Sinne in Christus Jesus, unserem auferstandenen, lebendigen und gütigen HERRN. Amen.

## Das Leid in dieser Welt

Psalm 37,5

Gnade sei mit euch und Friede von dem, der da war und der da ist und der da sein wird in alle Ewigkeit, unser HERR Jesus Christus. Amen.

Liebe Gemeinde, das Wort, das über diesem ganzen Gottesdienst steht, ist auch der Predigttext, mit dem wir das Thema dieses Gottesdienstes „Leid" in Beziehung setzen wollen. Wir wollen hören als Predigttext auf Psalm 37, Vers 5:

***Befiehl dem HERRN deine Wege und hoffe auf IHN, ER wird es wohl machen.*** Amen.

**Wir wollen stille werden und beten:** Lieber HERR und Heiland, du schenkst uns dieses Wort für diesen Tag. Du schenkst uns dieses Wort für unsere ganz konkrete Situation. Du schenkst es uns für diese Predigt im Nachdenken darüber, warum Leid in der Welt ist. Wir wollen dich jetzt bitten für diese Predigt, für das Nachdenken über dieses Wort, dass du uns erschließt, warum es Leid gibt, was wir tun können im Leid und wozu uns Leid auch manchmal von dir geschickt wird, HERR. Wir wollen dich bitten, dass wir in dieser Predigt deine Stimme hören, dass wir dein Wort erkennen und dass du uns ansprichst in unserer Situation. Das wird nur dann gelingen können, lieber HERR und Heiland, wenn du selber deinen Segen gibst für diese Predigt. Darum wollen wir dich alle miteinander bitten um den Segen für das Reden und das Hören deines heiligen und lebendigen Wortes. Amen.

Liebe Gemeinde, in dieser Predigt soll es darum gehen, was es heißt, dem HERRN den Weg zu befehlen, auf IHN zu vertrauen. Wir wollen das in Beziehung setzen mit den Leiderfahrungen in dieser Welt. Ich habe mir lange überlegt, wie ich dieses Wort auslege. Ich möchte in einer Art Katechismus-Predigt Ihnen nahebringen, was Leid ist. Ein Katechismus ist ein Lehrbuch, in dem in Frage und Antwort der Glauben erschlossen wird, und das wollen wir heute auch tun. Wir wollen uns das Thema des Leides von drei Fragen her erschließen und diese dann immer wieder unterschwellig mit diesem Psalm 37 in Verbindung setzen. Die drei Fragen über Leid, die ich mitgebracht habe, werden von der Bibel her erklärt, das denke ich mir nicht selbst aus. Das ist eine allgemeine Antwort. Die individuelle Antwort für deine ganz persönliche Leiderfahrung ist eine Frage der Seelsorge. Da muss ich auch sagen, dass der Pastor und Seelsorger bei der Beantwortung häufig passen muss. Das können wir manchmal nicht erklären, warum ganz konkret deine Ehe gebrochen ist, warum ganz konkret dieses Krebsleiden dir jetzt geschickt worden ist, warum du jetzt von Arbeitslosigkeit betroffen bist. Aber das Allgemeine zum Leid, das kann man ganz deutlich und klar immer wieder beantworten. Vielleicht kannst du aus dem, was du hörst, etwas für deine ganz konkrete Leidsituation ableiten. Das nimm mit aus dem, was Gott jetzt zu diesen drei Fragen zu sagen hat. Drei Fragen, die wir beantworten wollen.

**Die erste Frage: Warum gibt es Leid?**
**Die zweite Frage: Wozu kann Leid dienen?**
**Und die dritte Frage: Was hilft im Leid?**

**Die erste Frage: Warum gibt es Leid?** Warum gibt es Leid in der Welt? Da gibt die Bibel ganz klare Antworten. Ich habe Ihnen vier Antworten mitgebracht. Erstens - und das ist das Grundlegende - weil Gott die Menschen in das Leid dahingegeben hat. Leid war nicht immer in dieser Welt. Es hat eine Zeit gegeben, da gab es kein Leid. Dann kam der Sündenfall und da wurden die Menschen aus dem Paradies vertrieben. Jetzt leben wir in dieser Zeit nach dem Sündenfall und es wird eine Zeit kommen, wo ebenfalls kein Leid mehr sein wird. Aber momentan leben wir in der Zeit des Leides, in die uns Gott hinein gegeben hat. Die Bibel sagt das auch immer und immer wieder, dass ER uns dahingegeben hat. Lesen Sie einmal Römer 1, ein gewaltiges Kapitel in der Bibel. Darin heißt es:

> ***Weil die Menschen Gottes Wahrheit in Lüge verkehrt haben, deshalb hat er sie dahingegeben in die schändlichen Leidenschaften.*** Dann heißt es weiter in dem Kapitel: ***Weil sie die Herrlichkeit des unvergänglichen Gottes vertauscht haben mit dem Nichtigen, deshalb hat er sie dahingegeben in Unreinheit.***

Und als Drittes heißt es da in Römer 1:

> ***Weil sie die Gotteserkenntnis für nichts achteten, hat er sie dahingegeben in Mord, Neid, Eifersucht, Hader und die Niedertracht des Bösen.***

Gott hat uns dahingegeben. Ja, Gott hat das zugelassen, weil wir gefallen sind, wir leben in einer gefallenen Welt. Diese Welt, in der wir leben, sie ist nicht nach dem Willen Gottes. Gott hat uns ziehen lassen nach unserem Willen in all das hinein, was der Sündenfall mit unserem Leben getan hat. Deshalb ist Leid in der Welt, weil die Menschen sündigen, weil sie nicht auf Gottes Wort hören. Das, was im Paradies passiert ist, gilt für die Menschheit als Gesamtheit. Denn Adam kriegt gesagt: „Von dem Baum sollst du nicht essen." Doch er widersetzt sich und hört nicht auf Gott. Deshalb gibt ihn Gott in seinem Schicksal dahin. Das ist das Erste und Wichtigste, was die Bibel sagt, dass Gott die Menschen dahingegeben hat. Die Propheten im Alten Testament sagen das immer wieder dem Volk Israel, das in Sünde lebt. „Wenn jetzt die Feinde kommen, wenn sie euch zerstören, wenn sie euch töten, wenn sie euch deportieren, dann sind das die Früchte, die ihr essen werdet." Sie sind dahingegeben in die Sünde.

**Das ist der erste Grund**. Das ist ein hartes Wort. Ich weiß aber, das muss man zu Anfang ganz klar und deutlich sagen, wenn man danach fragt, warum es Leid gibt, dann kann man nicht drum herum reden so nach dem Motto: Es sind Zufälligkeiten oder irgendwelche Menschen, die Fehler machen, oder Gott hat mal geschlafen oder sonst irgendwas. Nein, das sagt die

Bibel klar und eindeutig: Gott hat uns dahingegeben in diese gefallene, kaputte Welt, eine Welt des Leides.

**Ein Zweites**, was die Bibel aber auch sagt: Es ist Leid in der Welt, weil der Satan, der Teufel, das Leid für die Menschen will. Gott will nicht das Leid für die Menschen. Er lässt es zu, dass sie in Freiheit ihn verlassen und nicht nach seinem Wort leben, aber es gibt eine Macht in dieser Welt, die allerdings nicht stärker ist als Gott. Der Teufel ist ein Geschöpf Gottes, das wollen wir nie vergessen, aber in dieser Welt hat der Widersacher Macht und er verfolgt ein Ziel. Sein Ziel ist die Zerstörung menschlichen Lebens, ist das Leid. Er triumphiert, wenn Menschen weinen. Es ist eine Unverschämtheit, wenn man Gott Auschwitz anlastet! Gott liebt das Volk Israel. Das ist sein auserwähltes Volk und der Widersacher wird bis zum Ende der Tage gegen Gottes auserwähltes Volk schießen. Was in Auschwitz, was in Birkenau, was in Dachau passiert ist, das war nicht der Wille Gottes. Das war der Widersacher, der in dieser Welt tobt, der das Volk Gottes - und das sind die Christen ja auch - angreift, immer und immer wieder. Es gibt einen Satan, der das Leid für unser Leben will. Und da müssen wir immer wieder aufpassen in dieser Welt. Es ist die gefährlichste und stärkste Macht, die diese Welt beherrscht. Er hat so viele Werkzeuge in seiner Werkzeugkiste, wie zum Beispiel das Geld. Wir ahnen überhaupt nicht, wie stark diese Macht ist. Wer nicht unter dem Kreuz Jesu, unter seinem Blut steht, der hat gegen diese Macht keine Chance. Das macht übrigens der Widersacher ganz häufig, dass er die nicht leiden lässt, die nicht zu Jesus gehören. Er schläfert sie so ein mit all dem Wohlstand, all den Freuden dieser Welt, damit sie ja nicht aufmerksam werden, sondern eines Tages, wenn sie sterben, mit ihm dann auch in die Hölle fahren, in den feurigen Pfuhl, wo er vernichtet wird am Ende aller Zeiten. Satan ist in dieser Welt, es ist eine Macht.

Ein sehr guter Freund von mir hat seine Ehe gegen die Wand gefahren. Drei Kinder, alles wunderbar, ein sehr vermögender Mann. Dann lernt er eine andere Frau kennen und lässt sich auf sie ein. Als ihm klar wurde, dass alles zu spät ist, haben wir telefoniert und er sagt zu mir: „Olli, ich weiß nicht, was mich da getrieben hat, das kann doch alles gar nicht wahr sein. Ich stehe vor meinem Leben und ich weiß nicht, was da passiert ist.“ Da konnte ich ihm erklären, wie der Widersacher Triebe leitet, wie er jemanden, der in einer glücklichen Ehe ist, eine hübsche Frau vorbeischickt, die ihm schöne Augen macht. Das tut der Widersacher. Und dann will er das Leid. Er führt uns erst so ein bisschen hoch, mit unserem Geld und mit unseren Trieben und dann stürzt er uns runter. Das will der Widersacher, das will Satan. Lest mal das Hiob-Buch zum Thema „Leid“. Das ist das Zweite, warum es Leid gibt: weil es den Satan gibt, der das Leid für die Menschen will.

**Ein Drittes**: Warum gibt es Leid? Es gibt Leid - und jetzt sind wir wieder bei unserem Predigttext - weil Menschen das nicht tun, was hier im Predigttext steht. Weil sie ihren Weg nicht Gott befehlen, sondern nach ihrem eigenen Gutdünken Dinge entscheiden und tun und machen. Weil sie Dinge entscheiden in dieser Welt nach dem, was der Nachbar sagt, was der Finanzberater sagt, was der Arzt erzählt, was der Heilpraktiker mit irgendwelchen obskuren Dingen tut, aber nicht nach dem, was die Schrift sagt: ***Befiehl dem HERRN deine Wege und hoffe auf IHN, ER wird es wohl machen.***

Eine Frau ist zu mir gekommen und hat sich furchtbar beschwert über Gott, weil ihre Ehe jetzt gescheitert ist. Nach 20 Jahren ist ihre ganze Hoffnung dahin. Es war eine gläubige Frau, die einen ungläubigen Mann geheiratet hat. Ich habe sie dann gefragt: „Wie ist es denn gewesen, als Sie damals in die Ehe eingestiegen sind? Haben Sie denn Gott gefragt, ob das der richtige Mann ist?“ Darauf hat sie dann ganz erschütternd gesagt: „Ich hab damals schon von Gott die Antwort gekriegt, dass das nicht der richtige Mann ist.“

Dem HERRN die Wege zu befehlen heißt, auf seinen Wegen zu gehen. Wir fragen häufig nicht nach den Wegen Gottes und manchmal gehen wir auch nicht die Wege Gottes - und dann gibt es die Leiderfahrung. Nicht, dass die Wege Gottes immer schön und angenehm sind, aber das sind Wege des liebenden Vaters, die uns zu anderen Dingen führen als ins Leid hinein. Befiehl dem HERRN deine Wege und geh auch diese Wege. Ganz viele Leiderfahrungen, die wir hier machen, geschehen deshalb, weil wir eigene Wege gehen. Schauen Sie sich die Katastrophen des letzten vergangenen Jahrhunderts an, ob das nun im Kommunismus gewesen ist oder im Nationalsozialismus. Das waren alles die Katastrophen, wo Menschen Ideologien nachgelaufen sind, wo nicht danach gefragt wurde, was Gott will, sondern wo eigene Ideologien aufgebaut wurden. Da wurden die Wege nicht Gott anbefohlen, sondern irgendwelchen Gedanken-Konstrukten, irgendwelchen Idealen, die immer „in die Hose gehen". Das sind „die Turmbauten zu Babel", die immer wieder gebaut werden. Momentan sind wir an einem solchen „Turmbau" dran - die Globalisierung. Wir wollen alle die Welt retten und was es noch alles für Theorien gibt.

Das klingt alles so schön und gut, aber da garantiere ich Ihnen, die werden genauso zusammenbrechen wie diese Ideologien, die gesagt haben, „unsere Zukunft liegt in der Arbeiterklasse", „unsere Zukunft liegt im deutschen Blut" und all der Quatsch. Es gibt nur eine Zukunft - Jesus Christus und dem müssen wir uns anbefehlen und nicht irgendwelchen menschlichen Dingen. Weil das eben nicht getan wird, deshalb kommt es immer wieder zu Leid in dieser Welt.

Eine **vierte** Antwort. Ich weiß, dass diese Antworten jetzt nicht alle harmonisch ineinander greifen, aber das ist so mit nebeneinander stehenden Wahrheiten Gottes. Leid gehört auch für die Jesus-Jünger mit dazu, weil Jesus-Nachfolge Leidens-Nachfolge ist. Also wer meint, zum Glauben zu kommen, bedeutet bei Jesus zu sein und jetzt wird alles nur noch gut und ab sofort ist nur noch Steigflug angesagt, Endorphin-Ausschüttung, den muss man warnen. Das ist eine falsche Vorstellung. Gott segnet und gibt auch viel Gutes und es ist etwas Hervorragendes, mit Jesus, mit Gott leben zu dürfen. Aber wenn man wirklich Jesus nachfolgt, dann wird man ins Leid geführt werden. Leidenschaftliche Nachfolge Jesu schafft Leiden. Ich erzähle euch nicht, was ich mir ausdenke, sondern was die Bibel sagt. 1. Petrus 2,21:

> ***Dazu seid ihr berufen, da auch Christus gelitten hat für euch und euch ein Vorbild hinterlassen hat, dass ihr auch nachfolgen sollt seinen Fußstapfen.***

Also der Gott, dem wir nachfolgen, das ist der ans Kreuz gegangene HERR Jesus Christus. ER hat gelitten und Nachfolge Jesu heißt Leiden. In 2. Timotheus 3,12 heißt es:

> ***Alle, die fromm leben wollen in Jesus Christus, müssen Verfolgung erleiden.***

Wenn du das bisher noch nicht erlebt hast, und das sage ich ganz deutlich, dann hast du in deiner Nachfolge die Handbremse ganz schön straff angezogen. Die ist ganz schön fest. Je intensiver du beim HERRN Jesus bist und je treuer du IHM nachfolgst, desto mehr wirst du auch erleben, dass du in Leiderfahrung kommst. Das hat auch mit dem Widersacher zu tun. Je enger wir bei Jesus sind, desto stärker schießt Satan natürlich auch. Das ist wie gesagt auch einer der Gründe, warum es Leid in dieser Welt gibt. Die vier Gründe sind also: Weil Gott die Menschen in das Leid dahingegeben hat, weil Satan das Leid für die Menschen will, weil die Menschen nicht nach dem Weg Gottes fragen und weil Jesus-Nachfolge Leidens-Nachfolge ist.

Das war die erste Frage: Warum? - **Jetzt kommen wir zur zweiten Frage: Wozu? Wozu kann** - und ich sage bewusst *kann* - **Leid dienen?** Ich weiß, was ich jetzt predige, das nehmen Sie so mit und bei der nächsten Gelegenheit, wenn Ihr Nachbar oder Bruder in der Gemeinde Leid erfährt, gehen Sie hin und erklären ihm: Deshalb ist das so! Aber die Erklärung für eigenes Leid - und ich sage das ganz deutlich bei diesem Punkt

- die schenkt Gott jedem persönlich selber. Und wehe den Menschen, die meinen anderen erklären zu können, warum sie leiden. Da lesen Sie bitte mal die 42 Kapitel im Hiob-Buch. Darin kommen auch die Freunde zu Hiob und erklären dem alles, was er vermeintlich falsch gemacht hat. Am Ende von der ganzen Geschichte muss Hiob Fürbitte tun, damit Gott sie nicht ausradiert, denn er ist stinkesauer über den Quatsch, den die da erzählt haben, was sie sich angemaßt haben - bei aller theologischen Richtigkeit.

Also wozu kann Leid dienen? Folgendes hat mir einmal, ganz zu Beginn meines Glaubenslebens, ein alter Bruder gesagt, das ist ganz wichtig: „Mein lieber Bruder, das merken Sie sich für einen Lebensweg als Christ: Der Christ fragt nicht mehr *Warum*, er fragt nach dem *Wozu*." Der Christ darf auch fragen nach dem *Warum*, aber er fragt vorrangig nach dem *Wozu*. Wozu kann Leid dienen? Auch dazu habe ich Ihnen vier Antworten mitgebracht. Erstens: Leid kann helfen, Christus zu finden. Das klingt sehr hart, aber das ist die Wahrheit. Das können Sie nachlesen in der Bibel in Johannes 9. Es ist eine ganz lange Geschichte von dem Blindgeborenen. Da fragen die Jünger Jesus: „Ja, Jesus, warum ist er denn blind geboren, dieser arme Mensch? Hat er gesündigt oder seine Eltern?" „Nein", sagt Jesus, „weder das eine noch das andere. Er ist deshalb blind geboren, damit Gottes Werk an ihm offenbar wird und er den Glauben an mich findet." So endet dann die Geschichte in Johannes 9, Vers 38, wo der Geheilte sagt: „Ich glaube an dich, HERR Jesus Christus." Seine Behinderung, die dann geheilt wird, seine Leiderfahrung führt zum Glauben, weil er erkennen durfte, wer der Sohn Gottes ist. Ihm wurden die Augen aufgetan. Es ist eine tolle Geschichte.

Da, wo ich herkomme, im Siegerland, wird immer wieder eine Geschichte von einem Mann aus Essen erzählt, der Amsel hieß. Das war ein starker Mann, Kommunist und gegen die Kirche eingestellt. Er war Bergarbeiter und er hatte einen furchtbaren Unfall erlitten, so dass er dann querschnittsgelähmt war. Deshalb haderte er mit seinem Schicksal. Pastor Busch kam in Kontakt zu ihm, aber von dem wollte er erst nichts wissen, den hat er beschimpft in all seiner Grobheit. Aber irgendwann ist er mit seinem Rollstuhl von Freunden in die Bibelstunde von Pastor Busch gefahren worden und hat sich dort bekehrt. Dann ist er zu einem treuen Zeugen geworden. Kurz vor seinem Tod hat dieser Amsel, dieser querschnittsgelähmte Mann, für sein eigenes Leben Folgendes festgestellt: „Wenn ich nicht querschnittsgelähmt worden wäre, wäre ich nie zu Jesus gekommen. Jesus musste mich zerbrechen, im wahrsten Sinne des Wortes, damit ich den Heiland kennen lerne, und das ist gut gewesen.“ Dann hat er einen Satz gesagt - und das ist so ein Satz, der bei den Leuten rumgeht und mit dem auch immer wieder versucht wird, Leid zu erklären - dieser Amsel hat gesagt: „Es ist besser, mit dem Rollstuhl ins Reich Gottes zu fahren, als mit beiden Füßen in die Hölle zu springen.“

Ich habe auch einen solchen Menschen kennenlernen dürfen, ein sehr guter Jagdkamerad von mir, ein Kerl wie ein Baum. Wenn man mit ihm zusammengearbeitet hat, da kam man mit drei Leuten nicht hinterher, das aufzuheben, was er an Müll hinterließ. Das war ein richtiges „Tier“. Er hat eine wunderbare Ehe geführt, eine tolle Frau gehabt. Er wollte von Gott nichts wissen. Was ihm die Eltern mitgegeben haben, hat er für nichts geachtet. Dann ließ Gott seine Frau sterben, richtig „verrecken“, über neun Jahre hinweg. Kurz vor ihrem Tod sind beide zum lebendigen Glauben an Jesus gekommen und heute ist er ein treuer Bruder der Gemeinschafts-Bewegung. Er hat gesagt: „Mir musste der HERR mit der Eisenstange vor den Kopf hauen, damit ich IHN erkennen konnte. Ich bin so dankbar, dass ich mit meiner Frau gemeinsam kurz vor ihrem Tod zum Glauben gekommen bin.“ Das sind harte Dinge, aber das kann - ich sage das nochmal ganz deutlich - das kann auch passieren, dass wenn Menschen im Leid sind, sie dann zu Christus geführt werden. Nicht nur, dass durch Leid Menschen zu Christus geführt werden, nein, es kann weiterhin auch sein, dass Leid uns zur Erziehung im Glauben dient. Auch davon spricht die Bibel. In Römer 5,3-4 heißt es:

***Wir rühmen uns des Leides. Wir wissen, dass Leid Geduld bringt, Geduld aber Bewährung, Bewährung aber Hoffnung.***

Ich darf Ihnen eins ganz deutlich sagen, das ist so ein feststehender Glaubensgrundsatz: Leid zerstört nie wahren Glauben, nur den falschen. Wenn ich ein falsches Gottesbild habe, wo ich denke, weil ich jeden Sonntag brav in die Kirche gegangen bin, immer auch meinen Zehnten gegeben habe, deshalb muss es mir umso besser gehen als meinem Nachbarn. Da ist klar, dass der Widersacher leichtes Spiel hat. Mein kleines bisschen Glaube wackelt da schnell, ja, eigentlich ist es kein richtiger Glaube. Aber wahrer Glaube wird *häufig* gefordert durch das Leid.

Wenn wir so auf der Gewinner-Straße sind, alles ist so wunderbar, im Job fluppt eine Beförderung nach der anderen, unsere Aktienpakete entwickeln sich wie sonst was, Sie wissen gar nicht, wohin mit den ganzen Gewinnen, die Ehe ist besser denn je, die Kinder entwickeln sich in der Schule - ja, meine Güte, nicht?! Was brauchen wir denn da den lieben Gott? Da ist doch Jesus ganz ferne. Aber wenn die Einschläge kommen, dann werden auf einmal die Hände gefaltet, dann ist man näher am HERRN. Das kann ich auch für mein Leben bezeugen. Glauben Sie nicht, dass ich Sie jetzt anklage. Ich brauch auch immer wieder die Erziehung Gottes, wenn ich mich so ganz stark fühle, so richtig im Saft stehe, so nach dem Motto, ich kann die Welt aus den Angeln heben. Dann brauche ich immer mal wieder, dass Gott mir meine Begrenzungen aufzeigt, was für ein kleines Licht ich in Wirklichkeit bin. Ich bin nur Staub, ich bin nur Erde. Und das macht mich wieder demütig vor unserem HERRN. Leid macht demütig und das wissen Sie alle. Not lehrt beten! Das ist auch so ein Trick, mit dem der Widersacher ganz häufig arbeitet: Er will uns vom Glauben wegziehen und dann lässt er uns alles gelingen. Das Leid ist manchmal dazu da, dass wir im Glauben erzogen werden. Noch einmal: Leid kann - ich sage es noch einmal - kann zur Erziehung im

Glauben dienen. Deshalb lobt der Römerbrief das auch: Wir rühmen uns des Leides, weil das eine Erziehung, weil das ein Schliff ist hin zu wahrem Glauben.

Ein Drittes, wozu Leid dienen kann. Leid kann helfen, andere zu trösten. Wir haben in diesem Gottesdienst ein Lied von Paul Gerhardt gesungen und ich denke, die meisten von euch und Ihnen kennen das Leben von Paul Gerhardt. Das war ein Leben voller Leid. Er war so alt wie ich, als er seine erste Pfarrstelle bekommen hatte. Er wurde verfolgt, er hatte nur Krisen gehabt, weil der Preußenkönig die Konfession gewechselt hatte. Er hatte vier Kinder. Drei seiner Kinder einschließlich seiner Frau musste er beerdigen. Das wissen Eltern, wie schwer das ist, wenn man von Kindern Abschied nehmen muss. Paul Gerhardt wurde verfolgt, hatte Probleme in der Gemeinde, hat den Dreißigjährigen Krieg komplett miterlebt - das war ein Leben voller Leid! Was hat Gott mit dieser Leiderfahrung bei diesem Paul Gerhardt gemacht? Der hat ihn zu einem ganz großen Tröster werden lassen. Egal welches Lied Sie von ihm singen, egal, was es ist, das sind alles wirklich nur Trostlieder. Im Prinzip hören Sie heute Morgen zwei Predigten: das, was ich sage über diesen Bibelvers, und das, was er vertont hat, es ist ja die Verdichtung dieses Psalm 37, Vers 5.

Leid kann helfen, andere zu trösten. Bodelschwingh, der Begründer der Bodelschwinghschen Anstalten, ist ein anderer großer Tröster. Er hatte vier Kinder. Innerhalb von zwei Wochen sind alle vier Kinder an Diphtherie gestorben. Und Bodelschwingh hat selbst über sein Leben gesagt: „Am Grab meiner Kinder, im tiefsten Leid, habe ich erkannt, was meine Aufgabe ist, dass ich zum Tröster, zum Helfer für andere werden sollte." Ich sage es noch einmal, das kann Bodelschwingh über sein Leben sagen. So etwas steht niemandem zu, das Gleiche über andere Leben zu sagen.

Aber das wollen wir nie vergessen: Dass die schlimmste Leiderfahrung, die Gott selber getragen hat, nämlich das Kreuz seines Sohnes Jesu Christi, uns zum großen Trost geworden ist. Jesus ist für uns in den Tod gegangen, hat für uns gelitten und ist für meine Schuld hingerichtet worden. Ich darf leben, halleluja! Sein Leid ist mein Trost geworden. ER kann auch jeden trösten, dieser Jesus, weil ER selber gelitten hat. Das ist übrigens auch eine Wahrheit, nicht? Wenn man viele Dinge selber nicht durchlebt hat, dann kann man die, die da drinstehen, im Leid nicht trösten.

Es ist mir so gegangen am Anfang meiner Zeit als Pfarrer in meiner alten Gemeinde. Man ist so gerade Anfang 30, da wird man gerufen zu einer Frau. Sie hat drei Kinder, schweren Brustkrebs und kämpft mit dem Tod. Da steht man davor, ist selber kerngesund, alles läuft prima und da ist eine Frau, die hat jetzt beide Brüste amputiert und der Tumor hat gestreut. Ich weiß noch, wie ich bei dieser Frau gewesen bin. Natürlich habe ich mit ihr gebetet, natürlich habe ich ihr ein Wort gesagt, aber ich habe gemerkt, ich erreiche sie gar nicht in ihrer Not, ich kann das gar nicht verstehen in meiner Jugendlichkeit. Dann hat der HERR das geschenkt, dass ich einen Tag später eine Frau getroffen habe, die ein Zeugnis gegeben hat in der Gemeinde darüber, wie Gott ihr geholfen hat bei ihrer Brustkrebserkrankung. Da wusste ich genau, die musst du da hinschicken. Sie ist dann auch da hingegangen. Diese Frau, die den Leidensweg schon gegangen war, konnte der anderen zur Tröstung werden. Sie hat dieser Kranken, die noch nicht im Glauben war, mithelfen können, zum Glauben zu finden. So ist manchmal die Wegführung Gottes, die wir ab und zu schemenhaft schon hier auf Erden erkennen können. Leid kann helfen, andere zu trösten.

Es gibt ja diesen Klagepsalm 73. Die 21 Verse zu Anfang - das müssen Sie mal lesen - da wird nur geklagt, wie furchtbar dieser Asaph, der das schreibt, das alles erlebt hat. Und dann kommt hinterher ein gewaltiges Wort: ***Dennoch bleibe ich stets an dir...*** (Psalm 73,23) Also wann immer ich diesen Psalm lese, da werde ich richtig auferbaut und denke: ‚Meine Güte, der Asaph, der musste so viel Leid erfahren, was man da liest.‘ Und dann gibt dieser Psalm mir selber bei meinen kleinen Nöten und Leidenserfahrungen immer wieder Kraft. Sein Leid hilft mir, andere zu trösten, hilft mir, mich selber zu trösten.

Ein Viertes und Letztes, wozu Leid dienen kann. Leid kann zum Segen werden. Da gibt es in den letzten zehn Kapiteln im 1. Buch Mose eine ganz tolle Geschichte von Joseph. Joseph erlebt Leid in der eigenen Familie, die ihn verrät. Seine Brüder schmeißen ihn in den Brunnen, sie wollen ihn eigentlich umbringen. Das ist Leid, wenn du in der eigenen Familie nicht zurechtkommst. Joseph wird als Sklave verkauft, kommt beruflich nicht weiter, gibt sich Mühe bei Potifar, da ist die Geschichte mit Potifars Frau, die Anfeindungen, dann wird er zu Unrecht ins Gefängnis geschmissen - alles nur Leiderfahrungen, nicht? Aber Gott führt es, dass Joseph schließlich zum Segen für das Volk Ägypten wird, weil er denen die Träume deuten und ihnen gute Ratschläge geben kann. Schließlich kann er seine Familie retten. Sie ist gigantisch, diese Josephgeschichte, wo Joseph dann zum Schluss sagt: ***Ihr gedachtet es böse mit mir zu machen, aber Gott gedachte es gut zu machen.*** (1. Mose 50,20) Gott hat das Leid dieses Josephs gebraucht, dass er nach Ägypten kam, dass er dort zum Vizepharao wurde, damit er das Volk Israel retten und begründen konnte, damit er da helfen konnte, dass sie nicht untergehen. So ist das eben auch bei dem Leid.

Bodelschwingh, von dem ich eben erzählt habe, hat gesagt: „Das Beste der Gemeinde Jesu erwächst immer aus dem Leiden heraus.“ Das stimmt mindestens in diesem Fall: Das Beste der Gemeinde Jesu ist natürlich das Kreuz. Das Kreuz ist der Ort des Leidens unseres HERRN und Gottes. Da hat Jesus gelitten und das Beste, was wir haben, ist die Erlösung, die wir am Kreuz gefunden haben. Das Leid, das der HERR selber getragen hat, ist für uns alle zum Segen geworden. Durch seine Wunden sind wir geheilt und das gilt eben nicht nur für den HERRN - da gilt es ganz besonders, das ist das Zentrale, wo Leid zum Segen geworden ist - aber auch wir dürfen wissen für unser Leben, dass Gott letztlich Leid zum Segen werden lässt. In Römer 8, Vers 28 - ich weiß, das ist ein schwerer, aber auch ein tröstlicher und hoffnungsvoller Satz - da heißt es:

> ***Wir wissen, dass denen, die Gott lieben, alle Dinge zum Besten dienen, denen, die nach seinem Ratschlag berufen sind.***

Das ist ein großer Trost in der Leiderfahrung, dass man wissen darf, dass mein Leid mir zum Besten dienen wird, weil Jesus es so führen wird.

**Da kommen wir zur dritten Frage dieser Predigt: Was hilft im Leid?** Auch dazu habe ich vier kurze Punkte. Das Erste möchte ich uns allen sagen, die wir hoffentlich momentan kein Leid tragen müssen, aber vielleicht mit Leuten zu tun haben, die im Leid sind. Das Erste, was hilft, ist das Trösten durch die Geschwister in Jesus Christus. Das hilft im Leid. Das darf ich als Seelsorger immer wieder erleben, zum Beispiel bei Trauerfeiern, wenn man nachher Besuche macht und mit den Menschen spricht. Sie zeigen einem dann die Briefe, die andere Gemeindeglieder geschrieben haben und sagen: „Pastor Latzel, kennen Sie den, kennen Sie die? Die hat mir einen Brief geschrieben, das hat mir so gut getan." Das ist vermeintlich so wenig, wenn jemand seinen Ehepartner verloren hat, dass sich da jemand hinsetzt und einfach nur schreibt: „Ich denke an Sie! Ich bete für Sie! Es tut mir sehr leid, dass Sie jetzt in diesen Weg hinein müssen." Er spricht einem noch ein Wort zu, setzt seine Unterschrift darunter und klebt eine Briefmarke drauf. Das ist eine Sache von fünf Minuten, aber das kann den anderen so unglaublich trösten! Der Empfänger weiß dann: Ich bin zwar tief im Leid drin, aber da ist ein Bruder oder eine Schwester, die falten für mich die Hände.

Oh wie wohl, wenn wir in Gemeinden sind, wo für uns gebetet wird, wenn wir im Leid sind. Da gilt das alte Sprichwort: Geteiltes Leid ist halbes Leid. Es ist etwas Großartiges. Das wünsche ich mir auch für unsere Gemeinde. Nicht so wichtig ist, dass wir irgendwann die Kirche voll renoviert kriegen - das kriegen wir in diesem Jahr von der Landeskirche gemacht - das Wichtigste für uns ist, wenn wir in Jesus sind, dass wir uns auch einander im Leid tragen.

> ***Einer trage des anderen Last, so werdet ihr das Gesetz Christi erfüllen.*** (Galater 6,2)

Nicht, weil der Pastor das sagt, sondern weil wir mit offenen Augen herumgehen und fragen: Wer hat denn Leid? Wo sind denn Leiderfahrungen? Und dass wir dann wirklich in den Gebetsdienst gestellt werden und den anderen mittragen.

In Gemeinschaft von Brüdern und Schwestern lässt es sich nicht nur leichter glauben und leichter loben, nein, es lässt sich auch leichter leiden. Manchmal ist es einfach nur gut, wenn jemand da ist und einen in den Arm nimmt. Ich bin acht Jahre Notfallseelsorger gewesen und habe echt eine Menge „Mist“ erlebt, das können Sie mir glauben. Wenn man an den Unfallort kommt, wo der Vater seine Tochter verloren hat, oder wenn man die Todesnachricht zu überbringen hat. Da gibt es nicht die 15 richtigen Sätze, die man sagt, und dann ist alles gut, dann ist die Frau oder der Vater wieder fröhlich. Das geht gar nicht. Das Leid ist dann da, da muss man durch. Manchmal hilft es einfach auch nur, sich daneben zu setzen, jemanden in den Arm zu nehmen, einfach nur da zu sein und zu begleiten. Das gilt für die Welt, aber das gilt erst recht für uns als Nachfolger Jesu Christi. Deshalb ist ganz wichtig: Im Leid hilft das Trösten durch die Geschwister in Jesus. Vielleicht weißt du ja jemanden in deinem Umfeld, der momentan in einer Leidsituation steckt. Warum nicht in der nächsten Woche eben mal einen Brief schreiben? Glaubt mir bitte eins, es tut nicht nur gut, wenn Leute aktuell in Not und Leid sind. Wenn jemand seine Ehefrau oder sein Kind verloren hat, dann tut das auch nach einem halben oder dreiviertel Jahr noch weh. Und diesen Leuten tut es gut, wenn andere an sie denken und das Leid mittragen.

Ein Weiteres, was hilft: das Befehlen des Weges an Jesus. Das könnte eigentlich der Kernpunkt sein. Ich habe hier schon zwei oder dreimal über den Psalm 37 gesprochen, über diesen Vers 5. Das ist mein Lieblingsvers. Das ist mein Tauf- und mein Trauspruch. Es vergeht kein Gottesdienst in dieser Kirche, wo ich nicht vorher an diesem Abendmahlstisch vor der aufgeschlagenen Bibel stehe. Jedes Mal komme ich runter, noch bevor Sie alle da sind, und gucke, dass der Psalm 37 aufgeschlagen ist. Und dann lese ich den Vers 5. Denn jedes Mal, wenn ich sonntags hier auf die Kanzel gehe, gehe ich als sündiger und nichtswürdiger Mensch auf diese Kanzel und tue etwas, was ich eigentlich gar nicht tun könnte - ich verkündige das Wort Gottes. Ich brauche die Hilfe Gottes dazu. Eigentlich müsste ich vergehen. Eigentlich dürfte ER mich nicht gebrauchen, aber ER will mich gebrauchen. Deshalb muss ich mich IHM immer wieder anbefehlen und das gibt mir unglaubliche Kraft. Predigen ist etwas ganz Wunderbares, es ist aber auch eine gewaltige Aufgabe, die man vor der Ewigkeit erfüllen muss. Mir ist das immer wieder eine Hilfe, dass ich den Predigtdienst unter diesem „meinem Wort" versehen darf. Diesem Wort, das der HERR mir schon bei meiner Taufe als vier Wochen altem Kind zugesprochen hat. „Olli, befiehl du deine Wege mir an! Hoffe du auf mich allein, ich werde es gut und richtig machen. Du bleib nur beim Wort, alles andere macht der HERR." Das ist mir Auferbauung. Das ist mir so wichtig, und das nicht nur für meinen Predigtdienst, auch für alle Situationen meines Lebens.

Ich sage das ganz ehrlich: Ich habe noch keine große Not- und Leidsituationen gehabt, aber es ist auch wichtig in den kleinen Dingen. Als ich das erste theologische Examen ablegte, musste ich nach Bielefeld fahren, wo ich an einem Tag sechs mündliche Prüfungen hatte. Natürlich hat man da auch Angst und denkt, wie wird es denn werden, wenn man durchfällt, nicht? Aber wenn ich mich immer wieder dem HERRN Jesus anbefahl, ist mir die Angst genommen worden. Das ist das Tolle, wenn man mit Jesus gehen kann, dass man keine Angst zu haben braucht. Sie kommt zwar immer wieder, sie greift einen an. Der Widersacher will einem Angst machen. Alles, was mit Angst zu tun hat - glauben Sie mir - da steckt immer der Widersacher dahinter. Gott will keine Angst für uns, ER will ein angstfreies Leben für uns. Und die Angst geht weg, wenn man sich wirklich Jesus anbefiehlt. Deshalb darf ich das einfach bezeugen. Jesus bewahrt uns nicht vor Leid, aber ER hilft uns hindurch. Und deshalb befehlt euch Jesus an, wenn ihr im Leid seid, ganz gleich, was eure Situation ist. Ihr werdet sehen, dass ER es gut und wohl machen wird.

Damit komme ich zum zweiten Punkt aus diesem Bibelwort: Hofft auf Jesus! Heute im Losungswort, das habt ihr sicherlich gelesen, steht in 2. Mose 15,26:

***Ich bin der HERR, dein Arzt.***

Da habe ich gedacht: ‚Super, das passt wieder sehr gut zu dieser Predigt.' Worauf setzen wir denn unsere Hoffnung, wenn es uns gesundheitlich nicht mehr gut geht. Auf den Arzt natürlich, nicht? Da sagt die Ehefrau zum Ehemann: „Ich habe Schmerzen." „Musst du mal zum Arzt gehen", sagt dieser gleich darauf. Man hofft, dass der Arzt Heilung bewirkt, die werden ja nicht umsonst die „Götter in Weiß" genannt. Das wusste unser Gott schon damals, als er dieses Wort Mose gegeben hat: ER ist der Arzt. Ob mein Onkologe, ob mein Radiologe und was weiß ich, wie sie alle heißen, helfen kann, das sei mal dahingestellt. Die haben nur begrenztes Wissen, aber es gibt einen, der ist der Arzt und hat alle Möglichkeiten. Das ist Gott, das ist Jesus und auf IHN dürfen wir hoffen, auf IHN vertrauen in allem, was da kommt. Meine Lieblingsstrophe aus dem Lied von Paul Gerhardt ist diese sechste Strophe, die wir eben schon gesungen haben. Darin heißt es:

*Hoff, o du arme Seele,*
*hoff und sei unverzagt!*
*Gott wird dich aus der Höhle,*
*da dich der Kummer plagt,*

*mit großen Gnaden rücken;*
*erwarte nur die Zeit,*
*so wirst du schon erblicken*
*die Sonn der schönsten Freud.*

Das ist ein tolles Bild, nicht? Da sitzt er in der Höhle, in der ihn der Kummer plagt. Auch wir kennen diese „Höhlen“, wo uns der Kummer plagt. Da ist auf einmal kein Lichtstrahl mehr, der uns erreicht. Da ist alles nur noch dunkel, wir sehen keine Perspektive mehr für die Zukunft. Die Perspektive gibt es aber immer wieder, wenn man Jesus hat. Auf IHN darf man hoffen und dann geschieht das eben, dass man „die Sonn der schönsten Freud“ erblicken wird. Das ist so, wenn man mit Jesus geht. Wenn man seinen Lebensweg IHM anbefiehlt und auf IHN hofft, dann gibt es immer, immer Licht am Ende des Tunnels, egal was da kommt. Das ist etwas ganz Wunderbares. Das hilft im Leid. Befehlt euch Jesus an!

Mir tun die Menschen so leid, die Jesus nicht haben, in das Leid hinein müssen und dann keine Hoffnung haben. Grauenvoll! Abschied nehmen zu müssen von seinem Ehepartner und keine Hoffnung mehr auf die Auferstehung zu haben. In den eigenen Tod zu müssen und zu denken: ‚Jetzt ist alles aus, ich werde wieder zu Staub. Was sind die 80 Jahre gewesen, die ich verbracht habe, die ich gerafft und geschafft und getan habe?‘ Grauenvoll! Aber wir haben Jesus und deshalb hofft auf Jesus.

Wir gehen noch eins weiter. Nicht nur die Hoffnung auf Jesus - das ist der letzte Punkt - auch das Wissen um die Erlösung in Jesus hilft im Leid. Das Wissen. Jemand, der Gott nicht hat und dann der Wissenschaft, der Evolution verfallen ist, der sagt: „Leid war immer, Leid ist immer, Leid, wird immer sein. Tod war immer, Tod ist immer, Tod wird immer sein.“ Nein, das ist nicht das, was die Bibel sagt. Die Bibel sagt ganz klar: Es gab eine Zeit ohne Leid. Dann sind wir dem Leid hingegeben worden. Aber - und das ist das Wunderbare - es kommt die Zeit ohne Leid in der Ewigkeit bei unserem HERRN Jesus Christus. Und das darf ich wissen!

Ich sage das mal zu denjenigen, die einen Computer zu Hause haben. Gehen Sie mal auf YouTube, das ist diese Plattform, wo es viel Mist gibt, aber auch viel Gutes. Da gibt's einen Kanal, der heißt „Soulsaver", die haben da so 190 Videos eingestellt. Eines davon heißt „Sepp – Freude vor dem Tod". Da haben junge Leute einfach einen Bruder aus der Gemeinde gefilmt. Das Video ist noch nicht alt, etwa zwei Monate. Der Bruder war 1940 geboren und liegt dann im Hospiz München, ganz abgemagert, aber ein richtiger, kerniger Typ, ein Bayer mit einem großen Schnauzbart. Sepp wird gefragt: „Du stirbst ja bald, erzähl mal, was deine Hoffnung ist." Und dann erzählt dieser Sepp fünf Minuten lang in diesem Videoclip, was seine Hoffnung ist. Man glaubt es kaum! Da liegt einer und erzählt von seinem Karzinom, was im Darm ist und gestreut hat, und dass es jetzt nur noch ein paar Wochen dauern wird. Aber dann sagt er so einen knallharten Satz - und das nimmt man diesem Mann einfach ab - er sagt einfach: „Ich weiß, dass mein Erlöser lebt und ich freue mich auf das, was kommt." Das ist so authentisch. Kurz vor seinem Tod wusste er um etwas und das hat man richtig gemerkt. Der wurde getragen in seinem Leid. Im Hospiz zu liegen ist nicht schön, vollgepumpt mit Morphium, und zu wissen, jetzt ist bald alles zu Ende. Aber dieser Mann wusste um seine Zukunft. Als ich das gesehen habe, da wurde ich so richtig glücklich. Im Februar 2013 ist er gestorben. Ein unglaubliches Zeugnis! Das kann man wissen, weil das der Heilige Geist uns tief ins Herz hineinschreibt: Dass man vor dem Tod keine Angst zu haben braucht.

Falls ihr diese Gewissheit nicht habt, dann bittet darum, dass der Heilige Geist euch das geben möge, dass Gott euch das schenkt. Diese ganz klare Erkenntnis, dass das die Wahrheit ist, was in diesem Predigttext steht. ***Befiehl dem HERRN deine Wege, hoffe auf ihn, er wird es wohl machen***, er wird es gut machen. Mit und in Jesus kann dir nichts geschehen. Das darfst du wissen! In Römer 8, Vers 18 heißt es: ***Ich weiß, dass dieser Zeit Leiden nicht ins Gewicht fallen gegenüber der Herrlichkeit, die an uns offenbart werden soll.***

Das dürfen wir wissen, davon dürfen wir überzeugt sein. Wenn man das weiß, dass das Leid hier auf Erden nur eine kurze Zeit ist, aber dass die Herrlichkeit in Jesus kommt, dann ist einem damit geholfen.

Drei Fragen zu diesem Thema Leid: Warum gibt es Leid? Wozu kann Leid dienen? Was hilft im Leid? Ich möchte Ihnen abschließend zu dem Ganzen noch einmal dieses Psalmwort zurufen, weil letztlich darin alle Antworten drin liegen: ***Befiehl dem HERRN deine Wege und hoffe auf IHN, ER wird es wohl machen.*** Amen.

Ich möchte Ihnen abschließend zu dem Ganzen noch einmal dieses Psalmwort zurufen, weil darin alle Antworten letztlich drin liegen: ***„Befiehl dem HERRN deine Wege und hoffe auf ihn, er wird es wohl machen."*** Amen.

Und der Friede unseres allmächtigen Gottes, der sehr viel höher ist als alle unsere menschliche Vernunft, bewahre unsere Herzen und Sinne in Christus Jesus, in unserem auferstandenen und lebendigen HERRN. Amen.

## Vom Antibiotikum der Seele

Psalm 42,6

Gnade sei mit euch und Friede von dem, der da war und der da ist und der da sein wird in alle Ewigkeit, unser HERR Jesus Christus. Amen.

Liebe Geschwister, das Wort, das wir als Predigttext hören wollen, ist eben jener Vers, den ich Ihnen schon zu Beginn aus dem Wochenpsalm zugerufen habe. Wir hören noch einmal auf Psalm 42 Vers 6:

***Was betrübst du dich, meine Seele, und bist so unruhig in mir? Harre auf Gott, denn ich werde IHM noch danken, dass ER meines Angesichts Hilfe und mein Gott ist.*** Amen.

**Wir wollen stille werden und beten:**
Himmlischer Vater, unser HERR Jesus Christus, wir wollen dir Dank sagen für diesen wunderbaren Predigtvers, den du uns jetzt schenkst, den du uns gibst für den heutigen Tag und für die Zeit, die vor uns liegt. Wir wollen jetzt die Predigt über dieses Wort hören und wir wollen dich bitten, HERR, dass du zu uns sprichst, zu jedem Einzelnen, der hergekommen ist, und zu einem jeden, der jetzt zuhört am Telefon oder am Computer. Wir wollen dich bitten, dass du uns begegnest in dieser Predigt. Das wird nur durch deinen guten Heiligen Geist gelingen können. Und darum wollen wir dich alle miteinander bitten, segne du selber das Reden und das Hören deines heiligen und lebendigen Wortes an uns allen. Amen.

Liebe Gemeinde, wir Menschen können körperlich an vielerlei Krankheiten erkranken. Also, wir können eine Lungenentzündung bekommen, die Kinder, wenn sie kleiner sind, Scharlach, Mittelohrentzündung, Angina, Gelenkentzündungen, Keuchhusten, Zahnentzündungen, Harnwegsinfektionen, Bronchitis, Magengeschwüre. Es gibt eine ganze Vielzahl von Krankheiten, die uns treffen können und die uns schwer zusetzen. Wenn eine der Krankheiten richtig stark ist und unser eigenes Immunsystem nicht mehr dagegen ankommt, dann verschreibt der Arzt, der uns untersucht und behandelt, ein Antibiotikum. Das haben Sie fast alle schon mal erlebt. Dann bekommt man Tabletten, nimmt sie ein und in aller Regel ist dann die Krankheit besiegt. Da tut es nicht mehr weh und wir kommen neu zu Kräften. Das, was uns körperlich beeinträchtigt hatte, was uns runtergezogen hat, das ist dann besiegt.

Nun kann der Mensch nicht nur am Körper erkranken, sondern eben auch an der Seele. Das ist manchmal schwieriger und härter und tiefer als das, was körperlich passiert. Gegen das, was die Seele krank macht, da gibt es in der Apotheke nichts zu kaufen. Aber da gibt's auch ein „Antibiotikum", und zwar ein Antibiotikum, von dem hier in unserem Predigtvers die Rede ist. Darüber möchte ich heute sprechen, vom Antibiotikum für die Seele. Ich habe drei Punkte mitgebracht:

1. **Warum man dieses Antibiotikum braucht: wegen der Betrübnis der Seele.**

2. **Worin dieses Antibiotikum besteht: im Harren auf den HERRN.**

3. **Was dieses Antibiotikum der Seele bewirkt: die Dankbarkeit.**

Vom Antibiotikum für die Seele. **Der erste Punkt: warum man es braucht - wegen der Betrübnis der Seele.** *Betrübnis der Seele* ist eines der ganz wunderbaren Sprachfiguren, die Luther geschaffen hat. Ein tolles Wort für einen furchtbaren Zustand, aber man versteht sofort, worum es sich handelt. Die jungen Leute heute würden sagen: „Jo, das, was mich so furchtbar runterzieht." Ein bisschen literarisch angehauchte Menschen würden von der „Todtraurigkeit" sprechen. Und Menschen, die es so mit der Psychologie haben, die sprechen dann von „Depressivität". Aber ich möchte bei diesem Begriff bleiben, den die Bibel geprägt hat - Betrübnis der Seele. Weil es die Betrübnis der Seele gibt, deshalb brauchen wir das Antibiotikum für die Seele.

Die Betrübnis der Seele, liebe Brüder und Schwestern, sieht ganz unterschiedlich aus. So wie es unterschiedliche Erkrankungen am Körper gibt, so gibt es unterschiedliche Dinge an der Seele, die uns betrübt sein lassen. Bei dem einen ist es der Tod eines lieben Menschen, bei dem anderen die Arbeitslosigkeit. Bei dem einen ist es das Scheitern der Ehe, andere leiden unter einer lebensgefährlichen Krankheitsdiagnose und andere wiederum scheitern in einer Prüfung oder an den Anforderungen, die das Leben an sie stellt. Manche leiden unter Ehelosigkeit, manche aber auch unter ihrem Ehepartner. Manche leiden unter Einsamkeit und manche unter Mobbing. Also die Betrübnis der Seele hat ganz unterschiedliche Gesichter. Für uns Christen, die wir im lebendigen Glauben leben, kommt noch ein besonderes hinzu, nämlich unsere Sündhaftigkeit, deren wir uns durch den Heiligen Geist immer wieder bewusst werden. Also, die Betrübnisse der Seele haben ganz unterschiedliche Ursachen, aber sie bewirken die gleichen Symptome. Wenn ich Betrübnis der Seele habe, dann habe ich Angst. Angst vor der Zukunft, dass ich mit dem nicht fertig werde, was auf mich zukommt. Wenn ich Betrübnis der Seele habe, dann werde ich bitter, da werde ich freudlos, dann resigniere ich und dann stelle ich mein eigenes Ich und mein eigenes Leben in Frage. Wir spüren dann, wo die Grenzen unserer Kraft sind und dass wir mit unseren eigenen Möglichkeiten das nicht bewältigen können, was wir gerade erfahren und erleben und in was wir hineingehen. Das ist Betrübnis der Seele.

Die Menschen, die diesen Psalm 42 geschrieben haben, die hatten das eben auch erlebt. Die waren nicht nur in einer Betrübnis der Seele, sie hatten - wie bei einer Lasagne - ganz viele Schichten von Betrübnis, die sie drückten. Diejenigen, die diesen Psalm geschrieben haben, das sind die Söhne Korachs. Sie waren ein Sängergeschlecht aus den Leviten und kamen von diesem Korach, der damals gegen Mose opponiert hatte.

Ein Teil seiner Familie hatte sich ja abgewandt von ihm. Korach wurde vernichtet, aber Teile seiner Familie blieben erhalten. Sie taten dann über viele Jahrhunderte Dienst im Tempel, und zwar hatten sie eine besondere Funktion. Sie standen am Eingang des Tempels und sangen immer Lieder zu Beginn und zum Ende des Gottesdienstes. So etwas, was heute ein Orgelvorspiel und Orgelnachspiel im Gottesdienst ist. Eines dieser Lieder haben wir hier vorliegen. Allerdings haben sie das Lied nicht geschrieben, während sie im Tempel Dienst taten, sondern zu einer Zeit, wo es den Tempel nicht mehr gab. Die schreiben das genau in so einer Zeit, wo ganz viele Betrübnisse ihres Lebens über sie herein gebrochen sind. Sie schreiben das im Exil in Babylonien. Wir wissen, dass im Jahr 587 vor Christus Jerusalem von den Babyloniern erobert wurde. Das war nicht nur eine Besatzungsmacht, nein, sie sind hingegangen, haben ganz Jerusalem dem Erdboden gleich gemacht und alle Häuser zerstört und verbrannt. Vor allen Dingen haben sie das religiöse Zentrum des Judentums vernichtet und den Tempel niedergebrannt, wo die Söhne Korachs Dienst taten. Sie haben viele, viele Menschen ermordet und haben die Juden fast gänzlich nach Babylonien deportiert. Und da waren sie nun an den Wassern Babels, in all dem Elend, in ganz vielen Betrübnissen. Sie hatten Angehörige verloren, hatten ihren Besitz verloren, vor allen Dingen aber hatten sie das Zentrum ihres Glaubens verloren, den Tempel. Sie waren verarmt, sie waren gedemütigt, sie waren versklavt - ganz viele Dinge, die ihre Seele betrübt machen. ***Was betrübst du dich, meine Seele?*** Ja, das war für sie existent. Sie haben Betrübnis der Seele erlebt, obwohl sie doch treue Diener Gottes gewesen sind.

Das möchte ich uns sagen: Dass wir mit Jesus Christus gehen, dass wir Gott nachfolgen, bewahrt uns in dieser Welt nicht vor Betrübnissen. Manchmal sind sie sogar für uns Christen, die wir zu Jesus gehören, die Gott nachfolgen, intensiver als für diejenigen, die Jesus nicht kennen, weil uns der Widersacher häufig ganz besonders angreift. Wir lesen das auch in der Bibel. Jeremia beispielsweise, der große Prophet, hat so viel Betrübnis über all das, was er Furchtbares erleben muss, dass er den Tag seiner Geburt verflucht. So schlecht geht es ihm. Elia, der große Prophet, der die Baalspriester wegradiert hat, er kriegt auch einen Betrübnisanfall, läuft in die Wüste, heult da und will auch nicht mehr leben. Hiob, der große Gottesmann, spricht im siebten Kapitel des Hiob-Buches wörtlich von der Betrübnis seiner Seele. Oder der große Königs Hiskia, als er krank wird, da flennt er wie ein kleines Kind und seine Seele ist zutiefst betrübt vor Gott.

Nicht nur die großen Männer und Frauen der Bibel haben Betrübnis der Seele erlebt. Auch Jesus selber. Als ER in Johannes 12 die Rede vom Weizenkorn hält, schließt ER mit und jetzt ist meine Seele betrübt (Johannes 12,27), weil ER weiß, dass jetzt der Leidensweg kommt. Und weil ER wahrer Mensch ist, hat ER auch die Betrübnisse der Seele erlebt. Wir alle müssen in Betrübnis der Seele hinein. Liebe Geschwister, das ist die anthropologische Wahrheit unseres Lebens. Jeder von uns hier hat schon Betrübnisse der Seele erlebt, dass wir ganz unten waren, traurig waren und dachten, das ist jetzt zu groß für mich, hier habe ich keine Perspektive mehr. Das haben wir erlebt und das werden wir erleben, die Betrübnisse der Seele werden auf uns alle zukommen. Manche von uns sind heute Morgen hierhergekommen und haben ihr Betrübnis der Seele mitgebracht. Etwas, was sie runterzieht, was sie kaputt macht, was ganz schwer ist, was in eine lähmende Traurigkeit hineinführt, in so eine lebenszerstörende Depressivität. Das ist etwas, was der Nachbar vielleicht nicht sieht - nicht wie bei einem gebrochenen Bein oder einem blauen Auge - sondern das ist etwas, was wir nur in der Selbstwahrnehmung feststellen, wenn wir in uns hineinhören. Manchmal wissen nicht mal unsere Frau, unser Ehemann oder unsere Kinder von dieser Betrübnis. Und weil es diese Betrübnis der Seele gibt, deshalb brauchen wir das Antibiotikum für die Seele, das gegen diese Betrübnis ankämpft und sie zerstören kann.

Damit kommen wir **zum zweiten Punkt: Worin besteht dieses Antibiotikum der Seele? Im Harren auf den HERRN.** So heißt es in unserem Predigtvers: ***Was betrübst du dich, meine Seele***

***und bist so unruhig in mir?*** (Und dann kommt es) ***Harre auf Gott.*** Dieses hebräische Wort für harren heißt so viel wie „erwarte gespannt, was Gott noch tun wird". Das zeichnet einen Nachfolger Gottes, einen Jesus-Jünger aus. Egal in welcher Not wir sind, egal wie schwer es ist, was uns trifft, wir dürfen immer gespannt sein, was dieser lebendige Gott mit uns noch vorhat und wie ER eingreifen und helfen wird.

Das betraf übrigens auch das Volk Israel, das im Exil war, als die Söhne Korachs diesen Psalm geschrieben haben. Gott hat immer wieder durch ganz viele Propheten gesprochen: „Harrt auf mich, gerade in dieser schweren Situation." Habakuk beispielsweise, der ist zum Volk hingegangen und hat gesagt: Die Weissagung ist zwar noch nicht erfüllt, dass ihr eines Tages aus der Gefangenschaft befreit werdet und ihr wieder zu einem Volk werdet. ***Aber wenn sie sich auch hinzieht, so harrt ihrer; sie wird gewiss kommen und nicht ausbleiben.*** (Habakuk 2,3)

Das ist manchmal so bei unserem HERRN und Heiland, dass dann die Zusagen, die ER uns gibt, sich nicht sofort morgen oder übermorgen erfüllen, das zieht sich manchmal. Für die Wiederherstellung Israels hat sich Gott 2500 Jahre Zeit genommen, aber die Verheißung steht. Es ist übrigens einmalig in der Weltgeschichte, was da passiert ist, dass ein Volk, das vor 2500 Jahren mit seiner kulturellen und soziologischen Identität untergegangen ist, keine Regierung hatte, 2500 Jahre später wieder da weitermacht, wo es aufgehört hat - als Beweis für die Existenz Gottes und vor allen Dingen als Hinweis auf die Zuverlässigkeit des Wortes Gottes. Darauf harren! Manchmal kommt es anders, manchmal zieht es sich hin, aber das dürfen wir wissen: ***Denn meine Gedanken sind nicht eure Gedanken, und eure Wege sind nicht meine Wege, spricht der HERR***, so heißt es in Jesaja 55,8. Wenn ER sagt: „Harre meiner, vertraue auf mich", dann dürfen wir das tun.

Ich habe zu meiner Konfirmation das Wort aus Jesaja 40 bekommen, was ja nicht nur den Israeliten im Exil vor 2500 Jahren galt, sondern uns allen und speziell auch mir zugesagt wird. Dieses Wort aus Jesaja 40 lautet:

> ***Die auf den HERRN harren, kriegen neue Kraft, dass sie auffahren mit Flügeln wie Adler, dass sie laufen und nicht matt werden, dass sie wandeln und nicht müde werden.***
> (Jesaja 40,31)

Jetzt will ich Sie nicht ermüden, ich habe schon häufig über dieses Wort gesprochen, was der HERR in meinem Leben mit diesem Wort getan hat. Das ist großartig, ich kann das nur bezeugen. Wenn ich dachte, es geht nicht weiter, hat dieses Wort mir neuen Mut gegeben, sodass die Betrübnisse der Seele wegradiert worden sind. Immer wieder habe ich mich daran festgehalten. Und wenn mich sonst nichts auszeichnet als Pastor - ich bin ein sündiger Mensch und bin es nicht wert, dass ich diesen Talar trage - aber eins habe ich getan und werde ich tun, bis ich den letzten Atemzug tue: Ich werde, egal was kommt, diesem HERRN vertrauen und auf IHN harren! Egal, was passiert, ob ich Krebs bekomme, ob meine Frau stirbt, ob mich die Gemeinde rausschmeißt - ich will allein Jesus Christus harren, meinem HERRN und Heiland. ER schickt mir neue Kraft und hilft mir, die Betrübnis in meiner Seele zu zerreißen. Auch wenn ich eines Tages in den Tod gehe, dann vertraue ich nicht auf irgendwelche Dinge, die meine Lebensversicherung erzählt, oder irgendwelche Ärzte, die etwas machen, auf irgendwelche Kryotechnik, die angeboten wird. Ich vertraue dem lebendigen Gott in Jesus Christus, der den Tod für mich überwunden hat. Harre des HERRN!

Wie gesagt, ich will nicht so viel von mir sprechen, ich will von jemandem sprechen, der dieses Wort auch umgesetzt hat, der tief drin war in der schweren Not. Der Mensch, von dem ich sprechen möchte, ist Johann Friedrich Raeder, der aufgewachsen ist in Wuppertal, genau zu dem Zeitpunkt, wo da unten die Erweckungsbewegung stattfand. Er war ein gläubiger Mann, von Beruf Kaufmann und ihm ging's richtig gut. Er hatte sich weiterentwickelt, war ein sehr cleverer Kopf, hat investiert und irgendwann machte er so ein Risikogeschäft. Unter uns sind ja auch einige Kaufleute und das Bremer Motto lautet: Wer als Kaufmann etwas verdienen will, muss schon ein bisschen was riskieren. Und das hat Johann Friedrich Raeder vor über 150 Jahren getan und ins Indien-Geschäft investiert. Alles, was er hatte, hat er dafür gegeben und dann gehofft auf Waren, die daraufhin geliefert werden sollten. Damals gab es ja noch kein Telefon, kein Internet, nicht? Da musste man eben warten. Und jetzt kam das, was er bestellt hatte, nicht an. Keine Nachricht. Das ging so über Monate, über Jahre. Er hatte da sein ganzes Geld investiert. Das war eine tiefe Krise. Er war kurz vorm Bankrott. Vielleicht war das Schiff mit den Waren untergegangen? Keine Ahnung. Wie sollte es weitergehen? Alles offen.

Johann Friedrich Raeder berichtet davon, dass ihm in dieser Zeit immer wieder zwei Bibelverse wichtig geworden sind. Zwei Bibelverse, die ihm in unterschiedlicher Weise begegnet sind. Einmal ein Wort aus Psalm 27:

> ***Harre des HERRN! Sei getrost und unverzagt und harre des HERRN!*** (Psalm 27,14)

Das andere Wort ist eben dieses Wort, das heute unser Predigtvers ist: ***Was betrübst du dich, meine Seele, und bist so unruhig in mir? Harre auf Gott, denn ich werde ihm noch danken.*** Und trotzdem war so ein Kampf in seiner Seele. Er hat immer wieder versucht, das wirklich anzunehmen von Gott, und diese Betrübnisse wegzuschieben. So manche Nacht hat er nicht richtig geschlafen, weil er sich eben Sorgen machte, wie es denn weitergehen wird. Stimmt das, was Gott sagt? Und irgendwann kommt er zu der Entscheidung, dass er sagt: „Ich will nicht mehr, dass mich die Seele betrübt. Ich will jetzt nur noch allein darauf vertrauen, dass Gott alles gut macht." Diesen Entschluss zementiert er damit, dass er hingeht und in der Nacht ein Lied schreibt. Dazu muss man wissen, dass er Leiter eines Männer-Gesangsvereins war. Er vertonte es und dieses

Lied, was er geschrieben hat, das singen wir häufig und werden es auch heute am Ende des Gottesdienstes singen: „Harre, meine Seele, harre des HERRN." Ein wunderbares Lied! Da heißt es im zweiten Vers:

*Harre, meine Seele, harre des HERRN!*
*Alles ihm befehle, hilft er doch so gern.*
*Wenn alles bricht, Gott verlässt uns nicht;*
*größer als der Helfer ist die Not ja nicht.*
*Ewige Treue, Retter in Not,*
*rett auch unsre Seele, du treuer Gott!*

Das schreibt er als Selbsttherapie. Es ist inzwischen von vielen Menschen gesungen worden. Aber er schrieb es, als die Hilfe noch nicht da war, als er noch nicht wusste, wie es ausgeht. Es ist übrigens gut ausgegangen: das Schiff mit den Waren ist angekommen und all seine Pläne sind aufgegangen. Er hat Riesengewinne gemacht. Da wurde dieses Wort aus Psalm 42 Vers 6 wahr: Denn ich werde IHM noch danken. Das hat er dann auch getan. Raeder hat ein Leben lang gedankt, dass der HERR ihm bei dieser schwierigen Situation geholfen hat.

Wenn wir die Betrübnisse der Seele spüren, wenn wir denken, es geht nicht mehr weiter und den Eindruck haben, Jesus lässt im Moment nichts von sich hören, dann ist es in dieser Situation wichtig, dass wir dranbleiben, harren, auf den HERRN harren! Dann möchte ich denjenigen, die noch nicht im Glauben sind, sagen: Geht auf die Knie, faltet die Hände und schreit zum lebendigen Gott, dass ER euch seinen guten Geist geben möge. Aber denjenigen, die schon lange im Glauben und wiedergeboren sind, denen sage ich: Betet, dass der HERR den Geist in euch stark macht, dass euch nicht die Sicht auf die Welt beherrscht. Das ist die Sicht, die der Widersacher lenkt, weil wir da denken, wir kriegen die Situation in den Griff mit unserer Familie, mit unserer Ehe und unserer Gesundheit, unserem Geld und Karriere. Nein, nicht dass wir *diese* Sicht haben, sondern dass wir geleitet werden von der Sicht unseres lebendigen Gottes in Jesus Christus durch den Heiligen Geist. Da dürfen wir Gott immer wieder neu darum bitten: Füll du mich mit deinem Geist, lass mich sehen, was deine Augen sehen, gib mir den Blick für das, was du für mich tun kannst und nicht, was ich mir einreden lassen möchte durch den Widersacher.

Wenn ihr momentan als Christen in so einer Krise steckt und sagt: „Ich habe Betrübnis meiner Seele. Ich weiß zwar, dass es da einen Gott gibt in Jesus Christus, aber...", dann betet und bittet und fleht darum, dass der HERR selber in euer Leben einbricht und euch das schenkt, dass ihr seiner harren könnt, dass ihr IHM vertraut und dass ihr wisst, ER ist da. Dazu möchte ich euch Mut machen, gerade denjenigen, die ihr jetzt in einer Betrübnissituation seid: Harrt auf Jesus, harrt dem lebendigen Gott und ihr werdet erleben, dass ihr IHM final noch danken werdet.

Damit kommen wir zum **dritten Punkt** unserer Predigt, **was dieses Antibiotikum bewirkt**, also dieses unzerbrüchliche Harren auf den HERRN. Das führt zu einer weiteren Sache - zur Dankbarkeit. So heißt es hier: ***Was betrübst du dich, meine Seele, und bist so unruhig in mir? Harre auf Gott, denn ich werde*** (Futur!) ***IHM noch danken, dass ER meines Angesichts Hilfe und mein Gott ist***. Betrübnis, liebe Gemeinde, ist immer ein Zeichen, dass ihr im Unglauben steht. Wenn ihr Angst habt vor irgendetwas, was vor euch liegt, und wenn ihr denkt, dass ihr damit nicht fertig werdet, dann sagt ihr damit nur: Der lebendige Gott hat es nicht drauf. Wenn ihr aber auf den HERRN harrt, dann ist keine Betrübnis bei euch, sondern Dankbarkeit. Das sind so die beiden Enden einer Skala, hier ist die Betrübnis, dort ist die Dankbarkeit. Dankbarkeit ist ein ganz wunderbares Gefühl, nicht? Sie ist genau das Gegenteil von Betrübnis. Wenn uns etwas wiederfährt im Leben, worüber wir uns gefreut haben, dann ist das Endresultat tiefe Dankbarkeit. Diese Dankbarkeit ist etwas ganz Wichtiges im christlichen Glauben. Gott selber sagt uns, wir sollen dankbar sein, ja, wir müssen dankbar sein. Immer wieder können Sie das nachlesen, im Alten und im Neuen Testament. Apostel Paulus sagt in Kolosser 3: Seid dankbar. (Kolosser 3,15) oder in 1. Thessalonicher 5,18 (jetzt ganz dick!):

> ***Seid dankbar in allen Dingen*** (dann kommt es!), ***denn das ist der Wille Gottes in Christus Jesus an euch.***

Wisst ihr, das ist das Tolle, Gott möchte für unser Leben nicht die Betrübnis, das, was unser Leben kaputt macht. Dieser Gott und HERR will die Dankbarkeit, und zwar nicht als jemand, der wie ein König den Tribut will, so nach dem Motto: Ich will jetzt das Geld und ich will den Kniefall, weil ich damit in meiner Position anerkannt werde. Dieser Gott und HERR will die Dankbarkeit für unser Leben, weil ER uns lieb hat, weil ER unser liebender Vater ist. Wenn Sie Kinder haben und Ihre Kinder lieben, dann wünschen Sie sich für das Leben Ihrer Kinder, dass diese Kinder behütet aufwachsen, dass es ihnen gut geht, dass sie fröhlich sind und nicht, dass sie betrübt sind. Dankbar für den Ehepartner, den sie gefunden haben, und dankbar für den Beruf und die Beziehungen, die sie haben. Das ist etwas, was auch Sie sich wünschen, weil das normal ist in Ihrer Beziehung zu Ihren Kindern. Noch viel, viel mehr ist das bei unserem lebendigen Gott in Jesus Christus, weil ER uns lieb hat. Deshalb will ER für uns die Dankbarkeit und die bekommen wir, wenn wir auf IHN vertrauen und IHM harren. Dann geht die Betrübnis weg und im gleichen Maße, wie die Betrübnis schwindet, wird - wenn der Heilige Geist in uns wirkt - die Dankbarkeit wachsen. Das ist übrigens ein untrügliches Kennzeichen, dass ihr als Christen im Glauben gewachsen seid, wenn ihr dankbar seid.

Martin Luther sagte: „Wir können Gott kein größeres noch besseres Werk tun noch edleren Gottesdienst erzeigen, denn IHM zu danken." Sören Kierkegaard hat gesagt: „Was ist es, was Christus von uns fordert? Zuerst vor allem Glauben, aber daraufhin Dankbarkeit." Volkening, der große Pietistengeneral, hat gesagt: „Der christliche Glaube in der Nachfolge erschöpft sich in den drei D's des Christentums: Dienen, Demut, Dankbarkeit." Bodelschwingh hat gesagt: „Unser Glaube ist gesund, wenn wir zur Dankbarkeit gefunden haben." Das ist ganz wichtig und da dürft ihr euch selber einfach mal beobachten: Wie sieht es in euch drin aus? Ist bei euch Betrübnis über irgendetwas oder seid ihr mit Dankbarkeit erfüllt? Jesus Christus möchte, dass ihr dankbar seid. Und wenn ihr weg von der Betrübnis und zur Dankbarkeit finden wollt, dann harrt auf Jesus, vertraut Gott! Das ist ein geistliches Grundgesetz: Je näher wir zu Jesus kommen, je stärker wir IHM vertrauen, desto stärker werden wir mit Dankbarkeit erfüllt. Und je weiter weg wir von Jesus sind, je weniger stark unser Glauben ist, desto stärker ist die Weltfurcht in uns, die Angst vor dem, was kommt, und desto stärker ist die Betrübnis unserer Seele. Kennzeichen eines gestandenen Christen ist die Dankbarkeit und das bewirkt dieses Antibiotikum der Seele, wenn es die Betrübnis der Seele wegradiert hat. Dann wächst in uns die Dankbarkeit. Das wünscht sich der lebendige Gott für dein Leben, das darf ich dir als frohe Botschaft zurufen, dass du dankbar bist und mit Dankbarkeit erfüllt wirst.

Am Anfang meiner Predigt habe ich davon gesprochen, dass es für körperliche Leiden unterschiedliche Antibiotika gibt, die uns die Ärzte verordnen. Das wissen Sie auch, dass die da sehr vorsichtig mit dem Einsatz sind, nicht? Da muss schon richtig was vorliegen und sie werden sehr vorsichtig und sehr zaghaft verabreicht. Für das Antibiotikum für den Körper ist das richtig und gut, aber für das Antibiotikum der Seele ist das genau andersherum. Da gilt es nicht, das sehr vorsichtig einzunehmen, sondern da gilt es immer wieder - am besten tagtäglich - sich das reinzuziehen, das einzunehmen, dieses Harren auf den HERRN. In Psalm 25,5 heißt es:

***Du bist der Gott, der mir hilft, <u>täglich</u> harre ich auf dich.***

Während wir, wie gesagt, diese pharmazeutischen Antibiotika nur sehr, sehr vorsichtig einnehmen sollen, sollten wir dieses

Antibiotikum der Seele tagtäglich einnehmen, dieses Harren auf den HERRN.

Dazu rufe ich euch im Namen Jesu Christi auf, rufe ich dich auf in deiner Situation: Harre du des HERRN, der du momentan in einer Betrübnissituation bist, und du wirst sehen, wie der HERR dir hilft, wie ER deines Angesichts Hilfe und dein Gott ist und wie du in die Dankbarkeit geführt wirst. So rufe ich dir und euch noch einmal diesen Predigtvers zu: ***Was betrübst du dich, meine Seele, und bist so unruhig in mir? Harre auf Gott, denn ich werde IHM noch danken, dass ER meines Angesichts Hilfe und mein Gott ist.*** Amen.

Und der Friede unseres allmächtigen Gottes, der sehr viel höher ist als all unsere menschliche Vernunft, er bewahre unsere Herzen und Sinne in Christus Jesus, unserem auferstandenen und lebendigen HERRN. Amen.

## Die Herrlichkeit dieser Welt - Die Herrlichkeit Gottes

Psalm 49,13-21

> Gnade sei mit euch und Friede von dem, der da war und der da ist und der da kommt in alle Ewigkeit, unser HERR Jesus Christus. Amen.

Liebe Gemeinde, wenn Sie hier in Bremen auf die A 1 auffahren, so haben Sie zwei Möglichkeiten. Entweder Sie fahren Richtung Hamburg oder Richtung Osnabrück. Dazwischen gibt's nichts. Genauso ist es mit dem Leben der Menschen. Entweder Sie sind unterwegs auf die Herrlichkeit des HERRN zu, auf die Herrlichkeit Gottes, oder aber Sie haben Ihr Leben ausgerichtet Richtung Herrlichkeit dieser Welt. Wenn Sie als Ziel „Hamburg" in ihr Navigationssystem eingegeben haben und nun mit dem Auto auf die Autobahn auffahren, aber fälschlicherweise Richtung Osnabrück - weil sie ein bisschen geträumt haben - dann wissen Sie, was passiert. Die Stimme aus dem Navi wird Ihnen permanent zurufen: „Nächste Ausfahrt herunter, andere Richtung!"

Genauso ist der Predigttext, den wir heute Morgen hören dürfen. Er ist für uns gedacht, die wir in unserem geistlichen Navi eingegeben haben „Herrlichkeit des HERRN". Wir sind doch auf dem Weg ins Reich Gottes, aber in Wirklichkeit haben wir uns einlullen lassen und sind auf dem Weg zu all den Herrlichkeiten dieser Welt unterwegs. Wir gehen nicht mehr den engen Weg, wie die Bibel sagt, sondern den breiten, angenehmen, lustigen Weg dieser Welt. Und da kommt Gott immer wieder, nicht nur in diesem Text in der Bibel, und ruft uns zur Umkehr. „Kehr um, laufe nicht den Herrlichkeiten dieser Welt nach, sondern richte dein Leben aus auf meine ewige, bleibende Herrlichkeit." Und so wollen wir eben diesen Predigttext aus Psalm 49 hören als einen Ruf an uns, immer wieder auf dem Weg Richtung Herrlichkeit Gottes zu bleiben. Im Psalm 49, in den Versen 13 bis 21 heißt es:

***Ein Mensch in seiner Herrlichkeit kann nicht bleiben, sondern er muss davon wie das Vieh. Dies ist der Weg derer, die voll Torheit sind, und das Ende aller, denen ihr Gerede so wohl gefällt. Sie liegen bei den Toten wie Schafe, der Tod weidet sie, aber die Frommen werden gar bald über sie herrschen, und ihr Trotz muss vergehen; bei den Toten müssen sie bleiben. Aber Gott wird mich erlösen aus des Todes Gewalt; denn ER nimmt mich auf. Lass dich nicht anfechten, wenn einer reich wird, wenn die Herrlichkeit seines Hauses groß wird. Denn er wird nichts bei seinem Sterben mitnehmen und seine Herrlichkeit wird ihm nicht nachfahren. Er freut sich wohl dieses guten Lebens und man preist dich, wenn es dir gut geht. Aber doch fahren sie ihren Vätern nach und sehen das Licht nimmermehr. Ein Mensch in seiner Herrlichkeit kann nicht bleiben, sondern muss davon wie das Vieh.*** Amen.

**Wir wollen stille werden und beten:** Lieber Heiland! Du schenkst uns heute Morgen dieses ernste und ermahnende Wort über die Herrlichkeit dieser Welt und über deine Herrlichkeit. Wir wollen jetzt die Predigt hören über dieses Wort. Wir wollen dich bitten, dass du uns die Bedeutung dieser Verse erschließt für unser Leben und für unseren Glauben. Das wird nur dann passieren, wenn du dieser Predigt deinen Heiligen Geist schenkst. Darum wollen wir dich jetzt bitten, HERR, segne du selber Reden und Hören deines heiligen und lebendigen Wortes an uns allen. Amen.

Liebe Gemeinde, ich habe die Predigt überschrieben mit „Die Herrlichkeit dieser Welt - die Herrlichkeit Gottes." Drei Punkte aus diesem Text wollen wir uns ansehen:

**1. Die Endlichkeit der Herrlichkeit dieser Welt**
**2. Die Verführung durch die Herrlichkeit dieser Welt**
**3. Die Herrlichkeit Gottes**

**Das Erste: die Endlichkeit der Herrlichkeit dieser Welt.** Es ist ganz wichtig: In dieser Welt, liebe Gemeinde (das verleugnet die Bibel nicht), gibt es herrliche Dinge. Und das ist gut so. Hier gibt es ganz wunderbare Dinge! Es gibt große, herrliche Momente. Also letzte Woche hat ein Deutscher, Patrick Lange mit Namen, den Ironman-Triathlon auf Hawaii gewonnen. Nun haben sie ihm so eine komische hawaiianische Krone aufgesetzt und dann hat er geweint. Ein durchtrainierter, knallharter Mann, der herrlichste Moment seines Lebens, fantastisch! Und nicht nur er, wir selbst erleben diesen herrlichen Moment dann auch bei so einer Sportberichterstattung! Oder denken Sie gut drei Jahre zurück (2014), als die deutsche Fußball-Nationalmannschaft Weltmeister wurde, wie dann der Philipp Lahm, der Kapitän, den Pokal in den Himmel von Rio de Janeiro reckte. Herrlicher Moment für diesen Philipp Lahm! Aber auch wir hier in Deutschland haben uns gefreut. Es gibt herrliche Momente in dieser Welt, und nicht nur im Sport, nicht nur in der Politik, wenn jemand eine Wahl gewinnt. Auch in unserem ganz persönlichen Leben gibt's diese herrlichen Momente.

Denken Sie mal zurück an Ihre Hochzeit. Das ist ein Privileg als Pastor, dass man häufig dabei ist, wenn Menschen die herrlichsten Momente ihres Lebens haben. Wie oft habe ich da draußen schon gestanden an dem Portal, dann steht die Braut oder der Bräutigam neben einem und strahlt übers ganze Gesicht. Da ist alles Glück der Welt in diesem Moment bei ihnen zusammen. Die Familie freut sich, alles scheint perfekt zu sein, herrliche Momente. Oder wie bei Familie K., denen ein kleines Baby geschenkt wurde. Wenn man so einen wunderbaren Menschen da in den Händen hält, so ein perfektes Geschöpf Gottes - ein herrlicher Moment! Oder wenn man seinen 75. Geburtstag feiert und die ganze Familie ist da, die Kinder, die Enkelkinder, die Frau. Alles ist super, alles ist perfekt, alle sind um einen herum - herrliche Momente in dieser Welt, nicht? Es geht auch kleiner. Wenn Sie in den Urlaub fahren und Sie sind 14 Tage irgendwo auf einer griechischen Insel, und dann ist der letzte Abend des Urlaubs da. Sie sitzen mit Ihrer Frau am Balkon des Apartments und die Sonne geht über dem Mittelmeer unter. Sie trinken ein gutes Fläschchen Rotwein - herrliche

Momente, wunderbar, nicht? Oder für die, die so ein bisschen sportlicher sind: Sie haben den Berg in den Alpen bestiegen, es ist perfektes Wetter und nach all der Mühe steht man dann oben am Gipfelkreuz und sieht die Pracht der Alpen. Herrliche Momente! In dieser Welt gibt es Herrlichkeit, gar keine Frage. Wenn Sie jetzt nachdenken, dann kann jeder ganz persönlich etwas benennen, in seinem Hobby, in seinem Leben. Wo hatte ich herrliche Momente? Wir dürfen Gott auch Dank sagen für all die herrlichen Momente, die ER uns schenkt.

Aber - das ist ganz wichtig - diese herrlichen Momente, die Herrlichkeit dieser Welt ist immer nur endlich. Die ist nur eine ganz kurze Zeit da und dann ist sie weg. Sie bleibt nicht. Da warnt die Bibel ganz deutlich. Wir dürfen und sollen das auch genießen, da komme ich gleich noch dazu. Aber die Herrlichkeit dieser Welt ist nur etwas Endliches, Vergängliches. Zweimal heißt es hier in unserem Predigttext: ***Ein Mensch in seiner Herrlichkeit kann nicht bleiben, er muss davon wie das Vieh.*** Die Bibel warnt davor immer wieder, dass wir denken, dass wir die Herrlichkeiten dieser Welt festhalten könnten. In 1. Petrus 1,24-25 heißt es:

> ***Alles Fleisch ist wie Gras und alle Herrlichkeit der Menschen wie des Grases Blume. Das Gras ist verdorrt und die Blume abgefallen; aber des HERRN Wort bleibt in Ewigkeit.***

Gott hat mir in der letzten Zeit in ganz eindrücklicher Weise die Bedeutung dieses Wortes noch einmal deutlich gemacht. Ich habe vor einiger Zeit etwas Urlaub gehabt. Ich war wieder beim Jagen, sitze abends an und - das tue ich immer beim Jagen - bete auf der Jagdkanzel und lese die Bibel. Ich lese gerade in diesem Psalm 49 davon, dass der Mensch in seiner Herrlichkeit nicht bleiben kann, sondern dass er davon muss wie das Vieh. Und da kommt ein wunderschönes Stück Rehwild auf die Wiese. Herrlich! Es ist wunderbar, perfekt, ein schmales wunderschönes Reh. Und dieses Stück habe ich gestreckt, das habe ich erlegt. Ich bin dann an das Stück getreten, da lag dieses Reh vor mir. Da war kein Leben mehr, da war alles draußen. Eben noch komplette Herrlichkeit, perfekte Schöpfung. Wer so ein Reh aus der Nähe gesehen hat, es gibt kaum etwas Schöneres als so ein Schmalreh in seiner Perfektion. Aber ein Zug an meinem Zeigefinger - und alle Herrlichkeit dieser Welt ist dahin.

Genau in diesem Moment, bevor ich schieße, lese ich diesen Psalm und Gott schärft mir ein, als ich an dem toten Stück stehe: „Genauso ist es mit dir, Olaf Latzel, mit all deiner Herrlichkeit, mit deiner Gesundheit, mit deinem Geld, mit deiner Position als Pastor in der Gemeinde. Alles, was schön und was gut ist, es geht dir nicht anders wie diesem Stück Rehwild." Da werden Sie jetzt vielleicht sagen, das ist ja zu drastisch, muss er denn das so erzählen? Die Bibel selbst erzählt so, sie sagt es ganz deutlich: ***Der Mensch in seiner Herrlichkeit bleibt nicht, er geht dahin wie das Vieh.*** So wie die Kuh im Stall geschlachtet wird, wie das Reh auf dem Feld geschossen wird, so geht es uns in unserer Herrlichkeit.

Ein anderes Bild. - Ich sage Ihnen, Gott ging mir nach. - Da bin ich wieder nach Hause gekommen und gehe das erste Mal Gassi mit meinem kleinen Hündchen. Wir haben da in Bremen-Erichshof eine schöne Eichenallee und da stand eine ganz besonders starke große Eiche. An der hab ich immer große Freude gehabt. Jetzt tobte ja dieser Sturm Anfang Oktober und da war diese Eiche auf einmal nicht mehr da. Die war umgekippt. Diesen massiven Stamm, den hätte man mit drei Männern nicht umfassen können. Jetzt konnte man sehen, dass innen drin alles morsch war! Im September stand sie noch in voller Pracht mit all den Eicheln obendrauf. Doch da kommt der Sturm daher und jetzt liegt nur noch morsches, totes Holz. Auch das ist wieder ein starkes Bild für all das, was unsere Herrlichkeit angeht. Heute noch in aller Kraft, in allem Saft, und morgen gefällt wie so ein Baum.

Die Herrlichkeit dieser Welt bleibt nicht, sie ist endlich. Da muss man sich fragen: Warum spricht denn hier die Bibel so deutlich, warum warnt sie davor? Es sind aus meiner Sicht drei Gründe, warum die Bibel das so klar und deutlich und auch so drastisch sagt. Der erste Grund ist, damit wir die Herrlichkeit dieser Welt für die Zeit, in der sie uns gegeben ist, auch genießen können. Da ist die Bibel erst einmal ganz praktisch. Wir lesen das im Buch des Predigers - übrigens ein ganz tolles Buch wie alle Bücher der Bibel - wo es um das sinnvolle Leben geht. Sich nicht abhängig machen vom Geld, aber Geld schon richtig genießen, darum geht es da. Da schreibt der Prediger Salomo (Prediger 3,12-13): ***Ich merkte, dass es nichts Besseres dabei gibt als fröhlich sein und sich gütlich tun in seinem Leben. Denn ein Mensch, der da isst und trinkt und hat guten Mut bei all seinem Mühen, das ist eine Gabe Gottes.*** Gott schenkt uns diese Herrlichkeiten der Welt, und die dürfen und sollen wir auch genießen. Gott möchte ja ein fröhliches, gutes Leben für uns, denn er ist unser liebevoller Vater.

Ich erlebe es leider immer wieder - ich komme gleich noch zur Abhängigkeit vom Reichtum - dass ganz viele Menschen auf dem Altar des Götzen Mammon die Herrlichkeiten opfern. Sie haben eine wunderbare Ehefrau, sie haben wunderbare Kinder, aber das Geld ist wichtiger und da wird nicht die Herrlichkeit genossen, sondern es wird Götzendienst am Gelde getan. Wenn Gott uns beschenkt mit Herrlichkeiten, dann dürfen wir die auch genießen. Wir sind nicht der Pflichtethik von Immanuel Kant oder irgendeinem preußischen Tugendideal verpflichtet, wir sind der Bibel verpflichtet. Das ist der erste Grund: Gott möchte, dass wir Dinge genießen. Ein Freund erzählte mir neulich, er habe eine kleine Tochter und die esse so gerne einen Joghurt. Von diesem Joghurt isst sie aber nur ein bisschen und stellt ihn dann zurück in den Kühlschrank, weil sie ihn sich für später aufheben will. Wie das bei den kleinen Kindern so ist, die denken nicht mehr daran und nach drei Tagen ist dann der Schimmel oben drauf. So ist das bei ganz vielen Dingen mit den Herrlichkeiten, die Gott uns gibt. Wir kaufen die Zeit nicht recht aus. Wir denken immer, es geht ja immer noch weiter und diese Zeit hier auf Erden ist ewig. Es sind viele andere Dinge wichtiger als der Nächste oder der lebendige Gott. Also das ist das Erste, dass wir wissen, dass die Herrlichkeit dieser Welt ein Verfallsdatum hat, damit wir es recht genießen.

Der zweite Grund, warum die Bibel so deutlich vor der Endlichkeit der Herrlichkeit dieser Welt warnt, ist noch wichtiger. Weil das endlich und vergänglich ist, kann das nicht das Fundament unseres Lebens sein. Verlass dich nicht auf deine wunderbare Ehefrau, so nett, so treu, so hübsch und so wunderbar die ist. Verlass dich nicht auf deinen wunderbaren, hervorragenden Ehemann. Das sind nur Menschen, die können dir nicht helfen. Verlass dich erst recht nicht wie der reiche Kornbauer auf das viele Geld, das du gemacht hast, auf deine Arbeitskraft. Das kann dir nicht helfen. Nochmal: Du darfst das genießen, schöpf es aus in vollen Zügen in dieser Welt, aber baue dein Leben nicht darauf. Die Menschen meinen, sie müssen ihr Leben hier in dieser Welt auf die Herrlichkeiten, die da sind, gründen. Auf eine gute Familie, auf gute Gesundheit, auf all die Dinge, die wichtig und schön sind. Aber das ist nicht bleibend. Gott ruft dich da wie ein Navi zur Umkehr: „Gründe dich auf mich, trachte zuerst nach dem Reich Gottes, nach meiner Herrlichkeit, alles andere werde ich dir dann geben."

Ein dritter Grund, warum die Bibel so deutlich spricht, neben dem Genuss und dem, dass man nicht aufs falsche Fundament baut, ist der Grund, dass man nicht neidisch wird. Wenn man sich der Herrlichkeit dieser Welt zuwendet, dann stellt man ganz schnell fest: Egal, wie herrlich mein Leben ist, wie wunderbar die Dinge bei mir sind, da gibt's noch andere, die sind noch reicher, die haben eine noch schönere Frau, denen geht's noch besser als mir. Dann verfällt man in etwas, wovor die Bibel warnt, den Neid. Wie heißt es in unserem Psalm 49? ***Lass dich nicht anfechten, wenn einer reich wird, wenn die Herrlichkeit seines Hauses groß wird. Denn er wird nichts bei***

***seinem Sterben mitnehmen und seine Herrlichkeit wird ihm nicht nachfahren.*** Wenn wir irgendwelche endlichen Herrlichkeiten dieses Lebens als Ziel haben, ist unser Problem, dass in uns Neid entstehen wird. Es ficht uns an. Deshalb warnt die Bibel so deutlich davor, dass die Herrlichkeiten dieser Welt endlich sind.

**Der zweite Punkt dieser Predigt: Die Verführung durch die Herrlichkeit dieser Welt.** Der Teufel möchte, dass wir uns nicht der Herrlichkeit Gottes zuwenden, sondern dass wir die Herrlichkeiten dieser Welt als Ziel unseres Lebens haben. In Matthäus 4, als Jesus Christus versucht wird, da geht der Teufel hin, führt Jesus auf einen hohen Berg und dann heißt es: ***Der Teufel zeigte IHM alle Reiche der Welt und ihre Herrlichkeit und sprach zu IHM: Das alles will ich dir geben, wenn du niederfällst und mich anbetest.*** (Matthäus 4,8-9) Der Widersacher möchte, dass wir die falsche Richtung in unserem Leben einschlagen, dass wir den breiten Weg gehen, nicht den engen Weg. Er möchte, dass wir uns den Herrlichkeiten dieser Welt zuwenden und dass wir Gott so auf die Ersatzbank schieben. Ein Mittel, mit dem er arbeitet in dieser Welt, ist der Reichtum. Ich möchte es nochmal deutlich sagen: Geld an sich ist keine Sünde, Geld ist nicht schlecht. Das ist erst einmal tot, ist nichts. Aber die Bibel warnt vor nichts so sehr, wie davor, dass der Teufel mit Geld Menschen ködert. Auch hier heißt es: ***Lass dich nicht anfechten, wenn einer reich wird, wenn die Herrlichkeit seines Hauses groß wird.***

Schon vor 3000 Jahren hat der HERR das den Menschen sagen müssen. ER muss es uns auch heute sagen. Lasst euch nicht anfechten, wenn es irgendeinem wirtschaftlich und finanziell besser geht. Das sind aber Dinge, die der Teufel tut. Dann werden wir neidisch und dann pflanzt der Teufel Pflanzen in unser Herz, die sind nicht gut. Immer wieder arbeitet der Teufel mit dem Geld: Er gibt Aaron das goldene Kalb, während Mose auf dem Berg das Gesetz empfängt. Ein Götze, aus Geld gemacht. Als Judas Jesus verrät, tut er es um 30 Silberlinge willen. Ananias und Saphira werden von Gott mit dem Tode bestraft, weil sie um des Geldes willen Gott, den Heiligen Geist, belogen haben. Es ist etwas, was der Widersacher tut. Er verführt mit dem Reichtum, weil wir denken, wenn wir viel Geld haben, dann haben wir die Herrlichkeit dieser Welt sicher. Das ist eine dämonische Täuschung. Übrigens, in der Lutherbibel ist dieser Psalm überschrieben mit: „Die Herrlichkeit der Reichen ist Trug und Schein". Überschriften der Lutherbibel gehören ja nicht zum eigentlichen Bibeltext, aber es ist unglaublich treffend, was hier gesagt ist, die Herrlichkeit der Reichen ist Trug und Schein.

Lasst euch bitte warnen: Der vergängliche Mammon gibt euch nicht nur keine Sicherheit, er führt euch auch in Neid und schlimme Dinge hinein. Ihr braucht nicht neidisch zu sein. Jesus sagt: ***Schaut euch die Lilien auf dem Felde an, wie sie wachsen. Selbst Salomo in all seiner Herrlichkeit ist nicht gekleidet gewesen wie eine von ihnen.*** (Lukas 12,27) Das heißt, die Herrlichkeit, die wir erstreben, die hängt nicht vom Geld ab, nicht von unseren Sorgen, sondern von der Güte und Gnade Gottes. Lass dich nicht vom Reichtum anderer anfechten.

Jetzt ist es ganz leicht, hier oben zu stehen und euch Moral und christliche Ethik zu erklären. Aber ich bin ja immer erster Hörer des Wortes. Ich habe mich in der letzten Woche furchtbar aufgeregt, als ich Nachrichten gesehen habe über den Thomas Winkelmann. Er ist Vorstandsvorsitzender und Chef von Air Berlin. Es ist diese Fluggesellschaft, die jetzt Konkurs gegangen ist, wo viele 100.000 Menschen auf ihren Tickets sitzen geblieben sind. Wo die Mitarbeiter nicht wissen, ob sie noch weiterbeschäftigt werden, und wie es weitergeht. Dieser Thomas Winkelmann ist im Februar dieses Jahres (2017) bei dieser Fluggesellschaft Chef geworden. Obwohl er wusste, dass es denen wirtschaftlich nicht gut geht, und noch bevor er irgendetwas getan hat, irgendeine strategische Maßnahme zur Rettung dieses Betriebes, ist er hingegangen und hat gesagt: „Ja, wenn ich bei euch anfange, müsst ihr mir erst einmal mein Gehalt garantieren bis zum Jahr 2021. Und ihr müsst das nicht nur garantieren, sondern das müsst ihr mir schon im Voraus zahlen." Da hat er bei einer Bank ein Treuhandkonto einrichten lassen, und sie haben ihm die 4,5 Millionen Euro darauf überwiesen. Selbst wenn die Firma bankrottgeht - was er schon wusste - dann kriegt er aber die nächsten fünf Jahre Gehalt bezahlt.

Als ich das gelesen habe, habe ich mich aufgeregt und mich dann wieder mit dem Bibeltext beschäftigt. Da habe ich gedacht: ‚Warum regst du dich eigentlich auf?' Wissen Sie, was ich dann erkennen durfte? Da ging es nicht darum, dass ich jetzt beweise, was für ein anständiger Mensch ich bin und die tolle Moral für die Arbeitsethik hätte. Nein, das hat mich angefochten, weil einer da so ganz schnell die „schnelle Mark" gemacht hat. Das war die tiefe Wahrheit meiner Aufregung. Wissen Sie, ich hätte es an seiner Stelle genauso gemacht, wenn ich an diesen Posten gekommen wäre. Und mal Hand aufs Herz, wenn Sie ehrlich sind zu sich selber, wenn Ihr Ehemann einen guten Job verlassen hätte und hätte da bei einem ganz wackligen Unternehmen angefangen und wäre mit so einem Vertrag nach Hause gekommen, hätten Sie als Ehefrau gesagt: „Alles richtig gemacht!" Das ficht uns an, dass einer das schnelle Geld macht, weil wir das auch wollen. Das ist tief in uns drin, die Sehnsucht nach dem Mammon, weil wir dann denken: ‚Ja, dann wird unser Leben noch herrlicher.'

Da musste ich erstmal unters Kreuz und das abgeben. Das ist in uns drin, dass wir angefochten werden, vielleicht in mir stärker als in euch. Aber glaubt mir, das Geld hat eine unglaubliche Macht. Die Bibel warnt hier an dieser Stelle davor: Lasst euch nicht anfechten vom Reichtum, wenn es dem anderen noch besser geht als euch. Tut das nicht. Richtet euch nicht aus nach den Herrlichkeiten dieser Welt. Die Bibel sagt: „Sucht, was droben ist, wo Christus ist zur Rechten Gottes, und nicht das, was auf Erden ist. Das ist es, was wichtig ist." Sich nicht dem Reichtum zuwenden, der vermeintlich die Herrlichkeit dieser Welt bringt, sondern der Herrlichkeit Gottes. Da habe ich einen klaren Korrekturruf gehört, genauso wie bei einem Navigationssystem: „Du, Olaf Latzel, du bist immer noch zu stark in dem Wunsch nach der Herrlichkeit dieser Welt gefangen." Ich habe dieses Zitat schon mehrfach gesagt, ich werde es auch noch mehrfach tun, so der HERR mich noch weiter Dienst tun lässt hier auf der Kanzel. Spurgeon, der große Theologe, hat gesagt: „Das Reichwerden ist eine gefährliche Sache. Von allen Versuchungen und Verführungen, denen die Kinder Gottes ausgesetzt sind, ist diese die schlimmste, weil es die Versuchung ist, die sie nicht fürchten. Deshalb ist sie umso gefährlicher." Alles andere, Ehebruch, Götzendienst, da wissen wir als Kinder Gottes, dass es etwas ganz Furchtbares ist. Aber mit dem Geld, mit dem Reichwerden, da meinen wir, es im Griff zu haben. Wir merken nicht, wie wir da angefochten werden, wie wir neidisch werden, wie wir das haben wollen, was andere haben, und wie wir vom Teufel in die falsche Richtung unseres Lebens gelenkt werden. Deshalb ruft Gott uns heute zur Umkehr, weg von dem, was in Richtung Herrlichkeit dieser Welt geht, was nur endlich ist, und hin zur Herrlichkeit Gottes.

**Damit kommen wir zum dritten Punkt dieser Predigt: Die Herrlichkeit Gottes.** Liebe Gemeinde, Gott ist an sich herrlich, das muss man als erstes festhalten. Sie werden gleich verstehen, warum ich das so vorschalte. Gott ist herrlich. Auch der Begriff „Herrlichkeit" ist vom Inhalt her wie „der HERR". Das ist schon phonetisch klar. Und die Herrlichkeit Gottes übersteigt alles, was wir uns auch nur im Ansatz vorstellen könnten. Die Herrlichkeit dieser Welt, da haben wir eine Vorstellung davon. Wir können uns da einen reichen Milliardär vorstellen. Er lebt mit einer Yacht, einem Flugzeug, tollem Essen und sonst noch was, das können wir uns alle vorstellen. Aber die Herrlichkeit Gottes, die können wir nicht erfassen. Mose geht einmal hin und sagt zu Gott: ***Lass mich deine Herrlichkeit sehen.*** (2. Mose 33,18) Dann sagt Gott zu ihm: ***Mein Angesicht kannst du nicht sehen***, du kannst meine Herrlichkeit nicht schauen. ***Kein Mensch wird leben, der mich sieht.*** Dann nimmt er Mose und sagt: „Hier ist ein Raum bei mir, eine Felskluft, da packe ich dich rein, du legst dich auf den Boden und ich halte meine Hand über dir. Und dann geht meine Herrlichkeit an dir vorbei. Wenn sie vorbeigezogen ist, kannst du hinterher sehen, dann hast du nur einen Eindruck, aber mein Angesicht kannst du nicht sehen."

Die Herrlichkeit Gottes ist wie die Sonne, da können wir auch nur so ein bisschen reingucken. Aber stellen Sie sich mal vor, Sie müssten bis auf einen Kilometer an die Sonne heran. Da kann man auch nicht auf eine Million Kilometer ran, da verbrennt man. Genauso ist es mit der Herrlichkeit des lebendigen Gottes. Das übersteigt alles! Das, was uns erwartet im himmlischen Jerusalem, wo nur Herrlichkeit sein wird, wie die Bibel sagt, das übersteigt alles. Die Herrlichkeit des HERRN ist Wesensmerkmal des Reiches Gottes und sie steht im diametralen Gegensatz zu dem, was irdische Herrlichkeit ist. Die irdische Herrlichkeit ist nur Vergänglichkeit und die Herrlichkeit Gottes ist alles überstrahlend. Selbst den Glanz der Sonne kann man damit nicht vergleichen.

Jetzt werden Sie vielleicht sagen, wenn Sie so den Predigttext aufmerksam gelesen haben: „Ja, Punkt 1 finden wir genau in den Versen, Punkt 2 auch, das kann man exegetisch sagen, aber die Herrlichkeit Gottes, die ist hier doch gar nicht benannt." Doch, die ist hier benannt, nur da muss man ein bisschen tiefer gucken. Die ist nicht expressis verbis (ausdrücklich) benannt, sondern indirekt. Hier reflektiert der Psalmist die Herrlichkeit dieser Welt, „wenn die Reichen reich werden...". Dann kommt ein wichtiger Satz, der für mich der Kernsatz dieses Psalms ist. In Vers 15 heißt es angesichts der Herrlichkeiten dieser Welt: ***Aber Gott wird mich erlösen aus des Todes Gewalt, denn ER nimmt mich auf.*** Ich habe das deshalb vorgeschaltet: Wenn Gott uns aufnimmt, dann nimmt er uns in seiner Herrlichkeit auf. Nicht irgendein Palast hier auf Erden, der nach 100 Jahren zusammenfällt, sondern das himmlische Jerusalem, das ist die Herrlichkeit Gottes! Das ist die Herrlichkeit, derer wir teilhaftig werden. Für diese Herrlichkeit, damit wir sie auch haben können, ist Jesus in diese Welt gekommen. Ich habe Sie begrüßt mit dem Wort aus Johannes 1,14:

> ***Wir sahen seine Herrlichkeit, die Herrlichkeit des eingeborenen Sohnes voller Gnade und Wahrheit.***

Diese Herrlichkeit Gottes - lesen Sie nach in Johannes 17,22-24 - betet zu Gott. Jesus spricht zum Vater im hohepriesterlichen Gebet:

> ***Ich habe ihnen die Herrlichkeit gegeben, die du mir gegeben hast, damit sie eins seien, wie wir eins sind, ich in ihnen und du in mir, damit sie vollkommen eins seien und die Welt erkenne, dass du mich gesandt hast und du sie liebst, wie du mich liebst. Vater, ich will, dass, wo ich bin, auch die bei mir seien, die du mir gegeben hast, damit sie meine Herrlichkeit sehen, die du mir gegeben hast.***

Das meint Christsein, dass wir Anteil an der Herrlichkeit Jesu Christi haben, die die Herrlichkeit Gottes ist. Man muss sich entscheiden im Leben, was man möchte. Hinter der Herrlichkeit dieser Welt hinterher sein oder teilhaftig sein der Herrlichkeit Gottes, die in Jesus Christus gegeben ist. Dieses Thema „Herrlichkeit" ist nicht nur wichtig im direkten Gebet des Sohnes zum Vater, sondern auch, als Jesus Christus selbst uns beten lehrt, da gibt er uns das mit. Ich führe immer wieder ein Zitat meines Deutschlehrers an: „Guckt euch immer den Anfang und das Ende eines Buches an." Das betrifft auch den Anfang und das Ende eines Gebetes. Das Vaterunser, das, was uns Jesus lehrt, beginnt mit: ***Vater unser*** (Matthäus 6,9). Gott ist unser Vater, das ist schon etwas Sensationelles. Dieses Vaterunser schließt mit: ***Dein ist das Reich und die Kraft und die Herrlichkeit in Ewigkeit.*** Da weiß ich, dass ganz viele Leute diesen letzten Satz - ich manchmal auch - einfach so runterschnattern. Wenn wir so das Vaterunser beten, dann geht was verloren. Aber Jesus hat uns ja dieses Gebet gelehrt und hat nicht umsonst diesen Schlusspunkt gesetzt: ***Dein ist die Herrlichkeit in Ewigkeit.*** Immer, wenn wir das Vaterunser beten, dürfen wir uns erinnern lassen an die Herrlichkeit Gottes, zu der wir unterwegs sind, wenn wir Christen sind. Wenn Sie jetzt fragen und wissen wollen: Wie bekommt man denn die Herrlichkeit Gottes? Wie wird man denn da teilhaftig? Das wird man nur dann, wenn man ein Kind Gottes wird. Ein Kind Gottes werde ich erst durch die bewusste Glaubensentscheidung.

Wir alle sind Geschöpfe Gottes, die wir heute Morgen hier sind, aber nur diejenigen unter uns, die an Jesus Christus glauben, sind Kinder Gottes. Wir werden der Herrlichkeit des lebendigen Gottes nur dann teilhaftig, wenn wir Kinder Gottes sind und an Jesus Christus glauben. Die Herrlichkeit dieser Welt kann ich mir erkaufen, die kann ich mir erzwingen, ich kann irgendwas tun, um sie zu bekommen. Aber die Herrlichkeit Gottes, die kann ich mir nicht kaufen. Die kann ich nur geschenkt bekommen, wenn ich an Jesus Christus glaube. Jesus sagt in Johannes 11 zu Martha: ***Habe ich dir nicht gesagt, wenn du glaubst, wirst du die Herrlichkeit Gottes sehen?*** (Johannes 11,40) Das dürfen wir wissen, wenn wir Jesus glauben. Deshalb hängt ja auch das Banner hier „solus Christus", allein Christus, und „sola fide", allein der Glaube. Wenn wir an Jesus Christus glauben, dann haben wir die Herrlichkeit Gottes und dann ist uns alles gegeben und geschenkt, was wir brauchen. Die Herrlichkeit Gottes übersteigt alles, was wir uns vorstellen können.

Deshalb, liebe Brüder und Schwestern, fragt nicht nach irdischen Dingen in eurem Leben, fragt nicht nach Reichtum, fragt nicht nach eurer Ehre, sondern fragt immer zuerst nach der Herrlichkeit Gottes. Ich habe das zu Beginn dieser Predigt gesagt, dass manche Texte wie so ein Ruf aus dem Navigationssystem sind. Und ich möchte am Ende dieser Predigt noch einmal euch die Frage stellen und euch bitten, euch selber zu überprüfen. Seid ihr auf dem Weg zu den Herrlichkeiten dieser Welt, zur nächsten Beförderung, zum nächsten Urlaub, zum größeren Haus oder was auch immer? Ist das euer Primärziel oder seid ihr auf dem Weg zur Herrlichkeit Gottes? Wenn ihr auf dem Weg zur Herrlichkeit Gottes seid, ist alles in Ordnung. Bleibt dabei und glaubt weiter an Jesus Christus. Aber wenn ihr auf dem anderen Weg seid, auf dem breiten und angenehmen Weg dieser Welt, so ruft euch der lebendige Gott zu: „Raus, biegt ab! Kommt zu mir in Jesus Christus, damit ihr der Herrlichkeit Gottes in Ewigkeit teilhaftig werdet." Noch einmal der Predigttext:

> ***Ein Mensch in seiner Herrlichkeit kann nicht bleiben, sondern er muss davon wie das Vieh. Dies ist der Weg derer, die voll Torheit sind, und das Ende aller, denen ihr Gerede so wohl gefällt. Sie liegen bei den Toten wie Schafe, der Tod weidet sie, aber die Frommen werden gar bald über sie herrschen, und ihr Trotz muss vergehen; bei den Toten müssen sie bleiben. Aber Gott wird mich erlösen aus des Todes Gewalt; denn ER nimmt mich auf. Lass dich nicht anfechten, wenn einer reich wird, wenn die Herrlichkeit seines Hauses groß wird. Denn er wird nichts bei seinem Sterben mitnehmen und seine Herrlichkeit wird ihm nicht nachfahren. Er freut sich wohl dieses guten Lebens und man preist dich, wenn es dir gut geht. Aber doch fahren sie ihren Vätern nach und sehen das Licht nimmermehr. Ein Mensch in seiner Herrlichkeit kann nicht bleiben, sondern muss davon wie das Vieh.*** Amen.

Möge unser HERR und Heiland dieses Wort an deinem Leben und deinem Glauben segnen. Amen.

## Befehl, Verheißung, Forderung

Psalm 50,15

> Gnade sei mit euch und Friede von dem, der da war und der da ist und der da sein wird in alle Ewigkeit, unser HERR Jesus Christus. Amen.

Liebe Gemeinde, das Wort, das wir hören wollen als Predigtvers, steht im Psalm 50. Wir hören auf den Vers 15, dort heißt es:

> ***Rufe mich an in der Not, so will ich dich erretten und du sollst mich preisen.***

Liebe Gemeinde, wenn man verstehen möchte, warum und wie ein Pfarrer, ein Pastor predigt, dann ist es immer gut zu wissen, welche Vorbilder er als Prediger hat. Dann erklärt sich Vieles. Das ist bei mir auch ganz einfach. Wenn man mich fragt, wer denn meine Prediger-Vorbilder sind, dann nenne ich drei Namen. Der erste Name ist der Predigerfürst Spurgeon, der im vorletzten Jahrhundert in England unglaublich vollmächtig durch Gottes Gnade gewirkt hat. Dann als Zweites Hermann Bezzel, der bis zum Ersten Weltkrieg Bischof in der bayerischen Landeskirche war, ein strenger Lutheraner, aber ein unglaublich vollmächtiger Verkündiger. Und als Drittes der große Evangelist Wilhelm Busch aus Essen, der ebenso vollmächtig Dienst für unseren HERRN getan hat. Mit den Predigten dieser drei Männer habe ich mich sehr intensiv auseinandergesetzt und ihr Stil zu predigen hat mich geprägt. Ich habe bei weitem nicht diese Vollmacht und werde da nie hinkommen, wo diese waren, aber ich habe mir immer die Dinge abgeguckt, die sie gemacht haben. Ich erkannte bei ihnen, dass es drei wesentliche Dinge sind, die eine Predigt ausmachen. Erstens, jede Predigt **muss** *Jesus-zentriert* sein, **muss** *Jesus groß machen*. Zweitens, jede Predigt **muss** *bibeltreu, am Bibeltext bleibend*, sein. Und drittens, jede Predigt **muss** vom *Gebet des Predigers* und vom *Gebet der Gemeinde* getragen sein. Nur wenn diese drei Punkte eingehalten werden - Jesus groß machen, bibeltreu, am Bibeltext bleibend und im Gebet getragen - dann kann eine Predigt vollmächtig sein. Das sind die drei Grundbedingungen und da darf man nicht dran wackeln. Das habe ich bei den Dreien ganz besonders gelernt.

Noch etwas habe ich bei diesen drei Predigern gelernt, es ist kein Muss, aber eine gute Methodik. Diese drei großen Predigerfürsten haben in fast allen Predigten immer drei Punkte gehabt. Erstens, zweitens, drittens, und zwar wirklich Sonntag für Sonntag, Evangelisation für Evangelisation. Weil das bei den Dreien so gewesen ist, die so vollmächtig gepredigt haben und an denen ich mich immer orientiere, haben wir heute Morgen auch drei Punkte aus diesem Bibelvers, den ich Ihnen zusprechen möchte. Dieser Bibelvers besteht auch aus drei Teilen:

**1. aus einem Befehl, den Gott dir gibt,**
**2. aus einer Verheißung, die Gott dir schenkt,**
**3. aus einer Forderung, die Gott an dich stellt.**

Befehl, Verheißung, Forderung. **Das Erste ist, Gott gibt dir mit diesem Bibelvers einen ganz klaren Befehl: *Rufe mich an in der Not.*** Es steht jetzt nicht: „Also, wenn es dir schlecht geht, dann kannst du neben anderen auch mal zu mir sprechen." Nein, da steht: ***Rufe mich an in der Not.*** Ich betone dieses ***mich***: ***Rufe mich an in der Not, so will ich dich retten und du sollst mich preisen.*** Wir sollen Gott in Jesus Christus anrufen.

Ich habe ja hier mein Handy liegen. Wenn die Kirche jetzt anfängt zu brennen, dann weiß ich, was ich zu tun habe. Dann wähle die 112, die Notrufnummer. Man kann das übrigens in mittlerweile 15 europäischen Ländern tun, das ist klar standardisiert. Wenn ich diese Nummer anrufe, dann rücken in spätestens 10 Minuten die roten Männer an - die Feuerwehr - die dann versuchen, den Brand zu löschen. Also, wenn es brennt, rufe ich die Feuerwehr an. Ich drücke dann hier nicht die Nummer meiner Frau, das ist zwar toll, mit meiner Frau zu telefonieren, oder die Nummer von unserem Bauherrn oder sonst irgendjemand. Es ist auch toll, sich mit denen zu unterhalten, aber wenn es hier brennt, rufe ich die Feuerwehr, ganz selbstverständlich. Dazu muss ich eben die Nummer der Feuerwehr drücken und nicht die unseres Bauherrn und die meiner Frau, auch wenn es nette und wichtige Nummern sind. So ist es auch, wenn wir in der Not sind, dann sollen wir *eine* Nummer anrufen, *einen* Namen aussprechen, den Namen *Jesus*, IHN anrufen und keinen anderen Namen, keine anderen Nummern wählen. Das ist nämlich das Problem, das wir häufig haben: Wenn wir tief in der Not drinstecken, dass wir neben dem Namen Jesus noch viele andere Namen anrufen, so nach dem Motto, als könnte neben Gott vielleicht doch noch der Arzt, mein Bankkonto, mein Finanzberater, meine Ehefrau, wer auch immer, helfen. ***Rufe mich an in der Not, so will ich dich erretten und du sollst mich preisen.*** Niemand anderen. Da ist unser Gott ganz eigen, das kann ER nicht vertragen, wenn wir IHN in so eine Reihe mit anderen stellen, selbst wenn ER da vermeintlich die Nummer eins ist. Aber wenn es neben ihm noch andere gibt, das verträgt ER nicht. König Salomo, der weiseste aller Männer, die je gelebt haben, macht so vieles richtig in seinem Leben. Aber am Ende seines Lebens gestattet er seinen Nebenfrauen, da ganz am Rande von Jerusalem noch so Tempelchen zu bauen für ihre heidnischen Götter. Da macht der HERR einen Strich durch das Leben von Salomo. Da wird das Reich geteilt und alles ist dahin.

Wir sollen Jesus anrufen und nur IHN allein, uns auf keine anderen Sicherheiten verlassen, nur auf IHN. Nicht auf Ärzte, nicht auf Geld, nicht auf die Familie, nur auf Jesus. Wir haben die Geschichte von dem blinden Bartimäus gehört. Der schreit zu Jesus, als der in seiner Nähe vorbei kommt. Ich finde, das ist ein wahnsinniges Bild, wie der vor Jericho sitzt in seinem Mantel. Der Mantel ist für den Blinden der einzige Schutz, sein Zuhause, er schützt ihn vor der Kälte und vor der Hitze. Jetzt ruft ihn Jesus. Da müssen Sie mal überlegen, was macht der Blinde da? ***Er warf den Mantel von sich und springt auf.*** (Markus 10,50) So heißt es da. Die alte Sicherheit lässt er hinter sich. Das ist der Glaube. Der sagt nicht, ich müsste erst einmal packen, hier meinen Blindenstock und meinen Mantel und dann zu Jesus und dann mal gucken, was der machen kann, nicht? Nein, da ist der Heiland, da ist der HERR und der hat Hilfe. Und der Blinde macht genau das: Er setzt nur auf Jesus! So blind, wie er ist, läuft er los. Nach menschlichem Ermessen müsste man sagen, so ein Wahnsinn! Wie kann er denn seinen Mantel zurücklassen? Wie kann er denn alles auf Jesus setzen? Nur auf diesen Jesus! Das tut er aber und erlebt dann, was passiert, wenn man alle Hoffnung auf Jesus setzt. Er wird sehend! Ganz allein Jesus hat er vertraut. Er lässt sich übrigens auch nicht irre machen von all denen, die um ihn herum sind, nicht? In der Geschichte heißt es, sie fuhren ihn an, er möge schweigen, so nach dem Motto: „Stör den Meister doch nicht, dein Anliegen ist nicht so wichtig. Hör auf, der kann nichts tun für dich." Er lässt sich nicht irre machen, dieser blinde Bartimäus, sondern schreit noch lauter, so heißt es da.

Das möchte ich dir in deiner Not, in deinem Problem auch jetzt sagen. Lass dich nicht irre machen von den Leuten um dich herum, die dir ins Ohr flüstern: „Dein Glaube ist ja schön und gut, aber mach dann noch die anderen Dinge." Setze neben Jesus nicht andere Sicherheiten. Mach's wie der blinde Bartimäus, ganz zu Jesus hin springen, auch wenn du jetzt noch nichts siehst, in eine dunkle Zukunft reinspringen. Aber wenn der HERR dich ruft, ER ruft dich durch dieses Psalmwort, dann vertrau IHM alleine. Hör nicht auf die Zweifler, diese ganzen intellektuellen Besserwisser, die Jesus nicht kennen und sagen, so nach dem Motto, das ist zu einseitig, zu radikal, zu evangelikal. Nur Jesus - wir brauchen nicht mehr! Petrus und Johannes stehen vor dem Hohen Rat. In Apostelgeschichte 4 sagen sie es dem Hohen Rat, aber uns auch:

> ***In keinem andern ist das Heil, auch ist kein andrer Name unter dem Himmel den Menschen gegeben, durch den wir selig werden sollen*** - nur allein in dem Namen Jesu. (Apostelgeschichte 4,12)

Deshalb sollen auch wir, wenn wir in Not sind, nur allein den Namen Jesu anrufen, nur ihn allein. Rufe den Namen Jesu an in deiner Not, vertraue Jesus ganz allein, dass ER deine Not ändert, und dann wird ER deine Situation ändern, wenn du IHM wirklich glaubst und vertraust und nicht auf die anderen Sicherheiten baust.

Damit kommen wir zum **zweiten Punkt** dieser Predigt. Das Erste war der klare Befehl: Rufe Jesus allein an. Das zweite ist **die Verheißung, die Gott dir schenkt** mit diesem Psalm: ***Rufe mich an in der Not, so will ich dich erretten und du sollst mich preisen.*** Ich hebe noch einmal mein Handy hoch. Also, was meint ihr, was passiert, wenn ich hier die 112 wähle? Dann geht die Feuerwehr Bremen ran und ich sag: „Hier ist der Pastor Latzel. Wir haben einen Brand in der Martini Gemeinde, schicken Sie mal bitte ein Feuerwehr-Fahrzeug vorbei." Was wird passieren? Die fahren sofort los. Tatütata und in 10 Minuten sind die hier. Ich glaube, da wird keiner dagegen wetten, dass das passiert. Das ist so sicher wie das Amen in der Kirche. Wenn ich die 112 wähle, kommt die Feuerwehr und die wird dann ihrem Namen gerecht, sie „wehrt dem Feuer", sie bekämpft das Feuer.

Nun werden Sie wieder sagen: „Also der Pastor Latzel mit seinem platten Vergleichen! Was hat das denn mit dem Bibelvers zu tun?" Nun, genauso sicher wie die Feuerwehr kommt und sich um ein Feuer kümmert, wenn ich hier die 112 drücke, genauso ist das mit Jesus, der sich dann um mein Problem kümmert, wenn ich IHN anrufe. Wenn ich IHM allein vertraue, mich ganz auf IHN verlasse, dann ist ER da und dann hilft ER mir. Das darf ich euch zusprechen im Namen Jesu, denn ER sagt es uns: ***Rufe mich an in der Not, so will ich dich retten.*** Das tut Jesus. ER hat sich übrigens auch in seinem Namen daran gebunden. So wie Feuerwehr dem „Feuer wehrt", so heißt auch der Name Jesu genau das, was ER tut. Jesus ist das griechische Wort für das Hebräische Jeschua, das heißt, Gott ist Rettung, Jahwe ist Rettung. Und der Name Jesu ist sein Programm. ER ist der Retter, ER ist dein Retter. ER rettet dich, wenn du an IHN glaubst, vor dem ewigen Tod. ER rettet dich aus deiner Verlorenheit in deinen Sünden und ER rettet dich auch aus den Problemen und Schwierigkeiten deines Lebens hier und jetzt. Ob es heute Abend um 20.00 Uhr hier dunkel wird in Bremen, kann ich nicht mit Sicherheit sagen. Die Wahrscheinlichkeit ist sehr hoch. Aber eins kann ich mit Sicherheit von dieser Kanzel aus verkündigen: Wenn du Jesus glaubst, IHM vertraust und IHN anrufst in deiner Not, dann wird ER dich retten.

Du bist nicht weniger als der blinde Bartimäus vor Jericho. Und als der aufspringend seinen Mantel hinter sich lässt und um das Erbarmen Jesu Christi fleht, da fragt der Heiland ihn: ***Was willst du, dass ich für dich tun soll?*** So steht Jesus auch vor dir. Wenn du deine Sicherheiten hinter dir lässt, dann fragt dich der HERR genauso: ***Was willst du, dass ich für dich tun soll?*** Dann darfst du IHM all das bringen, was dir am Herzen liegt, so wie der Blinde hier: ***Rabbuni, dass ich sehend werde!*** Wer so auf Jesus zutritt wie der blinde Bartimäus, der wird von Jesus genauso angesprochen und angenommen. ***Was willst du, dass ich für dich tun soll?*** Ich weiß nicht, wie Jesus deine Gebete erhören wird, wie ER deine Not ändern wird, das kann ich dir nicht sagen. Ich weiß nur, dass ER es tun wird. Gott erfüllt nicht alle unsere Wünsche - dass ich jetzt hier nicht missverstanden werde - aber ER erfüllt alle seine Verheißungen. Wenn du glaubend auf IHN zu trittst und um Hilfe bittest in deiner Not, dann wird ER dich erretten. Daran hat ER sich gebunden in seinem Wort.

Ich erzähl da immer eine ganz nette Geschichte. Es kann sein, dass ich sie euch schon mal erzählt habe, aber wenn ihr sie nun das zweite Mal hört, dann macht es den Wert dieser Geschichte nicht schlechter. Sie erklärt sehr gut auch für die Gläubigen, wie das mit Gottes Handeln ist, wie unsere Wünsche manchmal auch erfüllt werden. Es ist eine Geschichte, die von einem Rabbi handelt. Ein Rabbi lebt in seinem Dorf in Israel und dieses Dorf ist unterhalb eines Staudamms gebaut. Aber der droht zu brechen. Da sind schon erste Risse in der Mauer und das Wasser strömt heraus. Das Dorf wird überflutet und muss evakuiert werden. Die Leute werden von der Armee aus dem Dorf gebracht. Die Männer der Armee kommen auch in das Haus des Rabbis und sagen: „Rabbi, du musst mitkommen, das Haus wird gleich überflutet." Der Rabbi ist ein frommer Mann und sagt: „Geht ihr mal raus, ich bete zu Gott. Gott wird mich retten." Das Wasser steigt weiter, der Rabbi muss in den zweiten Stock gehen, weil das Wasser schon das Erdgeschoss seines Hauses überflutet hat. Da kommt die Armee nochmal mit einem Schlauchboot zum Rabbi und sagt: „Rabbi, du musst mitkommen, sonst ertrinkst du in den Fluten." Der Rabbi sagt: „Lasst mal euer irdisches Gedöns, der HERR wird mich retten. Ich bete zu ihm und ER wird mir helfen." Sie rudern mit dem Schlauchboot weg. Das Wasser steigt weiter. Der Rabbi muss bis auf den Dachfirst klettern und hält sich am Schornstein fest. Da schickt die Armee diesmal einen Hubschrauber, sie rufen übers Megafon: „Rabbi, du musst jetzt das Seil greifen, sonst wirst du ertrinken!" Der Rabbi schreit zurück: „Macht, dass ihr fort kommt, der HERR wird mich retten!" Das Wasser steigt weiter und der Rabbi ertrinkt. Der steht dann vor dem Allmächtigen und sagt: „Was ist das denn gewesen? Ich habe dir immer vertraut. Was ist denn passiert? Wieso hast du mich denn nicht gerettet? Ich hab doch an dich geglaubt und gebetet." Da antwortet der Allmächtige und sagt: „Was sollte ich denn noch tun? Ich hab dich im Erdgeschoss versucht zu bewahren, im zweiten Geschoss, selbst am Dachfirst hab ich dir den Hubschrauber geschickt. Mehr war da nicht drin."

Wisst ihr, so ist das mit den Gebeten und der Erfüllung Gottes. Wir haben manchmal ganz konkrete Vorstellungen, wie denn Gott unsere Gebete erhören soll. Der macht es aber manchmal ganz anders, als wir es uns denken. Da müssen wir uns nicht darüber wundern. Eins dürfen wir ganz sicher festhalten: ER erfüllt all seine Verheißungen, die ER uns gegeben hat. Diese Verheißungen schenkt ER dir heute neu für dein Ringen, für dein Gebet um dein Problem. Wenn du IHM vertraust und seinen Namen anrufst, dann wird ER dich erretten und wird dir helfen. Ich möchte dir Mut zusprechen im Namen Jesu für deine Situation, in der du jetzt steckst: ***Rufe mich an in der Not, so will ich dich erretten und du sollst meinen Namen preisen.***

Damit kommen wir zum **dritten Teil** dieser Predigt. Direkt nach dem Befehl, den Gott dir gegeben hat, nach der Verheißung, die er dir geschenkt hat, nun **eine Forderung, die Gott an dich stellt**: ***Rufe mich an in der Not, so will ich dich erretten und du sollst mich preisen.*** Gott ruft dich auf, in der Zukunft, die vor dir liegt, „sollst du mich preisen." Das ist Programm für dein Leben. Das soll dran sein, heute Nachmittag, morgen, in der nächsten Woche, den Rest deines Lebens, in der Ewigkeit sowieso. Im himmlischen Jerusalem, wenn wir in voller Gänze erkannt haben, wer Gott wirklich ist, wie er ist, was er für uns getan hat, dann werden wir unsere ganze Zeit von Ewigkeit zu Ewigkeit nur noch mit einer Sache verbringen, nämlich mit dem Lobpreis Gottes. In der Bibel wird immer wieder gesagt: Lobe den HERRN! Übrigens ist das auch das Lied unserer Kirche, nicht? - Lobe den HERRN! In Psalm 103, Psalm 115... ihr könnt das mal nachschlagen, wo überall in der Bibel Halleluja steht, das hebräische Wort Hallelu-Jah - lobt Jahwe, lobt Gott, preist Gott! Das sollen wir tun, wir sollen IHN loben und preisen.

An der Stelle muss ich eines mal erklären, was der Unterschied zwischen loben und preisen und danken ist, weil wir da häufig den Fehler machen und sagen: „Ja, ich habe das verstanden, wir sollen Gott loben und preisen und heute Abend in meinem stillen Kämmerlein tue ich das auch." Das ist wichtig, das ist gut, tu das bloß weiter. Aber was ihr im stillen Kämmerlein, wo ihr alleine mit Gott seid, für euch tut, das ist danken. Preisen - das, was hier gefordert ist - heißt raus zu gehen in die Stadt und zu erzählen, was für einen herrlichen HERRN, was für einen herrlichen Gott wir in Jesus Christus haben und was ER an eurem Leben schon alles Wunderbares getan hat. Das sollen wir nicht für uns behalten, das sollen wir weitererzählen, das sollen wir weitergeben. Das ist preisen: Davon weitererzählen, was Gott getan hat.

Was Gott nicht will, ist, dass wir sagen so nach dem Motto: „Ja, Gott, du hast mir geholfen. Und weil ich hier diese Prüfung bestanden habe, gebe ich dir jetzt zum Dank dafür Folgendes..." In den Versen vor unserem Predigtvers steht dazu etwas ganz Interessantes, nämlich dass Gott so einen Handel ablehnt:

> ***Ich kenne alle Vögel auf den Bergen; und was sich regt auf dem Felde, ist mein. Wenn mich hungerte, wollte ich dir nicht davon sagen; denn der Erdkreis ist mein und alles, was darauf ist. Meinst du, dass ich Fleisch von Stieren essen wolle oder Blut von Böcken trinken? Opfere Gott Dank.*** (Psalm 50,11-14)

Das sagt Gott dem damaligen Volk Israel: „Leute, euren ganzen Dankkult, wo ihr dann im Tempel Tiere schlachtet, weil ihr glaubt, da habt ihr bei mir irgendetwas gut gemacht, das könnt ihr alles vergessen. In eurem Herzen muss der Dank sein. Das ist es, was ich will." Also, keine Deals mit Gott machen so nach dem Motto: „Also, HERR, ich bete jetzt zu dir und wenn du mir hilfst, ja, dann mach ich morgen das und das." Das könnt ihr alles vergessen. Also Gott ist doch nicht wie irgend so ein Händler hier am Markt, mit dem man Handel treiben kann! Den darf ich um alles bitten, aber ER schenkt aus freier Gnade, da braucht man nicht mit IHM zu dealen. Wenn er uns beschenkt hat, dann dürfen wir das machen, was jeder anständige Bremer auch macht. Wenn er beschenkt worden ist, dann sagt er „Herzliches Dankeschön" und sagt's anderen auch weiter, wie gut das gewesen ist. Das sollen wir bei Gott tun. Wir sollen IHM danken in unserer stillen Kammer und IHN preisen mit dem, was wir tun.

Ich habe zu Beginn der Predigt von den Predigern gesprochen, die mich geprägt haben. Es gibt noch viele andere Theologen, die ich sehr schätze. Und einer, von dem ich viel gerade hinsichtlich Gemeindeaufbau gelernt habe, ist der ehemalige Superintendent Fritz Schwarz. Einige kennen ihn. Er war in der Westfälischen Landeskirche, hat einen ganzen Kirchenkreis mit missionarischem Gemeindeaufbau geleitet, ein ganz segensreicher Mann. Dieser Fritz Schwarz hat mal einen sehr bedenkenswerten Satz gesagt: „Ein guter deutscher Christenmensch redet kaum über sein persönliches Einkommen und schon gar nicht über seinen persönlichen Glauben." Das ist ein Problem unserer Gemeinden. Also, ich will von keinem von euch wissen, was er verdient, was er an Rente bekommt. Das klärt mit Gott ab, mit dem Zehnten, da könnt ihr machen, was ihr wollt. Das interessiert mich nicht. Aber mich interessiert schon, was unser HERR und Gott mit euch tut, wie ER euch beschenkt hat, wie ER euch bewahrt hat, wie ER euch geführt hat. Das sollt ihr nicht nur mir erzählen, dafür sollt ihr nicht nur Gott danken im Gebet, das sollt ihr auch anderen weiter erzählen. Das ist Gott preisen, anderen Menschen weitererzählen, wie Jesus ganz aktiv gewirkt hat in deinem Leben. Das ist Preis Gottes und das gefällt Gott gut. Das ist Gott wohlgefällig. Gott segnet solches Handeln, wenn wir uns nicht zu fein sind, von seinen großen Taten in unserem Leben anderen zu erzählen, wenn wir uns nicht seiner schämen vor der Welt und keine Angst haben, die könnten das ja vielleicht falsch verstehen.

Ihr kennt alle solche Situationen, wo man die Klappe hält, obwohl man doch Jesus bekennen sollte, wo man nicht IHM die Ehre gibt, die ER da doch verdient hat. Ich bin auch so jemand - das ist mir auch nochmal klar geworden bei diesem Wort - dass ich Gott bisher in meinem Leben viel zu wenig gepriesen habe. Also ich danke Gott schon immer wieder. In der letzten Woche war ich wieder beim Jagen. Da hab ich lange Zeit am Hochsitz gesessen und das ist immer so eine Zeit, wo man ruhig ist. Während man auf die Schweine wartet, dann betet man und dann danke ich Gott für alles. Aber das ist ja der Dank für Gott in der Stille. Ich muss Gott auch viel mehr preisen. Wisst ihr, ich habe so viel Grund, Gott in Jesus Christus zu preisen. Was meint ihr, wie oft ich in Nöten war? Jetzt nicht wirklich in existentiellen Nöten, dass ich todkrank war oder sonst was. Aber in solchen Nöten, die einem dann ganz schwer sind und man denkt, man kommt an dem Berg nicht mehr vorbei.

Ich denke zum Beispiel an mein Abitur. Ich war ein guter Schüler und trotzdem, was habe ich für eine Angst vor dem Abitur gehabt! Glaubt mir, neben dem vielen Lernen habe ich mir die Finger wund gebetet: „HERR, hilf mir, bitte lass mich durchkommen und bitte, wenn's sein kann, schenk mir ein gutes Abitur." Ja, und dann kamen die Klausuren. „Bitte, bitte, bitte!", so habe ich gefleht und gewinselt. Und dann hat der HERR das gemacht und hat mir ein wunderbares Abitur geschenkt. Es ging weiter im Studium. Vor der Bibelkunde, vor dem Philosophicum, dem ersten theologischen Examen, o weh, was hab ich da gebetet! Das war richtig und Jesus war da. Der hat mir geholfen, ER hat mich durchgeführt. Das muss ich zu seiner Ehre, zu seinem Lob hier sagen. Alles, was ich bin, alles, was ich jemals intellektuell erreicht habe, was man mit Zeugnissen dokumentieren kann von deutschen Universitäten, deutschen Gymnasien und sonst noch was, das verdanke ich alles alleine nur Jesus Christus, der mir das geschenkt hat. Alles Lob, Preis und Ehre seinem Namen! Und nicht nur für das, was intellektuell war, für alles, was in meinem Leben jemals stattgefunden hat, lobe und preise ich Jesus Christus, der so großartig an mir gehandelt hat. Also mich hat das nochmal ganz neu gepackt zu sagen: „Olli, du kannst nicht so viel davon schweigen, du musst diesem Gott die Ehre geben."

Wenn man das erkannt hat, dann wird man immer glücklicher. Diese Forderung erfüllen, das ist nicht etwas, was man „abhakt" wie beispielsweise in einer Firma, wenn einem der Meister sagt: „Fege da nochmal um die Maschine." Das ist anders, das macht einen richtig glücklich. Man freut sich über den Lobpreis Gottes. Ich habe unseren Organisten gebeten, für das Instrumentalstück nachher nichts Leises, Meditatives zu spielen, auch nicht mit der Klarinette, auch nicht mit dem Saxophon - sondern das Lied „Großer Gott, wir loben dich" mit

Orgel, alle Register gezogen, soviel das Ding hergibt! Das ist mein persönlicher Wunsch. Zwei Strophen so richtig zur Ehre, zum Lob Gottes. Das ist das, was mich erfüllt: Das ist so ein großartiger, wunderbarer Gott, weil ER so wunderbar in meinem Leben so vieles getan hat. Und wisst ihr was? Ich weiß ganz genau, dass ER in eurem Leben ganz ähnlich gehandelt und gewirkt hat. Ihr habt IHN so häufig angerufen und in ganz vielen Situationen ist ER da gewesen, hat euch geholfen, hat euch bewahrt. Dafür dürft, dafür sollt ihr diesen Gott in Jesus Christus preisen.

***Rufe mich an in der Not, so will ich dich erretten und du sollst mich preisen.***

Mit diesem Wort darfst du in diesen Sonntag und in die vor dir liegende Woche gehen mit dem Wissen darum, dass da ein Gott in Jesus Christus ist, der deine Gebete hört, der dir hilft und der dich segnet, wenn du IHN preist. Amen.

Und der Friede unseres allmächtigen Gottes, der sehr viel höher ist als all unsere menschliche Vernunft, bewahre unsere Herzen und Sinne in Christus Jesus, unserem auferstandenen und lebendigen HERRN. Amen.

## Die Opferung des Dankes

Psalm 50,23

Gnade sei mit euch und Friede von dem, der da war und der da ist und der da sein wird in alle Ewigkeit, unser HERR Jesus Christus. Amen.

Liebe Gemeinde, das Wort, das wir hören wollen als Predigtvers, steht im Psalm 50. Wir hören auf den Vers 23, dort heißt es:

***Wer Dank opfert, der preiset mich, und da ist der Weg, dass ich ihm zeige das Heil Gottes.*** Amen.

**Wir wollen stille werden und beten:** Lieber himmlischer Vater in Jesus Christus, wir loben dich, wir preisen dich und wir geben dir alle Ehre, allen Lob und allen Dank. Danke, HERR, dass wir uns heute in deinem Haus unter deinem Wort versammeln dürfen. Danke, dass du jetzt sprechen willst und wirst durch diese Predigt in unser Leben, in unseren Glauben hinein. Aber, HERR, wir sind nur sündige Menschen, ich als Verkündiger und die Gemeinde, die hört. HERR, wir brauchen für diese Predigt deinen Segen, deine Hilfe, dein Mitgehen. Darum wollen wir dich jetzt bitten für diese Predigt, segne du selber das Reden und das Hören deines heiligen und lebendigen Wortes an uns allen. Amen.

***Wer Dank opfert, der preiset mich, und da ist der Weg, dass ich ihm zeige das Heil.*** Ich habe diese Predigt überschrieben mit „Die Opferung des Dankes." Darum geht es ja hier, dass hier den Menschen, die Dank opfern, etwas verheißen wird und was sie zu tun haben. Ich möchte diese Predigt aufschlüsseln über drei Fragen, die ich dann jeweils auch mit drei kurzen Antworten beantworte.

1. **Was ist die Opferung des Dankes?**
2. **Wie vollbringe ich die Opferung des Dankes?**
3. **Was bewirkt die Opferung des Dankes?**

**Die erste Frage: Was ist die Opferung des Dankes?** Dazu habe ich drei kurze Antworten: Erstens ist es der *Kern des Glaubens* der Christen. Zweitens ist es der *Auftrag* der Christen und drittens ist es *das aktive Tun* der Christen, das Opfern des Dankes.

Das Erste ist der Kern des Glaubens des Christen. Jetzt werden einige sagen: „Ja, vor 14 Tagen war ich hier, da haben Sie gepredigt über ‚allein die Gnade'. Für die Christen kommt es nur auf die Gnade an, alles ist Gnade. Kern des Glaubens ist die Gnade." Ja, das ist richtig. Aber das ist das, was Gott tut. Gott schenkt uns Gnade und wir können nichts mehr tun. Alles, was in unserem Leben passiert, ist nur Gnade. Das Einzige, was *uns* bleibt, ist die Dankbarkeit. Die Dankbarkeit für das, was Gott in Jesus Christus für uns getan hat. Übrigens, das lateinische Wort für Gnade, *gratia*, heißt sowohl Gnade wie auch Dankbarkeit. Das ist Teil der Gnade. Also, wenn einem Gnade, unverdiente Dinge zuteilwerden, bleibt dir als Beschenktem nur noch die Dankbarkeit.

Das ist der Kern unseres Glaubens, dass wir dankbar sein sollen, dürfen, müssen. Wenn du wiedergeboren bist, wenn der Heilige Geist dich erreicht hat, du verstanden hast, was dieser HERR und Gott in Jesus Christus für dich auf Golgatha getan hat, bleibt dir nur mehr die Dankbarkeit. Alles andere, was dann noch kommt an guten Werken in dieser Welt, resultiert und muss resultieren aus Dankbarkeit. Wehe, wenn die guten Werke der Christen aus anderen Gründen herauswachsen als aus der Dankbarkeit, weil man denkt: ‚Wenn ich dies und das tue, dann kann ich in der Zukunft Gott so und so konditionieren, dann muss er ja so und so antworten.' Alles, was wir tun im christlichen Glauben, resultiert und wächst nur aus der Dankbarkeit. Es ist Kern des Glaubens des Christen. Jetzt könnten Sie sagen: „Unser Pastor hat da vielleicht so eine ganz eigene Sicht auf die Dankbarkeit." Nehmt euch mal zu Hause eine Konkordanz und dann schlagt einmal in der Bibel überall nach, wo danken steht. Lest das mal nach, da werdet ihr verstehen, wie intensiv die Bibel dazu auffordert, dankbar zu sein.

Auch viel, viel größere Theologen als euer „kleiner Pastor" haben das erkannt. Martin Luther hat gesagt: „Wir können Gott kein größeres noch besseres Werk tun noch edleren Gottesdienst erzeigen, denn ihm danken." Bodelschwingh, Gründer der Bethelschen Anstalten, hat gesagt: „Unser Glaube ist dann gesund, wenn wir das Danken gelernt haben." Oder der alte Pietisten-General Folketing, der hat gesagt: „Christlicher Glaube lässt sich in den drei D's erklären - Dienen, Demut, Dankbarkeit." Das ist Kern unseres Glaubens, dass wir dankbar sind. Wenn du momentan ein undankbarer Mensch bist, aus welchen Gründen auch immer, dann ist mit deinem Glauben etwas nicht in Ordnung - um mit Bodelschwingh zu sprechen - dann ist etwas ungesund. Da musst du in die Seelsorge. Wer Jesus hat, in wem der Heilige Geist brennt, egal, was sonst passiert, der ist ein dankbarer Mensch. Das ist ein geistliches Grundgesetz. Und folgender Satz ist jetzt mal von mir: „Je näher ein Christ zu Jesus kommt, je mehr er die Botschaft der Bibel, der freien Gnade versteht, umso mehr wird er ein Dankender. Wiederum, je mehr du dankst, desto stärker wirst du die Botschaft von Jesus Christus verstehen."

Das ist das Erste, die Opferung des Dankes ist Kern unseres Glaubens. Die Opferung des Dankes ist aber auch zweitens der Auftrag des Christen. Das ist unser aller Auftrag. Wenn du wiedergeboren bist, wenn du Jesus gehörst, dann fragst du Gott: „Was möchtest du von meinem Leben?" Da kriegt man unterschiedliche Spezialaufträge. Nicht jeder von euch hat den Auftrag, Pastor in Sankt Martini zu sein. Das ist ein Spezialauftrag, der ist z.B. mir zuteil geworden. Andere hatten den Auftrag, bei der Evangelisation letzte Woche die Schnitten zu schmieren. Das war die Aufgabe im Catering Team. Ein anderer hat die Aufgabe, mal sein Portemonnaie aufzumachen für die verfolgten Christen in Syrien. Ein anderer hat den Auftrag, zu seinem Nachbarn hinzugehen und dem zu helfen. Das sind die Spezialaufträge, da spricht Gott zu einem ganz speziell. Es gibt aber Daueraufträge, und zwar allgemeine Aufträge, die gelten allen. Beispielsweise, die Heiligung ist ein Auftrag, aber eben auch die Dankbarkeit. In der Bibel steht in 1. Thessalonicher 5, Vers 18:

> ***Seid dankbar in allen Dingen, denn das ist der Wille Gottes in Christus Jesus an euch.***

Da steht übrigens nicht „seid dankbar für alle Dinge". Also wenn deine Frau dich verlässt, dein Kind stirbt oder du krebskrank wirst, dann musst du nicht dafür dankbar sein. Das wäre pervers. Aber wenn deine Frau dich verlässt, wenn dein Kind stirbt und wenn du Krebs bekommst, hast du immer noch Grund zum Dank. Nicht für das, was in dieser Welt passiert, sondern für das, was auf Golgatha passiert ist. Wenn du den Blick darauf hast, dann hilft dir dieser Gott auch mit dem Leid dieser Welt umzugehen. Sonst zerbrichst du auch unter Umständen an dem, was in dieser Welt passieren kann.

Unser Auftrag von Gott, der uns allen gemein ist, ist die Dankbarkeit. ***Seid dankbar in allen Dingen, denn das ist der Wille Gottes in Christus Jesus an euch.*** Das darfst du hören für dein Leben, dass du dankbar sein sollst, darfst, musst. Nochmal, ich sage das so deutlich: Wenn man verstanden hat, was in Christus Jesus auf Golgatha passiert ist, kann man gar nicht anders als dankbar sein. Wer es nicht verstanden hat, bei dem ist der Glaube nicht in Ordnung. Es ist genauso, wenn du Bauer bist, du hast einen super fruchtbaren Boden und super Getreidekörner, säst die aus zur rechten Zeit, machst den Dünger drauf, es regnet, die Sonne scheint und - es wächst nix! Da ist etwas nicht in Ordnung. Vielleicht hat der Nachbarbauer Unkrautvernichtungsmittel draufgekippt, irgendwas stimmt da nicht, irgendwas ist kaputt gemacht. Um vom Glauben zu sprechen, da hat der Teufel was kaputt gemacht und dich zur Sünde verführt. Da musst du in die Seelsorge. Jemand, der wirklich zu Jesus gehört, der ist dankbar. Das ist der Auftrag, den du hast, dankbar zu sein. Wenn du das nicht bist, dann musst du selber in dich hinein gucken, da stimmt mit deinem Glauben etwas nicht. Ein wiedergeborener Mensch ist immer dankbar.

Er macht auch Leiderfahrung, aber er hat die Verbindung zu Christus und hat immer das Gefühl der Dankbarkeit in sich. Diesen Dank soll er auch opfern. Es steht nicht nur hier in diesem Vers, auch ein paar Verse davor in Psalm 50: ***Opfere Gott Dank.*** Das ist unser Punkt, dazu kommen wir gleich noch, was das heißt.

Also erstens war der *Kern des Glaubens* der Christen, zweitens der *Auftrag* der Christen. Und das sage ich auch noch als Drittes zur Frage: Was ist die Opferung des Dankes? Es ist ein *aktives Tun*! Manche Christen sind bezüglich der Dankbarkeit eher passiv. Man läuft so mit. Man kommt im Gottesdienst zusammen, der Pastor spricht dann ein Dankgebet, dazu sage ich auch mein Amen. Das Dankgebet fürs Essen sag ich auch noch mit, aber das alles ist so leer geworden, nicht? Das ist einfach so selbstverständlich und man ist gar nicht mehr mit dem Herzen dabei. Wir sollen Dank opfern, das ist ganz wichtig, dass wir eben Dankbarkeit auch tun als Aktivität, nicht wie ein passives Geschehen. Nicht nur, wenn es mal in der Bibelstunde dran ist, auf einer Freizeit oder wenn wir im Andachtsbuch ein paar nette Worte lesen.

Ein Comedian erzählt Witze, ein Fußballer tritt gegen den Ball, ein Koch, der würzt, ein Schornsteinfeger säubert den Kamin und ein Christ opfert Dank. Das ist ein aktives Tun. Wenn der Schornsteinfeger nicht mehr den Kamin sauber macht, wenn der Koch nicht mehr würzt, wenn der Fußballer aufhört, mit seinem Fuß gegen den Ball zu treten und wenn ein Comedian keine Witze mehr erzählt, dann sind sie das nicht mehr. So ist es auch beim Christen. Ein Christ opfert Dank, das ist ein aktives Tun. Deshalb gibt's auch mindestens einmal im Jahr Dankgottesdienste, dass man daran erinnert wird, dass man ganz bewusst vor den HERRN tritt und IHM den Dank bringt.

Das war jetzt die erste Frage: Was ist die Opferung des Dankes? Es ist erstens Kern des Glaubens der Christen, zweitens Auftrag der Christen, drittens das aktive Tun der Christen.

Wenn das so wichtig ist, wie mache ich das denn jetzt? **Jetzt kommen wir zur zweiten Frage: Wie vollbringe ich die Opferung des Dankes?** Auch da wieder drei kurze Antworten: erstens im persönlichen Gebet, zweitens im öffentlichen Lobpreis und drittens im Darbringen meiner Gaben.

Das Erste: im persönlichen Gebet. Folgendes macht euch zur Angewohnheit, wenn ihr es nicht schon tut. Wenn ihr morgens die Augen aufmacht, als allererstes, noch bevor ihr eurer Ehefrau oder dem Ehemann ein Küsschen gebt, faltet kurz die Hände und sagt: „Danke, HERR, für diesen neuen Tag. Danke für alles, was gestern war, danke für die Behütung und Bewahrung und - das vergesst nie! - danke für die Erlösung, die du mir geschenkt hast in Christus Jesus. Danke für das, was geschehen ist auf Golgatha." Wenn ihr nachts wieder ins Bett geht, bevor ihr einschlaft, schließt den Tag auch mit Dank. Dankt dem HERRN für alles, was er gegeben hat, dass ER euch behütet und bewahrt hat auf der Autofahrt, dankt IHM dafür, dass ER euch das tägliche Brot gegeben hat, dankt IHM für die Menschen, die ER euch gegeben hat. Das ist etwas ganz Wichtiges, das persönliche Gebet. Übrigens, auch das ist nicht meine eigene Idee, sondern viel größere Theologen haben das erkannt. Jetzt könnte ich auch wieder so eine ganze Litanei aufführen von Leuten, ich will mich aber auf einen beschränken: Spurgeon. Er hat gesagt: „Mit jedem neuen dämmernden Morgen erhebt eure Lieder des Dankes und jedem Sonnenuntergang folge euer Danke nach."

Das ist ganz wichtig: Erzieht euch zu dieser Kultur der Dankbarkeit. Nicht nur morgens und abends, auch einen ganzen Tag über dankt Gott immer wieder. Ich komme gleich im dritten Teil noch dazu, was Dankbarkeit bringt. Im Siegerland, wo ich herkomme, wenn wir da Gebetsgemeinschaften hatten, war das grundsätzlich so, dass nicht jeder einfach frei beten konnte, sondern die thematischen Inhalte waren von den Brüdern klar geregelt. Es war immer eine Dreiteilung. Der zweite Teil war Buße und Beugung als Sündenbekenntnis, das war der

Mittelteil. Ein Drittes war die Bitte, aber womit es immer als erstes losging, das waren Lob und Dank. Wehe, wenn da einer anders anfing, beispielsweise gleich mit dem Bitten. Dann kamen nachher die Brüder und erklärten einem nochmal ganz genau: „Das ist schon wichtig mit dem Bitten, aber bevor wir irgendetwas tun, da falten wir die Hände und loben und danken Gott. Das ist das Erste und Wichtigste, nicht?" Da habe ich mich manchmal früher gefragt: Passt das alles so? Mittlerweile habe ich es aber verstanden: Das ist ganz wichtig, dass man im Gebet Lob und Dank nicht vergisst. Wenn ihr das noch nicht tut, dann erzieht euch dazu und glaubt mir, wenn ihr damit erst einmal anfangt, findet ihr kein Ende mehr. Wenn ihr anfangt, für all die Menschen zu danken, die euch gesegnet und begleitet haben durch euer Leben: eure Großeltern, Eltern, Geschwister, eure Freunde, eure Ehepartner, die Kinder, eure Nachbarn. Dann der Dank fürs tägliche Brot, für die medizinische Versorgung, die wir haben, für eure Gebetserhörungen. Wie oft habt ihr in eurem Leben gefleht zu dem allmächtigen Gott, was gab es da für Dinge, die ihr IHM abgerungen habt und die ER getan hat? Und vergesst nie, nie, nie zu danken für das, was Gott für euch in Jesus Christus getan hat. Immer wieder! Je mehr ihr dafür dankt, desto mehr versteht ihr das, was am Kreuz geschehen ist. Dankt für die Erlösung, die Gott uns gegeben hat auf Golgatha. Je mehr man dankt, desto dankbarer wird man und desto mehr erkennt man, wofür man zu danken hat. Und das macht sehr viel mit uns, da kommen wir gleich im dritten Punkt noch dazu.

Also, das Erste: Tut es im persönlichen Gebet, dankt dem HERRN immer wieder. Zweitens, wie mache ich es im öffentlichen Lobpreis? Es ist wichtig, zu Hause in der stillen Kammer zu danken, gar keine Frage, aber tut es auch öffentlich. Lobt und dankt diesem Gott! Wenn euch einer was richtig Gutes getan hat, richtig beschenkt hat, was tut ihr dann? Dann erzählt ihr es ja weiter. Also nehmen wir mal an, ihr hättet eine Erbtante, von der ihr nichts wüsstet. Sie kommt aus Amerika, besucht euch und sagt: „Hör mal, du bist mein Neffe, wir wussten ja nichts voneinander. Ich hab das Bankkonto so voll und hab dir erstmal einen Mercedes 500 mitgebracht, den kannst du fahren. Außerdem hast du auf dem Bankkonto eine Million, die kannst du verprassen. Ich möchte dir auch noch ein neues Haus bauen." Wie ist das dann? Sagt ihr da: „Prima." Und dann geht ihr zur Tagesordnung über? Am nächsten Tag, am Arbeitsplatz, dann ist alles wie immer? Es ist doch so, wenn alle auf Arbeit zusammensitzen und erzählen von den Fußballergebnissen, Jeder isst sein Brot, dann sagt ihr: „Ich muss euch auch was erzählen. Meine Erbtante war da und die hat..." und dann erzählt ihr alles weiter. Das tut auch von diesem Gott. Wenn ihr verstanden habt, was dieser Gott in Jesus Christus für euch getan hat; wenn ihr verstanden habt, wie ER euer Gebet erhört hat, wie ER euch versorgt hat; da könnt ihr gar nicht anders als zu reden. Selbst dann, wenn es euch verboten wird.

Die Bibel erzählt von dem Daniel, der beim König Darius, dem Meder-König, ein hoher Beamter war. König Darius gab dann durch eine List von bösartigen Leuten einen Erlass heraus und sagt: „Für eine gewisse Zeit darf außer mir niemand mehr angerufen werden. Niemand, kein anderer Gott in meinem Königreich darf angerufen werden, kein anderer Mensch um etwas gebeten werden, sondern alle müssen zum König kommen." Der König sollte als gottgleich dargestellt werden. Daniel hat erstmal gesagt: „Davon lasse ich mich nicht beeinträchtigen." Und er geht bewusst wie immer in sein Obergemach. Und da heißt es in Daniel 6, Vers 11: ***Als nun Daniel erfuhr, dass ein solches Gebot ergangen war*** (also das Verbot des Dankes und Lobes an Gott), ***ging er hinein in sein Haus. Er hatte aber in seinem Obergemach offene Fenster nach Jerusalem und er fiel dreimal am Tag auf die Knie, betete, lobte und dankte seinem Gott, wie er es auch vorher zu tun pflegte.*** Das hören dann die Leute draußen und zeigen ihn an und schmeißen ihn in die Löwengrube. Das kann schon mal Probleme geben, wenn du Gott Lob zum Preis und Dank öffentlich aussprichst, gar keine Frage. Aber glaubt mir bitte eins, nichts ist diesem Gott wohlgefälliger, als wenn du seinem heiligen und ewigen

Namen Ehre, Lob, Preis und Dank gibst. Wenn du dich in die Öffentlichkeit hinstellst und Gott preist, da mögen dich die Leute anspucken in dieser Welt, das mag passieren, aber dieser Gott wird dich segnen genauso wie den Daniel. Die schmeißen ihn in die Löwengrube, da kommt ein Engel und hält den Löwen das Maul zu. Glaub mir, wenn Gott auf deiner Seite ist, dann brauchst du vor Menschen keine Angst zu haben, egal, was auch passiert. Dazu möchte ich dir Mut machen, immer wieder Gott öffentlich zu loben und zu preisen - in der Schule, am Arbeitsplatz, bei den Nachbarn, in der Familie. Gebt dem heiligen und ewigen Namen Jesus die Ehre, lobt IHN, dankt IHM auch in der Öffentlichkeit, was für ein wunderbarer Gott ER ist. Das ist etwas ganz Fantastisches! Der öffentliche Lobpreis ist auch Opferung des Dankes. Ich sage bewusst „Opferung", weil das ja manchmal auch Überwindung kostet, wenn man weiß, jetzt gibt's Feindschaft. Opfert Gott auch öffentlich euren Dank.

Wie vollbringe ich die Opferung des Dankes? Persönliches Gebet, öffentlicher Lobpreis und ein Drittes: im Darbringen meiner Gaben. Im Alten Bund war es so, wenn die Menschen dankbar waren, weil ihnen etwas Besonderes passiert war, dann sind sie nach Jerusalem in den Tempel gekommen und haben Dankopfer dargebracht, d. h. sie mussten sich Zeit nehmen für dieses Dank-Geschehen. Die mussten zum Teil von weit her anreisen. Und das hat sie auch etwas gekostet, wenn sie da einen Stier, ein Lamm oder auch nur eine Taube geopfert haben. Das ist hier gemeint: Opfere Gott Dank, setz deine Gaben für diesen Gott ein, lass es dich etwas kosten. In Markus 12 wird die Geschichte erzählt, wie Jesus im Tempel ist und sieht, wie Menschen etwas in den Gotteskasten, also in die Kollektenbüchse einlegen. Da kommt eine alte Frau, eine Witwe, und die legt nur zwei Scherflein ein, so gut wie gar nichts. Aber Jesus macht das zum Thema und sagt: „Die hat alles gegeben, was sie hatte, mehr hat sie nicht gehabt auf ihrem Konto. Alles! Die anderen, die gekommen sind, ***haben von ihrem Überfluss gegeben***, das war kein Opfer." (Markus 12,41-44)

Opfert etwas! Und ich sage jetzt nicht, gebt Geld, schon gar nicht, gebt Geld für die Martini-Kirche, nicht dass ich falsch verstanden werde. Opfert euren Dank, wie immer das aussieht, macht das mit Gott klar. Das kann ich euch hier im Einzelnen nicht sagen, wie eure Opferung des Dankes aussieht, keine Ahnung. Ich weiß nur, dass Gott dir Gaben gegeben hat und die sollst du einsetzen. Und ich weiß auch, dass Gott eines Tages sich darüber mit dir unterhalten wird, dass ER sagt: „Ich hab dir so viel gegeben. Was hast du eigentlich zurückgegeben? Was hast du mir eigentlich tatsächlich als Dank-Opfer gebracht?" Es ist bei dem einen die Zeit, die er investiert in andere Menschen. Bei dem anderen ist es die Liebe, die er investiert, die der andere gar nicht verdient hat. Bei dem Dritten ist es ein Gebetsdienst, den er über Jahre, manchmal Jahrzehnte tut für andere Menschen, dass sie zum Glauben finden oder irgendwas anderes passiert. Das ist vielleicht auch das Geld, was einem gesagt wird, das abzugeben, keine Ahnung. Frag Gott, aber bringe deine Gaben dar, die Gott dir gegeben hat. Gott hat so viel in dich hineingelegt an Befähigung, an materiellen Dingen vielleicht. Und das opfere, das bringe ihm auch. Lass es dich etwas kosten! Damit sammelt ihr auch Schätze im Himmel. Opfert eure Gaben, das, was Gott euch sagt. Das ist wichtig und dafür werdet ihr eines Tages Lohn empfangen.

Ich sage euch das knallhart auf den Kopf zu: Wenn wir uns eines Tages in der Ewigkeit wiedersehen, da werdet ihr mir das alle zum Vorwurf machen, dass ihr sagt: „Olli, du warst der Pastor, du hast Theologie studiert, du warst weiter als wir im Glauben, vermeintlich. Du hättest uns sagen müssen, dass wir mehr hätten investieren müssen. Ich hab doch zu sehr geklammert und festgehalten an Dingen. Meine Zeit nutzte ich nur für mich, meine Urlaube, meine Dinge." Ihr werdet mir sagen müssen: „Ich bin jetzt zwar dabei, aber was hätte ich mit meiner Zeit nicht alles machen können? Was wäre das für ein Segen geworden? Du hättest es mir stärker sagen müssen, du hättest mal..." Darum sage ich es heute nochmal: Opfere Gott Dank. Darum geht es, opfert Gott Dank, bringt eure Gaben ein. Fragt einfach, was dran ist und Gott wird es euch zeigen. Also wie vollbringe ich die Opferung des Dankes? Durchs persönliche Gebet, im öffentlichen Lobpreis und im Darbringen meiner Gaben.

**Nun zur letzten Frage: Was bewirkt die Opferung des Dankes?** Die Opferung des Dankes bewirkt dreierlei: erstens die Ehre Gottes, zweitens den Segen für die Mitmenschen und drittens den Segen für mich.

Wenn ich Dank opfere, dann zeigt Gott mir das Heil, dann werde ich heil. Das ist ja die Verheißung des Predigtverses: ***Wer Dank opfert, der preiset mich, und da ist der Weg, dass ich ihm zeige das Heil Gottes***, dass ich zum Heil finde. Heil haben wir in dreierlei Beziehungen nötig: in der Beziehung zu Gott, in der Beziehung zum Mitmenschen und in der Beziehung zu uns selber. Wenn wir dankbar sind, wenn wir Dank opfern, dann werden diese Beziehungen geheilt, werden sie in Ordnung gebracht. Deshalb als Erstes, wenn ich Dank opfere, dann gebe ich Gott die Ehre, dann wird diese Beziehung wieder in Ordnung, dann wird sie heil. Wenn ich verstanden habe, was Gott in Jesus Christus für mich getan hat, dann nehme ich das Geschenk von Golgatha an, dann wirkt das Blut des Heilandes in meinem Leben. Ich werde rein von meinen Sünden. Mir bleibt nur die Dankbarkeit, aber dann ist die Beziehung in Ordnung. Wenn ich dankbar bin, ist mein Glaube gesund und dann gebe ich Gott die Ehre dadurch. Das ist ganz wichtig, das ist unsere Antwort. Beim Nicht-danken, das hab ich eben gesagt, ist der Glaube des Menschen nicht in Ordnung. Da, wo du undankbar bist in deinem Herzen, ist deine Beziehung zu Gott nicht heil, aber wenn du dankbar bist, wenn du deinen Dank opferst, dann gibst du Gott die Ehre. Dann ist alles in Ordnung. Übrigens, das werden wir eines Tages in Gänze nur noch tun - Gott die Ehre geben. In der Ewigkeit werden wir zur Ehre, zum Lob und zum Dank Gottes singen die ganze Zeit und ihn permanent preisen im himmlischen Jerusalem. Und wohl dem Menschen, der in dieser Welt schon damit anfängt, dessen Glaube gesund ist und der Gott die Ehre gibt. Das bewirkt die Opferung des Dankes.

Als Erstes, die Opferung der Dankbarkeit bewirkt die Ehre Gottes. Das Zweite, unsere Beziehung zu den Mitmenschen wird geheilt. ***Dass ich ihm zeige den Weg zum Heil.*** Bei Hochzeiten lese ich immer ein Wort aus Kolosser 3 vor. Da steht drin: ***Und seid dankbar.*** (Kolosser 3,15) Die Dankbarkeit ist die kleine Schwester der Nächstenliebe und das ist für die Eheleute ganz wichtig. Ich sage auch immer, dass das Vergeben wichtig ist, aber auch die Dankbarkeit. Verlernt die Dankbarkeit nicht. Das ist ganz wichtig in der Ehe, in der Beziehung dankbar zu sein. Sich selber dazu zu erziehen, dankbar zu bleiben für sein Gegenüber. Die Dinge nicht selbstverständlich hinzunehmen, sondern das auch zu zeigen und auszudrücken. Nur eine Beziehung, die von Dankbarkeit geprägt ist, bringt wirklich Frucht. Andersherum, wenn du einem Menschen gegenüber undankbar bist, dann regt der dich auf, er „kotzt" dich förmlich an. Aber wenn ich dankbar bin, dann ist es unmöglich, gleichzeitig voller Groll zu sein. Deshalb ist es wichtig, dass wir uns zur Dankbarkeit gegenüber Menschen erziehen. Ich weiß auch, dass manche Menschen einem das nicht leicht machen. Wenn aber meine Beziehung zu Gott in Ordnung ist, ich verstanden habe, was auf Golgatha passiert ist, dann bin ich so voll von Dankbarkeit für Gott und alles, was er mir gibt. Dann kann ich auch die stoffeligen Menschen um mich herum ertragen und kann Dankbarkeit erweisen, auch wenn sie es manchmal nicht verdient habe. Wenn ich das tue, dann werde ich zum Hubschrauberlandeplatz für den Heiligen Geist, weil Gott dann durch mich wirken kann, durch das Erweisen der Dankbarkeit, dass sich Dinge auch in dieser Welt verändern.

Nochmal, Dankbarkeit ist die kleine Schwester der Nächstenliebe und wir wissen ja, was das höchste Gebot ist:

> ***Du sollst den HERRN, deinen Gott lieben von ganzem Herzen, von ganzer Seele, von allen Kräften und von ganzem Gemüt, und deinen Nächsten wie dich selbst.***
> (Lukas 10,27)

Manche Leute fragen: „Wie geht das denn mit der Liebe?“ Fange an mit der Dankbarkeit! Übrigens, ist das auch ein Rezept vom Apostel Paulus, es ist nicht auf meinem eigenen Mist gewachsen. Apostel Paulus, der viel mit Menschen zu tun hatte, hat sich grundsätzlich zur Dankbarkeit erzogen. Mit den Philippern hat er richtig Konflikte, da läuft es richtig mies auch mit der Gemeinde. Da gibt es Leute, die ihn angreifen. Und doch lesen wir in Philipper 1,3-4: ***Ich danke meinem Gott, so oft ich euer gedenke, was ich allzeit tue in allen meinen Gebeten für euch alle, und ich tue das Gebet mit Freuden.*** Also, Paulus dankt die ganze Zeit für die Gemeinde Philippi. Er muss denen auch kritische Dinge sagen, aber er kann dankbar für sie sein. Oder mit den Korinthern, da ist es noch schlimmer. Die sagen sogar, dass er gar kein richtiger Apostel ist. Da lesen wir zu Beginn des 1. Korinther-Briefes (1,4): ***Ich danke meinem Gott allezeit euretwegen für die Gnade Gottes, die euch gegeben ist in Christus Jesus.*** Das heißt, bevor er sie richtig kritisiert, dankt er erstmal für die Gemeinde in Korinth. In Thessalonicher 1,2 lesen wir: ***Wir danken Gott allezeit für euch alle.*** Oder in den Pastoralbriefen wie Philemon (1,4): ***Ich danke meinem Gott allezeit, wenn ich deiner gedenke in meinem Gebeten.*** Immer wieder die Dankbarkeit. Es ist so wichtig für die zwischenmenschliche Beziehung. Die Bibel und auch Paulus schreiben das nicht deshalb, weil er nichts anderes drauf hätte und das einfach immer so reinschreibt oder das eben damals in das antike Brief-Formular reinkommt. Nein, Gott zeigt uns damit, dass es wichtig ist.

Damit Beziehungen zu unseren Mitmenschen heil werden, ist die Dankbarkeit wichtig. Und nochmal, auch wenn die anderen es nicht verdient haben, wir wollen uns immer wieder zur Dankbarkeit für andere Menschen erziehen. Das ist wichtig in der Familie, wenn die Eltern mit den Kindern umgehen, gerade auch mit pubertierenden Kindern, die allen möglichen Blödsinn machen. Die können einen dann ja so an den Rand des Wahnsinns bringen und man bekommt manchmal so einen Hals, nicht? Seid dankbar, erzieht euch zur Dankbarkeit. Guckt auf das, was Gott euch gegeben hat, es ist ganz wichtig. Oder wenn ihr am Arbeitsplatz einen ganz schwierigen Arbeitskollegen habt, seid dankbar für diesen Menschen. Ich sag das mal geistlich: Seid dankbar, wenn Gott euch die Ehre gegeben hat, neben diesem Stoffel zu stehen, dass ihr ganz viel in den investieren könnt. Das sind Ewigkeitswerte, die ihr erbringt, nicht? Man muss sich ja mal fragen, wenn um einen herum nur liebe Menschen sind, die einem Segen geben, vielleicht ist man selber dann derjenige, der das Problem ist. Aber wenn du erkennst, dass andere problematisch sind - Halleluja - wenn Gott dich dann gebraucht, dass du Dankbarkeit erweisen und Liebe weitergeben kannst. Wer Dank opfert gegenüber Gott und den Mitmenschen, der wird wirklich zum Segen für andere und die Beziehung zum Mitmenschen wird besser, wird heil.

Ein Letztes, was die Opferung des Dankes bewirkt: den Segen letztlich auch für mich. Wenn meine Beziehung zu Gott heil ist, wenn meine Beziehung zu meinen Mitmenschen heil ist, dann geht's mir auch gut. Erst recht, wenn sich dieses Gefühl der Dankbarkeit in mir ausbreitet. Die glücklichsten Menschen, liebe Gemeinde, sind nicht die, die am meisten haben, es sind die, die am meisten danken. Nicht, weil sie es müssen, weil ihnen irgendein Pastor gesagt hat: „Du musst danken, du musst danken!", sondern aus denen die Dankbarkeit heraus platzt, weil sie gar nicht anders können. Dankbarkeit ist ein fantastisches Gefühl. Das ist so toll. Das kennt ihr auch alle von besonderen Momenten eures Lebens. Beispielsweise als Achtjähriger zu Weihnachten, wenn das Geschenk da war, was man sich so lange gewünscht hat, da war man so dankbar und glücklich! Da war die Welt voller Rosinen, wunderbar! Oder wenn man als junger Mann dann die Frau des Lebens gefunden hat, was ist man da dankbar, wie wunderbar ist das, nicht? Oder wenn man krank gewesen ist, die Prognosen waren ganz schlecht, man hat gezittert vor Angst und auf einmal kommt der Arzt und sagt, es ist alles gut - Dankbarkeit. Auf einmal belasten uns viele Dinge nicht mehr so, weil man dankbar ist. Das ist ein wunderbares Gefühl. Wisst ihr, unser HERR und

Heiland Jesus Christus möchte, dass wir dieses Gefühl in uns tragen, nicht nur, damit wir ihm die Ehre geben. Er möchte als unser liebender Vater auch, dass es uns gut geht, dass wir immer erfüllt sind mit Dankbarkeit. Genauso wie ihr wollt, wenn ihr euren Kindern zu Weihnachten Geschenke macht, dass sie sich freuen und dann dankbar sind. Nicht wahr, dann ist alles gelungen. Mag der Tannenbaum auch paar Nadeln verlieren oder die Gans angebrannt sein zu Weihnachten, aber wenn die Kinder dann zu einem kommen: „Danke, Oma und Opa; danke, lieber Papa", dann ist alles gut. Man spürt, das ist nicht nur so dahin gesagt, sondern das kommt tief aus deren Herzen. Da ist etwas gelungen.

Genauso möchte unser Gott und HERR für uns, dass wir dieses Gefühl der Dankbarkeit haben. Wir haben davon gesprochen bei der ersten Frage, über das aktive Tun. Wir sollen selber dankbar sein und dann aus dieser Dankbarkeit heraus tatsächlich leben dürfen. Das ist etwas ganz, ganz Wunderbares.

Also, das als Drittes, was bewirkt die Opferung des Dankes? Erstens, sie gibt Gott die Ehre, zweitens, sie ist der Segen für die Mitmenschen und drittens, es ist der Segen für mich. Das waren diese dreimal drei Predigten - drei Fragen, drei kurze Antworten - was die Opferung des Dankes ist. Ich möchte uns noch einmal diesen kurzen Predigtvers vorlesen:

> ***Wer Dank opfert, der preiset mich, und da ist der Weg, dass ich ihm zeige das Heil Gottes.***

Möge unser HERR und Heiland diese Predigt an deinem Leben und deinem Glauben und deiner Dankbarkeit segnen. Amen.

> Der Friede unseres allmächtigen Gottes, der sehr viel höher ist als alle unsere menschliche Vernunft, er bewahre unsere Herzen und Sinne in Christus Jesus, unserem auferstandenen und lebendigen HERRN. Amen.

## Gottes Hilfe angesichts menschlicher Bedrohung

Psalm 56,2-5

Gnade sei mit euch und Friede von dem, der da war und der da ist und der da sein wird in alle Ewigkeit, unser HERR Jesus Christus. Amen.

Liebe Gemeinde, liebe Konfirmanden, der Predigttext, den ich herausgesucht habe, ist ein Text aus dem Wochenpsalm, der uns geschenkt ist für diesen Sonntag und die Woche, die jetzt kommt. Es sind Verse aus dem Psalm 56, die wir hören wollen, die Verse 2 bis 5. Da heißt es:

***Gott, sei mir gnädig, denn Menschen stellen mir nach; täglich bekämpfen und bedrängen sie mich. Meine Feinde stellen mir täglich nach; denn viele kämpfen gegen mich voll Hochmut. Wenn ich mich fürchte, so hoffe ich auf dich. Ich will Gottes Wort rühmen; auf Gott will ich hoffen und mich nicht fürchten. Was können mir Menschen tun?*** Amen.

**Wir wollen beten:** Lieber HERR und Heiland, von ganzem Herzen wollen wir dir Dank sagen für diese wunderbaren Worte aus dem Alten Testament, die du uns jetzt schenkst, die du uns gibst, damit wir in dieser Predigt darüber nachdenken. Wir wollen dich bitten für diese Predigt, dass du sie segnest. Ich möchte dich bitten, dass du jeden Einzelnen ansprichst in seiner ganz konkreten Situation, dass du ihm begegnest und ihm den Wert und die Richtigkeit dieser Worte selber offenbarst. Das wird nur dann gelingen können, HERR, wenn du uns selber deinen guten Geist für diese Predigt schenkst. Und darum wollen wir dich bitten: Segne du selber das Reden und das Hören deines heiligen und lebendigen Wortes an uns allen. Amen.

Ich habe diese Predigt überschrieben mit „Gottes Hilfe angesichts menschlicher Bedrohung." Ich habe dazu drei Punkte:

**1. Von Menschen bedrängt**
**2. Von Gott behütet**
**3. Von Gelassenheit getragen**

**Das Erste: von Menschen bedrängt.** Der, der diese Verse im Heiligen Geist geschrieben hat, das war der König David. Er hat sie geschrieben in einer Situation, in der er auf das Äußerste von Menschen bedrängt war. Er hatte für den König Saul in Israel gearbeitet. Aber dieser König Saul merkte, wie David sich zu einem gewaltigen Mann entwickelte, und er trachtete ihm, David, nach dem Leben. Obwohl David mit seiner Tochter verheiratet war, hat Saul immer wieder versucht, ihn umzubringen. David bleibt keine andere Möglichkeit als sein eigenes Volk zu verlassen, weil er hier mit dem Schlimmsten rechnen muss. Weil er nirgendwo eine Zufluchtsstätte hat, wendet er sich den schlimmsten Feinden Israels zu, den Philistern, weil er weiß, da wird ihn Saul nicht finden. Er kommt zu dem Philister-König Achisch nach Gat und dingt sich ihm als Söldner an. Aber die Berater des Königs gehen zu ihm und sagen: „Du, König, das ist der schlimmste Feind, den wir haben. Den müssen wir jetzt umbringen. Saul ist schlimm, aber David ist viel, viel schlimmer."

In dieser Situation befindet sich David, als er diese Verse schreibt, dass sich Menschen gegen ihn wenden, dass Menschen ihn bedrängen. Es geht nicht nur dem David so. Wenn man die Bibel vom 1. Buch Mose bis zur Offenbarung liest, wird immer wieder deutlich, dass Menschen andere bedrängen. Schon Abraham wurde bedrängt und musste um sein Leben fürchten. Lot wurde in Sodom und Gomorra mit dem Tod bedroht, dass ihn Gott mit den Engeln rausholen musste. Denken wir an die Geschichte des Volkes Israel, wie sie in Knechtschaft waren, von anderen Menschen bedrängt wurden, wie sie gegen die anderen Völker kämpfen mussten. Immer wieder Bedrängung. Wenn wir die Propheten-Bücher lesen: Ein Jeremia ist so bedrängt von anderen Menschen, dass er sich wünscht zu sterben. Ein Daniel, der immer wieder mit dem

Tod ringen muss, weil Menschen ihm nachstellen. Dann auch im Neuen Testament: Die Jünger Jesu sind fast alle den Märtyrertod gestorben, getötet durch andere Menschen. Die Apostelgeschichte ist voll davon, wie der Apostel Paulus verhaftet, gefoltert, gesteinigt wird. Oder denken wir an unseren HERRN und Heiland Jesus Christus selber. Immer wieder hat ER das erleben müssen, dass Menschen IHM nachstellen, dass sie Böses über IHN sagen, ja, dass sie seinen Tod wollen.

Die Bibel ist eindeutig, sie sagt schon zu Beginn: Das Trachten des Menschen ist böse von Jugend an. (1Mose 8,21). Es ist nicht so, wie unser Dichterfürst in einem seiner Gedichte wohl geschrieben hat: „Edel sei der Mensch, hilfreich und gut." Nein, der Mensch ist weder edel noch hilfreich und gut. Er ist zwar immer wieder gut zu seiner Familie beispielsweise, ja, gar keine Frage, aber tief drin in seinem Herzen bleibt der Mensch böse. Das ist die Botschaft der Bibel. Deshalb sind die Menschen auch erlösungsbedürftig. Damit komme ich zu dem, was ja heute der Predigttext ist. Das führt immer wieder dazu, dass Menschen einander bedrängen und verfolgen. Wer der Bibel nicht glauben möchte - was ein Irrtum ist - muss nur mal gucken auf das letzte Jahrhundert. Dieses Jahr (2014) feiern wir den 100-jährigen Gedenktag des Beginns des Ersten Weltkrieges und den 75-jährigen Gedenktag des Beginns des Zweiten Weltkrieges. Die älteren Geschwister, die das alles noch miterlebt haben, zum Teil Flucht und Vertreibung, die wissen davon etwas zu erzählen, was es heißt, wenn Menschen Menschen bedrängen. Schauen Sie nach Syrien, schauen Sie in die Ukraine - Menschen bedrängen Menschen. Nicht nur im Großen, in den Kriegen, wo es um Leben und Tod geht. Das geht auch abgestuft, das nennen wir heute Mobbing.

Das gibt's leider nicht nur am Arbeitsplatz, das gibt's auch in der Ehe, in der Familie, in der Nachbarschaft. Ich bin froh, dass die meisten von euch erzählen - jetzt spreche ich die Konfirmanden an - dass sie sowas noch nicht so richtig erlebt haben. Vielleicht mal ein Klassenkamerad, der nicht so nett ist, aber Mobbing ist euch bisher erspart geblieben. Das gebe ich euch heute an diesem Tag mit: Wenn unser HERR und Heiland euch noch so 70, vielleicht 80 Jahre schenkt - was ich euch wünsche - dann werdet ihr erfahren, dass es nicht nur liebe Menschen gibt, die euch zur Seite stehen, wie eure Eltern und Großeltern. Ihr werdet auch erleben, wie euch Menschen bedrängen. Und glaubt mir, das ist das Allerschlimmste. Nicht Naturkatastrophen oder Krankheiten. Wenn man bei all dem, was kommt, wo man keinen Einfluss darauf hat, liebe Menschen zur Seite hat, da kann man vieles tragen. Aber wenn Menschen einen bedrängen, das macht das Leben klein und kaputt. So wie bei dem König David. Da wird berichtet in 1. Samuel 21, dass er ganz große Angst hat. Da wird sein Leben auf einmal ganz eng, weil er bedrängt wird von anderen Menschen. Dann gibt es drei Möglichkeiten, was man machen kann, wenn einen andere bedrängen. Das Erste, was der böse Mensch möchte, das ist: zurückschlagen! Tut mir einer weh, kommt einer über meine Grenzen, dann schlage ich zurück. Vergeltung, nicht? Das ist das Prinzip dieser Welt. Deshalb gibt es die vielen Kriege, all diese Zerstörung, deshalb klappen die Ehen nicht mehr, weil vergolten wird. Nicht vergeben, sondern vergolten.

Zurückschlagen - das ist eine Möglichkeit, wie man das beantworten kann, wenn einen Menschen bedrängen. Das zerstört Menschenleben! Das Zweite, wie man reagieren kann: Man erduldet das einfach. Da ist einer bösartig und schlecht zu mir auf der Arbeitsstelle, in der Familie oder in der Nachbarschaft und ich wehre mich überhaupt gar nicht, ich erdulde alles. Es wird immer nur schlimmer und ich leide darunter. Auch das ist etwas, was Menschenleben zerstört. Aber es gibt noch eine dritte Möglichkeit neben dem Zurückschlagen und dem Erleiden. Das ist das Abgeben an unseren HERRN und Heiland Jesus Christus. Das tut David in seiner Bedrängnis.

> ***Auf Gott will ich hoffen und mich nicht fürchten. Was können mir Menschen tun?***

**Das ist jetzt der zweite Punkt.** Wenn man von Menschen bedrängt wird, dann darf man froh sein, dass man **von Gott, von**

**Jesus behütet** wird. ***Wenn ich mich fürchte*** - so heißt es hier - ***so hoffe ich auf dich.*** Ja, die Bedrängung von Menschen, die kennen wir und die werdet ihr noch kennenlernen, aber es gibt etwas, das größer ist als all die Bedrängnisse dieser Welt. Jesus Christus, unser HERR und Heiland, der alle Bedrängnis getragen und alles überwunden hat und der als Richter dieser Welt im Regiment sitzt. Wenn ihr Jesus an eurer Seite habt, dann braucht ihr keine Bedrängnisse zu fürchten. Die werden kommen, aber ihr werdet sie überstehen. Wir haben darüber gesprochen, über Männer und Frauen, die im KZ gesessen haben. Paul Schneider, Dietrich Bonhoeffer, die Schlimmes erlebt haben, aber die Halt hatten, weil sie wussten, der Heiland Jesus Christus ist hier.

Es gibt einen, der unser Leben steuert. Auch darüber haben wir gesprochen: über die Frage 1 aus dem Heidelberger Katechismus. Da heißt es: „ER hat mit seinem teuren Blut für alle meine Sünden vollkommen bezahlt und mich aus aller Gewalt des Teufels erlöst. ER bewahrt mich so, dass ohne den Willen meines Vaters im Himmel kein Haar von meinem Haupt fallen kann, ja, dass alles zu meiner Seligkeit dienen muss." Das ist ein unglaublicher Trost, den ich als Christ habe. Egal was in dieser Welt kommt an Bedrängnissen durch andere Menschen, an Krankheiten, die ich erleben muss, an Dingen, die mir vielleicht nicht gefallen und die ich anders haben wollte - ich weiß, dass der HERR Jesus Christus im Regiment sitzt, und ER steuert alles. Mir kann letztlich nichts passieren, weil ER, Jesus, da ist. Manches verstehen wir als Menschen in dieser Welt nicht, manches gefällt uns nicht und einiges wünschen wir uns anders. Wenn man aber Jesus hat, kann man, egal was kommt, alles ertragen und dann geht auch die Angst weg. Die Mareike hat ein schönes Wort zur Konfirmation bekommen:

> ***In der Welt habt ihr Angst; aber seid getrost, ich habe die Welt überwunden.*** (Johannes 16,33)

Darum geht es im christlichen Glauben, dass man Trost und Zuversicht hat. Ich möchte Ihnen ein Beispiel erzählen. Als ich ein kleiner Junge war, so sechs Jahre alt, sind meine Eltern umgezogen. Wir kamen in eine neue Nachbarschaft - meine Eltern wohnen heute noch da - und da lebte ein Nachbar, der einen riesengroßen Schäferhund besaß. Ich hatte bis dahin keine Begegnung mit Hunden gehabt. Wenn man mit so einem Riesen-Schäferhund auf Augenhöhe ist, da kriegt man ziemlich Angst, wenn man auch nur an dessen Zwinger vorbei geht. Irgendwann war ich draußen auf der Straße und da lief der Hund frei über die Wiese und kam auf mich zu. Da weiß ich noch, wie mir das Herz stockte in meinem kleinen Körper. Der Besitzer hatte ihn freigelassen, aber der Hund gehorchte sehr gut. So lief er auf mich zu und dann rief das Herrchen den Hund. Er blieb stehen und lief zum Herrchen zurück. Dann kamen sie zu mir und da konnte ich den Hund streicheln. Wisst ihr, genauso ist es mit unserem Leben hier auf Erden. So wie dieser Schäferhund einen Herrn hatte, so haben wir alle einen HERRN im Himmel, ob man das glaubt oder nicht, ob man das anerkennt oder ob man das verwirft und sich lustig darüber macht. Es gibt einen HERRN und Heiland.

Als ich am Freitag diese Predigt vorbereitet habe, war die Losung für diesen Tag aus Hesekiel 18: ***Siehe, alle Menschen gehören mir.*** (Hesekiel 18,4) Das sagt unser HERR. Es gibt keinen Menschen, den der HERR nicht geschaffen hat und nicht eines Tages ins Gericht bringt und den ER auch nicht steuert. Wenn der HERR nicht will, dann tun wir keinen Atemzug, da werden wir keinen Gewinn einbringen, da können wir gar nichts machen. Der HERR steuert die Dinge in dieser Welt. Das ist was ganz Tolles, dass ich in diesem Wissen getragen bin von Gott. Ich verstehe nicht alles, ich kann auch als Pastor nicht alles erklären, aber ich weiß, da sitzt ein Heiland im Regiment, der alles steuert. Ein David wusste das auch, als er vor den Goliath trat, nicht? Da hat das ganze Volk Israel einen Riesenschiss. Keiner traute sich, dem entgegenzutreten, obwohl er vierzig Tage schon den HERRN verspottete. Da trat dieser David, der damals noch ein kleiner Junge war, dem Goliath entgegen und sagte (1. Samuel 17,37): ***So wie der HERR und Heiland mir ge-***

***holfen hat gegen die Bären und Löwen, als ich ein Hirtenjunge war, so wird er mir auch helfen, wenn ich gegen diesen Riesen antrete.*** Genauso wie David können wir immer wieder ohne Angst in jede Lebenssituation gehen. Ja, Menschen bedrängen uns, aber wir brauchen uns nicht zu fürchten, weil unser HERR und Heiland uns behütet.

Wir haben im Konfirmandenunterricht über Martin Luther gesprochen, wie er da 1521 in Worms auf dem Reichstag ist und alle Mächtigen gegen ihn stehen und ihn bedrängen. Er weiß, er wird sterben. Und dann sagen sie: „Wenn du nur sagst, dass das, was du schreibst, nicht stimmt, dann lassen wir dich frei, dann ist alles in Ordnung." Es ist aber gegen die Bibel. So sagt er: „Wenn ich nicht durch die Heilige Schrift widerlegt bin, dann bin ich gebunden an mein Gewissen in Gottes Wort. Da kann und will ich nicht widerrufen. Hier stehe ich, ich kann nicht anders. Gott helfe mir. Amen." Da ist Martin Luther hindurchgegangen, bedrängt von Menschen, aber er wusste, er hat einen höheren Halt in Jesus Christus. Das wünsche ich euch Konfirmanden, das wünsche ich uns allen: Wenn wir von Menschen bedrängt werden, wenn unser Leben eng wird und wir Angst haben, dass ihr dann wisst, dass ER, der Heiland Jesus Christus da ist und ER auf uns aufpasst als guter Hirte. ER gibt uns Schutz. Vielleicht sind ja heute Menschen hier, die das ganz konkret erleben, die da an bestimmte Menschen denken können, die ihnen das Leben eng machen. Denen brauchst du es nicht zurückzahlen. Du brauchst es auch nicht erleiden, gib es ab an Jesus, der sitzt im Regiment. Wenn ich das weiß und wenn ich das glaube, dann hab ich eine unglaubliche Gelassenheit.

**Damit kommen wir zum dritten Punkt dieser Predigt: von Gelassenheit getragen.** Das macht Christsein aus. Christsein heißt nicht brav bis zum 85. Lebensjahr die Kirchensteuer zu zahlen und irgendwann kommt der Mann in Schwarz, der mich dann kirchlich beerdigt. Das heißt nicht Christsein. Christsein heißt: Ich glaube und vertraue dem HERRN Jesus Christus mit ganzem Herzen. Wenn ich diesen Glauben und dieses Vertrauen habe, dann kriege ich nicht nur irgendwann bei der Lohnsteuer gesagt, wie viel ich für diese Kirche bezahlt habe, sondern dann habe ich eine tiefe Gelassenheit und Freude, weil ich weiß, mir kann nichts passieren. Das Happy End über meinem Leben steht fest, weil Jesus mein HERR ist. Das ist Gelassenheit. Wenn man die nicht hat, wenn man nicht weiß, dass Jesus der gute Hirte für einen ist, dann führt man letztlich ein Leben in Angst und Verzweiflung. Das sind ganz erbärmliche Lebenskonzepte. Die funktionieren vielleicht für ein paar Jahre gut, da wird Geld verdient und alles Mögliche erreicht, aber spätestens wenn es an die eigene Gesundheit geht, wenn der Tod an die Tür klopft, dann wissen die Leute nicht mehr ein noch aus.

Vor einigen Tagen habe ich so einen Bericht gesehen über Gunter Sachs, diesen Lebemann. Den kennt ihr gar nicht mehr, aber die Älteren, die kennen ihn. Der Vorzeige-Playboy der 60er und 70er Jahre. Was hat er für ein Leben gehabt! Er hatte Geld und alles Mögliche in dieser Welt, aber dann wurde auch er älter und wusste nicht mehr weiter mit dem Tod. Er sah für sich keine andere Möglichkeit mehr, weil er so eine Angst vor dem Tod hatte, dass er die Schrotflinte genommen und sich erschossen hat, bevor er gestorben ist. Das ist Leben ohne Jesus. Im Leben mit Jesus dürfen wir wissen, egal was kommt, ob Demenz oder Alzheimer, ob Menschen mich bedrängen - der Heiland ist da und ER hält mich fest. Das ist die große Gelassenheit und das ist etwas ganz Fantastisches. Das wünsche ich euch, dass ihr beim HERRN Jesus bleibt, diese Gelassenheit und Freude immer wieder habt und wisst, euch kann nichts passieren. Ganz gleich, was euer Leben je bedrängen wird.

Ich möchte euch zum Schluss zur Illustration noch eine kurze Geschichte erzählen. Als ich ein junger Mann war - so 18 Jahre alt, hatte Abitur gemacht, besaß nicht viel Geld - da war mein Freund, der neben mir wohnte, bereits in der Lehre. Er verdiente schon richtig Geld und kaufte sich mit 18 dann einen Golf GTI. Das war damals was! 110 PS - und ich stand da mit offenem Mund. Der sagte natürlich: „Olli, komm, fahr mal." Also drehten wir eine Runde und - wie man so ist mit 18 - ich bin viel zu schnell gefahren. Auf einmal sagt er: „Du, Olli, das Ding ist nicht versichert - ich hab ne ‚Teilkasko'". Bis dahin war ich gefahren wie so ein Verrückter, aber jetzt dachte ich: „Mensch, wenn ich jetzt den Wagen kaputt fahre, muss ich das ganze Geld bezahlen." Da bin ich ganz langsam gefahren, viel langsamer als mit dem Auto meiner Eltern. Nach zehn Minuten sagt mein Kumpel: „Olli, das ist ein Witz, der hat wirklich Vollkasko." Da habe ich wieder aufs Gas gedrückt, weil da ja nix passieren konnte, denn der Wagen war ja voll versichert.

Genauso ist es mit Jesus. Wenn du Jesus hast, dann hast du die Vollkaskoversicherung des Lebens und Sterbens. Da kannst du richtig reingehen ins Leben, da brauchst du dich vor nichts zu fürchten, weil ER, der HERR und Heiland dieser ganzen Welt, der König aller Könige, an deiner Seite ist. Bei einer Vollkaskoversicherung muss man immer wieder halbjährlich die Raten abdrücken. Bei Jesus muss man nur eins tun, da muss man kein Geld bezahlen, da muss man nur glauben. Deshalb glaubt in eurem Leben an Jesus Christus, bleib bei IHM, so wie wir es eben gesungen haben. Dann werdet ihr erleben, wie der HERR euch durch alle Bedrängnisse führen wird. Und wenn ihr das erlebt und erfahrt, dann werdet ihr eine ganz große Gelassenheit erleben. Das wünsche ich euch, jedem Einzelnen, der hier ist: Dass er diese Gelassenheit hat, ganz gleich, welche Bedrängnisse kommen, dass er weiß, ER, der Heiland, ist da und trägt mich durch.

Gottes Hilfe angesichts menschlicher Bedrohung: Von Menschen bedrängt, von Gott behütet, von Gelassenheit getragen. Möge der HERR diese Predigt an deinem Leben segnen. Amen.

Und der Friede unseres allmächtigen Gottes, der sehr viel höher ist als alle unsere menschliche Vernunft, er bewahre unsere Herzen und Sinne in Christus Jesus, unserem auferstandenen und lebendigen HERRN. Amen.

## Was, wenn das Gebet nicht erhört wird?

Psalm 66,20

Gnade sei mit euch und Friede von dem, der da war und der da ist und der da sein wird in alle Ewigkeit, unser HERR Jesus Christus. Amen.

Liebe Gemeinde, als Predigttext wollen wir heute einen Vers hören, der der Wochenspruch ist und der über diesem Sonntag Rogate steht. Wir wollen hören auf den letzten Vers aus dem Psalm 66, es ist der Vers 20. Dort heißt es:

***Gelobt sei Gott, der mein Gebet nicht verwirft noch seine Güte von mir wendet.*** Amen.

**Wir wollen stille werden und beten:** Lieber himmlischer Vater in Jesus Christus, wir wollen dich bitten, HERR, dass du jetzt in dieser Predigt selber zu Wort kommst. Wir wollen dich bitten, dass du durch deinen Heiligen Geist zu uns allen sprichst und dass du uns die Bedeutung dieses Verses, auch der Frage nach nicht erhörten Gebeten, eröffnest. Das wird nur dann gelingen können, wenn du selber das Reden und das Hören deines heiligen und lebendigen Wortes segnest. Und darum wollen wir dich alle miteinander bitten, dass du das tust. Amen.

Liebe Gemeinde, genau vor einem Jahr, am Sonntag Rogate 2014 habe ich auch über diesen Vers gepredigt. Damals habe ich die Predigt überschrieben mit dem Titel „Ein wunderbarer HERR und Gott.“ Ich habe so richtig PR gemacht für diesen Gott, der gütig ist und Gebete erhört, und habe gesagt, was das Gebet für eine Kraft hat. Nur in zwei Nebensätzen hatte ich das angekratzt, dass es eben auch vorkommt, dass Gebete nicht erhört werden. Da hat es auf diese Predigt einige Reaktionen gegeben, auch Fragen, auch seelsorgerliche Gespräche. Damals hatte ich mir vorgenommen, bei der nächsten Gelegenheit nochmal Stellung dazu zu nehmen und darüber zu predigen, was es denn heißt für das Glaubensleben, wenn Gebete nicht erhört werden.

Es hat ein bisschen gedauert, aber heute - ein Jahr später - wollen wir nochmal eine Predigt dazu hören. Und zwar zu einer ganz besonderen Frage: Was, wenn Gebete nicht erhört werden? Es gibt ja Fragen, die sind für die „theologische Galerie“, da ist es schön und angenehm, sich darüber Gedanken zu machen. Zum Beispiel was war denn vor der Schöpfung der Welt? Es war Irrsal und Wirrsal, Tohuwabohu auf der Erde. Das ist interessant, aber hat für den wirklichen Glauben wenig Bedeutung. Ich kann mir darüber Gedanken machen, wie man das Abendmahl richtig feiert, ob mit einem Gemeinschaftskelch oder mit Einzelkelchen, ob mit richtigem Wein oder alkoholfreiem. Darüber kann man diskutieren, aber das ist letztlich alles für die „theologische Galerie“. So richtig tief betrifft es nicht den Glauben.

Die Frage aber, die wir heute haben, die geht jeden gläubigen Menschen an, das ist eine Erfahrung, die jeder macht. Immer wieder kommt der Widersacher und stellt unseren Glauben in Frage, wenn wir die Hände falten und es nicht so wird, wie wir bitten. Dabei war es dann auch manchmal so fromm und so richtig und wichtig für uns, was wir gebetet haben, wo unsere Gebete nicht in Erfüllung gingen. Dieser Predigtvers sagt: ***Gelobt sei Gott, der mein Gebet nicht verwirft.*** Aber was ist mit der Erfahrung, wenn ein Gebet nicht erhört wird? Was gibt denn die Bibel für Antworten darauf? Darum soll es heute in dieser Predigt gehen. Das ist keine Predigt nur aus einem Guss, sondern ich habe das bewusst hier in acht Thesen eingeteilt. Keine Angst, die Predigt wird deswegen nicht länger als sonst. Es sind acht Thesen, die nicht direkt miteinander verbunden sind, also wo nicht eins ins andere übergeht. Liegt es daran, dass die Bibel eben diese nicht immer ganz glatten, manchmal auch brüchigen Antworten gibt, dass uns das so ein bisschen manchmal auch quer steht? Es ist eine Frage, mit der die Bibel sich auch auseinandersetzt. Sie gibt eben diese nicht immer ganz glatten, manchmal auch brüchigen Antworten und dem wollen wir heute in dieser Predigt nachgehen.

Was, wenn das Gebet nicht erhört wird?

**Die erste These: Wenn Gebete nicht erhört werden, so ist das Teil des Glaubenslebens.** Ich habe zu jeder These einen Predigtvers mitgebracht. In Klagelieder 3, Vers 8, sagt Jeremia:

> ***Wenn ich auch schreie und rufe, so stopft er sich die Ohren zu vor meinem Gebet.***

Also, die Bibel, liebe Brüder und Schwestern, sagt das ganz deutlich, dass das Teil des Glaubenslebens ist. Die Männer und Frauen der Bibel haben diese Erfahrung machen müssen. Sie haben gebetet in bester Absicht, so fromm, so richtig, mit reinem Herzen, und Gott hat Gebete nicht erhört. Wie Jeremia, das war ein ganz wunderbarer Mann, ein allmächtiger Prophet. Und dann muss er die Erfahrung machen, dass seine Gebete nicht erhört werden. „Gott stopft sich die Ohren zu", sagt er hier und wir sehen, dass auch die Bibel das nicht unter den Tisch fallen lässt. Das ist ganz wichtig und das steht nicht umsonst als erste These hier. Das gehört zum Glaubensleben mit dazu.

Liebe Gemeinde, wenn Sie im Sommer an die Nordsee für 14 Tage in den Urlaub fahren, wünsche ich Ihnen eine gute Zeit und hoffe, dass Sie gutes Wetter haben. Aber es kann passieren, dass es regnet. Und wenn Sie 14 Tage an der Nordsee sind, ist es sogar relativ wahrscheinlich. Wenn Sie ein halbes Jahr da sind, dann kann ich Ihnen sogar garantieren, dass es irgendwann regnen wird. Genauso ist es im Glaubensleben. Wer klar mit Gott geht, der wird diese Erfahrung machen, dass Gebete nicht erhört werden. Vielleicht habe ich in bester Absicht gebetet für meinen Nachbarn, der so schwer krank war, damit er geheilt wird, der dann aber stirbt. Ich habe in bester Absicht um Erweckung für jemanden gebetet, dass er zum lebendigen

Glauben kommt, und es hat nicht stattgefunden. Dann passiert es häufig, dass Menschen darüber in eine Krise kommen. Ja, ist denn mein Gebet nicht richtig gewesen? Ist denn mein Glaube nicht stark genug? Und dann kommt irgendwann die Frage, da kommt der Teufel: „Ja, vielleicht ist das ja gar nicht richtig, vielleicht gibt's ja gar keinen Gott. Vielleicht ist ja doch alles nur Zufall. Und die Gebetserhörung, die du hattest, das war eben auch nur zufällig. Aber das hier beweist ja, dass das nicht stimmt."

Nein, das gehört mit dazu. Die Bibel spricht ausdrücklich davon: Bei Jeremia zum Beispiel. Oder lesen Sie die Psalmen von David, was er mit nicht erhörten Gebeten zu kämpfen hatte! Jesus selber schrie am Kreuz: ***Mein Gott, mein Gott, warum hast du mich verlassen?*** (Markus 15,34) Und wenn Sie in die Kirchengeschichte gucken, die großen Männer und Frauen, ob ein Luther, ob ein Calvin, sie alle mussten das erleben, dass nicht jedes Gebet erhört wird. Das ist Teil des Glaubenslebens und das ist wichtig, dass man das auch wirklich weiß. Alles andere ist eine falsche Glaubenslehre. Wenn Leute dann kommen und sagen: „Ja, wenn man die und die Dinge getan hat, regelmäßig seinen Zehnten gibt, wenn man bei uns in der Gemeinde ist und und und..., dann werden alle Gebete gehört." Solche falschen Heilslehrer gibt es. Das stimmt aber nicht. Es gibt keinen Stärkeren hier in dieser Welt als Jeremia es gewesen ist, ein vollmächtiger, auserwählter Prophet. Und selbst er muss die Erfahrung machen. Das gehört zum Glaubensleben mit dazu. Das ist ganz wichtig, dass man das weiß und das müsst ihr auch wissen. Vielleicht habt ihr euch gerade so vorbereitet wie so ein Boxer auf einen Schlag, der kommt. Ihr habt die „Bauchdecke angespannt" und denkt, im Prinzip erhört ja Gott jedes Gebet. Nein, nicht jedes Gebet wird erhört. Das ist Teil des Glaubenslebens. Das ist das Erste. Alles andere ist falsche Gottes- und Glaubenslehre.

Die erste These war die Voraussetzung, so die Meta-Ebene. **Jetzt kommen drei Thesen**, die versuchen, so ein Stück weit von der Bibel her zu erklären, **warum** Gebete manchmal nicht erhört werden. **Das Erste ist: Wenn Gebete nicht erhört werden, so hat es oft (nicht immer!) mit dem Kleinglauben der Menschen zu tun.** Jesus sagt in Matthäus 21,21-22:

> ***Wahrlich, ich sage euch: Wenn ihr Glauben habt und nicht zweifelt, so werdet ihr nicht allein Taten wie die mit dem Feigenbaum tun, sondern wenn ihr zu diesem Berg sagt: Heb dich und wirf dich ins Meer!, so wird es geschehen. Und alles, was ihr bittet im Gebet, wenn ihr glaubt, so werdet ihr es empfangen.***

Das heißt ganz deutlich, dass die Voraussetzung für Gebetserhörung ist, dass wirklich Glaube da ist, der nicht zweifelt, der felsenfest ist. Wo dieses Fundament nicht da ist, werden wir häufig erleben, dass Gebete, die nicht auf einem klaren Glauben stehen, nicht vollmächtig sind. Das ist ganz wichtig, dass wir wirklich klaren, ungeteilten Glauben haben, ohne Zweifel.

Wir haben vorgestern lieben Besuch hier in der Gemeinde gehabt, Pfarrer von der reformierten Kirche in Holland. Also die reformierte Kerk dort hat gesagt, wir müssen diese Gemeinde unterstützen, weil die so klar steht in ihrem Kampf. Da haben sie Pastoren geschickt und wir haben ein wunderbares Gespräch geführt. Sie haben gesagt: „Bleibt bloß bei diesem Glauben.“ Das waren Reformierte und ihnen war wichtig: „Ihr müsst beim ungeteilten Glauben bleiben. Bei uns in Holland und bei euch in Deutschland ist es so schwierig, weil die Leute vom Glauben abfallen *in der Kirche*, weil sie nicht mehr das glauben, was in der Bibel steht.“ Da haben wir lange gesprochen über den Heidelberger Katechismus, Frage 21: Was ist wahrer Glaube? Das, was die Väter unseres Glaubens uns ins Stammbuch geschrieben haben: Wahrer Glaube ist die zuverlässige Erkenntnis - so heißt es da - durch welche ich alles für wahr halte, was Gott mir in seinem Wort offenbart. Das ist wahrer Glaube, das ist die Voraussetzung und da könnt ihr euch prüfen.

Ich hab das vor einiger Zeit schon mal gesagt, wie sieht es denn aus mit eurem Glauben? Glaubst du wirklich, dass Gott in sieben Tagen, siebenmal 24 Stunden, diese Welt geschaffen hat? Ja oder nein? Ja, aber die Forscher sagen ja... und die Wissenschaftler. Glaubst du, dass es so gewesen ist, dass Mose durchs Schilfmeer durchgegangen ist und das Wasser wie eine Wand gestanden hat, meterhoch zur einen, meterhoch zur anderen Seite und hier trockenes Land war? Vielleicht war es ja nur so ein Fallwind und all die Dinge. Glaubst du wirklich, dass Lazarus, der im Grab lag, schon am Verwesen war und durch das Wort Jesu Christi wirklich wieder lebendig wurde? Prüfe dich da. Wenn du sagst: „Ja", bitte, dann kannst du auch fröhlich beten. Aber wenn du da zweifelst, dann musst du dich nicht wundern, dass deine Gebete nicht erhört werden. Ich sage das so deutlich, wie das die Schrift sagt, das ist wichtig: Wenn ihr glaubt, wirklich wie ein kleines Kind, das ohne Hinterfragen und Zweifeln das glaubt, wie es in der Schrift steht, nicht das, was die Menschen erzählen. Gestern war die Losung für den Tag:

> ***Wen hast du gescheut und gefürchtet, dass du treulos wurdest und nicht an mich dachtest?*** (Jesaja 57,11)

Wir fürchten und scheuen so viele Dinge in dieser Welt, nicht? Dass man uns nicht für intellektuell und redlich genug hält, nicht genug theologisch gebildet. Und dann müssen wir diesen Gott und die Bibel klein machen, seine Wunder irgendwie anders erklären, und dann glauben wir nicht mehr dran. Dann passiert genau das als nächstes: Dass unsere Gebete nicht mehr vollmächtig sind. Es hat mit dem Kleinglauben zu tun, nicht immer, aber das ist ein Grund, warum Gebete nicht erhört werden. Das sagt die Bibel.

**Die dritte These, der zweite Grund, warum das nicht geschieht, wenn Gebete nicht erhört werden, so hat das manchmal mit den bösen Absichten der Menschen zu tun.** So sagt es die Bibel in Jakobus 4,3-4:

***Ihr bittet und empfangt nichts, weil ihr in übler Absicht bittet, nämlich damit ihr es für eure Gelüste vergeuden könnt. Ihr Abtrünnigen, wisst ihr nicht, dass Freundschaft mit der Welt Feindschaft mit Gott ist? Wer der Welt Freund sein will, der wird Gottes Feind sein.***

Nicht, dass wieder gesagt wird, der Latzel ist so hart, nein, so spricht die Bibel. Gebete werden nicht erhört, weil wir in übler Absicht beten, weil nicht der Heilige Geist aus uns spricht, sondern der „alte Adam". Im Judasbrief , in Vers 20 lesen wir:

***Erbaut euch auf euren allerheiligsten Glauben und betet im Heiligen Geist.***

Und dann müssen wir unsere Absichten immer wieder prüfen, wenn wir die Hände falten und Bitten aussprechen. Beten wir im Heiligen Geist, also bitten wir, was wirklich geistlich ist, oder sind wir komplett weltlich? Was weltlich ist, ist üble Absicht. Das kann noch so gut gemeint sein, aber wenn es dann letztlich nur *uns* dient - mein Haus, meine Kinder, meine Gesundheit, mein, mein, mein... - da sind wir nur in unseren Anliegen verstrickt. Wenn unser Gebetsleben so aussieht, wo für andere Dinge kein Platz mehr ist, wenn wir nicht im Geist beten, dann brauchen wir uns nicht wundern, wenn die Gebete nicht erfüllt werden.

In Lukas 18 steht so eine wunderbare Geschichte. Da betet einer ganz weltlich, fromm-weltlich, und einer ganz geistlich, der Pharisäer und der Zöllner. Der Pharisäer sagt: „Was bin ich für ein Kerl, ich faste, mache dies und das - danke, dass ich nicht so bin wie dieser Zöllner da." Und Gott nimmt sein Gebet nicht an, der Pharisäer geht nicht gerechtfertigt nach Hause, er hat in Hochmut gebetet. Der Zöllner hat in Demut gebetet, geistlich: ***Sei mir Sünder gnädig.*** Diese Gebetshaltung, die Beugung, sich der eigenen Schuld bewusst zu sein, ist übrigens etwas ganz Wichtiges fürs Gebet. Da, wo ich herkomme, aus dem Siegerland, da haben die alten Brüder uns das immer wieder gesagt: „Vergesst nicht die Beugung. Wenn ihr anfangt, euch im Gebet zu beugen, also Buße zu tun, dann seid ihr manchmal gar nicht mehr am Bitten.“ Das ist wichtig.

Ich habe Ihnen hinten auf die Zettel so eine kleine Gebetsschule drauf geschrieben. 10 Tipps, was man machen sollte, um wirklich richtig zu beten. Vergessen Sie nicht die Beugung, denn nur, wer sich im Gebet beugt, wer Buße tut vor dem allmächtigen Gott, der kann geistlich beten. Wenn aber Gott zu so einer, ich sage mal, Wunscherfüllungs-Maschine runterdekliniert wird, so nach dem Motto: „Den hol ich mal raus, wenn es hier irdisch nicht mehr weiter geht.“ Solange alles gut geht, das Konto voll ist, die Ehe läuft, man ist gesund, alles ist gut, alles ganz nett, da sagt man Gott ab und zu *Danke*. Wenn es aber nicht gut läuft, dann ruf ich den mal an. Das ist der Reserve-Fallschirm, wenn nichts anderes mehr geht: „Bitte, jetzt kannst du mir auch mal helfen.“ Das ist eine falsche Gebetshaltung, eine fleischliche Gebetshaltung, in die uns der Widersacher immer wieder hinein führt. Was Gott möchte, ist eine geistliche Gebetshaltung, die nicht mit böser Absicht betet. Wenn wir häufig nicht geistlich beten, sondern rein fleischlich, dann müssen wir uns nicht wundern, wenn Gebete nicht erhört werden.

**Vierte These.** Nochmal, die Thesen haben jetzt nicht unmittelbar etwas miteinander zu tun. Das sind alles Aussagen der Bibel, die aufeinander nicht unbedingt wie ein Lego-Stein auf den anderen passen. **Wenn Gebete nicht erhört werden, so hat Gott manchmal anderes vor.** Ich hoffe, das habe ich auch bei meiner Gebetsschule so reingeschrieben. Sie beten jeden Tag das Vaterunser - ein besseres Gebet gibt's nicht, das hat Jesus selber gelehrt. Wenn Sie das tun, was Sie hoffentlich tun - wir werden es gleich auch beten - da beten wir eine ganz harte Bitte: ***Dein Wille geschehe, wie im Himmel, so auf Erden.*** (Matthäus 6,10)

Da müssen Sie mal drüber nachdenken, was diese Bitte bedeutet. Nicht mein Wille soll mich regieren! Es ist wunderbar, wenn Sie das mit ganzem Herzen sprechen können. Jetzt stellen Sie sich mal vor, Sie wollen fleischlich das Eine, aber Gott hat einen ganz anderen Plan. Gott hat übrigens mit jedem Menschen einen Plan für sein Leben, einen Masterplan. Es ist toll, das zu erkennen und auch so zu leben, wie Gott das möchte. Der Mensch hat zwar einen freien Willen, aber trotzdem hat Gott eine Vorherbestimmung und einen Masterplan mit jedem Leben. Wenn wir bitten ***Dein Wille geschehe***, dann bitten wir auch, dass sich dieser Plan vollzieht.

Mir ist das einmal sehr deutlich geworden, als ich früher einmal auch über das Gebet gesprochen habe. Meine Tochter war da noch kleiner, sie saß in ihrem Hochstuhl und wollte etwas trinken. Ich ging zum Kühlschrank und sie sagte: „Papa, Apfelsaft! Nein, Orangensaft! Nein, Apfelsaft." So ein Kind mit drei oder vier weiß es manchmal selber nicht, was denn jetzt von beiden Dingen? Da lachen wir drüber. Aber wissen Sie, genauso beten wir manchmal, wenn wir das Vaterunser mit vollem Herzen beten. Wir sagen: ***Dein Wille geschehe***, und dann auf der anderen Seite aber: „Bitte, gib Heilung für meinen Mann, der krank ist!" Verstehen Sie, was ich meine? Gott kann ganz anderes vorhaben, das wissen wir nicht. Was soll denn Gott jetzt erfüllen? In jedem Fall wird er eins der Gebete nicht erhören. Entweder ER handelt nach seinem Willen oder ER erfüllt unseren eigenen Willen. Manche Gebete werden deshalb nicht erhört, weil Gott was anderes vorhat.

Ich habe das auch schon in meinem Leben hart lernen müssen, wo ich an meinem Willen festgehalten habe. Als ich mein Vikariat beendet hatte, wollte ich gerne Pfarrer bleiben in dieser Gemeinde in Rauischholzhausen, wo ich mein Vikariat gemacht hatte. Ich habe immer darum gebetet: „Das ist mein Platz. Bitte, HERR, schenk, dass ich hier bleiben kann, aber dein Wille geschehe." Es dauerte, bis ich loslassen konnte, denn es war nicht der Weg Gottes mit mir. Gott hat manchmal anderes vor und da dürfen wir IHM vertrauen. Wenn wir uns seinem Willen anbefehlen, dann macht er es gut, auch wenn wir es für den Moment nicht verstehen.

**Ein Fünftes.** Das ist jetzt keine Erklärung dazu, warum es so ist, sondern was man tun soll, wenn Gebete nicht erhört werden. **Man soll sich kritisch mit Gott darüber auseinandersetzen.** Es ist ganz wichtig im Gebet, dass man Buße tut. Es ist ganz wichtig im Gebet, dass man dankt. Es ist auch vollkommen richtig, dass man Bitte tut, das haben wir eben auch in der Epistel gelesen. Es ist aber eben auch zulässig, dass man sich mit Gott kritisch auseinandersetzt. Das darf man. Den darf man fragen: „Was ist denn hier los, Gott? Warum denn? Warum dieses denn?" Wir sind nicht zu einem Kadavergehorsam verpflichtet, so nach dem Motto, wie es in der deutschen Wehrmacht 1943 war: „Sie halten hier die Stellung und da wird keine Frage gestellt. Wenn Sie verbluten, spielt keine Rolle, und wenn Sie keine Patronen im Gewehr mehr haben, spielt auch gar keine Rolle. Bewahren Sie Haltung und wenn Sie Fragen haben, dann werden Sie an die Wand gestellt." So ist unser Gott nicht, sondern die Bibel macht uns Mut dazu, sich mit Gott kritisch auseinanderzusetzen.

Nehmen wir Jeremia - da gibt's ein eigenes Buch in der Bibel, die Klagelieder. Oder David. Diese Männer haben richtig mit Gott gerungen, die haben geschrien: „Was ist denn jetzt los?" Und Gott war das wichtig, dass es in der Bibel drin steht. Wir dürfen uns mit Gott kritisch auseinandersetzen, das sollen wir auch. Und glauben Sie mir, das sind häufig die Phasen im Leben, wo Christen weiter kommen, wo der Glaube wächst. Das klingt so paradox, aber das ist eine tiefe geistliche Wahrheit. Da, wo es richtig schwierig ist, da wo es hakt und Gott nicht hört und man dann aber wirklich an Gott dran bleibt, da wächst der Glauben, auch wenn nicht plötzlich alles superklasse ist. Ich spreche manchmal mit Menschen, die beispielsweise eine schwere Krebserkrankung hinter sich haben, die einen lieben Angehörigen verloren haben, die dann aber sagen: „In der tiefsten Tiefe, als ich dann wirklich mit Gott gerungen habe, da habe ich gespürt, wie der Heiland da war, wie ich seine Hand auf einmal fühlen konnte, wie ER mich in den Schutzraum gestellt und mich durchgeführt hat." Das erlebe ich nur, wenn ich an diesem Gott dran bleibe. Wir müssen vor diesem Gott unser Herz nicht verschließen. Wenn wir in unserem Herzen fühlen, dass wir traurig sind, unzufrieden über nicht erhörte Gebete, dann sieht es Gott ja sowieso. Und dann raus damit! Bringt es vor diesen Gott, der hält das aus. Ganz im Gegenteil. Als liebender Vater hat ER ein Problem damit, wenn wir vor IHM Glauben spielen. Das funktioniert vielleicht in der Gemeinde. Den Geschwistern können wir etwas vormachen, aber nicht dem allmächtigen Gott.

Das ist ganz wichtig und wenn wir in Anfechtung und in Versuchung sind, die häufig dann eben mit nicht erhörten Gebeten einhergehen, dann dürfen wir uns sogar drüber freuen. Die Bibel sagt das im Jakobusbrief:

> ***Erachtet es für lauter Freude, wenn ihr in mancherlei Anfechtungen fallt.*** (Jakobus 1,2)

Da müssen wir dranbleiben an Gott und dann führt ER uns weiter. Das ist so ähnlich wie bei einem Muskel: Der Muskel wächst, wenn er strapaziert wird, wenn er wirklich an die Grenzen geführt wird. So ist es im Glauben häufig auch. Damit will ich nicht Leid schönreden und das will ich auch nicht verallgemeinern. Aber ich möchte euch Mut machen, gerade wenn ihr in so einer Situation drin seid, nicht von diesem Gott zu lassen. ER ist treu, auch wenn ihr IHN im Moment nicht versteht. Bleibt dran! Bleibt dran und ich bin mir sicher, dass ihr dann rückblickend erfahren werdet, wie ihr Stärkung erfahren und erlebt habt.

**Eine sechste These: Wenn Gebete nicht erhört werden, so vernimmt Gott trotzdem jedes Gebet.** Es gibt eine ganz tolle Stelle im Buch der Offenbarung. Ich habe sie schon häufig hier von der Kanzel zitiert, das ist so ein starkes Wort. Es geht darum, was mit den Gebeten passiert, die wir sprechen. Da heißt es:

***Und als das Lamm - Jesus - das Buch nahm, da fielen die vier Gestalten und die vierundzwanzig Ältesten nieder vor dem Lamm, und jeder hatte eine Harfe und goldene Schalen voller Räucherwerk, das sind die Gebete der Heiligen.*** (Offenbarung 5,8)

Unsere Gebete bleiben nicht an dieser Decke hängen. Wenn wir zu Christus Jesus sprechen, ist immer Verbindung da und die Gebete dringen durch bis vor den Thron des großen und allmächtigen Gottes. ER hört sie und sie sind gesammelt in den Schalen, die dort getragen und präsentiert werden. Das ist was ganz Großartiges! Nochmal: Nicht jedes Gebet wird erhört und nicht jeder Wunsch findet Erfüllung, aber Gott hört jedes Gebet. Wir denken vielleicht, ER nimmt es nicht wahr, aber das stimmt nicht. Wenn wir zu Christus gehören, dann sind wir diese „Heiligen". Die Heiligen sind ja nicht irgendwelche Leute, die die katholische Kirche zu Heiligen erklärt, sondern heilig ist der, der zum heiligen Gott gehört, der den Heiligen Geist hat. Das heißt, wenn du Christus als deinen HERRN angenommen hast, bist du ein Heiliger, bist du eine Heilige. Dann dringt dein Gebet durch und das ist so wunderbar, zu wissen, das Gebet ist nicht umsonst. Wenn ihr Gebete sprecht für eure Kinder und Enkelkinder, die noch nicht im Glauben sind, und auch wenn sich viele Jahre nichts tut, Gott hört Gebet und da ist ganz Vieles vorlaufend.

Als ich noch im Siegerland war, hatten die aus Amerika einen Missionar ins Siegerland geschickt von der Calvary Church in Kalifornien. Das ist spannend. Also, wenn man ins Siegerland einen Missionar schickt, dann ist das in etwa so, als wenn man nach Bremen jemanden schickt, um den Politikern zu erklären, wie man noch mehr Schulden macht. Also das können die eigentlich sehr gut, aber mal gucken, vielleicht gibt's ja noch was. Und wenn man ins Siegerland einen Missionar schickt, das hat schon was. Da gibt's sicherlich noch ganz andere Ecken in Deutschland. Aber die haben einen Missionar nach Siegen geschickt, er hieß Nick Long. Dann hat er dort erst einmal seinen Dienst getan. Er hat ein Jahr lang nur gebetet und nichts ist passiert. Dann haben sie natürlich mal nachgefragt: „Wie sieht es aus, wie viele Leute kommen in deine Gemeinde?" - „Es passiert nichts", sagte er, „es sind mal zwei, drei Leute beim Gebet gewesen, aber sonst passiert nichts." Das nächste Jahr verging - nur gebetet, nichts passiert. Drittes Jahr - nur gebetet, nichts passiert. Da haben die in Amerika schon überlegt: „Na ja, vielleicht bringt so ein frommes Gebet ja doch nichts." Und dann - im vierten Jahr ging es richtig los! Unglaublich, was dann passiert ist, wie sich da eine neue Gemeinde gebildet hat. Mittlerweile ist es ein Riesen-Zentrum mit einem eigenen Kraftwerk, einer eigenen Turnhalle, die machen vier Gottesdienste sonntags. Irre, was da an Erweckung passiert ist! Aber wenn man nach zweieinhalb Jahren geguckt und gesagt hätte, ja da war gar nichts. Nichts! Aber das war vorbereitet. Da hat einer drei Jahre die Hände gefaltet, gebetet, gebetet und nochmal gebetet. Und auf einmal geht es richtig los. Kein Gebet geht verloren.

Nichts ist umsonst, die Gebete werden gesammelt. Ich weiß nicht, wie das funktioniert in der uns verborgenen Welt, aber die Gebete gehen nicht verloren. Ich könnte hier Geschichten erzählen von Männern und Frauen, die mir das bezeugt haben. Es haben mir Leute gesagt: „Wissen Sie, Pastor Latzel, ich bin nur im Glauben, weil die Oma für mich gebetet hat. Sie war schon lange tot, dann hab ich mich erst bekehrt." Das sind vorlaufende Gebete, vorlaufende Gnade, die tatsächlich passiert, das kann ich Ihnen nur bezeugen. Gebete sind nicht umsonst, Sie kommen alle vor den Thron Gottes, darauf dürft ihr euch verlassen. Auch wenn ihr es für den Moment nicht seht und denkt, dass da ja gar nichts passiert. Nein, eure Gebete sind nicht umsonst, sie werden von Gott gehört.

**Eine siebte These: Wenn Gebete nicht erhört werden, so dient dies manchmal auch zum Guten, ohne dass wir das verstehen.** Ich sage das bewusst hier im Gottesdienst, in der Lehre, in der Predigt. Das ist ein Satz, der manchmal nicht in die Seelsorge hineingehört. Römer 8,28 ist ein tolles Wort:

***Wir wissen aber, dass denen, die Gott lieben, alle Dinge zum Besten dienen, denen, die nach seinem Ratschluss berufen sind.***

Das ist die Wahrheit. Aber glauben Sie mir, wenn gerade einer sein Kind verloren hat oder gerade einer seine Ehe gegen die Wand gefahren und die Frau ihn verlassen hat, dann hinzuzukommen, so nach dem Motto: „Wischen wir alles vom Tisch, es wird ja sowieso zum Guten dienen, also brauchen wir uns gar nicht drüber Gedanken zu machen!" Ich sage das nochmal deutlich: Das ist ein Satz, der gehört nicht in die Seelsorge hinein oder zumindest nicht direkt automatisch. Trotzdem ist es die richtige Lehre. Darauf dürfen wir vertrauen, auch wenn man im Leid ist, auch wenn alles so furchtbar ist, dass wir es gar nicht irgendwie zusammenbringen können mit unserem theologischen Denken, unserer Vorstellung von Gott und dem Glauben, dass uns alles letztlich zum Guten dient. Gott verwehrt uns manches, weil es, ohne dass wir es wissen, perspektivisch besser ist.

Dazu möchte ich auch eine Geschichte erzählen aus eigenem Erleben. Ich habe damals im Siegerland eine Predigt gehalten zum Thema Gebet. Das war dann so eine Predigt, die war jetzt nicht so kritisch hinterfragend, sondern volles Programm für Jesus, nicht? Gebet ist so stark und Gebet tut so viel und ich habe so richtig Dampf gemacht. Nach dieser Predigt kommt eine Frau zu mir, die dann ihre ganze Wut, ihre ganze Aggressivität raus gelassen hat. Sie sagte: „Ich kann euer frommes Gelabere nicht mehr hören. Ich bin jetzt seit fast zwei Jahren arbeitslos, ich bewerbe mich um die Stellen, aber man will mich nicht." Diesen Satz wiederholte sie fast mantraartig: „Man will mich nicht, man lehnt mich ab. Ich habe hunderte Bewerbungen geschrieben und ich bete auch, aber es passiert nichts." Es hat nur noch gefehlt, dass sie mich gewürgt hätte. Sie hatte sich über diese Predigt richtig aufgeregt, so nach dem Motto: „Das kann ich nicht annehmen, mein Leben spricht eine andere Sprache." Und wie sie so gesprochen hat, hab ich innerlich gebetet: „HERR, gib mir jetzt die richtigen Worte." Ja, wenn so eine Aggressivität auf einen zukommt, was sagt man dann? Ich blieb ganz ruhig, hab sie freundlich angelächelt und zu ihr gesagt: „Weiter beten, Sie müssen weiter beten! Ich bete auch für Sie und unser Gebetskreis in der Gemeinde betet auch." Da wurde sie richtig zornig, aber das war das Wort, was mir gesagt wurde und das ich so weitergeben sollte. Ich habe dann auch Brüder angerufen, die für sie gebetet haben, und dann ist ein großes Wunder passiert. In der nächsten Woche hat mich die Frau angerufen und hat mir gesagt: „Herr Latzel, ein Wunder ist passiert, ein Wunder! Man hat mir eine Arbeitsstelle gegeben, die eigentlich schon abgelehnt war, weil da eine Bewerberin abgesprungen ist." Fünf Tage nach diesem Gespräch hat sie ihre Stelle bekommen, ihre Traumstelle. Es war alles super! Dann ist sie zu uns in den Gottesdienst gekommen, einige Wochen später, und hat ein Zeugnis darüber abgegeben, was es heißt zu beten. Sie hat diese Predigt, die ich gehalten hatte und die in ihr alle Aggressivität hervorgerufen hatte, so nochmal bestätigt, indem sie gesagt hat: „Ja, Gott hört Gebet, wir haben einen großen Gott."

An diesem Beispiel konnte man wirklich sehen, wie Gott führt, dieser Frau das zu zeigen, aber auch, dass sie dieses Zeugnis für die Gemeinde ablegt. Wir verstehen es manchmal nicht und ich kann vieles nicht erklären. Hier in diesem Fall, da kann ich es rückblickend sagen: Weil die Frau selber das auch für ihr Leben öffentlich bezeugt hat. Aber ganz vieles in diesem Leben kann ich nicht verstehen, kann ich nicht erklären. Ich weiß aber, wer dieser Gott und HERR Jesus Christus ist. Der hat mich so lieb, viel mehr als der beste Vater, die beste Mutter ein Kind lieb hat. Wenn ich das weiß, dann weiß ich auch, dass, egal was passiert, mir alles zum Besten dient, denn alles in dieser Welt muss an seinem Thron vorbei. Selbst der Teufel ist sein Werkzeug, das ist ja ein Geschöpf, das ER gemacht hat. Und dann bin ich in seinen Händen geborgen, egal was passiert. Das ist mein Trost im Leben und im Sterben. Es geht nichts ohne diesen Gott. Auch wenn ich es nicht verstehe, auch wenn es hart und brutal ist, aber ich weiß, dass mir in letzter Konsequenz alles zum Besten dient.

**Das leitet uns jetzt zum achten und letzten Punkt über: Wenn Gebete nicht erhört werden, so spielt es in der Ewigkeit keine Rolle mehr.** Es wird die Zeit kommen, wo das, was uns Not macht und mit nicht erhörten Gebeten zu tun hat, keine Rolle mehr spielen wird. Zu wissen, es wird alles gut werden für die, die in Christus Jesus sind, das ist auch so ein Kernsatz meines Glaubens, meiner Theologie. Auch das ist ein Wort, das ich sehr häufig zitiere:

> ***Gott wird abwischen alle Tränen von ihren Augen, und der Tod wird nicht mehr sein, noch Leid noch Geschrei noch Schmerz wird mehr sein; denn das Erste ist vergangen.*** (Offenbarung 21,4)

Ja, ihr werdet in dieser Welt (und habt das vielleicht auch schon) die Erfahrung machen, dass Gebete nicht erhört werden, dass ihr geschrien und gefleht habt und Gott es anders geführt hat. Darüber habt ihr geweint, darüber hattet ihr Schmerzen, darüber wurdet ihr nicht mehr froh und habt das vielleicht bis zum heutigen Tag mitgenommen. Aber ich darf euch das im Auftrag Jesu Christi verkündigen: Es kommt die Zeit, wenn ihr zu Jesus gehört, wo das keine Rolle mehr spielt. Ich kann mir das gar nicht vorstellen und doch weiß ich das, dass das dann alles erledigt ist. Selbst wenn man ein Kind verloren hat, selbst wenn die Ehe kaputt gegangen ist, selbst wenn man ein Leben geführt hat, wo man nie froh gewesen ist in dieser Welt. Es kommt eine Zeit, wenn wir in der Herrlichkeit sind, wo alles gut wird und nichts mehr brüchig, kränklich und menschlich verdorben ist. Dann wird nur Herrlichkeit sein bei unserem allmächtigen Gott, in Jesus Christus, im himmlischen Jerusalem. Das ist das Happy End unseres Lebens. Wenn man das ganz groß und ganz stark vor Augen hat, wenn das einen trägt und erfüllt, dann kann man auch mit den Niederlagen, mit den Schmerzen und auch mit den nicht erhörten Gebeten in dieser Welt umgehen. Wenn man das weiß, dann kann man auch einstimmen in diesen Predigtvers und sagen:

***Gelobt sei Gott, der mein Gebet nicht verwirft, noch seine Güte von mir wendet.***

Das möchte ich dir bei allem kritischen Nachdenken darüber zusagen. Wenn Gebete nicht erhört werden, dass du das wissen darfst: Gott verwirft dein Gebet nicht und wird niemals seine Güte von dir wenden. Wenn du das verstanden hast, dann wirst du in das Lob unseres allmächtigen Gottes eintreten. Möge unser HERR und Heiland diese Predigt an deinem Leben und deinem Glauben segnen. Amen.

Und der Friede unseres allmächtigen Gottes, der sehr viel höher ist als all unsere menschliche Vernunft, er bewahre unsere Herzen und Sinne in Christus Jesus, unserem auferstandenen und lebendigen HERRN. Amen.

## Gelobt sei der HERR täglich - Gott legt uns eine Last auf, aber ER hilft uns auch

Psalm 68,20

> Gnade sei mit euch und Friede von dem, der da war und der da ist und der da sein wird in alle Ewigkeit, unser HERR Jesus Christus. Amen.

Liebe Gemeinde! „Alle Jahre wieder kommt das Christuskind", so heißt es in einem volkstümlichen Lied zu Weihnachten. Das ist komplett falsch. Der HERR Jesus kommt nicht jedes Jahr wieder. Der HERR Jesus ist einmal gekommen, vor 2000 Jahren als kleines Kind in die Krippe und ER wird nochmal wiederkommen, dann aber als Weltenrichter. ER ist nur zweimal auf dieser Welt persönlich anwesend. Aber alle Jahre wieder, das ist richtig, stehen wir Menschen vor Entscheidungen: Was schenke ich meiner Frau oder meinem Mann zu Weihnachten? Oder den Kindern? Oder die Hausfrauen stehen vor der Entscheidung, was werden wir denn am zweiten, was werden wir am ersten Weihnachtstag kochen müssen? Also, wir stehen immer wieder vor Entscheidungen.

Der Pastor einer Kirchengemeinde, wenn er jedes Weihnachten, jeden Heiligabend predigen darf, steht immer wieder vor der Entscheidung: Welchen Text lege ich denn der Predigt zugrunde? Ich kann mich natürlich immer an die vorgeschlagenen Predigttexte halten, aber die wiederholen sich auch alle sechs Jahre. So muss man schon ein bisschen überlegen, um nicht die Gemeinde zu langweilen. Die Gemeinde übrigens, die ist da auch sehr hellhörig. Die einen wollen es Weihnachten so richtig missionarisch für all diejenigen, die vermeintlich zu selten kommen. Andere wiederum sagen: „Wir hätten es aber gern schön lauschig und romantisch." Was macht man denn? Dieses Jahr war mir das - das muss ich zugeben - eine relative Not. Ich wusste nicht so richtig, was machst du denn? Ich habe sehr intensiv gebetet. Und das Tolle ist, dass der HERR uns allen ein wunderbares Geschenk bereitet hat, und zwar im Losungstext. Das wissen Sie hoffentlich, es gibt für jeden Tag des Jahres einen Losungs- und Lehrtext und der Losungstext wird ausgelost von den Herrnhuter Brüdergemeine. Das ist ein Wort, das uns begleitet. Und diese Losung, die für den 24.12.2013 ausgelost worden ist, ist das Wort für diesen Predigttext. Gegenüber diesem Predigtwort aus Psalm 68, Vers 20 wollen wir uns in Ehrfurcht erheben. Dort heißt es:

> ***Gelobt sei der HERR täglich. Gott legt uns eine Last auf, aber ER hilft uns auch.*** Amen.

> **Wir wollen stille werden und beten:** Lieber HERR und Heiland, von Herzen wollen wir dir Dank sagen für dieses wunderbare Psalmwort, das du uns schenkst zu diesem wunderbaren Fest. HERR, wir wollen jetzt die Predigt über dieses Wort hören und wollen dich bitten, dass du diese Predigt selber segnest, dass du zu uns sprichst und dass du uns begegnest in der Auslegung deines Wortes. Das wird nur dann gelingen können, wenn du dieser Predigt deinen guten Heiligen Geist schenkst. Und so wollen wir dich alle miteinander bitten, segne du selber das Reden und das Hören deines heiligen und lebendigen Wortes an uns allen. Amen.

Dieses Losungswort, dieser Predigtvers besteht aus drei Teilen und so habe ich Ihnen auch drei Teile für diese Predigt mitgebracht:

**1. Die Last des HERRN**
**2. Die Hilfe des HERRN**
**3. Das Lob des HERRN**

**Erstens, die Last des HERRN.** Da heißt es: ***Gott legt uns eine Last auf.*** Die Bibel, liebe Gemeinde, kennt drei unterschiedliche Arten der Lasten, die wir Menschen zu tragen haben: die Sorgenlast, die Sündenlast und die Todeslast. Alle drei sind uns von unserem HERRN und Gott auferlegt. Die Sorgenlast, die kennen wir alle. Die Sorgen, die wir haben, sind unterschiedlich. Die Einen haben Sorge darum, weil sie zu wenig Geld haben, sie kommen nicht richtig über die Runden. Andere sitzen heute hier, die wissen nicht, wo sie in diesen zinsarmen Zeiten ihr Geld anlegen können, und sie haben Angst, dass ihr Vermögen ein Stück weit zusammen schmilzt. Beides können sehr starke, belastende Sorgen sein. Wir haben die Einen, die Probleme in der Familie, in der Ehe haben, und die anderen haben gar keine Ehe. Sie sehnen sich so nach einem Partner, sie sind dieses Weihnachten allein. Wir haben die einen, die nicht wissen, ob sie einen Beruf finden, wenn sie ihre Ausbildung beendet haben, wie es dann weitergeht. Und wir haben die anderen, die so voll sind mit Arbeit, dass sie nicht mehr ein noch aus wissen. Wir haben Leute unter uns, die sind gesund und andere sind krank, die werden dort von den Sorgen geplagt. Die Gesichter unserer Sorgen sind unterschiedlich, aber keiner ist ganz ohne Sorgen heute gekommen, die Kleinen wie die Großen. Wir alle leiden unter den Lasten der Sorgen.

Aber nicht nur unter den Lasten der Sorgen, wir leiden auch unter der Last der Sünde. Auch das, was wir falsch machen gegenüber unserem Gott und gegen unseren Nächsten, ist ganz unterschiedlich. Wir alle, die wir hier sind, und als allererstes euer Pastor, wir sind allesamt nur Sünder. ***Wir ermangeln des Ruhmes, den wir bei Gott haben sollten*** (Römer 3,23), und das belastet uns stark. Die Sünde verhindert, dass wir zum lebendigen Gott finden können. Dann gibt es diese dritte Art der Last, die die Bibel kennt, es ist die Todeslast. Auch unter dieser Last stehen wir alle. In 100 Jahren sind wir alle nicht mehr auf dieser Welt, dann sind wir alle gestorben.

Das sind die drei Arten der Lasten, die es gibt. Das Interessante ist, dass die Bibel hier klar sagt, dass es Gott ist, der uns diese Last auferlegt. Die Bibel redet Lasten nicht klein und sie redet sie uns nicht aus. Die Bibel sagt auch ganz deutlich, wer die Verantwortung in letzter Konsequenz dafür trägt, nämlich unser HERR und Gott. Nicht ein rätselhaftes Schicksal, kein blinder Zufall und auch keine irgendwie geartete dunkle Macht sind letztendlich verantwortlich. Ich weiß, da gibt's viele Menschen und den Teufel - aber in letzter Konsequenz ist es Gott, der uns die Lasten auferlegt. Kein Haar, sagt unser HERR Jesus Christus, kann von deinem Haupt fallen, wenn's der HERR nicht zulässt (siehe Lukas 12,7). So trägt ER auch in letzter Konsequenz die Verantwortung für die Lasten, die wir zu tragen haben. Da sträuben sich schon viele und sagen: „Das wollen wir aber nicht, das passt nicht in mein Gottesbild. Mein Gott, das ist so ein lieber Gott, der will immer nur das Gute." Das ist ja schön und gut, wenn Sie so ein Gottesbild haben, aber das ist nicht das Gottesbild der Bibel.

Die Bibel sagt das deutlich auch heute im Losungstext: Gott legt Lasten auf. Wissen Sie, ich bin da froh darüber, dass die Lasten, die ich zu tragen habe, von dem Gott mir auferlegt sind, der in seinem Sohn Jesus Christus für mich gestorben ist. Dass der mir die Lasten auflegt, der es besser meint als jeder Mensch hier auf Erden. Besser als meine mich liebenden Eltern, besser als meine Frau. Dass es dieser Gott ist, der für meine Lasten, die ich auch manchmal nicht verstehe, verantwortlich ist. Ein Gott, der mir sagt: ***Ich weiß wohl, was ich für Gedanken über dich habe, Gedanken des Friedens und nicht des Leides*** (Jeremia 29,11). Ein Gott, der nur für die Sonnenstunden verantwortlich wäre in meinem Leben, der aber auf die dunklen Stunden meines Lebens keinen Einfluss hätte, an den wollte ich nicht glauben. Das brauche ich auch nicht. Wir haben einen Gott, der eben auch für die Lasten verantwortlich ist. Wenn Sie das glauben können, dann wird das, was Sie an Last zu tragen haben, mit einem Mal schon viel, viel leichter. Wenn Sie denken, Sie stehen alleine unter der Last und dieser Gott ist ganz ferne und ER kümmert sich nicht darum oder ER sieht das nicht, dann wird die Last umso schwerer. Wenn man aber weiß, auch wenn man es letztendlich nicht ganz versteht, dass die Last letztlich von Gott ist, dann ist einem sehr geholfen im Tragen dieser Last. Vor allen Dingen, wenn man diesen Bibelvers kennt, der uns als Losung gegeben ist. Da steht ja nicht nur drin, dass Gott die Last auferlegt, sondern dann kommt dieses wunderbare „Aber".

Ich war mal mit einem Freund auf Jagd. Wir waren in einer Jagdhütte ziemlich weit ab und wir hatten so einige Vorräte mitgenommen. Es war Sommer und sehr heiß und wir hatten angesessen zur Pirsch. Ich kam von der Pirsch wieder und hatte mich schon gefreut auf so eine kalte Cola. Die stand auch im Kühlschrank. Als ich kam, da war die Dose Cola weg. Da sagt mein Kumpel: „Ich hab die Dose Cola getrunken." Und nach drei, vier Sekunden setzt er hinzu: „Aber ich hab eine neue Kiste aus dem Dorf geholt." So ist es mit Gott auch, dieses „Aber". ***Gott legt eine Last auf, aber ER hilft uns auch.***

**Darüber möchte ich jetzt beim zweiten Punkt sprechen, über die Hilfe des HERRN.** Worin besteht die Hilfe Gottes angesichts der Lasten, die wir zu tragen haben? Diese Hilfe besteht im HERRN. Darum geht es übrigens Weihnachten, das ist ein ganz weihnachtlicher Vers. Wir werden gleich im nächsten Gottesdienst das Lied singen: „Stille Nacht, heilige Nacht." Da heißt es in der zweiten Liedstrophe, das wissen Sie alle: „Christ, der Retter, ist da." Ein Retter ist ja so ein Top-Helfer. Nicht nur so ein bisschen Beistand, sondern einer, der das Ruder so richtig herumreißt. Das ist Jesus für all unsere Lasten, die wir haben. ER ist der Helfer, Jesus ist der Helfer. Das steht übrigens auch schon in seinem Namen - Jesus. Dieses Wort, hebräisch Jeschua, heißt Gott ist Rettung, Gott ist Hilfe. Das möchte ich euch heute Abend neu verkünden. Angesichts der Lasten, die ihr zu tragen habt, angesichts eurer Sündenlast, angesichts eurer Sorgenlast, angesichts der Todeslast - es gibt Hilfe! Es gibt Rettung in Jesus Christus. Jesus ist die Hilfe für all deine Sorgen. Ich weiß nicht, mit welchen Sorgen du dich momentan herumschlägst, ob es etwas Gesundheitliches ist, was Finanzielles, was Familiäres, was Berufliches. Das darf ich dir aber im Namen des allmächtigen Gottes verkündigen: Gott sieht deine Last und ER hilft dir durch in Jesus.

Ich denke an eine wunderbare Geschichte aus Apostelgeschichte 3. Da ist ein Gelähmter, der sitzt vor dem Tempel. Er hat gesundheitliche Probleme, er kann nicht gehen, und finanzielle Probleme, er kann nicht arbeiten. Er bettelt und da kommen die Apostel Johannes und Petrus aus dem Tempel. Der Gelähmte bettelt sie um Geld an, aber sie geben ihm kein Geld. Das sagt Petrus zu ihm: ***Silber und Gold habe ich nicht; was ich aber habe, das gebe ich dir: Im Namen Jesu Christi von Nazareth, steh auf und geh umher!*** (Apostelgeschichte 3,6) Der heilige und ewige Jesus-Namen, der sorgt dafür, dass er kein Geld mehr zu erbetteln braucht, der sorgt dafür, dass er gehen kann. Jesus sorgt dafür, dass deine Sorgen weg sind. Im 1. Petrusbrief heißt es:

> ***Alle eure Sorgen werft auf IHN; denn ER sorgt für euch.*** (1. Petrus 5,7)

Das möchte ich dir sagen angesichts deiner Sorgenlast. Ja, Gott hat dir eine Sorgenlast auferlegt, aber ER hilft dir auch durch Jesus und Jesus hilft dir bei deinen Sorgen. Nicht nur bei deinen Sorgen, er hilft dir auch bei deinen Sünden. Jesus hilft dir bei dem, was du falsch machst, bei dem, wo du eigentlich nicht mehr zu Gott könntest. Wir werden gleich zusammen wie jedes Jahr vor dem Segen singen: „O du fröhliche." Da heißt es in der zweiten Strophe: „Christ ist erschienen, uns zu versühnen." Keiner von uns könnte durch irgendetwas, was er an Geld gibt, an Leistung bringt oder sonst was - selbst wenn er sich selbst töten würde - vor diesem allmächtigen Gott bestehen, wenn er nicht Jesus Christus hätte. Vor Gott können wir nur bestehen, weil der HERR und Heiland auf Golgatha sein teures Blut für uns vergossen hat. Wenn wir das annehmen, dann belasten uns die Sünden nicht mehr. Im 1. Johannesbrief heißt es:

> ***Wir haben einen Fürsprecher bei dem Vater, Jesus Christus, der gerecht ist.*** (1.Johannes 2,1)

ER steht für die Versöhnung unserer Sünden, ja, ER ist die Versöhnung unserer Sünden. Das dürfen wir wissen angesichts unserer Sündenlast: Jesus ist da! Wenn wir an IHN glauben und unsere Schuld IHM bekennen, dann tilgt ER diese Last.

Nicht nur die Sorgen, nicht nur die Sünde erledigt Jesus, nein, auch den Tod. Nochmal, früher oder später sind wir alle dran. In 100 Jahren gibt's keinen von uns mehr, dann sind wir alle biologisch gestorben. Wenn wir aber Jesus haben, dann bleiben wir nicht im Tod, dann werden wir leben für alle Ewigkeit. Auch dieses Lied werden wir gleich singen: „Es ist ein Ros' entsprungen". Da heißt es in der dritten Strophe: „Gott hilft aus allem Leide, rettet von Sünd und Tod". Ja, das ist die gewaltige Hilfe angesichts der Todeslast, die wir zu tragen haben, dass Jesus aus dem Tode rettet. Jedem, der an IHN glaubt, schenkt der HERR diese Rettung. Aber das ist eben das Wichtige, dass man diesen Glauben hat. Wenn ich das so vollmundig sage: „Jesus hilft dir bei deinen Sorgen, Jesus hilft dir bei deiner Sünde und Jesus hilft dir bei deinem biologischen Tod, dass du nicht ewig tot bleibst", dann gilt das nur dann, wenn wir eben an diesen Jesus glauben, wenn wir das wirklich annehmen. Das ist wie bei einem Medikament. Wenn ihr an einer Grippe erkrankt seid und wenn euch der Arzt die Antibiotika-Tabletten gibt, dann nützt es nichts, wenn ihr sie auf den Nachttisch stellt und von allen Seiten beguckt. Ihr müsst sie auspacken und runterschlucken. Ihr müsst sie annehmen, ihr müsst sie verdauen. So ist es mit dem Wort Gottes. So ist es mit diesem wunderbaren Wort, das der HERR uns heute gegeben hat, dem Losungswort. Wir müssen das annehmen und fest daran glauben und nicht daran zweifeln. Dann wird dieses Wort zur Wahrheit in unserem Leben. Gott legt eine Last auf, ja, das tut ER in vielfältiger Weise, davon schweigt die Bibel nicht, aber ER hilft uns auch. ER hilft dir ganz persönlich. Du darfst daran glauben, angesichts deiner Sorgenlast, angesichts deiner Todeslast und angesichts deiner Sündenlast.

Wenn man das wirklich im Leben erfahren hat, liebe Gemeinde, wie der HERR großartig hilft, dann bleibt nur eines - **das Lob des HERRN.** Wissen Sie, was das Wichtigste an Weihnachten ist? Nicht die Geschenke, nicht das tolle Zusammensein mit der Familie, nicht das üppige Essen, was man hat. Das darf alles sein, das ist schön und gut, wenn man es bekommt. Das Wichtigste und Zentralste an Weihnachten ist, dass man dem

HERRN Jesus Christus Lob, Ehre und Preis gibt. In der Weihnachtsgeschichte war es auch so. Da war die Menge der himmlischen Heerscharen, die sangen zur Ehre und zum Lob Gottes. Auch die Hirten - als sie es verstanden hatten, was da passiert ist, da bricht es aus ihnen heraus, da loben sie Gott. So ist es auch bei uns. Wenn wir das verstanden haben, was damals vor 2000 Jahren passiert ist, dass Gott Mensch wurde und dass wir in diesem Mensch gewordenen Gott Jesus Christus alle Hilfe haben, angesichts unserer Sorgen, angesichts unserer Sünde, angesichts unseres Todes, da bleibt uns nur noch Lob und Preis. Übrigens, das wird in der Ewigkeit unsere Zukunft sein, wenn wir an Jesus glauben. Da werden wir von Ewigkeit zu Ewigkeit mit großer Freude nur noch den HERRN Jesus loben und preisen. Das ist unsere Zukunft und wohl den Menschen, die das schon hier auf Erden tun, die unserem HERRN und Gott immer wieder Lob und Preis bringen.

Dazu möchte ich euch aufrufen mit diesem Losungswort, das ja damit beginnt: ***Gelobt sei der HERR täglich.*** Nehmt das mit. Vielleicht habt ihr noch keine guten Vorsätze für das neue Jahr. Das wäre ein klasse Vorsatz für das Jahr 2014, das Lob Jesu Christi tagtäglich für dich verpflichtend zu machen. Sowohl im stillen Kämmerlein, wenn du die Hände faltest und zu unserem HERRN und Heiland betest, aber auch vor der Welt, wo du erzählst, was für einen großartigen Gott wir haben. So wie das die Hirten getan haben, die das Wort ausgebreitet haben. Es gab in den Siebzigerjahren so einen pädagogischen Lehrsatz: „Heute schon dein Kind gelobt?" Um die Kinder zu fördern, sollte man sie mehr loben. Ich möchte das theologisch ummünzen, möchte fragen: „Heute schon den Heiland gelobt?" Das wird von uns gefordert, so heißt es im Losungswort: ***Gelobt sei der HERR täglich.*** Allerdings kann ich das nur, wenn ich wirklich verstanden habe, dass es der Gott ist, der mir hilft, angesichts der Lasten, die ich zu tragen habe.

Das wünsche ich Ihnen nicht nur für dieses Weihnachtsfest, sondern ich wünsche Ihnen, dass Sie das immer, immer wissen, dass der HERR da ist für Ihre aktuellen Sorgen, für Ihre

Sündenlast und auch für Ihren Tod, auf den Sie zugehen, und dass dann das Lob aus Ihnen herausbricht angesichts der Hilfe, die Ihnen geschenkt ist. Da, wo ich herkomme, aus dem Siegerland, eine sehr fromme Gegend hier in Deutschland, da haben die alten Brüder und Schwestern so eine geistliche Erkenntnis, die da heißt: „Nicht danken macht wanken, Gott loben zieht nach oben." Das ist eine tiefe Weisheit. In dem Moment, auch wenn ich Lasten zu tragen habe und es schwer ist, wenn ich bereit bin zum Lob Gottes, dann fängt meine Situation an, sich zu verändern, dann werde ich fest und dann lösen sich Probleme. Das ist ein tiefes geistliches Geheimnis. Aber in dem Moment, wo ich mich gefangen nehmen lasse von den Sorgen, von der Sünde und von dem vermeintlichen Tod und ich nicht mehr ins Danken und Loben Gottes komme, dann wird diese Welt umso größer und mein Leben wird umso schlimmer.

Dazu möchte ich Sie aufrufen, zu dem Lob unseres Gottes, dass Sie IHM die Ehre geben vor der unsichtbaren Welt, aber eben auch in der sichtbaren Welt. Alle Jahre wieder kommt nicht das Christuskind, sondern alle Jahre wieder dürfen wir zu Weihnachten neu Gott anfangen zu loben. Als ich mich auf diese Predigt vorbereitet habe, da war zunächst einmal der Blick auf die Gemeinde, wo ich mich fragte: „Was sollst du, was musst du denn den Brüdern und Schwestern sagen?" Aber während ich mich vorbereitete, ist mir klargeworden, was Gott mir selber durch dieses Wort gesagt hat, und ich bin selber neu zum Lob unseres HERRN hingeführt worden. Dafür bin ich dankbar. Dazu möchte ich Sie in diesem Jahr neu auffordern. Ich möchte Sie neu auffordern, dass Sie hingehen und Gott loben und preisen darüber, dass ER Ihnen zwar eine Last auferlegt, aber dass ER Ihnen auch hilft, diese Last zu tragen. So rufe ich noch einmal das Losungswort für dieses Weihnachtsfest aus Psalm 68, Vers 20 zu:

***Gelobt sei der HERR täglich. Gott legt uns eine Last auf, aber ER hilft uns auch.*** Amen.

Und der Friede unseres allmächtigen Gottes, der sehr viel höher ist als alle unsere menschliche Vernunft, er bewahre unsere Herzen und Sinne in Christus Jesus, unserem auferstandenen und lebendigen HERRN. Amen.

## Wenn Lippen und Seele erlöst sind

Psalm 71,23

Gnade sei mit euch und Friede von dem, der da war und der da ist und der da sein wird in alle Ewigkeit, unser HERR Jesus Christus. Amen.

Liebe Gemeinde, das Wort, das uns der HERR schenkt, ist ein wunderbares Wort aus dem Psalm 71. Wir wollen hören auf den Vers 23. Dort heißt es:

***Meine Lippen und meine Seele, die du erlöst hast, sollen fröhlich sein und dir lobsingen.*** Amen.

**Wir wollen stille werden und beten:** Lieber HERR und Heiland, du schenkst uns für diesen Sonntag dieses Wort aus dem Psalm 71 als Predigttext! Wir wollen dich bitten, dass du es uns öffnest, dass wir diesen Zusammenhang verstehen können, was es heißt, dass Lippen und Seele zueinander gehören. Was es heißt, dass du unsere Lippen und Seelen erlöst hast, HERR, damit wir das recht verstehen, was in diesem Predigtvers gemeint ist. Dazu brauchen wir deinen guten Geist, deine Hilfe. Darum wollen wir dich bitten für diese Predigt, HERR, segne du selber das Reden und das Hören deines heiligen und lebendigen Wortes an uns allen. Amen.

***Meine Lippen und meine Seele, die du erlöst hast, sollen fröhlich sein und dir lobsingen.***

Um erlöste Lippen und erlöste Seelen soll es gehen in dieser Predigt. Wir wollen drei Fragen stellen:

**1. Wovon sind unsere Lippen und Seelen erlöst?**
**2. Wodurch sind sie erlöst worden?**
**3. Wozu sind sie erlöst worden?**

**Die erste Frage: Wovon sind unsere Herzen und unsere Lippen und Seelen erlöst?** Wir sind ja durch den HERRN Jesus Christus von vielen Dingen erlöst, also von den Knechtschaften dieser Welt. Ich gehöre zu Jesus Christus, ER hat mich erlöst durch sein teures Blut und deshalb muss ich in dieser Welt vor niemandem mehr buckeln und mich unterordnen. Ich habe einen HERRN und Gott im Himmel, ER hat mich befreit von all den Knechtschaften. So wie das Volk Israel aus der Knechtschaft befreit wurde, bin ich erlöst als Christ. Ich bin erlöst nicht nur von Knechtschaft, ich bin auch erlöst von meinen Ängsten. Ich brauche als Christ keine Angst mehr zu haben, davon bin ich erlöst. Ich muss nicht leben, wie die ganzen Menschen ohne Jesus, die Angst haben, ihr Geld zu verlieren; die Angst haben vor der Krankheit; die Angst haben vor dem Tod. Nein, ich darf in Jesus Christus ein angstbefreites Leben führen. Ich bin erlöst von den Ängsten dieser Welt. Mein Gott ruft mir immer wieder zu in der Bibel: „Olli, fürchte dich nicht!" Das ruft ER euch genauso zu.

Der HERR hat mich und euch, wenn ihr zu Jesus Christus gehört, auch erlöst vom Zorn Gottes. Das ist eine Wahrheit, die heute nicht mehr verkündigt wird in den Kirchen, in vielen Gemeinden und von vielen Kanzeln. Aber über dieser Welt steht der Zorn Gottes. Wir können es nachlesen in der Offenbarung, wenn der HERR einst wiederkommen wird, wenn die Engel die Zornesschalen ausgießen werden, dann wird diese Welt ein furchtbares Ende nehmen. Ich und ihr jedoch, die ihr zu Jesus gehört - Halleluja! - sind erlöst von diesem Gericht, weil der HERR sein Blut für uns vergossen hat. Ja, und wir sind erlöst vom ewigen Tod, wir brauchen keine Angst zu haben vor dem Tod. Davon hat uns der HERR erlöst. Wir haben in Jesus Christus den Erlöser und Retter.

Neben dem vielen ganz Großartigen hat ER noch etwas getan für die Zeit hier, etwas ganz Wichtiges, was wir häufig gar nicht so vor Augen haben: ER hat uns erlöst von der Unwahrhaftigkeit. Wir dürfen *wahrhaftig* leben, *echt* leben als Christen. Das ist nicht umsonst, dass es hier in diesem Psalmwort steht: ***dass du erlöst hast meine Seele*** (das verstehen wir) ***und Lip-***

***pen***. Hier steht nicht Seele und Ohr oder Seele und Arm oder Seele und Nase, nein, Seele und Lippen. Dazwischen besteht nämlich eine ganz enge Verbindung. Wenn die Seele erlöst ist, dann können die Lippen frei sprechen. Wisst ihr, das ist ein Kennzeichen der gefallenen Welt, der Welt ohne Jesus Christus, dass die Lippen der Welt nicht das sprechen, was deren Seele sagt. In der gefallenen Welt sind Seele und Lippen auseinander geraten. Ich mache euch das an ein paar Beispielen deutlich, damit euch dieses etwas Theoretische euch besser vor Augen steht.

Denken wir nur an Uli Hoeneß, dieser große Macher, wirtschaftlich und sportlich so erfolgreich. Weltmeister, Europameister und was weiß ich, was er alles gewonnen hat als Fußballer, so ein Vorzeigemann, nicht? Und wen hat er alle belehrt! Den Bundeskanzler, in jeder Talkshow ist er gewesen und hat mit seinen Lippen erzählt, wie der Staat zu funktionieren hat. Aber in seiner Seele hat er ganz anders getickt, denn er wusste schon vor fünf Jahren von seinen Konten, die er in der Schweiz hatte. Da ist ein Zusammenhang nicht da gewesen. Und jetzt, wo das offenbar wird, schreien alle: „Bah-bah, der böse Hoeneß!" Da merken wir das, nicht? Da wird eine Diskrepanz bei ihm offenbar zwischen dem, was er wirklich gefühlt, gedacht und gemacht hat, was in seiner Seele ist, all seine Habgier; wie er sein Geld zur Seite schaffte, und dem, was er mit den Lippen kundgetan hat.

Oder denken wir an totalitäre Staaten. Wir haben das erlebt im letzten Jahrhundert. Zweimal haben wir die Geschichte durchdeklinieren müssen. Erst bei den Nationalsozialisten, da haben alle geschrien „Heil, Heil!" Wenn man heute einen fragt, die damals dabei gewesen sind, dann heißt es: „Ja, ich wollte das nicht! Also, wir waren immer innerlich dagegen. Wir mussten ja mitmachen, nicht?" Da standen dann 100.000 und alle haben „Heil!" geschrien. 99.000 wussten, das ist ganz großer Mist und trotzdem haben sie mitgeschrien. Ich glaube den Leuten das. Genauso im Kommunismus, in der DDR. Das wussten sie alle, dass das totaler Schwachsinn ist, was die Parteibonzen da erzählen, und trotzdem haben sie alle mitgemacht, die Helden der Arbeit. Sie haben deren Lieder gesungen, all den Blödsinn, aber im Herzen wussten sie, dass das anders ist, doch mit den Lippen haben die ganz andere Dinge erzählt.

Da könnte ich jetzt weitermachen. Denkt an den ehemaligen Präsidenten der Vereinigten Staaten, Bill Clinton, wie er sich hingestellt und gesagt hat: „I did not have sexual relations with that woman." („Ich hatte niemals ein sexuelles Verhältnis mit dieser Frau.") „Niemals", hat er gesagt. Jeder und er selber wussten natürlich ganz klar, was da gelaufen war, aber er lügt die ganze Nation an und dann kommt das heraus. Da merkt man diese Diskrepanz, wenn die Seele und die Lippen auseinander gegangen sind. Oder ich hatte vor einiger Zeit mit einem Pfarrer-Kollegen über das Pfarrer-Dienstgesetz gesprochen, wo es darum geht, dass demnächst homosexuelle Pfarrer mit ihrem Partner im Pfarrhaus zusammenleben können. Er hatte mit „Ja" gestimmt. „Ich habe dafür gestimmt", meinte er, „obwohl ich weiß, dass es falsch ist. Aber ich wollte mir da vor der Kirchenleitung nicht die Blöße geben." Da habe ich gedacht: „Selbst in der Kirche sprechen Lippen nicht das, was deren Seele sagt." Und auch die EKD, die in ihrer Denkschrift zur Homosexualität feststellt, dass gelebte Homosexualität nicht in Einklang zu bringen ist mit der biblischen Lehre. So steht es in diesem Papier aus den 90er Jahren, ein sehr gutes Papier: „Mit Spannungen leben", und sagen dann trotzdem anderes.

So ist das, wenn man was in der Seele erkannt hat und mit dem Mund trotzdem anderes redet. Ich könnte so weitermachen. Nicht nur bei Politikern und Sportlern, das kennen wir auch von unserem Leben. Da ist unser Vorgesetzter im Beruf, den wir für einen Riesendrottel halten. Und wenn wir dem begegnen, fragen wir ganz freundlich: „Und wie geht's denn, Herr Schmidt, Herr Meier, Herr Schulze?" - wie er auch heißen mag. Wir sagen Dinge mit den Lippen, die wir gar nicht in der Seele meinen. Wir wünschen ihm ein schönes Wochenende und denken: „Am besten fährst du gleich im Auto gegen den Baum, damit ich dich los bin." So können wir alle denken über den Nachbar und sonst wen, wo die Lippen anderes sagen, als was in der Seele ist. Übrigens, interessant wird es - das kennt ihr auch alle - wenn in dieser gefallenen Welt dann die seltenen Situationen eintreten, wo Lippen und Seele in Einklang kommen, z.B. wenn einer besoffen ist. Oh, was habe ich schon von Besoffenen gehört! Damals bei einem Feuerwehreinsatz, da bin ich mal hingekommen, da war einer randvoll und hat mir erzählt, was er von der Kirche wirklich hält. Ich habe ihn nachher nie wieder bei uns gesehen, weil er sich so geschämt hat, weil seine Lippen in dem Moment, wo er betrunken war, alles das erzählt haben, was in seiner Seele war.

Oder wenn Menschen in tiefer Trauer sind. Ich habe schon erlebt, wie ich von einer Frau angeschrien wurde, was ich mir einbilden würde und wie ich mich geben würde in all den Dingen. Sie hat mich die ganzen Jahre vorher freundlich gegrüßt, aber als ihr Mann gestorben war - in dieser Trauersituation -, da kam es zu so einer Verbindung von Seele und Lippen und da brach all das raus. Ihre Aggressivität auf die Kirche, auf den Glauben, auf den Pfarrer, den sie nicht leiden konnte. Das sind Kennzeichen der nicht erlösten Welt, dass eben diese Unwahrhaftigkeit besteht, dass man Dinge in der Seele spürt, im Herzen drin hat, aber die Lippen ganz anderes tun. Wir kennen das ja auch. Es ist ja nicht nur bei der Welt so, sondern auch bei uns. Innen drin haben wir Neid, Hass, Angst, Eifersucht, Verzweiflung, Bosheit, Hochmut und nach außen spielen wir so ein Theater. Aber wisst ihr, das Tolle ist, die Welt muss so leben, sie muss dieses Theater spielen. Wir, die wir Jesus Christus haben, brauchen das nicht, denn ER hat unsere Lippen und unsere Seele erlöst. ER hat das wieder in Einklang gebracht. Wenn ich bei Jesus bin, dann darf ich wahrhaftig leben, dann darf ich das sagen, was mir auf der Seele brennt; dann darf ich dazu stehen. Wenn mich die Liebe lenkt, ist das ein tolles Leben. Kein einfaches, aber ein tolles Leben, das wunderbar ist, weil man wirklich jederzeit und immer in den Spiegel gucken kann. Nicht, weil man so ein toller Mensch ist, sondern weil man sich nicht für irgendeine Lüge oder Verdorbenheit schämen muss - das muss die Welt tun. Das Tolle am Christsein ist, dass wir nicht nur erlöst sind vom ewigen Tod, nicht nur erlöst vom Zorn Gottes, nicht nur erlöst von den Knechtschaften, in denen die Welt lebt. Sondern wir sind auch zur Wahrhaftigkeit erlöst. Wir dürfen wahrhaftig leben in der Einheit von Seele und Lippen und das tut so gut!

In dieser Welt leiden so viele Menschen darunter, dass sie in der Seele ganz anderes spüren, als sie mit den Lippen sagen. Da sind so viele kaputte und kranke Menschen. Wir aber haben den großen Therapeuten und Arzt in Jesus Christus, der uns erlöst hat von dieser Spannung. Wir dürfen authentisch leben, wahrhaftig leben. Die Welt lebt unter der Regentschaft des Fürsten dieser Welt, des Teufels. Der Teufel wird im Johannesevangelium einmal der Vater aller Lüge genannt. Unser HERR Jesus Christus ist der Gott der Wahrheit. ***Ich bin der Weg, die <u>Wahrheit</u> und das Leben***, sagt Jesus (Johannes 14,6). Wenn wir in Jesus Christus leben, dann lebt auch die Wahrheit in uns. Wenn die Wahrheit in uns lebt, dann können wir auch das in der Seele empfinden und mit den Lippen sprechen, dann werden wir wieder eins. Dann werden wir heil am inneren Menschen.

In meiner alten Gemeinde hatten wir einen Jugendchor, der sang immer so ein Lied, das hieß „Wohin sonst?" Da heißt es in der einen Strophe: „Aus deinem Mund höre ich das schönste Liebeslied, an deinem Ohr darf ich sagen, was die Seele fühlt." Das ist das Tolle, dass wir das wirklich tun dürfen bei Jesus. Zu IHM können wir kommen, wie wir sind, bei IHM brauchen wir uns gar nicht verstellen. Da müssen wir nicht mit den Lippen Dinge sagen, die wir nicht im Herzen, in der Seele spüren. Der HERR sieht es eh, wir sind seine Geschöpfe, ER kennt uns in- und auswendig. Der wusste schon vor Beginn der Schöpfung alles, was wir heute fühlen. Weil das so ist, dürfen wir auch zu diesem hörenden und liebenden Gott immer wieder hingehen, der immer wieder alles genau hört. An seinem Ohr, da dürfen wir sein, wie wir sind. Mit unseren Ängsten, mit unserer Verzweiflung, mit unserem Hass, mit unseren Enttäuschungen, das dürfen wir alles zu Jesus bringen. Wenn wir das zu Jesus bringen, wenn wir ihm das „ins Ohr flüstern" (bildlich gesprochen), dann nimmt ER uns das weg, das ist das Tolle. Wir als Christen sind erlöst von der Unwahrhaftigkeit, wir dürfen wahrhaftig sein. Das möchte ich dir nochmal zusprechen für diese vor dir liegende Woche. Du brauchst nicht mehr zu lügen. Du kannst gerade und klar durch diese Welt gehen, weil du erlöst bist vom HERRN dieser Welt, der dich zur Wahrhaftigkeit befreit hat. Dazu möchte ich dir Mut machen, das ist ein wunderbares, ein tolles Leben.

Also erstens, wovon sind wir erlöst? Von der Unwahrhaftigkeit. **Zweitens: Wodurch geschieht es, dass unsere Lippen und unsere Seele erlöst sind?** Durch Jesus Christus! Wir kennen nicht genau den Psalmisten, aber so etwa um 750 v. Chr. ist dieser Psalm 71 entstanden. Ihr könntet nun vielleicht kritisch fragen: „Wie kann das denn sein? Jesus wird erst 750 Jahre später geboren und der Pastor Latzel behauptet so ganz steil: Es ist Jesus, von dem hier die Rede ist, der Seele und Lippen erlöst." Das ist etwas ganz Wichtiges: Es ist gut, wenn ein kritischer Geist so fragen würde, denn das muss man immer wieder erklären. In der Bibel ist vom 1. Buch Mose bis zur Offenbarung überall, immer von Jesus die Rede. Überall! Wo im Alten Testament „der HERR" steht, da ist „Jesus" gemeint. Das wissen viele Menschen - auch Christen - nicht, das ist aber ganz wichtig zu wissen.

Viele lesen nur das Neue Testament und ignorieren das Alte Testament, also zwei Drittel der Bibel. Das Kreuz wirkt nach vorne und nach hinten. Jesus selber sagt einmal im Johannesevangelium: ***Sucht mich in der Schrift*** - da war ja noch kein Neues Testament erschienen - ***denn sie ist es, die von mir zeugt***. (Johannes 5,39) Nicht nur in der messianischen Weissagung, es ist immer und immer wieder von Jesus die Rede. So auch hier. Hier ist von Jesus die Rede.

Sie glauben gar nicht, was Gott tut, wenn man so eine Predigt vorbereitet und man darum betet, dass Gott einen führt. Ich setze auch voraus, dass die Gemeinde für den Pastor betet. Meine Gebete sind häufig schwach, aber ich hoffe, ihr betet auch immer wieder für euren Pastor und für jeden, der einen Dienst tut. Ich habe darüber schon nachgedacht: Spreche ich nochmal über das Verhältnis vom Alten und Neuen Testament? Darf man das wirklich sagen, dass im Alten Testament wirklich schon Jesus ist? Muss ich es nochmal sagen? Dann habe ich zu diesem Predigtvers eine Predigt von Pastor Busch gehört - den höre ich ja sehr häufig. Bevor er anfängt, diesen Text auszulegen, predigt Pastor Busch 15 Minuten nur darüber, dass hier im Psalm 71 Jesus gemeint ist. Da hat der HERR mir das nochmal so um die Ohren geschlagen, mir als erstes, dass ER gesagt hat: „Das nimm auf alle Fälle mit, dass das nochmal klar ist, hier ist *Jesus* gemeint."

Wenn in der Apostelgeschichte berichtet wird von den ersten Gemeinden, den Thessalonichern, den Korinthern usw., dass sie in der Schrift gelesen haben, dann war es natürlich das Alte Testament. Was haben die immer da drin gefunden? Jesus Christus. Hier ist Jesus gemeint. Es ist Jesus, der uns erlöst eben von dieser Unwahrhaftigkeit, diesem gebrochenen Verhältnis von Lippen und Seele. Jetzt könnte der kritische Geist fragen: „Ja, wenn das jetzt Jesus ist, wie macht denn das dieser Jesus, wie macht ER diese Erlösung? Wie findet das denn statt?" Da würde ich antworten als Theologe: „Das macht Jesus durch sein Blut. Indem du deine Sünden unters Kreuz bringst. Wenn du sie bekennst mit gläubigem Herzen, gibt Jesus sein Blut darüber, dann ist das rein. Dann ist diese Verbindung wieder da zwischen deiner Seele und deinen Lippen, sodass du wahrhaftig sein kannst. Da wird der kritische Geist weiter fragen: „Ja, das verstehe ich, das ist so ein Dogma, aber wie genau funktioniert das denn? Erklären Sie mal die Funktionsweise des Blutes Christi." Wissen Sie, was ich dann sagen müsste? „Das weiß ich leider nicht genau, da muss ich passen. Ich kann nicht genau sagen, *wie* das funktioniert, ich weiß nur, *dass* es funktioniert."

Mit dem Blut Christi ist es genauso für mich wie mit dem Strom. Als ich so 13, 14 Jahre alt war, da habe ich mich sehr für Elektrizität interessiert, wie das alles funktioniert: dass das Radio läuft und das Licht angeht. Da passte ich im Physikunterricht auf, stellte dem Physiklehrer Fragen und bekam sogar so einen Physik-Experimentierkasten. Da haben sie alles beschrieben, was man so über Elektrizität wissen muss: Ampere, die Stromstärke; Volt, die Spannung; die Elektronen als Ladung-Transporteure. Das kann ich alles nachreden, aber wirklich verstanden, wie Strom funktioniert, habe ich nicht. Übrigens, ich habe auch noch keinen Elektriker und auch keinen Physikprofessor getroffen, der es mir wirklich erklären konnte. Der konnte auch nur die Modelle nachbauen. Eins ist mir klar: Ich, Olaf Latzel, weiß zwar nicht, wie das mit dem Strom in letzter Konsequenz funktioniert, aber nutzen tue ich ihn. Zum Beispiel heute Morgen am Computer, oder als ich mein Licht angestellt habe, am Telefon, mit dem elektrischen Rasierapparat - nehme ich alles selbstverständlich in Anspruch, gar kein Thema. Ich weiß nicht genau, wie es funktioniert mit dem Strom, aber ich kenne die Segnungen des Stroms und möchte sie nicht missen. Ich bin froh, dass wir nicht auf Kerzen angewiesen sind, sondern Strom haben. Das ist was Wunderbares, das nutze ich.

Genauso ist es mit dem Blut Jesu Christi. Das kann kein Mensch in letzter Konsequenz genau erklären, *wie* das funktioniert, aber *dass* es funktioniert und *was* es macht. Davon kann ich erzählen und verkünden, wie wunderbar das ist. Bevor wir nachher zum Abendmahl gehen, können wir all den Krempel, alles, was in der vergangenen Zeit danebengegangen ist, zum HERRN Jesus still im Gebet bringen und dem HERRN beichten. Dann darf man spüren, wie man befreit wird davon, wie von so einem Zentner, der einem von den Schultern genommen wird. Das ist das Wunderbare. Der Theologe Busch hat in dieser Rede das auch gesagt: „Als Theologe ist man so eine Art Elektriker des Kreuzes." Wir können auch nur werben, wie man das anwendet. Wir wissen nicht, wie das Blut Christi letzten Endes funktioniert, aber wir wissen, dass es wirkt. Das möchte ich dir sagen: Du brauchst, wenn du Wahrhaftigkeit haben möchtest, wenn du wieder diese Verbindung zwischen deiner Seele und deinen Lippen, die erlöst sind, haben möchtest, dann brauchst du das Blut Christi. Vertraue dich da dem HERRN einfach an, gehe diesen Schritt und du wirst merken, dass es funktioniert. Genauso, wie du den Lichtschalter anmachst - da weißt du auch nicht genau, wie es funktioniert - und du das Vertrauen hast, wenn du draufdrückst, dann geht das Licht an. Genauso ist es bei Jesus. Wenn wir gläubigen Herzens vor den HERRN treten und beten: „HERR, nimm meine Schuld weg, schenk mir bitte, dass meine Seele und meine Lippen wieder in Einklang kommen!", dann macht es der HERR durch sein Blut.

Jetzt könnte ein kritischer Geist weiter fragen: „Ja, ist das denn überhaupt notwendig? Brauch ich das denn überhaupt?" Heute fragen viele Wissenschaftler, ob dieser ganze psychiatrische Kram denn notwendig ist. Momentan wird ja alles pathologisiert, es gibt für alles neue Krankheitsbezeichnungen, nicht? In den letzten 15 Jahren sind Krankheiten in rauer Menge erfunden worden. Jeder, der als Psychiater ein bisschen was auf sich hält, erfindet eine neue Störung. Also, wenn einer traurig ist, weil sein Ehepartner gestorben ist, das wird zur Depression erklärt. Dagegen gibt's Tabletten. Wenn einer ein bisschen schüchtern ist als Kind, dann wird es zur Phobie oder gar zum Autismus erklärt. Wenn Kinder hyperaktiv sind, dann werden die direkt mit irgendwelchen ADHS und sonstigen Störungen belegt. Die gibt's tatsächlich, aber diese Vielfalt dessen, was heute therapiert wird, was alles psychische Störungen sind... Burnout. Auch bei meinen Kollegen ringsum gibt es Pfarrer mit Burnout. Man hat zwar noch überhaupt nicht gemerkt, dass der Pfarrer angefangen hat zu brennen in der Gemeinde, aber er hat schon zwei Burnouts gehabt. Das ist so eine Modekrankheit, nicht? Und für alles gibt's Medikamente!

Bitte denken Sie jetzt nicht, ich möchte das so ein bisschen klein reden. Es gibt in Amerika einen berühmten Psychologen,

Allen Francis. Er hat ein Buch geschrieben, das heißt „Normal". Er benennt das genau, dass es ganz viele Krankheiten gibt, die einfach erfunden worden sind, um der Pharmaindustrie mehr Gewinne zu bringen. Der Spiegel-Redakteur Jörg Blech hat auch ein sehr gutes Buch geschrieben: „Die Krankheitserfinder". Es sind ganz neue Bücher, die genau davon reden, dass wir alle so ein bisschen pathologisiert werden. Nach diesem führenden Psychologen Allen Francis geht es darum, dass fast 90 Prozent der amerikanischen Jugendlichen zwischen 15 und 30 Jahren krank wären, wenn man das alles anwenden würde. Da werden wir krank gemacht! Da gibt's also Tendenzen - das hat mit dem Gesundheitswesen zu tun - alles, was ein bisschen außerhalb der Normalität ist, für krank zu erklären. Die Frage ist, ob wir wirklich all diese Medizin und all diese Therapien brauchen. Nochmal: Ich möchte das nicht in Abrede stellen, nicht dass einer mich missversteht. Es gibt tatsächlich psychische Erkrankungen und da ist es wichtig, dass wir Psychologen haben, die helfen. Nur momentan haben wir so einen „Ausschlag", wo das völlig überzogen wird!

Was wir aber alle brauchen, ist nicht die Psychiatrie, das ist die Seelsorge des HERRN Jesus Christus, denn da sind wir alle bedürftig. Bei der Psychiatrie darf man manches Mal gerne ein Fragezeichen setzen, aber bei der Seelsorge durch Jesus Christus mit seinem Blut, da müssen wir alle ran. Nicht nur einmal in unserem Leben, nicht nur einmal im Jahr, sondern am besten tagtäglich, immer wieder in die Praxis unseres Super-Psychiaters Jesus gehen, entschuldigen Sie dieses platte Wort. Immer wieder am Kreuz vor den HERRN treten und um Vergebung der Schuld bitten, dass ER uns rein macht von all dem, was uns belastet. Das brauchen wir alle, damit unsere Seelen und unsere Lippen erlöst sind, in Einklang kommen. Das dürfen und können wir tun, wir können immer wieder zum HERRN gehen. Wir können das gleich vor dem Abendmahl tun, aber auch in der Woche, morgen und übermorgen. Wir können uns Stille Zeit nehmen, und zum HERRN beten. Immer bevor wir anfangen, für all das zu bitten, was wir brauchen, ist es am Anfang wichtig, Gott um Reinigung zu bitten. Dass ER uns rein macht von all den falschen Dingen, die in unserer Seele sind, von allem, was uns verunreinigt und was wir nicht wegnehmen können, wie beispielsweise Hass. Was der Teufel immer wieder in uns hineingibt, das müssen wir immer wieder vor den HERRN bringen. Wir brauchen tagtäglich das Blut Christi als Medizin. Das ist ein Medikament, das Sie immer wieder ohne irgendwelche negativen Nebenwirkungen nehmen können. Da kann ich nur dazu anraten, als ihr verantwortlicher Pastor: Nehmt immer wieder das Blut Jesu Christi in euer Leben mit hinein, damit es eure Seelen reinwäscht, damit die Seelen und eure Lippen auch erlöst sind. Ja, das ist nötig, dass wir das brauchen!

Wodurch erlöst? Durch Jesus Christus. **Nun die dritte Frage: Wozu erlöst?** Das sagt unser Predigttext auch. Wir sind erlöst dazu, dass wir fröhlich sein sollen und dem HERRN lobsingen sollen. Jetzt kann man, wenn man das oberflächlich betrachtet, denken: „Ja, da hat ER uns erlöst, damit wir IHM was Gutes tun." Aber wisst ihr, was das Geheimnis des Lobpreises ist? Gott braucht den nicht! Gott ist nicht so ein kleiner Dackel in der Ecke, der sich freut, wenn das Herrchen kommt, ihn tätschelt und sagt: „Hast du gut gemacht, Waldi!" Das braucht unser HERR und Gott nicht. Der braucht meinen und euren Lobgesang nicht. ER kann aus den Steinen dieser Kirche sich einen Lobgesang erschaffen, dass das ganze Universum zerplatzt! Der HERR hat Heerscharen der Engel, die ihm Lob und Preis von Ewigkeit zu Ewigkeit bringen. Aber wisst ihr, was passiert, wenn wir den Lobgesang anstimmen, der Gott natürlich wohlgefällig ist? Dann sind wir im Herzen fröhlich und das möchte unser guter Gott, unser Schöpfer für unser Leben. Wenn man richtig froh und dankbar ist - jeder kennt solche Situationen aus seinem Leben: wenn man weiß, dass man das Abitur oder eine Prüfung geschafft hat; oder wenn man endlich die Liebe des Lebens gefunden hat; wenn man im Lotto gewonnen hat; oder z.B. das Haus abbezahlt hat, so dass man schuldenfrei ist und und und ... Dann ist man erlöst, fröhlich und lobt Gott von Herzen gern!

Das möchte Gott, solche Existenz möchte ER für uns, dass *wir* fröhlich sind. Wenn Gott uns das durch seinen Heiligen Geist schenkt, diese Fröhlichkeit - und die gibt's nur beim Heiligen Geist - dann sind wir befreit zum Lob. Und dann ist es auch echt. Gott möchte nicht so ein Loblied, dass wir irgendwie so dahinsingen, weil der Pastor das an die Tafel hat anschlagen lassen. Wir singen gleich als letztes das Lied „Nun danket alle Gott", da können Sie alle mitsingen. Hoffentlich singen Sie es so mit, dass die Seele mitsingt. Mit den Lippen zu singen, das können wir alle. Ob wir die Noten treffen oder nicht, sei einmal dahingestellt, aber den Text können wir mitsingen. Aber ob das wirklich aus der Seele kommt und wir das sagen können: „Ich danke dir, mein HERR, mein Gott, für mein Leben. Ich danke, dass ich heute Morgen hier in diesem Haus sein durfte. Ich danke dir für deine Segnung." Das wünsche ich wirklich und das wünscht sich Gott vor allen Dingen, dass du von ganzem Herzen fröhlich und froh bist. So heißt es hier: ***Meine Lippen und meine Seele, die du erlöst hast, sollen fröhlich sein und dir lobsingen.*** Erst fröhlich werden und dann singen. So ist das bei Gott. Erst der Indikativ: „Ich mache dich fröhlich", und dann der Imperativ: „Bitte, dann darfst du mir auch Lob singen." Wenn wir dahin kommen, dass wir dem HERRN Lob singen, dann sind wir am Sinn und Ziel unseres Lebens angekommen. Wenn unsere Seele so fröhlich ist, so voller Glück über den HERRN Jesus Christus, dass die Lippen fröhlich davon singen, dann sind wir am Sinn und am Ziel unserer Existenz angekommen.

Sinn deiner Existenz und Ziel deiner Existenz ist nicht die erste Million in bar auf deinem Konto; ist nicht der Marathon, den du irgendwann unter drei Stunden läufst; und ist es auch nicht, dass du irgendwann deinen Doktortitel bekommst. Das ist alles schön und nett, das darfst du mitnehmen in dieser Welt. Und sei dankbar, wenn der HERR es dir schenkt. Aber der Endsinn und das Endziel deines Lebens ist der Lobpreis Gottes. Das werden wir eines Tages in der Ewigkeit alle tun. Darum geht's im himmlischen Jerusalem. Man wird immer gefragt, wie es da sein wird, im himmlischen Jerusalem. Man kann sich das gar nicht ausmalen, wie wunderbar es da sein wird. Aber eins sagt die Bibel: Da werden wir alle im ewigen Lobpreis vor dem HERRN stehen. Wisst ihr, es ist toll, wenn das, was im himmlischen Jerusalem unsere Existenz ganz füllen wird, hier auf Erden schon anfängt. Das können wir nicht machen, wir können uns nicht dazu zwingen. Das wäre Religion! Jeder kann Loblieder singen. Ich kann auch die ganze Zeit durch Bremen laufen und „Jesus ist super!" und „Halleluja!" rufen. Das kann ich machen. Aber es ist noch nicht gegeben, dass das echt in meinem Herzen ist. Es ist dann echt, wenn in meinem Herzen diese Verbindung von meinem Herzen zu den Lippen geschieht. Das muss der HERR Jesus selber durch seinen Heiligen Geist in mir wirken. Das ist ganz wichtig!

Jetzt komme ich zu dem, womit ich den Gottesdienst begonnen habe, zum Thema dieses Sonntags Rogate. Das brauchen wir wirklich: vollmächtig und echt zu beten. Wir brauchen die Erlösung unserer Lippen und Seele, damit wir richtig beten. Ich kann euch 2000 Mal sagen, so müsst ihr beten und Fürbitte tun für die Obrigkeit usw. Es bringt gar nichts! Das Wichtigste ist, dass der HERR Jesus seinen Heiligen Geist in uns gibt und dass ER uns füllt mit seiner Freude und Fröhlichkeit. Dadurch erlöst ER Lippen und Seele und dann bricht der Lobpreis automatisch aus uns heraus. In den 70-er Jahren gab's so einen pädagogischen Lehrsatz: „Heute schon Ihr Kind gelobt?" So müsste man eigentlich die Christen fragen: „Und - heute schon Jesus gelobt?" Wenn man Jesus nicht gelobt hat, dann darf man selber bei sich feststellen: Da ist noch so ein Stück weit Unerlöstheit meiner Seele und Lippen; da ist irgendwas in meiner Seele drin, was nicht ganz echt ist. Dann darf man das erkennen, darf das zum Kreuz bringen und den HERRN bitten, dass ER einen erlöst und frei macht und wirklich diese vollendete Erlösung schenkt. ***Meine Lippen und meine Seele, die du erlöst hast, sollen fröhlich sein und dir lobsingen.***

Wovon erlöst? Von der Unwahrhaftigkeit. Wodurch erlöst? Durch Jesus Christus. Und wozu erlöst? Zum Lob unseres HERRN.

Möge der HERR diese Predigt an deinem Leben, an deinen Lippen und deiner Seele segnen. Amen.

Und der Friede unseres allmächtigen Gottes, der sehr viel höher ist als alle unsere menschliche Vernunft, er bewahre unsere Herzen und Sinne in Christus Jesus, unserem auferstandenen und lebendigen HERRN. Amen.

## Ein wunderbareres Wort!

Psalm 73,23

Gnade sei mit euch und Friede von dem, der da war und der da ist und der da sein wird in alle Ewigkeit, unser HERR Jesus Christus. Amen.

Liebe Gemeinde, das Wort, das wir heute als Predigttext hören wollen, ist der Taufspruch von dem Täufling in unserem Gottesdienst. Es ist ein Wort, das genau noch einmal das aufnimmt, worum es in diesem Gottesdienst als Ganzes geht: um das Bleiben an und bei Jesus. Wir wollen hören auf Psalm 73, Vers 23. Dort heißt es:

***Dennoch bleibe ich stets an dir, denn du hältst mich bei meiner rechten Hand.*** Amen.

**Wir wollen stille werden und beten:** Lieber HERR und Heiland! Wir wollen dir Dank sagen für dieses Wort aus dem Psalm 73, das du uns jetzt schenkst für unser Leben; das du uns gibst für diese Predigt. Wenn wir jetzt die Predigt hören über dieses wunderbare Wort, so wollen wir dich bitten, dass du uns segnest in der Predigt, dass du selber uns die Bedeutung dieses Psalmwortes öffnest. Das wird nur dann gelingen können, HERR, wenn du selber den Segen schenkst für diese Predigt. Und so wollen wir alle miteinander bitten: HERR, segne du selber das Reden und das Hören deines heiligen und lebendigen Wortes an uns allen. Amen.

Liebe Gemeinde, die meisten von Ihnen wissen, dass ich zwei Geschwister habe. Sie sind auch Theologen. Wir sind alle kurz hintereinander geboren. Und wenn wir früher in unsere alte Gemeinde gingen, da war es manchmal so, dass einer von uns morgens verhindert war, weil er abends zuvor noch auf einer Party gewesen war, sodass er morgens nicht rauskam - so wie das bei Jugendlichen eben ist. Manchmal lag auch ein anderer Grund vor, zum Beispiel weil wir Posaune spielten, waren wir dann auch mal in einem anderen Gottesdienst. Wann immer wir uns dann am Sonntag zum Mittagessen trafen und wie wir da in der Familie zusammen waren: Wenn dann einer beim Gottesdienst in unserer Kerngemeinde nicht dabei gewesen war, da ging es sofort los und er fragte: „Worum ging's denn in der Predigt? Was hat denn der Pastor gesagt?" Das war halt das Thema beim Mittagessen. Da wurde sich darüber ausgetauscht. Und natürlich - wie das so üblich ist - wurde auch schon manchmal eine Predigt auseinandergenommen oder es wurde darüber diskutiert, was richtig gut war, was einen aufbaute. Wissen Sie was, das wünsche ich mir auch heute für diese Predigt, dass das heute bei Ihnen Thema ist. Wenn Sie zu Mittag essen, dass Sie sich darüber austauschen. Sei es, dass Sie sagen: „Meine Güte, da war er heute zu laut", oder sonst irgendwas, aber dass Sie vor allen Dingen über den Kern dieser Botschaft, über den Kern dieses Wortes nachdenken. Vielleicht finden Sie noch viel Tieferes, als mir der HERR geschenkt hat im Geist. Das wäre wunderbar, wenn Sie dann sagen: „Da hätte er noch viel mehr sagen können, weil es so ein tolles Wort ist." Das wünsche ich mir einfach, dass Sie darüber nachdenken. Und wenn Sie so ein Resümee geben müssten - nicht über meinen Predigtstil, sondern über dieses Wort aus Psalm 73 - dann wünsche ich mir vor allen Dingen eines, dass Sie dann sagen: „Mensch, das ist ein wunderbares Wort!"

Das habe ich auch als Überschrift über diese Predigt gestellt: **Ein wunderbares Wort.** Und warum ist das ein wunderbares Wort? Ich habe drei Gründe mitgebracht:

**1. weil es eine wundervolle Tatsache enthält**
**2. weil es eine feste Entscheidung ist**
**3. weil es ein kraftvolles Bekenntnis ist.**

Wir wollen anfangen **mit dem ersten Punkt. Es ist ein wunderbares Wort, weil es eine wundervolle Tatsache enthält.** Nämlich dass es einen HERRN und Gott gibt, den Allmächtigen, der uns seine rechte Hand entgegen streckt. Das ist ja Grundlage unseres Christseins, unser Fundament, dass wir dieses kindliche Geführtsein - dieses Gehaltensein durch die Hand unseres Heilandes - immer spüren dürfen. Das unterscheidet den Christen vom Nichtchristen. Ein Christ ist ein Mensch, der weiß, dass die Hand Gottes ihn hält und der diese Hand auch immer spürt. Das ist nicht nur bloßes intellektuelles Wissen, sondern etwas, was er erfahren hat, dass dieses Halten durch die Hand Gottes ihm Kraft, Zuversicht und Trost gibt für alles, was vor ihm liegt. Das ist eine wundervolle Tatsache! Es gibt so viele Tatsachen unseres Lebens, die sind *nicht* wundervoll. Etwa dass das Geld, mit dem wir bezahlen, der Euro, eine ganz unsichere Sache ist. Das ist eine feste Tatsache, das kann Ihnen jeder Bänker, jeder Betriebswirt bestätigen. Übrigens deshalb, weil wir heute in der Finanzwirtschaft anders handeln als in der Bibel. Die Bibel sagt schon, wenn man Geld gegen Zinsen verleiht, dann funktioniert das zwischenmenschlich nicht, da gibt's früher oder später die Katastrophe. „Quod erat demonstrandum" („was zu beweisen war") in der Euro-Krise 2013. Ein fester Sachverhalt, eine bestehende Tatsache: Der Euro ist nicht sicher!

Eine andere Tatsache unseres Lebens ist: Wir alle müssen sterben. In 100 Jahren sind wir alle nicht mehr da, da sind wir alle mausetot. Alles, was wir besitzen, unsere Autos, unsere Häuser, da interessiert sich kein Mensch mehr dafür. Die Bilder, die wir haben, alles spielt keine Rolle mehr, da „kräht kein Hahn mehr" nach uns, nicht? Oder eine andere feste Tatsache ist, dass es in dieser Welt niemals Frieden geben wird. Momentan fragen sich die Leute ja, wie wird es sich denn zwischen Südkorea und Nordkorea entwickeln? Gibt's vielleicht nochmal einen Krieg? Krieg wird es immer geben, die Menschen haben sich seit Kain und Abel im Grunde kein Stück verändert. Der eine haut den anderen tot und das wird so sein, bis der HERR Jesus Christus wiederkommt. Das ist Irrglauben, das ist menschliche Hybris, Überheblichkeit, zu glauben, wir könnten auf der ganzen Welt Frieden schaffen. Wahnsinn, Irrsinn! Feststehende Tatsache, es wird immer Krieg geben in dieser Welt.

Ich könnte so weitermachen mit solchen Tatsachen, die ganz traurig sind. Wir haben aber - Gott sei Dank - eine Tatsache, die uns in all den feststehenden, traurigen Tatsachen immer wieder hält und Kraft gibt, nämlich dass es eine Hand gibt von unserem Heiland, die uns festhält. Und das ist nicht irgend so ein „Händchen", das ist die gewaltigste Hand, die man sich vorstellen kann. Das ist die Hand, die Himmel und Erde gemacht hat. In Jesaja 48 heißt es:

> ***Seine Hand hat die Erde gegründet, und seine Rechte hat den Himmel ausgespannt und dem Heer des Himmels geboten.*** (Jesaja 48,13)

Nicht die Hand von irgendeinem Menschen, die uns da entgegenkommt, sondern es ist die Hand des Allmächtigen. Es ist eine Hand, die uns immer und überall in jeder Situation hält. Da gibt's nichts, aber auch gar nichts, keine Situation, keinen Platz, wo diese Hand nicht hinkommt. In Psalm 139 heißt es:

> ***Von allen Seiten umgibst du mich und hältst deine Hand über mir. Nähme ich Flügel der Morgenröte und bliebe am äußersten Meer, so würde auch dort deine Hand mich führen und deine Rechte mich halten.*** (Psalm 139,5/9-10)

Ja, liebe Brüder und Schwestern, dessen dürfen wir uns gewiss sein. Egal, wo wir hingehen als Christen, egal wie tief die Tiefe ist, wo wir durch müssen in diesem Leben - die Hand unseres Heilandes Jesus Christus ist da, diese machtvolle, großartige Hand. Sie ist gerade dann ganz besonders da, wenn wir straucheln. Wenn wir versagen, wenn wir nicht weiter können, wenn wir untergehen, wenn der Euro kaputt geht, wenn hier vielleicht in Europa nochmal ein Krieg ausbricht, das ist furchtbar, gar keine Frage. Aber ein Halleluja für diejenigen, die sich dann ausstrecken können und die Hand des Heilandes fasst sie. Im Psalm 37 heißt es im Vers 24 über den, der zum HERRN Jesus gehört: ***Wenn er fällt, so stürzt er nicht, weil die Hand des HERRN ihn festhält.***

Petrus durfte das erfahren, als er auf dem See geht. Im Moment ist ihm etwas gelungen und dann geht er wieder unter. Das ist ein Bild für uns Menschen. Im Augenblick gelingt uns etwas, aber im nächsten Moment, da gehen wir wieder unter, da haben wir Angst und da schlottern uns die Knie. Und was ist dann? Da streckt sich ihm die Heilandshand entgegen und zieht Petrus raus aus den Fluten. Nicht nur Petrus durfte diese Hand ergreifen. Nicht nur der Asaf, der diesen Psalm 73 geschrieben hat, nein, diese Hand dürfen auch wir ergreifen, die uns in allen Bereichen hilft und uns aus allen Problemen, Schwierigkeiten und Knechtschaften herausführt. Das Volk Israel - so heißt es immer wieder im Alten Testament - wurde herausgeführt aus der Knechtschaft in Ägypten durch die starke Hand Gottes.

Das ist ein Bild, das immer wieder gebraucht wird. Oder denken wir nur an all die Menschen im Neuen Testament, die Probleme hatten und dann zu Jesus kamen und was die Hand Jesu dann tut. Da ist der Taubstumme, dem Jesus die Hand auf seine Ohren, auf sein Gesicht legt. Dann kann er wieder hören und sprechen. Da ist der Jairus mit seinem großen Problem, dass seine Tochter gestorben ist. Da geht Jesus hin zu der Tochter, die tot war. Dann heißt es: ***Und ER ergriff das Kind bei der Hand...*** (Markus 5,41) und dann wurde sie wieder lebendig.

Das ist die Hand unseres Heilandes Jesus Christus. ER führt uns aus allen Schwierigkeiten, aus allen Problemen, vor allen Dingen aus dem größten Problem, dass wir Sünder sind und wir es eigentlich nicht verdient hätten, bei Gott zu sein. Dafür hat ER seine Hände auf Golgatha durchbohren lassen, dass wir keine Schuld mehr zu tragen haben. Diese Hand hält uns Gott entgegen und sagt uns: Schlag ein in diese Hand! Wenn du diese Hand genommen hast, dann kann dir nichts mehr passieren. Wenn du ja gesagt hast zu mir in Jesus Christus, dann ist alles erledigt, dann brauchst du keine Angst mehr zu haben, denn ich halte dich fest. - Jesus Christus sagt:

***Ich bin der gute Hirte ... und meine Schafe hören meine Stimme ... und niemand wird sie aus meiner Hand reißen.*** (Johannes 10,14/27-28)

Ja, wir müssen auch schwierige Situationen in dieser Welt erleben, aber aus der Hand unseres Heilandes kann uns niemand reißen. ER hält uns mit seiner rechten Hand. Das ist die Erfahrung von Asaf, die er uns weitergibt, dass er die verborgene Hand Gottes gespürt hat und dass ihm das Kraft gegeben hat in all dem Elend, was er erleben musste. Lesen Sie mal Psalm 73. Die 22 Verse vorher sind ein einziges Erzählen und Klagen, wie furchtbar die Welt ist, wie schlimm die Menschen um ihn herum sind. Und dann sagt er im Vers 23 - ***dennoch***:

***Dennoch bleibe ich stets an dir, denn du hältst mich bei meiner rechten Hand.***

Was kann mir dann passieren? - Dann geht es weiter. Die nächsten fünf Verse sind ein einziges Loblied.

***Wenn ich nur dich habe, so frage ich nicht nach Himmel und Erde.*** - Hauptsache, ich habe deine Hand. - ***Wenn mir gleich Leib und Seele verschmachtet, so bist du doch, Gott, allezeit meines Herzens Trost und mein Heil.***

Die Erfahrung dieser Tatsache, die wünsche ich euch allen, dass ihr das ganz neu erlebt. Die meisten von euch wissen das ja, was es heißt, an der Hand des Heilandes zu gehen. Aber ich möchte euch heute aufrufen: Haltet sie noch fester, macht euch noch fester in und an Jesus Christus für all das, was vor euch liegt, für die guten und wunderbaren Dinge, aber auch für die vielleicht schweren Zeiten, die kommen. Haltet euch fest an der Hand unseres Heilands. Ja unser Predigtvers ist ein wunderbares Wort, weil es eine wundervolle Tatsache ist.

**Ein Zweites: Ein wunderbares Wort, weil es eine feste Entscheidung ist.** Wir leben heute in Zeiten, wo wir mehr zu entscheiden haben denn je. Also, wenn hoffentlich heute Nachmittag ein bisschen besseres Wetter wird, Sie dann rausgehen und an die Eisdiele kommen, da haben Sie etwa 40 bis 50 Eissorten, zwischen denen Sie wählen können. Die Älteren wissen, wie das früher so vor 50 Jahren war. Da gab‘s drei Sorten: Erdbeere, Schokolade, Vanille - und Erdbeere war meistens aus. Heutzutage steht man davor und denkt, was nehme ich bloß aus der Vielfalt?

Es geht weiter, wenn Sie heute Abend so 20.15 Uhr den Fernseher anmachen, da können Sie auch entscheiden. Die meisten von Ihnen haben 60-70 Programme, man kennt die zum Teil gar nicht alle mit Namen. Auch wir wissen, wie das vor 50 Jahren war. Wenn man überhaupt einen Fernseher hatte, dann gab‘s zwei Programme, zwischen denen man wählen konnte, die fingen abends um 18 Uhr an und hörten um 23 Uhr auf.

Nicht nur in diesen Banalitäten, nein, auch in anderen Dingen haben wir Entscheidungen zu treffen. Wir haben Möglichkeiten, von denen man vor 100 Jahren nicht einmal geträumt hätte. Wenn man heute mit den Ex-Konfirmanden Kontakt hat, wenn sie nach dem Abitur studieren oder eine Lehre machen - was für eine Auswahl an Möglichkeiten steht ihnen offen! Das ist toll für sie, aber sie müssen natürlich auch Entscheidungen treffen. Wo werde ich leben, wie werde ich mein Leben gestalten? Also, das ist irre, was wir heute für Möglichkeiten haben, und dementsprechend natürlich auch immer wieder neu Entscheidungen treffen müssen. Viel mehr als vor 100 Jahren, wo das Leben viel stärker so auf einem Gleis gelaufen ist, wo vieles schon manchmal vorprogrammiert war, wenn man in die entsprechende Familie hineingeboren war.

Doch bei all dem Vielen, was sich heute verändert hat, wo wir viel mehr zu entscheiden haben, ist *eine* Grundentscheidung immer noch dieselbe. Vor 3000 Jahren zu Zeiten Asafs, so auch in 3000 Jahren, falls der HERR Jesus Christus bis dahin nicht wiedergekommen ist und die Welt zu Ende geht. Immer noch dieselbe und die wichtigste Grundentscheidung wird die Antwort auf die Frage sein: Woran mache ich mein Leben fest? Es ist vollkommen egal, was Sie an der Eisdiele nehmen und sich da einfüllen lassen, vollkommen egal, was wir heute Abend im Fernsehen gucken. Es ist letztlich auch egal, welchen Beruf Sie machen, aber es ist *nicht* egal, worauf Sie Ihr Leben gründen. Das ist die Grundfrage unseres Lebens. Nehmen wir die Hand an, schlagen wir ein, die sich uns in Jesus Christus entgegenstreckt, oder gründen wir unser Leben auf andere Dinge, wie etwa der reiche Jüngling, der sagt: „Na ja, das ist alles ganz gut und ganz nett mit Jesus Christus - bis zu einem gewissen Grad; aber wenn es ans Portemonnaie geht, na dann ist mir das Geld viel lieber." Das ist auch so ein Problem von vielen von uns. Wir sind davon überzeugt, wir haben die Hand des Heilandes auch gespürt, aber wenn es Spitz auf Knopf steht, dann ist mir die Sparkasse noch einen Millimeter näher als der HERR Jesus Christus. Da kriege ich ja was am Geldautomaten und beim HERRN Jesus ... na, man weiß nicht so richtig.

„Ich bleibe bei Jesus, ich bleibe beim HERRN, weil Er mich bei meiner rechten Hand hält." Das sagt hier der Asaf, der eher eine Menge Zweifel, Probleme, Anfechtung und Verfolgung hat. Das lesen wir ja in den ersten Versen. Und doch sagt er: ***dennoch***. Es ist nicht so, dass er sagt: „Ich habe so viel Gutes erlebt, so viele Segnungen, so viel Geld bekommen. Meine Nachbarn sind ganz lieb, in meiner Familie klappt alles. Und weil das alles so ist - also kausales Verhältnis - deshalb...! Nein, es ist ein konzessives Verhältnis, obwohl alles so „mistig" ist, so eine furchtbare Zeit hier ist, kann mich das nicht davon abhalten, beim HERRN und Heiland zu bleiben, weil es das Allerwichtigste ist.

Der moderne Mensch des 21. Jahrhunderts, der scheut diese Entscheidung, die der Asaf hier getroffen hat. Der moderne Mensch möchte für alles offen bleiben. Die Soziologen sprechen heute von einer Erosion der Werte. Es gilt eigentlich gar nichts mehr so richtig. Zum Beispiel in der Partnerschaft. Früher war es selbstverständlich, wenn man geheiratet hat, dann bleibt man auch mit seinem Partner zusammen. Man steht zu dem, was man versprochen hat. Heute werden die Partner gewechselt wie die Unterhosen. Vielleicht kann ich mich nochmal verbessern, nur nicht festlegen. Die Ehe und so ein Gelübde spielen auch keine Rolle mehr. So ist es auch im Beruf. Man hat irgendwas vom Arbeitgeber, aber wenn ich mich irgendwie verbessern kann, spielen Zuverlässigkeit und Treue dem Arbeitgeber (oder umgekehrt dem Arbeitnehmer) gegenüber keine Rolle mehr. Man legt sich nicht fest. Was gestern noch Gültigkeit hatte, das werfen wir morgen schon wieder über den Haufen.

So ist es in ganz vielen Bereichen. Der moderne Mensch möchte sich nicht festlegen. Wenn Sie heute eine Freizeit planen, dann läuft es ungefähr folgendermaßen ab: Ein halbes Jahr vorher geben Sie Prospekte raus, dann melden sich fünf Monate vorher ein paar Leute an und dann geht das los. Vier Monate vorher sagen sie wieder ab, drei Monate vorher sagen sie wieder zu. Es ist ein Hin und Her. Man überlegt, ob es was Besseres gibt. Also, das einzig Verbindliche, das es im 21. Jahrhundert gibt, ist die Unverbindlichkeit. Sich nur nicht festlegen. Das kennen wir auch alle. Ich nehme mich da ausdrücklich nicht aus. Wenn ich gefragt werde: Haben Sie da und da Zeit? Da sage ich erst einmal: „Da muss ich erst mal in den Terminkalender gucken". Mache ich auch immer, aber man legt sich erst einmal nicht fest, nicht? Das ist so eine schwierige Sache. Die Unverbindlichkeit ist zur Verbindlichkeit geworden.

Aber bei einer Sache, liebe Brüder und Schwestern, da müssen wir verbindlich sein, da müssen wir uns entscheiden. Da unterscheiden wir uns auch von dem modernen Menschen, weil wir als Christen eine Entscheidung getroffen haben. Wie Asaf gefragt wurde, könnte auch der moderne Mensch heutzutage gefragt werden: „Ja, hast du denn etwas gefunden, das es wirklich wert ist, dass man sich da endgültig und absolut darauf festlegt und dafür entscheidet?" Da können wir sagen:

„Gott sei Dank, das haben wir." Aber nicht *etwas* haben wir gefunden in dieser Welt mit all den Möglichkeiten, *jemanden* haben wir gefunden - Jesus Christus. Wir haben jemanden, auf den wir uns verlassen können. Er hält uns immer seine Hand entgegen, seine mächtige Hand. Und das ist wichtig, dass man sich für diese Hand entscheidet. Wir haben es im Evangelium zu Beginn des Gottesdienstes gehört: Jesus sagt, wie wichtig das ist, dass wir an IHM bleiben, an seiner Hand. Ich lese die zwei Verse nochmal:

> ***Ich bin der Weinstock, ihr seid die Reben. Wer in mir bleibt und ich in ihm, der bringt viel Frucht; aber ohne mich könnt ihr nichts tun. Wer nicht in mir bleibt, der wird weggeworfen wie eine Rebe und verdorrt, und man sammelt sie und wirft sie ins Feuer und sie müssen brennen. Wenn ihr in mir bleibt und meine Worte in euch bleiben, werdet ihr bitten, was ihr wollt, und es wird euch widerfahren.*** (Johannes 15,5-7)

Jesus selber sagt: „Bleibt bloß an meiner Hand! Legt euch da fest - genauso wie der Asaf - egal, was immer bei euch passiert, ob es gut oder schlecht ist." Dennoch bleiben wir stets an Jesus Christus, denn er hält uns an seiner rechten Hand.

Wann immer wir hier in der Gemeinde Abendmahl feiern, kommt zunächst einmal der Vorstand nach vorne an den Abendmahlstisch, weil die dann im Anschluss das Abendmahl austeilen. Es ist grundsätzlich so, dass ich dem Vorstand dieses Wort aus Johannes 15 zuspreche: ***Ich bin der Weinstock, ihr seid die Reben. Wer in mir bleibt und ich in ihm, der bringt viel Frucht; aber ohne mich könnt ihr nichts tun.*** Das tue ich nicht deshalb, weil ich nicht noch zwei oder drei andere Bibelsprüche kennen würde, die ich auch mal zur Abwechslung sagen könnte. Nein! Ich sage es deshalb, weil das der Kern ist für die Ältesten unserer Gemeinde, wichtiger als alles andere. In welcher Farbe wir jetzt demnächst die Kirche streichen, ob gelb, grün oder rot, das spielt keine Rolle. Es ist letztlich auch nicht so wichtig, wie die Finanzen aussehen. Das Wichtigste ist, dass wir an und in Jesus Christus bleiben. Das muss dem Vorstand immer und immer wieder gesagt werden, natürlich auch dem Pastor. Wir müssen am und in Jesus Christus bleiben, sonst ist alles andere für die Katz. Alles andere hat dann gar keinen Wert. Das gilt auch für dich, dass du diese Entscheidung immer wieder neu triffst. Gut, wenn du sie schon einmal in deinem Leben getroffen hast. Aber das ist eine Sache, bei der man sich immer und immer wieder neu entscheiden muss: „Jawohl, HERR, jetzt erst recht! Dennoch bleibe ich stets an dir, denn du hältst mich bei deiner rechten Hand."

Ich möchte dir Mut machen, diese Entscheidung neu zu bekräftigen für dein Glaubensleben heute in deiner ganz konkreten Situation mit allem, was vor dir steht: vor einer problematischen Woche, vor einer schweren Entscheidung, vor dem Gang ins Krankenhaus. Ich weiß nicht, was für dich dran ist, ich kann dir nur im Namen Gottes zurufen: Halte dich neu ganz fest an der Hand unseres Heilandes und du wirst sehen, dass ER dich durchführt, wenn du diese feste Entscheidung triffst. Ein wunderbares Wort, eine wundervolle Tatsache, eine feste Entscheidung.

**Ein Drittes: Ein kraftvolles Bekenntnis.** Es ist eine Tatsache, die Asaf erleben durfte, dass ihn die Hand Gottes hält. Er trifft eine Entscheidung, bei IHM zu bleiben. Und diese Entscheidung wird zu einem wunderbaren, kraftvollen Bekenntnis. Wer eine Entscheidung getroffen hat, der *ist* entschieden, und wer entschieden ist, der *bekennt* auch, *was* er entschieden hat. Deshalb sind entschiedene Christen bekennende Christen. Wenn einer nicht bekennt, dann weiß ich, dass mit seiner Entscheidung irgendetwas noch nicht richtig stimmt, dass er noch nicht richtig fest zugepackt hat an der Hand unseres Heilandes. Asaf ist einer, der hat fest zugepackt, hat eine Entscheidung getroffen für den lebendigen Gott. Da bekennt er das auch in diesem Lied, in diesem Psalm. Obwohl Asaf schon 3000 Jahre tot ist, hören wir heute noch sein kraftvolles Bekenntnis, ein Wort, das uns Kraft gibt. Das ist das, was ein Bekenntnis tut: Es gibt als erstes immer Gott die Ehre. Das tut der Asaf hier. Als Zweites, es stärkt einen selber im Glauben, weil es einem nochmal den Weg, der vorliegt, gewiss macht. Aber es tut noch ein Drittes. Es schenkt anderen Orientierung.

Es gibt eine ganz wunderbare und kraftvolle Szene, wo dieses Wort zu einem unglaublichen Bekenntnis geworden ist. Es ist die Sternstunde der deutschen Kirchengeschichte, mitten in der dunkelsten Zeit, die unser Vaterland erlebt hat. Es war ein Kirchenkampf Ende der 30er Jahre. Da kamen die wahnsinnigen Idioten von den Deutschen Christen und haben erzählt, man müsse das Alte Testament individualisieren, denn Jesus sei ein Germane gewesen. Als sich dann die Bekennende Kirche gegründet hat, gab es Ende der 30-er Jahre eine Versammlung in Wuppertal. Dabei waren dann so Größen wie Wilhelm Busch, Niemöller, der Vater von Niemöller, der in Wuppertal Pastor war und die Versammlung einberufen hatte. Als sich die Leute da alle trafen, war die Gestapo auch da. Die hatten es mitgekriegt. Es wurde offiziell als Gottesdienst deklariert und da hat die Gestapo Redeverbot erteilt. Und jetzt war der alte Heinrich Niemöller - also der Vater von Martin Niemöller - der auch Predigtverbot hatte und ein ganz Gewitzter war, zur Gestapo hingegangen. „Reden darf ich nicht“, hat er gesagt, „aber ein Bibelwort - darf ich das denn hier in der Versammlung vorlesen?“ „Ja“, haben die Gestapo-Schergen gesagt, „ein Bibelwort dürfen Sie vorlesen.“ Da ist er hingegangen und hat den Psalm 73 aufgeschlagen: „Ich lese Ihnen mal die Verse 6 bis 10 vor.“ Stellen Sie sich mal die damalige Zeit vor. Hitler auf dem Höhepunkt der Macht, die Juden werden deportiert, mit all den Dingen, wie die SA, die SS, die sich damals brüstete... und dann liest Niemöller folgende Verse:

***Darum prangen sie in Hoffart und hüllen sich in Frevel. Sie brüsten sich wie ein fetter Wanst, sie tun, was ihnen einfällt. Sie achten alles für nichts und reden böse, sie reden und lästern hoch her. Was sie reden, das soll vom Himmel herab geredet sein; was sie sagen, soll gelten auf***

***Erden. Darum fällt ihnen der Pöbel zu und läuft ihnen zu in Haufen wie Wasser.***

Da sind die Gestapo-Leute nach vorne gekommen und haben geguckt, ob das in der Bibel steht oder ob er ein Manuskript abliest, weil die selber verstanden hatten, was im heiligen und lebendigen Wort steht, nämlich dass sie gemeint sind. So haben sie gesehen, der liest tatsächlich aus der Bibel. Und jeder, der da war, konnte sehen, da braucht es keine Predigt irgendeines Theologen, sondern da reichte dieser Psalm 73, der all die Dinge ausdrückte, die damals wirklich waren. Da wusste noch keiner, wie es ausgeht. Die Bekennende Kirche war noch klein und dann hat Niemöller ihnen eben dieses Wort aus Psalm 73, Vers 23 zugerufen:

> ***Dennoch bleibe ich stets an dir, denn du hältst mich bei meiner rechten Hand.*** Und weiter: ***Du leitest mich nach deinem Rat und nimmst mich am Ende mit Ehren an. Wenn ich dich nur habe, so frage ich nichts nach Himmel und Erde. Wenn mir gleich Leib und Seele verschmachtet, so bist du doch, Gott, allezeit meines Herzens Trost und mein Teil.***

Ein unglaublich kraftvolles Bekenntnis - kein eigenes Wort gesagt, nur das Bibelwort - das ist was Wunderbares. Da war ein ganz Entschiedener, nämlich dieser Heinrich Niemöller, er hat sich hingestellt und hat einiges riskiert. Das war schon so ein Ritt auf der Rasierklinge. Da wusste er, dafür geht es dann eventuell ins Gefängnis. Aber er hat sich hingestellt und hat das eben gesagt: „Wir bleiben am HERRN Jesus Christus. Da mag die Welt um uns herum toben und schreien, wie sie will, wir bleiben an Jesus Christus, an der ausgestreckten Hand unseres Gottes." Und das ist das Wunderbare!

Das wünsche ich uns auch, dass wir nicht nur die Hand unseres Heilandes Jesus Christus gespürt haben. Nicht nur, dass wir uns klar dafür entschieden haben, sondern dass wir auch immer wieder bereit sind, das zu bekennen. Vor die Welt hinzutreten, vor die Freunde, vor die Nachbarn, dass wir das immer wieder neu sagen, mit aller Fröhlichkeit, mit aller Glaubenszuversicht: Uns kann in dieser Welt nichts passieren, weil es da eine Hand gibt, die uns hält, egal was um uns herum passiert. Wir brauchen keine Angst zu haben, weil die Hand des Heilandes uns hält. Das wünsche ich dir, der du heute Morgen gekommen bist oder uns jetzt zugeschaltet bist, diesen Bekennermut. Nicht nur für heute Nachmittag am Kaffeetisch oder gleich beim Mittagessen, sondern dass du das auch bekennst für die nächste Woche an deiner Arbeitsstelle, in deinem Freundeskreis, an deiner Schule. Dass du dazu bereit bist, egal, wie sie deinen Glauben lächerlich machen, was du vielleicht an Schmähungen zu befürchten hast. Und dass du dann ganz neu aufstehen und sagen kannst: ***Dennoch***! Egal, was die anderen sagen. Bekenn: „Dennoch bleibe ich stets an dir, denn du hältst mich bei meiner rechten Hand. Ich werde immer beim HERRN Jesus bleiben."

So möchte ich euch noch einmal dieses wunderbare Wort zurufen, das eine wundervolle Tatsache, eine feste Entscheidung und ein kraftvolles Bekenntnis ist.

> ***Dennoch bleibe ich stets an dir, denn du hältst mich bei meiner rechten Hand.*** Amen.
>
> Und der Friede unseres allmächtigen Gottes, der sehr viel höher ist als all unsere menschliche Vernunft, ER bewahre unsere Herzen und Sinne in Christus Jesus, unserem auferstandenen und lebendigen HERRN. Amen.

## Kennzeichen für die Geborgenheit in Gott

Psalm 84, 3-4

Gnade sei mit euch und Friede von dem, der da war und der da ist und der da sein wird in alle Ewigkeit, unser HERR Jesus Christus. Amen.

Liebe Gemeinde, wir wollen als Predigttext hören zwei Verse aus dem 84. Psalm. Da heißt es:

***Meine Seele verlangt und sehnt sich nach den Vorhöfen des HERRN; mein Leib und Seele freuen sich in dem lebendigen Gott. Der Vogel hat ein Haus gefunden und die Schwalbe ein Nest für ihre Jungen - deine Altäre, HERR Zebaoth, mein König und mein Gott!*** Amen.

**Wir wollen beten:** Lieber HERR und Heiland, wir wollen dir Dank sagen, dass du uns dieses Wort jetzt schenkst für diesen Sonntag, für unser Leben, für die Zeit, die vor uns steht. Danke, dass du uns durch dieses Wort noch einmal deutlich machen möchtest, dass wir in dir geborgen sind. Wir wollen dich jetzt bitten für die Predigt, HERR, dass du bei uns bist, dass du zu einem jeden Einzelnen sprichst in seine Situation hinein. Das wird nur dann geschehen und gelingen, wenn du selber dieser Predigt deinen Segen schenkst. Darum wollen wir dich alle miteinander bitten, segne du selber das Reden und das Hören deines heiligen und lebendigen Wortes an uns allen. Amen.

Liebe Gemeinde, Thema dieses Gottesdienstes ist „Geborgen sein in Gott" und die Menschen, die diesen Psalm geschrieben haben, sind die Söhne Korachs. Das ist eine Sänger-Gilde gewesen, vermutlich unter David. Das sind Menschen, die wussten sich geborgen bei dem lebendigen HERRN dieser Welt. Und dafür gibt's einige Kennzeichen. Es gibt so Kennzeichen für bestimmte Menschengruppen, die stereotyp sind. Also beispielsweise gibt es Kennzeichen für Fußball-Profis. Wenn

Sie ein Fußball-Profi sind, aktuell in der Bundesliga, da gibt's gewisse Dinge, die Sie haben. Sie haben ein schnelles, teures Auto - das fahren alle Fußball-Profis. Dann haben sie eine ausgeprägte Oberschenkel-Muskulatur, sie sind alle durchtrainiert. Außerdem haben sie Autogrammkarten. Das sind alles Dinge, die hab ich nicht, die haben Sie vermutlich auch nicht, aber Fußballprofis haben sie. Das sind Kennzeichen für einen Fußballprofi. Oder denken Sie an einen Vorstandsvorsitzenden in einem Dax-Konzern. Die haben auch bestimmte Kennzeichen, beispielsweise haben sie immer gepflegte Kleidung. Vorstandsvorsitzende von Daimler oder von Siemens kaufen ihre Anzüge nicht bei C&A und die besitzen auch tolle Autos, allerdings haben die immer einen Fahrer. Das sind immer alles intelligente Männer. Egal, was man von denen halten mag, aber die haben alle hier oben ganz, ganz viel PS unter der Haube. Ich könnte noch weiter erzählen, was bestimmte Berufsgruppen ausmacht.

Ich möchte heute über Menschen sprechen, die geborgen sind in Gott - wie es auch die Söhne Korachs sind. Wir wollen dazu gewissen Kennzeichen nachgehen, die bei ihnen stereotyp sind. Ich hoffe, dass ihr die alle auch habt. Wir kommen am Schluss noch dazu, was man machen muss, wenn man die nicht hat. Ich möchte **vier Kennzeichen** aufzeigen für Menschen, die geborgen sind in Gott:

**Erstes Kennzeichen: Vitalität**
**Zweites Kennzeichen: Beheimatung**
**Drittes Kennzeichen: Heilsgewissheit**
**Viertes Kennzeichen: Sehnsucht**

**Das erste Kennzeichen** für die, die wirklich wissen, dass es einen lebendigen Gott gibt, dass sie in IHM geborgen sind, ist **Vitalität**, und zwar eine geistliche Vitalität. Wir lesen das hier. Da heißt es: ***Mein Leib und meine Seele freuen sich in dem lebendigen Gott.*** Wir kommen gleich noch dazu, dass die viel Schlimmes haben durchmachen müssen, diese Söhne Korachs, davon erzählt die Bibel, aber die sagen: „Wir sind freudig im HERRN." Das ist ein Kennzeichen für Geborgenheit im HERRN, dass man eine geistliche Vitalität hat.

Heute sind ein paar liebe Geschwister aus meiner alten Gemeinde hier. In der alten Gemeinde war eine liebe Schwester, die hieß Pottenberg. Sie war schwerkrank und lag nur noch im Bett, aber wenn wir sie besucht haben, da strahlte sie eine geistliche Vitalität aus. Die lachte immer, obwohl sie nachts nicht geschlafen hatte, und sagte: „Pastor Latzel, das ist gar nicht so schlimm, dass ich nicht geschlafen habe, so konnte ich die ganze Nacht beten und der HERR ist bei mir gewesen." Sie konnte keinen Zug mehr tun, aber sie hatte eine geistliche Vitalität. Ich kenne eine Menge Leute, die können 5000 Meter in 20 Minuten laufen, aber es sind eigentlich „geistliche Zombies", die sind innerlich tot. Körperlich zwar fit, aber keine Vitalität, weil sie Jesus nicht haben. Wenn man in dem lebendigen Gott geborgen ist - das ist ganz wichtig: in Christus sein - dann hat man Vitalität. Das macht einen lebendig. Das ist nicht nur meine eigene Idee, meine eigene Erfahrung, davon spricht die Bibel.

Beispielsweise bei David. Bei all seiner Sündhaftigkeit war er in Gott geborgen. Es wird beschrieben, wie er die Lade nach Jerusalem überführt und wie er sich da die Klamotten vom Leib reißt. Er ist zu dem Zeitpunkt ja schon ein älterer Mann und dann tanzt er vor der Lade her, da bricht es aus ihm heraus, nicht? Das ist so ein furchtbares Bild, dass seine Frau ihn verachtet. Aber David kann gar nicht anders, denn die geistliche Vitalität in diesem Mann brennt, die bringt ihn richtig in Verzückung. Zum Ende des Alten Testaments, da steht in Maleachi 3,20 ein ganz tolles Wort:

> ***Euch aber, die ihr meinen Namen fürchtet, soll aufgehen die Sonne der Gerechtigkeit und Heil unter ihren Flügeln. Und ihr sollt herausgehen und springen wie die Mastkälber.***

Jetzt ist euch Stadtmenschen das ja manchmal nicht ganz so bewusst. Kühe, die schon fünf, sechs Jahre auf dem Buckel haben, sind eher träge. Aber junge Kälbchen, wenn die aus dem Stall rauskommen, dann springen die richtig, die haben ja Dampf und richtig PS. So ist es halt auch, wer den Namen Gottes fürchtet, der hat eine Vitalität, der springt - so sagt die Bibel - wie ein Mastkalb. Das ist diese geistliche Vitalität.

In Apostelgeschichte 16 lesen wir, wie Paulus und Silas im Knast sind, sie sind schwerst gefoltert worden, der Kerkermeister hat sie ins Innerste des Gefängnisses gelegt, die Füße noch in den Block schrauben lassen und sie haben furchtbare Schmerzen. Was passiert? Um Mitternacht stimmen die beiden Lobgesänge an. Das ist total paradox, nicht? Gefoltert bis zum letzten, furchtbare Schmerzen, den Tod befürchten müssen und dann fangen die an, Lobgesänge Gottes zu singen. Warum? Weil sie geistlich vital sind, sie sind geborgen in Gott. Klar, die Umstände um sie herum sind ziemlich schlimm, aber sie sind geborgen in Gott und dann bricht diese Vitalität sich Bahn und sie fangen an zu singen. Wir haben eben den Psalm 23 gelesen: ***ER erquickt meine Seele.*** Das ist auch so ein Wort, das ich unglaublich schätze am Luther-Deutsch, die Erquickung der Seele. Und Jesus sagt: ***Kommt her zu mir, alle, die ihr mühselig und beladen seid; ich will euch erquicken.*** Das ist das, was die Menschen erleben, die wissen, dass sie geborgen sind in Gott, egal was um sie herum passiert. Wir haben immer eine Kraftquelle, die uns erquickt, die uns neue Kraft gibt, und das ist so wunderbar, wenn man das erleben darf. Ich hoffe, dass alle, die heute hier sind, diese Erfahrung schon gemacht haben und sie immer wieder machen, dass Gott, wenn man in IHM ist, einem Vitalität gibt, geistliche Vitalität.

Einer, der das ganz besonders erfahren hat, ist der große Mathematiker Blaise Pascal. Das war ein Zweifler, ein Skeptiker und dann ist er zum lebendigen Glauben gekommen. Blaise Pascal hat um 1650 gelebt und als er gestorben ist, hat man bei diesem großen Mathematiker und Gelehrten einen Zettel gefunden, den er sich in seiner Jacke eingenäht hatte. Der Zettel sollte ihn jeden Tag, jede Stunde, jede Minute an seine geistliche Wiedergeburt erinnern, als er erstmalig diesen lebendigen Gott kennenlernte, wo er das erste Mal spürte, was da für eine geistliche Vitalität entspringt. Auf diesem Zettel stand folgendes drauf: „23. November 1654. (Das war der Tag seiner Wiedergeburt.) Von ungefähr Abends halb zehn bis ungefähr eine halbe Stunde nach Mitternacht – Feuer! Der Gott Abrahams, der Gott Isaaks, der Gott Jakobs, nicht der Gott der Philosophen und Gelehrten. Gewissheit empfinden, Freude, Friede, Gott, Jesus Christus!" Das hat er drauf geschrieben. Nicht der Gott der Gelehrten und der Philosophen, nicht dieses dämliche dogmatische Gequatsche, das viele machen, ohne zu wissen, wer der lebendige Gott ist, sondern „Feuer!" hat er drauf geschrieben. Auf einmal bekommt er diese Vitalität. Er hat ja nicht gebrannt, aber innerlich ist seine Seele entzündet worden. Das ist so etwas Wunderbares, das ist so toll, dass wir keinen toten Gott haben. Dass wir uns nicht mit der Philosophie beschäftigen, dass wir uns nicht mit dem ganzen Dreck der Religionen belasten müssen, sondern einen lebendigen Gott haben, der erfahrbar ist, der uns Geborgenheit und richtige Vitalität schenkt. Das ist etwas ganz Wunderbares.

Übrigens gilt das auch für den Dienst als Pastor. Also, ich könnte keinen Dienst als Pastor tun, wenn ich nicht wüsste, da ist ein lebendiger Gott, aus dem ich immer wieder Vitalität und Kraft schöpfen kann. Das kannst du dann eventuell den Leuten weitergeben. Was würdest du den Menschen geben, wenn du nicht daran glaubst, dass Jesus Christus lebt und dass du in IHM geborgen bist? Wir dürfen uns freuen, dass wir einen Gott haben, der uns Geborgenheit schenkt. Das wird im ersten Kennzeichen deutlich, dass wir geistlich vital sind. Ich hoffe, dass ihr alle geistlich vital seid dadurch, dass der Heilige Geist euch füllt, weil ihr in dem HERRN Jesus Christus seid.

**Ein zweites Kennzeichen für die Geborgenheit in Gott ist die Beheimatung.** Das ist so toll, was hier die Söhne Korachs schreiben: ***Der Vogel hat ein Haus gefunden und die Schwalbe ein Nest für ihre Jungen - deine Altäre, HERR Zebaoth, mein König und mein Gott.*** Sie sind geborgen in dem HERRN. Der Weltmensch ist nicht bei Gott geborgen, der weiß nicht, dass es einen guten Hirten gibt. Der ist - so sagt es der Psalmist - wie eine Schwalbe. Ich habe das schon mal gesehen, wenn eine Schwalbe noch kein Nest in der Scheune oder irgendwie am Haus hat, fliegt die hin und her und hin und her. Sie sind ganz fix, sie haben keine Ruhe, bis sie irgendetwas gefunden haben. Wenn sie ein Nest haben und da brüten, dann werden sie ganz ruhig. Das beschreibt der Psalmist hier, das sagt uns Gott hier.

So ist der Weltmensch. Der Mensch ohne Jesus Christus schwankt immer hin und her, mal bei der, mal bei dieser Frau, sucht im Job, was er kriegen kann, guckt, was er mit dem Geld machen kann. Er hat irgendwelche Ideen und kommt nicht zur Ruhe. Das ist nicht erst seit heute so in dieser schnelllebigen Zeit. Vor 1400 Jahren hat der Kirchenvater Augustin gesagt: „Unruhig ist mein Herz in mir, bis es Ruhe findet in dir." Das ist etwas ganz Wunderbares, wenn man diesen lebendigen Gott in Jesus Christus als HERRN hat, dass man dann Beheimatung hat, dass man weiß, wo man hingehört, ganz gleich, was in dieser Welt auch passiert. Letzte Woche habe ich nochmal eine ganz bewegende Predigt über diesen Text gehört von Wilhelm Busch. Er berichtet davon, was für einen großen Gott wir in Jesus Christus haben. Er erzählt davon, dass im März 1943 sein Haus durch die Bomben abgebrannt war. Es hatte einen Treffer gekriegt und jetzt hatten sie kein Zuhause mehr. Da stand er nun mit seiner Familie, sie hatten nichts mehr. Da ist sein Vikar gekommen und sie sind in die kleine Vikars-Wohnung gegangen und haben da gefrühstückt. Dann hat der Vikar das Losungsheft aufgeschlagen und die Losung für den Tag gelesen, an dem Wilhelm Busch sein Haus verloren hat. Sein irdisches Haus war runtergebrannt mit all seinen Predigtaufzeichnungen (es gab ja noch keine Computer), mit allem Wertvollen aus seiner Bibliothek. Was hat er da gehadert! Da war der Losungstext also genau unser Wort heute, der Psalm 84: ***Der Vogel hat ein Haus gefunden und die Schwalbe ein Nest für ihre Jungen - deine Altäre, HERR Zebaoth, mein König und mein Gott.*** Dann berichtet Busch, dass ihm das in dem Moment wieder unglaubliche Kraft gegeben hat. Hier ist seine Heimat. Die irdische Heimat hat er verloren. Das Haus aus Zement und Stein, das war weg, aber er hat ja eine Heimat unter dem Kreuz von Golgatha, bei Jesus Christus.

Es werden bestimmt wieder so einige Experten fragen: „Wie kommen Sie denn da darauf, im Alten Testament das Kreuz von Golgatha zu sehen?" Leute, die das nicht sehen, die verstehen das nicht, aber ich möchte es trotzdem nochmal erklären, warum hier vom Kreuz von Golgatha die Rede ist, warum wir das so verstehen dürfen. Also, die Söhne Korachs sagen hier: „Ja, wir haben ein Zuhause gefunden, die Schwalbe hat ein Nest" - und dann kommt es - „deine Altäre!" Dazu muss man wissen, dass es im Tempel in Jerusalem zwei Altäre gab. Wir wissen ja, der Tempel in Jerusalem war dreigeteilt. Es gab den Vorhof, es gab das Heilige und das Allerheiligste. Ins Allerheiligste durfte nur der Hohepriester, ins Heilige nur die Priester und in den Vorhof durften die Männer Israels rein. Im Vorhof war ein Altar, im Heiligen war ein Altar. Und der Altar im Vorhof, das war der sogenannte Brandopferaltar, wo geopfert wurde für die Schuld, die man getan hat. Auf diesem Brandopferaltar in Jerusalem brannte das Feuer Tag und Nacht, 24 Stunden, zwölf Monate im Jahr, 365 Tage. Da wurden immer Schafe geschlachtet, Lämmer geschlachtet und die wurden da verbrannt. Da waren Priester, die immer wieder etwas auflegten, Tag und Nacht. Der Rauch ging immer nach oben. Wenn die Menschen in Jerusalem dachten: „Meine Güte, jetzt hab ich wieder gesündigt", da konnten sie zum Tempel gucken und da war immer eine Säule des Rauches. Wo immer wieder ihrer Schuld gedacht wurde, da war die Vergebung. Das war ja im Alten Bund so. Im Alten Bund musste immer wieder für die Schuld ein Opfer gebracht werden. Und im Heiligen stand noch der Räucheraltar, wo duftendes Räucherwerk mit Weihrauch geräuchert wurde als Symbol für die aufsteigenden Gebete zu Gott. Weihrauch steht symbolisch für Reinigung und Versöhnung. Diese aufsteigende Rauchsäule erinnerte auch an die Wolkensäule beim Auszug aus Ägypten und damit an die Gegenwart Gottes.

Wir haben ja keinen Tempel mehr, wir haben auch keine Altäre mehr. Deshalb heißt das Ding da Abendmahlstisch und nicht Altar. Es ist totaler Quatsch, wenn die Leute sagen, da ist ein Altar in der Kirche. Für uns Christen gibt es nur einen Altar: den Altar, der auf Golgatha errichtet wurde, das ist das Kreuz von Golgatha. Wir müssen keine Opfer mehr bringen, am Kreuz ist das Schuldopfer gebracht worden. Das macht die Bibel deutlich. Als Jesus kommt, da sagt Johannes der Täufer: ***Siehe, das ist das Lamm Gottes.*** (Johannes 1,29) Das ist genau die Bezugnahme zu dem Opferlamm, das auf dem Brandopferaltar geopfert wurde. Die Beheimatung, die diese Söhne Korachs hatten, das sind die Altäre. Sie wussten, da ist meine Schuld vergeben, deshalb kann ich zur Ruhe kommen. Ein Mensch, dessen Schuld nicht vergeben ist, der kann nicht zur Ruhe kommen. Wenn du aber weißt, dass alles genommen ist, was du falsch gemacht hast, dass all deine Sünde vergeben ist, dann kannst du wirklich zur Ruhe kommen bei Gott. Wir haben heute wie gesagt keinen Tempel mehr, keinen Brandopferaltar, aber wir haben das Kreuz. Die Leute fragen manchmal: „Pastor Latzel, ich möchte auch so einen Glauben wie Wilhelm Busch und wie Sie oder wie die Söhne Korachs haben, wie kriege ich den?“ Ab unters Kreuz! Nur da ist er zu kriegen. Man kann den Weg dorthin mit dem Tempel vergleichen. Um zum Allerheiligsten zu kommen, musste man da erst in dieser Reihenfolge durch: Da war im Vorhof erst der Brandopferaltar, dann kam im Heiligen der nächste Altar, der Räucheraltar. Und dann kam das Allerheiligste. Erst muss die Schuld vergeben sein, sonst kann man keine Geborgenheit bei Gott haben. ER hat nämlich keine Gemeinschaft mit dem Sünder, ER muss ihm erst die Sünde nehmen, aber dann findet er Beheimatung. Das ist etwas ganz Wunderbares und etwas ganz, ganz Wichtiges, dass jeder weiß, wo seine Heimat ist.

Wenn Sie mal nach Sylt kommen, nach Westerland, da gibt es einen sogenannten Friedhof der Heimatlosen. Diesen kleinen Friedhof haben sie damals angelegt zu Beginn des 19. Jahrhunderts, weil in Sylt so viele tote Seeleute angespült wurden. Sie lagen dann am Strand und keiner wusste, wo die hingehörten. Kein Personalausweis, keine genetische Identifizierung möglich. Die Bewohner wollten sie nicht auf ihrem eigenen Friedhof haben, so haben sie den sogenannten Friedhof der Heimatlosen geschaffen. Als die rumänische Königin eines Tages den Friedhof besuchte, sorgte sie dafür, dass an diesen Friedhof ein Schild angebracht wurde mit einem Gedicht vom Theologen Rudolf Kögel. Dieses Gedicht steht heute noch da. Da heißt es:

*Das Vaterhaus ist immer nah,*
*wie wechseln auch die Lose.*
*Es ist das Kreuz von Golgatha,*
*Heimat für Heimatlose.*

Das galt für diese gestrandeten Matrosen, wenn sie in Jesus Christus gestorben sind, aber das gilt auch für uns. „Das Vaterhaus ist immer nah", wir dürfen wissen, unsere Heimat ist immer nah. „Wie wechseln auch die Lose" - egal, was in deinem Leben passiert. „Es ist das Kreuz von Golgatha, Heimat für Heimatlose." Wenn du Beheimatung möchtest, dann geht das nicht anders als unter dem Kreuz von Golgatha. Aber da darfst du Heimat finden, da darfst du zur Ruhe kommen.

Heimatlosigkeit kann ganz unterschiedliche Gesichter haben. Es kann sein, dass eine Beziehung zerbrochen ist, dass ein lieber Mensch gestorben ist, dass sich ein beruflicher Lebenstraum nicht erfüllt hat, dass die Gesundheit nicht mehr so funktioniert, wie sie eigentlich sollte. Heimatlosigkeit hat viele, viele Gesichter in dieser Welt. Nicht nur, dass man sein Haus und seinen Hof vielleicht verloren hat wie Leute, die flüchten mussten. Es gibt aber eine bleibende Heimat - egal, was mit deinem Körper, mit deinem Haus, mit deinem Geld, mit deiner Ehe, mit deiner Beziehung passiert. Das Kreuz von Golgatha,

Heimat für Heimatlose. Da darfst du beheimatet sein und wo man seine Heimat hat, da ist man geborgen. Das wünsche ich allen von euch, dass ihr diese Geborgenheit habt, unter dem Kreuz von Golgatha, eurer Heimat.

**Ein drittes Kennzeichen für Geborgenheit in Gott ist die Heilsgewissheit.** Das ist wiederum so eine Assoziation, die ich habe, wenn ich an die Söhne Korachs denke. Die Jungs hatten echt Heilsgewissheit, obwohl die eine Menge schlimme Dinge durchmachen mussten. Wenn man die anderen Psalmen so liest, beispielsweise Psalm 46, da sprechen sie davon, dass die Berge einfallen und das Meer um sie tobt. Und was sagen sie da?

> ***Gott ist unsere Zuversicht und Stärke, eine Hilfe in den großen Nöten, die uns getroffen haben.*** (Psalm 46,2)

Die haben immer wieder Zuversicht, weil sie sich ihres Heils gewiss sind, weil sie eine persönliche Beziehung zum lebendigen Gott haben, denn sie sagen: „mein König, mein Gott." Sie wissen, ihnen kann nichts passieren. Es kann sehr schlimm werden in dieser Welt, aber im Finale kann nichts passieren.

Ich möchte Ihnen das an einem Beispiel deutlich machen, was das heißt, so ein Gefühl der Gewissheit zu haben, dass nichts passieren kann. Ich denke da an ein Mädchen, das heißt Natasha. Ich weiß jetzt nicht, an welche Sie denken, ich denke an eine ganz besondere Natasha, und zwar an die Natasha Obama. Der Präsident der Vereinigten Staaten hat zwei Töchter und eine davon heißt Natasha. Glauben Sie mir, dieses Mädchen braucht sich in dieser Welt vor den irdischen Dingen weniger zu fürchten als jeder andere von uns. Da laufen nicht nur fünf Bodyguards mit Waffen um sie rum, die alle vom Secret Service oder sonst was sind, damit ihr niemand etwas antun kann. Es mobbt sie auch keiner in der Schule, da ist alles in Ordnung. Auch wenn sie ein finanzielles Problem hätte, wenn sie eines Tages einen Ausbildungsplatz sucht oder irgendwo auf eine Uni gehen will oder wenn sie irgendetwas braucht. Ihr

Vater ist Barack Obama, der Präsident der Vereinigten Staaten und sie hat eine persönliche Beziehung zu ihm. Wenn sie ein Problem hätte, sie hat dessen Telefonnummer, und Sie dürfen sicher sein, sie kann ihr Handy nehmen und ihren Papa im Oval Office anrufen. Wissen Sie was? Frau Merkel drückt er vielleicht weg, aber seine Tochter, das können Sie glauben, die nimmt er garantiert an. Mit so einem Gefühl im Hintergrund, mit so einem Handy in der Tasche und den Bodyguards um mich herum, da kann man locker leben. Da ist vieles nicht so schlimm, wie es für andere Leute sonst ist.

Wir haben auch so ein „Handy“ in der Tasche, aber nicht um irgendwelche Politiker anzurufen, wir haben auch Bodyguards um uns herum, aber es sind nicht irgendwelche durchtrainierten Typen. Es sind ganz gewaltige Dinge, die um uns herum sind. Die Engel des HERRN lagern sich um die herum, die ihn fürchten. Wir haben auch eine direkte Verbindung zum lebendigen Gott, da sind wir beim zweiten Altar. Der erste Altar war für die Schuld. Der zweite Altar ist der Räucheraltar, der im Tempel gewesen ist, der im Heiligen stand, wo beispielsweise Zacharias opferte, als er seinen Dienst vollzog. Auf dem zweiten Altar wurde zweimal Opfer gebracht, morgens und abends. Der sollte den Wohlgeruch zu Gott hinauf steigen lassen, die Ehre, den Lob und den Preis. Das zeigt, wir Menschen haben in dieser Welt eine Verbindung zum lebendigen Gott. „Deine Altäre, HERR.“ Die Söhne Korachs sprechen nicht nur davon, dass die Schuld vergeben ist beim ersten Altar, sondern eben auch davon, dass wir eine Verbindung haben zu dem lebendigen Gott hier am zweiten Alter. Das ist etwas ganz Wunderbares.

Wir haben eine Standleitung zum allmächtigen König, zu Jesus Christus. Wenn du das hast, wenn du wirklich sagen kannst: „Dieser Gott lebt und ER ist mein Gott und ist mein HERR“, ja meine Güte, da kannst du aber ganz des Heils gewiss durch diese Welt marschieren. Da kann dir in dieser Welt nichts passieren. Ja, es können eine Menge Dinge vorkommen, gar keine Frage, das haben die Söhne Korachs auch erlebt, aber wir dürfen des Heils gewiss sein. Es wird gut werden. Es ist mir ganz, ganz wichtig, wenn ich in der Seelsorge mit Brüdern und Schwestern spreche, dass Ihnen das richtig klar ist, dass sie Heilsgewissheit haben, wenn sie zu Jesus Christus gehören. In Hebräer 11,1 heißt es:

> ***Es ist aber der Glaube eine feste Zuversicht auf das, was man hofft, und ein Nichtzweifeln an dem, was man nicht sieht.*** (Hebräer 11,1)

Wir dürfen die feste Zuversicht haben, liebe Brüder und Schwestern, dass wir nicht nur Hilfe, Schutz, Beistand und Geborgenheit in dieser Welt haben, nein, auch wenn wir eines Tages die Augen zumachen, wenn der HERR uns abruft, dann werden wir in die Ewigkeit gehen. Ich habe letzten Sonntag darüber gepredigt, über das himmlische Jerusalem. Dann werden wir in Ewigkeit zusammen sein mit dem lebendigen Gott, halleluja! Nicht als vage Hoffnung, sondern als feste Zuversicht.

Das ist das Tolle, was Gott uns durch den Heiligen Geist tief ins Herz hineinschreibt. Und das sehe nicht nur ich so, auch unsere Väter im Glauben, die den Heidelberger Katechismus verfasst haben. Frage 1 lautet: „Was ist dein einziger Trost im Leben und im Sterben?“ Da heißt es: „Dass ich mit Leib und Seele, im Leben und im Sterben nicht mir, sondern meinem getreuen Heiland Jesus Christus gehöre. ER hat mit seinem teuren Blut für alle meine Sünden vollkommen bezahlt.“ - erste Abteilung des Tempels - „mit seinem teuren Blut für alle meine Sünden vollkommen bezahlt und mich aus aller Gewalt des Teufels erlöst; und ER bewahrt mich so, dass ohne den Willen meines Vaters im Himmel kein Haar von meinem Kopf fallen kann, ja, dass mir alles zu meiner Seligkeit dienen muss.“ Jetzt kommt es, jetzt sind wir beim Thema Gewissheit: „Darum macht ER mich auch durch seinen Heiligen Geist des ewigen Lebens gewiss.“ Also wenn du zu Jesus Christus gehörst, wenn du IHM glaubst, dann möchte ER dir diese Geborgenheit schenken. Ja, du darfst gewiss sein, der gute Hirte hat für dich Karfreitag das Leben gelassen. ER ist für dich auf Golgatha gestorben und deshalb darfst du gewiss sein. So wie der Heiland Ostern auferstanden ist, so sicher wirst du auch auferstehen, weil ER für dich gestorben und für dich auferstanden ist. Das sollst du als feste Gewissheit haben. Wenn ich das weiß, dass selbst der Tod keine Macht über mein Leben hat, dann kann ich, wie gesagt, ganz, ganz locker leben. Natasha Obama wird irgendwann sterben. Da kann ihr Vater nicht helfen, egal, wie viele gute Ärzte er irgendwann bemühen wird, wenn er überhaupt noch lebt. Helfen in ihrem Tod kann ihr wirklich nur Jesus Christus, wie uns allen. Halleluja für diejenigen, die geborgen sind in Jesus Christus, die geborgen sind in Gott und wissen, ihnen kann nichts geschehen, denn sie sind ihres Heils gewiss. Halleluja!

**Ein viertes und letztes Kennzeichen für die, die geborgen sind in Gott** wie die Söhne Korachs. Wer Gottes Geborgenheit erlebt hat, also in ihm drin der Heilige Geist ist und Gott ihm deutlich gemacht hat: „Mensch, du hast eine Beheimatung, ich bin für dich da, ich bin der lebendige Gott", wenn man das auch nur im Ansatz erfahren hat, dann ist man **erfüllt mit Sehnsucht** nach mehr, nach mehr von diesem Gott. Da, wo man Geborgenheit, richtig tiefe Geborgenheit erlebt, dorthin will man wieder zurück. So geht es uns ja auch im Menschlichen, nicht? Ich habe vor einigen Jahren ein tolles Buch in die Hände gekriegt. Da ging es um Briefe von deutschen Soldaten aus Stalingrad, die sie noch geschrieben hatten. Sie kamen ja ab Dezember 1942 nicht mehr raus, aber die Soldaten haben fleißig weiter Briefe geschrieben. Sie lagen da im Dreck und in der Kälte, es war eine Katastrophe. Es sind erschütternde Dokumente! Da haben Männer Anfang 20 geschrieben, wie sie heulend sich nur noch nach einem zurück sehnen: „Ich würde so gern, liebe Mama, bei dir wieder unter dem Weihnachtsbaum sein." Mit 16 und 17 haben sie die Nase darüber gerümpft, da hat es ihnen nichts bedeutet. Und die spießigen Eltern..., nicht? Aber da verrecken sie im Dreck und im Elend, erinnern sich zurück und wollen diese Geborgenheit wieder spüren. Da merken sie, was wirklich wichtig im Leben ist und haben eine Sehnsucht. Sie hätten sich die Arme abgeschnitten, um wieder zu Hause zu sein, sind aber dort gestorben und wurden in der Erde Russlands begraben. Wo man Geborgenheit erlebt hat, dorthin will man wieder zurück. Gerade wenn man schwere Dinge erlebt, da kriegt man eine Sehnsucht.

Oder denken Sie an einen jungen Mann, so 20-jährig, der zum ersten Mal in einem Mädchen ein Gegenüber gefunden hat, sich verliebt hat. Die nimmt ihn an und auf einmal sind die Minderwertigkeitskomplexe und die Pickel im Gesicht nicht mehr so wichtig. Da fühlt er Geborgenheit und will natürlich immer nur zurück zu ihr und hat Sehnsucht nach ihr. Erst recht ergeht es uns so bei dem lebendigen Gott. Wenn ich erlebt und erfahren habe, dass ER lebt und dass ER mich liebt und Beheimatung und Schutz und alles schenkt, da habe ich eine Sehnsucht nach IHM. Das drücken die Söhne Korachs aus: ***Meine Seele verlangt und sehnt sich nach den Vorhöfen des HERRN.*** - Da will ich sein: in der Gegenwart des lebendigen Gottes.

Letzte Woche hatten wir die Lesung aus 2. Korinther 5, ich hatte sie als Hausaufgabe aufgeschrieben. Da hieß es im 2. Vers:

> ***Darum seufzen wir auch und sehnen uns danach, dass wir mit unserer Behausung, die vom Himmel ist, überkleidet werden.*** (2. Korinther 5,2)

Paulus spricht von dieser Sehnsucht, die wir in uns tragen. Davon lesen wir in der Bibel immer und immer wieder. Hebräer 11, Vers 16:

> ***Nun aber sehnen sie sich nach einem besseren Vaterland, nämlich dem himmlischen. Darum schämt sich Gott ihrer nicht, ihr Gott zu heißen, denn er hat ihnen eine Stadt gebaut.***

Oder die Söhne Korachs im Psalm 42, die Verse 2 und 3 kennen Sie auch:

> ***Wie der Hirsch lechzt nach frischem Wasser, so schreit meine Seele, Gott, zu dir. Meine Seele dürstet nach Gott, nach dem lebendigen Gott. Wann werde ich dahin kommen, dass ich Gottes Angesicht schaue?***

Das ist ein Kennzeichen für jemanden, der wirklich geborgen ist in Gott, wenn er sagt: „Jawohl, ich habe eine Sehnsucht nach der Begegnung." Dem musst du nicht sagen wie den Konfirmanden, dass er zweimal im Monat in den Gottesdienst gehen muss, sondern da ist der Gottesdienst für denjenigen das Schönste, wenn eine bibeltreue Predigt gehalten wird. Dann ist es ein Drang, in der Bibel zu lesen. Ihr macht es nicht, weil der Pastor es euch vorschreibt, sondern weil ihr das wollt, weil es eine Begegnung mit dem lebendigen Gott ist. Das ist ein Kennzeichen dafür, dass man Geborgenheit erlebt hat und sich zurück sehnt in diese Geborgenheit.

Vier Kennzeichen für diese Geborgenheit in Gott - die Vitalität, die Beheimatung, die Heilsgewissheit und die Sehnsucht. Ich will jetzt kurz etwas sagen zu den Menschen, die jetzt sagen: „Ich spüre das nicht. Wie komme ich denn dahin?" Wenn du das bisher noch nicht gespürt hast, dann musst du erst einmal deine Schuld unters Kreuz bringen. Vor den Altar treten, den wir haben, nämlich das Kreuz von Golgatha, Jesus deine Schuld bringen, weil du nur dann zur Ruhe kommen kannst. Dann geht der nächste Schritt weiter, dass du ins Heilige eintreten kannst, dass du eine Verbindung mit dem lebendigen Gott hast. Vielleicht sind Menschen unter uns, die sagen: „Ich bin ja schon wiedergeboren, ich habe auch meine Schuld schon bekannt, aber momentan ist das mit der Verbindung so ein bisschen schwierig." Den Menschen, die da Probleme haben, möchte ich sagen: Da müsst ihr in die Seelsorge. Da muss man gucken, was bei euch los ist, warum ihr momentan keine Geborgenheit spürt. Geht zu einem Beichtbruder, einer

Beichtschwester, das muss nicht der Pastor sein, aber es muss ein gestandener Christ sein. Sprecht mit ihm, betet darum, das ist ganz wichtig für euch. Wenn ihr die Geborgenheit als Christen momentan nicht spürt, dann schreit zu dem lebendigen Gott und bittet IHN um seinen Heiligen Geist, dass ER euch erfüllen möge, damit ihr diese Geborgenheit spürt, die Jesus Christus für uns bereithält.

Das ist der Wunsch des lebendigen Gottes in diesem Gottesdienst für euch. Das sage ich euch so deutlich, dass ihr alle, die ihr hier seid, wisst, ihr seid geborgen in Jesus Christus. ER, der gute Hirte, ist bei euch, passt auf euch auf und trägt euch durch, selbst über den Tod hinaus. Ihr könnt selber bei euch feststellen, ob ihr diese Kennzeichen habt, diese geistliche Vitalität, diese Beheimatung, diese Heilsgewissheit und diese Sehnsucht. Wenn ihr sie nicht habt und ihr seid schon wiedergeboren, dann macht euch auf und geht in die Seelsorge, auf dass der HERR durch einen Bruder, eine Schwester an euch wirken kann, euch helfen kann, damit ihr zu dieser Geborgenheit geführt werdet. Noch einmal der Predigttext, der davon kündet, wie Menschen geborgen sind in Gott:

> ***Meine Seele verlangt und sehnt sich nach den Vorhöfen des HERRN; mein Leib und Seele freuen sich in dem lebendigen Gott. Der Vogel hat ein Haus gefunden und die Schwalbe ein Nest für ihre Jungen - deine Altäre, HERR Zebaoth, mein König und mein Gott!*** Amen.

Und der Friede unseres allmächtigen Gottes, der sehr viel höher ist als alle unsere menschliche Vernunft, bewahre unsere Herzen und Sinne in Christus Jesus, unserem auferstandenen und lebendigen HERRN. Amen.

## Vier Kennzeichen geistlichen Wohlstandes

Psalm 84,5-6

Gnade sei mit euch und Friede von dem, der da war und der da ist und der da sein wird in alle Ewigkeit, unser HERR Jesus Christus. Amen.

Liebe Gemeinde, zum Gesamtthema dieses Gottesdienstes - vier Kennzeichen geistlichen Wohlstandes - habe ich Ihnen zwei Verse aus dem Psalm mitgebracht, den wir schon zu Beginn des Gottesdienstes gelesen haben. Wir wollen nun als Predigttext Psalm 84, die Verse 5 bis 6 hören. Da heißt es:

***Wohl denen, die in deinem Hause wohnen; die loben dich immerdar. Wohl den Menschen, die dich für ihre Stärke halten und von Herzen dir nachwandeln.*** Amen.

**Wir wollen beten:** Lieber HERR und Heiland, von ganzem Herzen wollen wir dir Dank sagen für diese beiden Predigtverse, mit diesen klaren, deutlichen Aussagen darüber, wie es Menschen gut geht, wenn sie konkrete Dinge tun. Wir wollen jetzt die Predigt hören über diese beiden Verse. Wir wollen dich bitten, dass du uns das noch einmal deutlich ins Herz hinein schreibst, was nötig ist und was Not tut für unser geistliches Wohlergehen. Dass wir das fassen können, dass wir das verstehen können, dazu brauchen wir deinen guten Geist. Darum wollen wir dich jetzt bitten für diese Predigt, segne du selber das Reden und das Hören deines heiligen und lebendigen Wortes an uns allen. Amen.

Liebe Gemeinde, ich möchte die Predigt mit einer Plattitüde beginnen. Wir alle leben in einer Wohlstandsgesellschaft. Wir in der Bundesrepublik Deutschland sind eine Wohlstandsgesellschaft im Jahre 2017. Da gibt's äußere Merkmale, die das deutlich machen. Beispielsweise werden in unserem Vaterland jedes Jahr 18 Millionen Tonnen Lebensmittel weggeworfen. 18 Millionen Tonnen! Es sieht nicht mehr so gut aus im

Regal, das brauchen wir nicht mehr... Wahnsinns-Summen. Wir haben so viel zu essen, auch das ein äußeres Merkmal, dass 51% unserer Bevölkerung - euer Pastor gehört auch mit dazu - übergewichtig sind. Einfach, weil wir so gut zu essen haben, eine Wohlstandsgesellschaft. Die Kosten etwa, die wir in Deutschland für Luxus ausgeben, sind höher als in fast allen anderen Ländern der Welt. Beispielsweise geben wir für den Urlaub im Durchschnitt pro Jahr 1200 Euro aus. Es gibt Länder, da verdienen das Menschen nicht einmal im Jahr. Die haben nicht mal einen Dollar am Tag Durchschnittseinkommen, aber wir können im Durchschnitt pro Jahr 1200 Euro ausgeben. Das sind so äußere Kennzeichen. Da könnte ich jetzt weiter gehen und unsere Wohlstandsgesellschaft beschreiben mit äußeren Merkmalen. Aber wir merken es auch ganz persönlich bei uns. Da gibt's Kennzeichen, Merkmale, dass wir in einer Wohlstandsgesellschaft leben, ganz für jeden Einzelnen.

Vor zwei Wochen hat mir ein Freund erzählt, er hat sich ein neues Auto gekauft, das hat 430 PS. Dem geht es materiell gut und er kann es sich leisten. 430 PS. Ein anderer wiederum hat jetzt mit seiner Frau ein neues Haus bezogen. In einer tollen Lage, 400 Quadratmeter. „Wir sind nur zu zweit, die Kinder sind aus dem Haus." Pro Mann 200 Quadratmeter Wohnfläche. Ein anderer Freund wieder - ich höre gleich auf - der berichtete mir jetzt, dass er sich seinen 30. maßgeschneiderten Anzug in den Schrank gehangen hat. Also das sind äußere Merkmale an diesen drei Menschen, die mir da Bericht gegeben haben über das, was in letzter Zeit passiert ist. Merkmale, Kennzeichen, denen geht's materiell, finanziell gut. Die leben in einer Wohlstandsgesellschaft. Es sind äußere Kennzeichen. Da sieht man das daran, da kann man das ablesen.

Dann gibt es nicht nur für den materiellen und für den finanziellen Wohlstand Kennzeichen, an denen man sehen kann, dass es einer Gesellschaft oder dem Einzelnen gut geht. Nein, es gibt auch Kennzeichen geistlichen Wohlstandes und davon spricht hier unser kleiner Predigttext, diese beiden Predigtverse. Da ist von äußeren Kennzeichen die Rede, die ein Mensch hat, der zu Jesus gehört, der Gott nachfolgt. Wenn Sie jetzt nicht 30 maßgeschneiderte Anzüge haben, nicht ein Haus mit 400 Quadratmetern mit Ihrer Frau bewohnen oder Ihr Auto weniger als 300 PS hat, grämen Sie sich nicht. Das ist nicht so schlimm. Wenn Sie hier gleich sagen können, „oh, diese Kennzeichen, diese Merkmale, die finde ich aber brillant", dann gehts Ihnen gut. Und darüber möchte ich jetzt predigen, über diese **vier Kennzeichen geistlichen Wohlstandes**.

**Das erste Kennzeichen: Man wohnt im Haus des HERRN.**
**Zweites Kennzeichen: Man lobt den HERRN.**
**Drittes Kennzeichen: Man hält den HERRN für seine Stärke.**
**Das vierte Kennzeichen: Man wandelt dem HERRN nach.**

Das habe ich mir nicht ausgedacht, sondern das steht so im Predigttext drin. Gott sagt das: „Wohl dem." Das heißt ja nichts anderes als „der hat Wohlstand, ihm geht's gut". Da geht es direkt los mit **dem ersten Kennzeichen: Man wohnt im Haus des HERRN.** Das sagen unsere Predigtverse: ***Wohl denen, die in deinem Hause wohnen.*** Jetzt kann man das natürlich historisch verstehen und kann sagen, ja, das gilt eben für vor knapp 3000 Jahren dem Priestergeschlecht, den Leviten, die zeitweise dort eben im Tempel in Jerusalem waren und ihren Dienst verrichtet haben. Es sind gesegnete Menschen. Das ist sicherlich nicht ganz falsch, aber ich heute im Jahr 2017 darf diesen Text noch ganz anders verstehen. ***Wohl denen, die in deinem Hause wohnen.*** Also, ich wohne ja jetzt nicht hier in der Martinikirche, das ist ja auch ein Haus Gottes. Das Haus, von dem hier die Rede ist, ist in meinem geistlichen Verständnis ein anderes. Das ist das himmlische Jerusalem. Und, wissen Sie, da habe ich Wohnstätte. Ich, Olaf Latzel, habe dort Wohnstätte. Nicht, weil ich jetzt Theologie studiert habe und weil ich hauptamtlich bei Kirchens arbeite, sondern weil ich an Jesus glaube. Und jeder von Ihnen, der an Jesus glaubt, der darf wissen - nein, der muss wissen! - dass er eine Wohnung hat, die auf ihn wartet, nämlich in der Ewigkeit im himmlischen Jerusalem.

Jesus hat gesagt (Johannes 14,1-3):

> ***Euer Herz erschrecke nicht.*** Das sagt Jesus für die Zeit in dieser Welt, seid bloß nicht furchtsam. ***Glaubt an Gott und glaubt an mich! In meines Vaters Hause sind viele Wohnungen. Wenn es nicht so wäre***, sagt Jesus, ***hätte ich nicht dann zu euch gesagt, ich gehe hin, euch die Stätte zu bereiten? Und wenn ich hingehe, euch die Stätte zu bereiten, will ich wiederkommen und euch zu mir nehmen.***

Ich weiß, dass nach meiner Zeit hier auf Erden auf mich eine Wohnung wartet, ein Haus wartet bei meinem **HERRN** und Heiland im himmlischen Jerusalem, da werde ich eines Tages sein. Das ist die Wohnung, auf die ich zugehe. Ich wohne im Haus des **HERRN**. Das ist nicht irgendwie eine Vermutung, eine Hoffnung, sondern das ist feste Gewissheit. Hier in diesem Predigtvers heißt es: ***Wohl denen, die in deinem Haus wohnen.*** Das ist nichts Zukünftiges, nichts Futurisches - das ist etwas Präsentisches für die jetzt schon drin sind. Und ich, Olaf Latzel, bin jetzt schon drin, weil ich an Jesus glaube. Ich habe schon Wohnstätte. Ich weiß, wo es hingeht, und das ist mir feste Gewissheit. Das lässt mein Leben gut sein in dieser Welt. ***Wohl denen, die in deinem Haus wohnen.*** Wenn du das weißt, wo du eines Tages wohnen wirst, wenn der **HERR** dich abruft, ja, dann geht's dir gut. Das ist etwas Fantastisches zu wissen nach all dem, was in dieser Welt ist. Nach dem Gang hier durch diese 70, 80, vielleicht 90 Jahre oder vielleicht auch nur 60 Jahre kommt eines Tages die Herrlichkeit beim **HERRN**. Da ist für mich Wohnstätte. Das lässt mich geistlich super durch diese Welt gehen.

Was wäre das für ein furchtbares Leben, wenn ich das nicht hundertprozentig sicher wüsste. Wenn ich da irgendwelche Zweifel dran hätte, wäre das für mich die Riesenkatastrophe, dann könnte es mir hier nicht gut gehen. Da würde mir kein dickes Auto, kein tolles Haus, kein Maßanzug irgendwas bringen, wenn ich nicht wüsste, was ist, wenn der HERR mich abberuft aus dieser Welt. Das ist mir feste Gewissheit, dass das so ist, dass ich eine Wohnung habe, wo ich wohne - jetzt schon. Jetzt schon! ***Der Glaube***, so heißt es in Hebräer 11, ***ist eine feste Zuversicht auf das, was man hofft und nicht zweifelt an dem, was man nicht sieht.*** Ich habe diese Wohnung noch nicht gesehen, genauso wenig wie irgendjemand von euch, und doch weiß ich, dass diese Wohnstätte auf mich wartet. Das ist etwas, was mir unglaubliches Wohlergehen schenkt. Hätte ich das nicht, dann müsste ich in Furcht und Zittern leben, aber so braucht sich mein Herz nicht erschrecken. Halleluja! Das ist was Wunderbares, dass es mir so gut gehen darf, weil Jesus für mich eine Wohnung hat, dass ich im Haus meines Gottes eines Tages wohnen darf.

Wenn Sie in den Urlaub fahren, dann ist es bei Ihnen vermutlich so wie bei meiner Ehefrau. Die würde niemals irgendwo in den Flieger einsteigen und dann irgendwo in Italien, Spanien oder Griechenland rauskommen wollen und nicht wissen, wo sie dann in den nächsten 14 Tagen sein wird. Sie muss schon, bevor sie loslegt, wissen, ja, wie sieht denn das Hotel oder die Pension aus, wo wir dann einchecken werden? Das ist ganz wichtig. Also, wir fliegen nicht in irgendein fernes Land, das machen vielleicht irgendwelche abenteuerlustigen Leute mit 20 und sagen: Wir fliegen da mal hin und dann ist uns egal, ob wir am Hauptbahnhof übernachten da in der Stadt oder, was weiß ich, wenn wir irgendwie im Bahnhofsviertel unterkommen. Nein, wir wollen wissen, wo wir schlafen. So, wie Sie wissen, wo Sie heute Nacht übernachten werden und da sicher sind, noch viel, viel wichtiger ist, dass man eines Tages weiß, wo man sein wird, in welcher Wohnung, wenn man gestorben ist. Das ist das Tolle, das schenkt einem geistliches Wohlergehen. Wie geht's mir richtig gut, dass ich das wissen darf! Ich möchte Sie fragen, jeden Einzelnen, der heute Morgen hier ist: Wisst ihr das 100% zuversichtlich? Wisst ihr das? Dann geht es euch geistlich wohl. Wenn nicht, dann habt ihr ein Problem, denn das müsst ihr haben. Diese Heilsgewissheit ist ein wichtiger Teil des Glaubens.

Wir haben an Silvester hier einen „Glaubens-TÜV“ gemacht. Da war das der letzte Punkt: Habt ihr Heilsgewissheit? Das ist etwas ganz Wichtiges, weil ohne Heilsgewissheit - kein geistliches Wohlergehen. Wenn man jemanden nach körperlichem und irdischem Wohlergehen fragt und er sagt „ich habe zwar eine Million Euro auf dem Konto, aber ich bin voll mit Krebs“, da geht's einem nicht gut, da hilft das Geld nicht. Wenn du keine Heilsgewissheit hast, da fehlt dir auch etwas ganz, ganz Entscheidendes. Das ist wichtig, dass man dessen gewiss ist. Das ist übrigens nicht nur meine eigene Ansicht, sondern das ist auch das, was uns die reformierten Stammväter wirklich hineingeschrieben haben in unser Stammbuch, in den Heidelberger Katechismus. Die erste Frage ist ja: Was ist denn dein einziger Trost im Leben und im Sterben? „Dass ich mit Leib und Seele im Leben und im Sterben nicht mir, sondern meinem getreuen Heiland Jesus Christus gehöre. Er hat mit seinem teuren Blut für alle meine Sünden vollkommen bezahlt und mich aus aller Gewalt des Teufels erlöst. Er bewahrt mich so, dass ohne den Willen meines Vaters im Himmel kein Haar von meinem Haupt fallen kann, ja, dass mir alles zu meiner Seligkeit dienen muss. Und jetzt kommt es: Darum macht er mich auch durch seinen Heiligen Geist des ewigen Lebens gewiss und von Herzen willig und bereit, mit ihm fortan zu leben.“

Das ist das, was Gott tut. Er macht uns gewiss, wenn wir wirklich im Glauben sind, dass wir eines Tages bei ihm Wohnstätte haben. Er macht uns durch seinen Heiligen Geist des ewigen Lebens gewiss. Wenn man diese Gewissheit hat, hat man geistliches Wohlergehen, da geht's einem richtig gut. Das Wissen zu haben, dass man Wohnstätte im himmlischen Jerusalem hat, dass man weiß, wenn man abberufen wird, wenn es heute Abend zu Ende ist mit meinem Leben, dass es dann weitergeht, nämlich in das Haus unseres HERRN. Das erste Kennzeichen für geistlichen Wohlstand - dass man weiß, dass man im Haus des HERRN wohnt.

**Das zweite Kennzeichen für geistlichen Wohlstand - man lobt den HERRN.** Da heißt es in Psalm 84, 5: ***Wohl denen, die loben***

***dich immerdar.*** Also, die haben einen guten Wohlstand, die stehen gut da. Bei denen ist alles in Ordnung, die den HERRN immer loben, das ist ein Zeichen, dass es geistlich in Ordnung ist. Für geistliches Wachstum ist das wirklich auch für einen Pastor das, wo man sehen kann: Mensch, der steht klar. Nicht, wenn er einem erzählt, was er alles getan hat, sondern wenn er immer wieder Gott lobt und preist, immer nur schwärmt von diesem lebendigen Gott in Jesus Christus, dann weiß man, bei dem es alles in Ordnung. Lobpreis ist etwas ganz Wichtiges und deshalb werden wir in der Bibel immer wieder aufgefordert, Gott zu loben. Lesen Sie mal die Psalmen. Wo immer Halleluja steht, was das hebräische Wort für „Lobt Gott, lobt Jahwe" ist, da werden wir immer wieder zum Loben aufgefordert. Ich habe von dieser Kanzel schon häufiger den Unterschied zwischen loben und danken erklärt, weil das viele nicht verstehen. Danken und loben haben einiges miteinander gemein, sind aber doch nicht gleich. Das Danken hängt, schon phonetisch im Deutschen, mit dem Denken zusammen. Und im Danken denkt man an das, was gewesen ist, was Gott einem getan hat, und dann *reagiert* man. Gott hat einem einen Anlass gegeben, hat eine Lohnerhöhung geschenkt, eine Gesundung von der schweren Krankheit und das reflektiert man. Man denkt darüber nach und dann dankt man Gott. Das ist danken und es ist ganz wichtig. Danken gehört zum Glauben mit dazu.

Das Loben ist aber etwas anderes. Das ist *anlasslos*. Es ist nicht eine Reaktion, sondern es ist eine Aktion, die der Mensch tut. Der Lobpreis guckt auch nicht auf das Vergangene, sondern er guckt viel stärker auf das, was jetzt, was zukünftig ist, und fängt dann an, Gott zu preisen, ohne dass ein besonderer Anlass besteht. Ich erkläre das immer wieder mit dem Beispiel meiner Ehefrau. Wenn meine Ehefrau zu Hause die ganze Wohnung geputzt hat, ich komme nach Hause und alles glänzt und blinkt und die Fenster sind sauber, sag ich: „Danke, Schatz, dass du die Wohnung sauber gemacht hast." Das ist danken, sie hat etwas getan und ich bedanke mich da als guter Ehemann für.

Wenn ich aber nach Hause komme, die Fenster sind richtig verdreckt, es ist nicht Staub gesaugt, die Wäsche ist auch noch schmutzig, aber weil ich so verliebt bin in meine Frau, gehe ich hin und sage: „Du bist die Allertollste, die Allerschönste und du bist besser als alle anderen Frauen." Das ist Lobpreis, das ist *anlasslos*. Sie hat es ja eigentlich nicht verdient ob der Hausfrauen-Leistung, aber das ist Lob. Das sagt die Bibel, wer so Gott gegenübertritt, dem geht's gut, wer das in seinem Herzen hat. Denn er liebt Gott ja und das ist ja das, was von uns verlangt wird, dass man so richtig in der Liebe ist, dass man hingeht, Gott preist und lobt für das, was er ist. „Du bist so ein großer, wunderbarer, herrlicher Gott! Du bist der Ewige, du bist der König aller Könige, du bist der HERR aller Herren!" Das ist Gott wohlgefällig. Diese Menschen segnet Gott in besonderer Weise. Der Lobpreis ist etwas ganz, ganz Wichtiges. Gerade dann, wenn wir keinen Anlass dazu haben, dann schenkt Gott großen Segen.

Es gibt in der Bibel nur wunderbare Geschichten, aber eine der wunderbarsten Geschichten aus meinem Blickwinkel ist Apostelgeschichte 16, wo Paulus und Silas im Gefängnis sind. Sie sind verhaftet worden, weil sie das Evangelium verkündigt haben, werden ins Gefängnis gesteckt und werden dort schlimmstenfalls gefoltert. Sie werden ausgepeitscht, geprügelt und dann werden sie über Nacht noch in den Block geklemmt. Also, unmögliche Haltung, in der sie verharren müssen, und werden anschließend ins Innerste des Gefängnisses geschmissen - eine tiefste, schlimmste Situation. Sie müssen auch damit rechnen, dass sie umgebracht werden. Die äußere Situation ist kein Grund zur Dankbarkeit, das wäre eine Perversität, die verlangt uns Gott auch nicht ab, zu sagen: „Ich danke dir jetzt noch, dass ich so furchtbar behandelt worden bin." Es ist aber eine Situation, in der man auch Lobpreis tun kann, und das tun dann Paulus und Silas. Die beginnen, den Lobpreis zu singen. Da heißt es: ***Um Mitternacht lobten und priesen sie den Allmächtigen.*** Das ist Gott so wohlgefällig. Da lässt er die Mauern erbeben, die Ketten fallen von ihnen ab. Sie haben gar keinen Grund zum Lobpreis, rein irdisch gesehen, da geht's ihnen nicht gut. Weil sie aber Jesus haben, haben sie so viel geistliches Wohlergehen, dass das körperliche, irdische Elend keine Rolle spielt. Sie sind in der Lage, einen vollmächtigen Lobpreis dort im Gefängnis anzustimmen. Da kann man nur zu sagen mit Psalm 84, Vers 5: ***Wohl denen, die loben dich immerdar.*** Auch im Knast von Philippi, in Ketten liegend, in den Block geschmiedet, im tiefsten Innern, dass du da noch bereit bist, das Loblied Gottes anzustimmen.

Das kannst du aber nur dann, wenn du wirklich Liebe zu dem lebendigen Gott in Jesus Christus hast. Das ist nichts, was wir tun können, wenn nicht wirklich unsere Beziehung zu Jesus stimmt, sondern wenn wir eine lebendige Beziehung zu Gott haben. Wenn wirklich die Liebe zu Gott uns erfüllt, dann können wir nicht anders als in den Lobpreis zu kommen. Wenn diese Beziehung zu Jesus nicht richtig stark ist, wird uns immer wieder das Irdische gefangen nehmen und uns überlagern, sie wird immer wieder den Lobpreis unterdrücken. Aber, Halleluja!, gesegnet sind die Menschen, die in der Lage sind, Gott zu loben immerdar, denen geht's gut. Die haben geistlichen Wohlstand und das wünsche ich dir auch, so eine lebendige Beziehung zu Jesus. So eine tiefe Liebe zu ihm, die er natürlich viel, viel stärker noch zu dir hat. Dass du in allen Situationen deines Lebens sagen kannst: „Halleluja!, ich lobe und preise meinen Gott!“ Ob du auf der Intensivstation liegst, ob es mit deinem Bankkonto nicht gut aussieht, ob du Probleme in der Ehe hast, dass du dann sagen kannst, es gibt ja etwas anderes, das stärker ist. Das ist die Liebe zu meinem Gott und die Liebe, die ich spüre, die lobe und preise ich. Das ist das zweite Kennzeichen geistlichen Wohlstandes, man lobt den HERRN immerdar.

**Ein drittes Kennzeichen geistlichen Wohlstandes, man hält den HERRN für seine Stärke.** Da heißt der Vers 6 in unserem Psalm: ***Wohl den Menschen, die dich für ihre Stärke halten.*** Denen geht es gut, die dich für ihre Stärke halten. Ich weiß nicht, was Sie, wenn man Sie jetzt so unvermittelt gefragt hätte, nicht in der Kirche, sondern draußen auf dem Marktplatz zu einer repräsentativen Umfrage geantwortet hätten: „Was halten Sie denn für Ihre Stärke oder was denken Sie denn, was wichtig ist? Wodurch wird denn ein Mensch richtig stark?" Da würden die Einen vielleicht sagen: „Ja, nur wenn er politische Macht hat, dann ist er stark." Andere sagen: „Wenn er gesund und sportlich ist, das ist doch Stärke." Jemand wird sagen: „Ja, wenn einer richtig Geld auf dem Konto hat, das ist Stärke." Wieder jemand anderer würde sagen: „Sozusagen, also richtige Stärke hat man nur, wenn man hier oben richtig PS hat, wenn man hier so 170 IQ-Punkte hat, das ist Stärke." Das sind so gängige Antworten, die man sicherlich kriegen würde, wenn man nachfragen würde, auch bei den Weltmenschen.

Was sind denn Dinge, die einen stark machen? Die obigen Antworten sind nicht ganz falsch und da kann man in dieser Welt natürlich Ansehen und Ruhm bekommen. Aber glauben Sie mir, das ist keine wirkliche Stärke. Das sind Dinge, die können vor den großen Störungen des Lebens nicht Bestand haben. Denken wir mal an Helmut Kohl. Er ist zweifelsohne in den letzten 50 Jahren einer der mächtigsten Deutschen gewesen. Was war am Ende seines Lebens? Da hat er nur noch sabbernd gesessen, konnte nicht mehr richtig seinen Namen sagen und jetzt ist er tot. Was hat ihm all seine Macht genutzt? Wenn er nicht bei Jesus ist, nichts. Denken wir einmal über den Intellekt nach. Stephen Hawkings, sicherlich einer der brillantesten und intelligentesten Menschen, die es gibt. Nicht nur, dass es hier ihm nicht hilft angesichts seiner Krankheit, es wird ihm als Gottesleugner und Atheist eines Tages nichts helfen, wenn er vor dem lebendigen Gott steht. Wenn er da seine Micky Maus - Ideologien vorlegt und meint, mit seinem brillanten Intellekt zu beeindrucken, da wird er vor unserem HERRN und Heiland nicht bestehen können. Oder materieller Reichtum. Die Älteren von Ihnen kennen den Gunter Sachs, den Jetset-Mann, der da einer der reichsten Deutschen war. Er hat ein Leben geführt wie kaum ein anderer. Man kann sich kaum vorstellen, was für einen materiellen Wohlstand der genossen hatte. Seine Vorfahren von Opel, von Sachs hatten das alles erarbeitet, er hat alles gehabt. Dann kam auf einmal die Krankheit und da war nichts mehr. Sein Geld, seine Stärke hatten plötzlich keine Bedeutung mehr. Gunter Sachs hat sich die Schrotflinte in den Mund gesteckt und abgedrückt, er konnte es nicht länger ertragen. Oder Gesundheit und Sportlichkeit: Das Olympische Komitee hat den Sportler des letzten Jahrhunderts, also von 1900 bis 2000, gekürt. Es ist Muhammad Ali. Da hat man gesagt, er sei der größte Sportler. Er war ja auch in den 60er Jahren ein Kerl, der konnte alle „verprügeln". Was war der stark, was war der kräftig! Ich habe das Bild noch vor Augen, wie er, von Parkinson geschüttelt, versucht, das olympische Feuer anzumachen, was gerade eben so gelungen ist. Jetzt ist er, dem falschen Gott nachfolgend, gestorben.

Das kann alles nicht die Stärke sein, das hat alles keinen Bestand. Wenn es hart auf hart kommt, wenn die Winde des Lebens kommen oder wenn gar der Tod an unseren Lebensfesten rüttelt, dann merken wir, diese Stärke bringt nichts. Da hilft nur eine Stärke, die Stärke des lebendigen Gottes. ***Wohl den Menschen, die dich für ihre Stärke halten.*** Dann bist du wirklich stark, wenn du sagst: Ich bin nur ein kleines vergängliches Würmchen, ich bin nur so ein Produkt aus vielen Milliarden Atomen, bin von Krankheit bedroht in dieser sterblichen, vergänglichen Welt und ich kann nichts. Ich habe nichts, nur eines - Jesus Christus! Er ist meine Stärke. Dann geht's dir gut, egal, wie krank, wie alt oder wie arm du bist. Dann geht's dir gut, dann hast du wirkliche Stärke.

Das bezeugt die Bibel immer wieder. Der große Mose, es war ja auch ein starker Mann. Mit einem Schlag hat er den Ägypter ausradiert, der hat richtig was drauf gehabt, dieser Mose. Als der Pharao im Schilfmeer ersoffen ist, da singt er ein Lied zur Ehre Gottes. 2. Mose 15, es beginnt damit:

> ***Der HERR ist meine Stärke und mein Lobgesang und ist mein Heil. Das ist mein Gott und ihn will ich preisen.***

Für den starken Mose war klar: Seine Stärke ist Gott, niemand anders. Das hat er in seinem Wirken, über vierzig Jahre hat er das Volk geführt, immer wieder gemerkt. Ohne den HERRN konnte er nichts tun, aber mit diesem Gott alles, weil er seine Stärke ist. Oder der König David, der mächtigste Mann der damaligen Welt. Er hat den Goliath ausradiert, Völker geschlagen, die Philister vernichtet, viel Großes getan. Nicht, weil er so ein toller Kriegsherr war oder weil er so einen starken Bizeps hatte, nein, weil Gott seine Stärke war. In Psalm 28 bekennt er das: ***Der HERR ist meine Stärke und mein Schild. Auf ihn hofft mein Herz und so ist mir geholfen.*** Oder in Psalm 22, den hat David ja auch geschrieben, das ist der Sterbepsalm unseres HERRN und Heilandes. Auch da heißt es: ***Du, HERR, sei nicht fern, meine Stärke.*** Da wird Gott identifiziert mit der Stärke an und für sich, „du bist die Stärke." Es ist ja auch klar, wenn wir darüber nachdenken, was dieser Gott getan hat. Mit einem Wort hat er Himmel und Erde geschaffen aus dem Nichts, so stark ist unser Gott. Es gibt nichts, was auch nur im Ansatz vergleichbar ist, nicht eine Atombombe, nicht die Kraft der Sonne, nichts, denn all das hat Gott ja gemacht. Er ist die unüberdenkbare, unfassbare Stärke. Wenn wir den für unsere Stärke und unsere Macht halten, diesen starken Gott, der sich für uns schwach gemacht hat auf Golgatha, dann ist alles gut. Dann haben wir geistlichen Wohlstand und dazu ruft uns die Bibel auf:

> ***Seid stark in dem HERRN und in der Macht seiner Stärke. Zieht an die geistliche Waffenrüstung, damit ihr bestehen könnt vor den listigen Anschlägen des Teufels.*** (Epheser 6, 10-11)

Um in dieser Welt zu bestehen, brauchen wir die Stärke des lebendigen Gottes. Die kriegen wir im Glauben an ihn geschenkt, deshalb seid stark in der Macht seiner Stärke.

Die Größe eines Menschen, liebe Brüder und Schwestern, hängt nicht an der Höhe seines Bankkontos, hängt nicht daran, was für ein glückliches Familienleben er geführt hat, hängt nicht an der Macht, die er hat, nicht an der Sportlichkeit, nein, die Größe und Stärke eines Menschen hängt einzig und allein von der Stärke seines Glaubens an Jesus Christus ab. Das werdet ihr eines Tages in der Ewigkeit erleben. Hier in dieser Welt ist es äußerlich zum Teil noch nicht sichtbar, aber glaubt mir bitte eins, das ist der einzige Maßstab für die Größe eines Menschen, der Glauben und Vertrauen zum Heiland Jesus Christus hat. ***Wohl den Menschen, die dich für ihre Stärke halten.*** Das hoffe ich, dass ihr das tut. Verlasst euch nicht auf euer Bankkonto, verlasst euch nicht auf eure Gesundheit oder auf eure Ehefrau, verlasst euch auf den HERRN. Haltet ihn für eure Stärke und ihr werdet sehen, wie ihr dafür gesegnet werdet.

**Ein viertes und letztes Kennzeichen für dessen, was geistlicher Wohlstand ist - man wandelt dem HERRN nach.** So heißt es: ***Wohl den Menschen, die dir von Herzen nachwandeln.*** Es gibt zwei Möglichkeiten, entweder du hast einen Führer im Leben für die Zeit hier, für die paar Jährchen, die du hier bist, oder du hast das nicht. Wenn du es nicht hast, wenn du Jesus nicht hast, dann musst du gucken, dass du dir selber irgendwelche Ideologien beieinander zimmerst. Irgendwelche „selbstgemachten Navigationsgeräte", mit denen du durchs Leben gehst, die sich dann häufig auch mal ändern. Da sagst du mit 20 noch dies, mit 40 jenes und mit 60 gilt ganz was anderes. Du erlebst immer wieder, wie du in die Sackgassen und Irrungen kommst. Ich bin so froh, dass ich mir für mein Leben nicht selber irgendwelche Pläne machen muss, dass ich nicht selber sehen muss, was richtig und gut ist und wo ich zu sein habe, sondern dass ich einen HERRN und Heiland habe in Jesus Christus, der mein guter Hirte ist und dass ich als „Schaf seiner Weide" ihm einfach nachfolgen kann und darf. Dass ich einen guten Hirten habe, einen Führer, der mich durchs Leben bringt und führt. Halleluja, ein Glück, dass das so ist. Ein Glück, dass ich jemanden habe, der mir sagt: „Olli, das ist falsch, lass die Finger davon", und einer, der mir sagt, „jawoll, hier musst du dich richtig rein investieren".

Das ist im Irdischen ja auch so. Wenn wir in Dinge hineinkommen, von denen wir keine Ahnung haben, dann sind wir froh, wenn erfahrene Leute da sind, die uns führen und uns zeigen, wo der Weg lang geht. Ich erinnere mich daran, als ich mein Vikariat antrat, da hatte ich noch nie eine Beerdigung gemacht. Auf einmal stand die Beerdigung an. Ich musste den ersten Menschen beerdigen, das begleiten. Das ist schon eine Verantwortung, die man da hat als junger Mensch. Man hat da zwar sechs Jahre an der Uni alles mögliche Theologische gelernt, aber wie man so ein Gespräch führt, wie man das praktisch umsetzt, das wusste ich nicht. Da war ich froh, dass ich den Vikarsvater hatte, der sich mit mir hinsetzte und sagte: „Passen Sie auf! Folgendes wird passieren, das und das tun Sie, das lassen Sie, machen Sie das mal so." Ich habe das dann genauso eins zu eins umgesetzt, wie er mir das beigebracht hat, und es lief hundertprozentig. Das war sehr gut, er hat mich durch diese Dinge geführt und es war mir eine große Hilfe.

Ihr wisst ja, dass ich gerne auf die Jagd gehe und auch gerne im Ausland jage. Ich war in tollen Gebieten dieser Welt, wo wirklich keine Menschen waren. Ob in Sibirien, ob in Namibia, mutterseelenallein, niemand da, da funktioniert kein Navi. Dann hatte ich immer Jagdführer dabei, die sich da auskannten. Irgendwelche russischen Jagdpolizisten oder Führer vom Stamm der San, die besten Jäger der Welt. Sie waren da und kannten sich da aus. Wenn sie vor mir her gingen, da bin ich wie ein kleines Kind hinterher gelaufen, wie so ein Kindergartenkind hinter der Kindergärtnerin. Gar nicht nachdenken, ob es richtig oder falsch ist, nein, da gibt's jemanden, der dich führt und sich auskennt. Ich war froh, dass Leute da waren. Das kennt ihr auch. Ihr seid froh, wenn ihr irgendwo in einem unbekanntem Gebiet seid, auf Bereichen, wo ihr euch nicht auskennt, wenn da jemand kommt und sagt: „Pass mal auf, ich kenne mich hier aus, ich weiß Bescheid, ich führe dich da durch, ich sage dir, wie es funktioniert."

Wunderbar, dass das nicht nur für Teilbereiche meines Lebens hier auf Erden gilt. Halleluja, das gilt für mein ganzes Leben.

Ich habe einen Gott und HERRN in Jesus Christus, er ist da als guter Hirte. Er wünscht sich auch nichts anderes, als dass ich, „sein dämliches Schaf", ihm nachfolge. Da ruft er mich immerzu auf und ich darf ihm nachfolgen. Das ist etwas ganz Wunderbares! Wir haben eben vor der Predigt das Lied 452 von Cornelius Becker gesungen:

*Wohl denen, die da wandeln vor Gott in Heiligkeit,*
*nach seinem Worte handeln und leben allezeit.*
*Die recht von Herzen suchen Gott*
*und seiner Weisung folgen,*
*sind stets bei ihm in Gnad.*

Das hat er übrigens geschrieben, als es ihm gar nicht gut ging. Er war des Amtes enthoben worden, er wusste nicht, wie es weiter ging, er war, wie gesagt, Theologe. Und dann schreibt er dieses Wort. Ich weiß nicht, wie es weiter geht, aber ich werde mich an Jesus halten und denen wird es letztlich gut gehen. ***Wohl den Menschen, die dir von Herzen nachwandeln.*** Das ist das Wunderbare. Ich hoffe, dass ihr das wirklich auch tut, dass ihr dem HERRN nachwandelt, und zwar so, wie es hier heißt - von Herzen. Das ist ja so eine tolle Ergänzung. Manchmal kommt es in der Bibel ja auch auf die kleinen Dinge an. Nicht jedem folgt man ja von Herzen nach.

Ich weiß nicht, ob Sie schon mal auf der Autobahn von der Polizei überholt worden sind, weil Sie zu schnell gefahren sind. Die machen dann ihr Licht an, „Bitte folgen", und Sie fahren dem Polizeiwagen hinterher, aber nicht von Herzen. Da geht das Herz so ein bisschen hin und her und Sie sagen sich, „ich hoffe, ich war nicht so schnell, dass ich den Führerschein behalten kann." Bei Jesus muss das anders sein. Ihm folgt man nicht gezwungenerweise nach, weil er eben eine Autorität ist, sondern von Herzen. Ja, weil ich den so lieb habe und weil ich erfahren habe, der meint es nur gut mit mir und er macht alles richtig. Von ganzem Herzen will ich diesem Jesus nachfolgen. Wenn ich das tue, dann ist das ein Kennzeichen geistlichen

Wohlstandes. Da geht's mir richtig gut und ich hoffe, das könnt ihr alle sagen: Jawohl, diesem Jesus folge ich nach, und zwar von ganzem Herzen. Das ist die beste Entscheidung meines Lebens gewesen zu sagen: „Er ist der gute Hirte meines Lebens und er führt mich durch alle finsteren Täler hier und eines Tages eben auch auf die grüne Aue, dass ich bei ihm sein darf."

Das ist das vierte Kennzeichen für geistlichen Wohlstand, man wandelt dem HERRN nach. Ich habe die Predigt mit dieser Plattitüde begonnen, wo ich gesagt habe, wir leben in einer Wohlstandsgesellschaft. Das ist materiell richtig. Ich frage euch aber als diejenigen, die ihr hoffentlich alle zu Jesus gehört. Leben wir auch geistlich in einer Wohlstandsgesellschaft? Dass wir materiell gesegnet sind von Gott, da dürfen wir dankbar sein, das ist wunderbar. Viel, viel wichtiger ist aber, dass wir im geistlichen Wohlstand leben. Das wünsche ich euch allen, dass ihr in einem geistlichen Wohlstand lebt. Wir können das selber feststellen, indem wir uns diese Kennzeichen einfach nochmal anschauen, ob es so ist oder nicht. Wohnt ihr im Haus des HERRN? Lobt ihr den HERRN? Haltet ihr den HERRN für seine Stärke? Wandelt ihr dem HERRN nach? Wenn ihr das tut, dann geht's euch wohl, dann seid ihr gesegnet.

> ***Wohl denen, die in deinem Hause wohnen, die loben dich immerdar. Wohl den Menschen, die dich für ihre Stärke halten und von Herzen dir nachwandeln.*** Amen.

> Der Friede unseres allmächtigen Gottes, der sehr viel höher ist als alle unsere menschliche Vernunft, er bewahre unsere Herzen und Sinne in Christus Jesus, unserem auferstandenen und lebendigen HERRN. Amen.

## Auf dem Weg Gottes gehen!

Psalm 86, 11

Gnade sei mit euch und Friede von dem, der da war und der da ist und der da sein wird in alle Ewigkeit, unser HERR Jesus Christus. Amen.

Liebe Gemeinde, das Wort, das Gott Ihnen, das Gott dir schenkt für diesen Tag und für diese Zeit, die nun vor dir liegt, dieses Wort, das über diesem ganzen Gottesdienst steht, lesen wir in Psalm 86 im Vers 11:

***Weise mir, HERR, deinen Weg, dass ich wandle in deiner Wahrheit; erhalte mein Herz bei dem Einen, dass ich deinen Namen fürchte.*** Amen.

**Wir wollen beten:** Lieber HERR und Heiland, wir wollen dir von Herzen danke sagen für dieses Wort aus dem Psalm 86, das du uns jetzt schenkst für diesen Tag und für die Zeit, die vor uns liegt. Wir wollen dich bitten, dass du uns dieses Wort öffnest in dieser Predigt, dass wir erkennen können für unser Leben, was es für uns ganz persönlich zu bedeuten hat. Dazu bedürfen wir deiner Hilfe und deiner Leitung durch deinen guten Heiligen Geist. Um deinen Geist wollen wir dich bitten für diese Predigt, HERR, segne du selber das Reden und das Hören deines heiligen und lebendigen Wortes an uns allen. Amen.

***Weise mir, HERR, deinen Weg, dass ich wandle in deiner Wahrheit; erhalte mein Herz bei dem Einen, dass ich deinen Namen fürchte.*** (Psalm 86,11)

Ich habe Ihnen, wie so oft, für diese Predigt drei Punkte mitgebracht und möchte predigen über:

**1. den Weg des HERRN**
**2. die Wahrheit des HERRN**
**3. den Namen des HERRN.**

**Das Erste: Der Weg des HERRN.** Der König David bittet hier vor 3000 Jahren: ***Weise mir, HERR, deinen Weg.*** Als er diesen Psalm geschrieben hat, war er der mächtigste Mann der damaligen Welt. Er hatte alle Möglichkeiten, die die damalige Welt bot. Er konnte sich Frauen nehmen, mehr oder weniger, wie er wollte, er konnte Kriege führen, wie er wollte, er konnte Menschen zum Tode verurteilen. Er war ein absolutistischer Herrscher, er konnte machen in der Welt, was er wollte. König David konnte jeden Tag auswählen, wo er übernachtete, was er aß usw. Er hatte so viele Möglichkeiten der Lebensgestaltung, aber bat Gott, dass er ihn recht führen möge, dass er ihm den Weg deutlich weisen möge. Das tut er nicht nur hier, das macht der König David immer wieder. Das Lied, das wir eben vor der Predigt gesungen haben - diesen Paul-Gerhardt-Schlager, hätte ich beinahe gesagt - diesen Kirchenschlager, das ist die Verdichtung des Psalms 37, Vers 5:

> ***Befiehl dem HERRN deine Wege, hoffe auf ihn, er wird's wohl machen.***

Auch das ist ein Wort von dem König David und wenn Sie in den über 50 Psalmen gucken, die David geschrieben hat: immer und immer wieder bittet er Gott um die Wegführung. Auch in Psalm 139:

> ***Erforsche mich Gott und erkenne mein Herz, prüfe und erkenne mich, wie ich's meine. Siehe, ob ich auf bösem Wege bin und leite mich auf ewigem Wege.***

Ich könnte Ihnen jetzt noch zehn, zwölf Bibelstellen vorlesen, aber das dürfen Sie mir glauben, der König David, der so viele Möglichkeiten hatte, der hat nur nach einem Weg getrachtet in seinem Leben, nämlich den Weg zu gehen, der Gottes Weg für sein Leben war. „HERR, weise mir deinen Weg."

König David hatte viele Möglichkeiten. Aber auch wir, liebe Brüder und Schwestern, haben unglaublich viele Möglichkeiten. Wir sind zwar nicht die mächtigsten Männer und Frauen dieser Welt, aber wir haben heute mehr Möglichkeiten, unser Leben zu gestalten, als der König David damals. Wir leben im 21. Jahrhundert, in der sogenannten Postmoderne. Heute ist ganz vieles möglich, was vor 50, vor 100 oder gar 300 Jahren undenkbar war. Wir haben unglaubliche Freiheit. Wir können leben, wo wir wollen. Wenn morgen einer von Ihnen entscheidet, wir möchten nicht mehr in Deutschland, sondern auf Gran Canaria leben, so es das Portemonnaie, das Konto hergibt, ist es überhaupt kein Problem. Wir können uns niederlassen, wir können hinfahren, wohin wir wollen. Wir können auch leben, mit wem wir wollen. Ob mit der Frau, der ich irgendwann mal das Ja-Wort vor dem Altartisch gegeben habe, vor dem Abendmahlstisch, oder ob ich mir vielleicht eine neue Frau suche oder vielleicht eine andere Lebenspartnerschaft. Ich als Mann möchte jetzt vielleicht mit einem Mann zusammenleben. Nicht alles von diesen Freiheiten ist gut. Wir kritisieren das auch zu Recht, aber die Möglichkeiten haben wir erst einmal. Wir haben unglaubliche Wahlmöglichkeiten, auch die jungen Menschen. Wenn sie heute Abitur gemacht haben oder wenn sie studieren sollen, was die alles an Berufen lernen können, das war vor 50, vor 100 Jahren undenkbar.

Schon allein, was die Frauen damals nicht konnten und durften, oder wo man reglementiert war und einfach die finanziellen Möglichkeiten nicht bestanden hatten. Die Lebensentwürfe von uns Menschen werden auch immer ausdifferenzierter. Der Eine beschäftigt sich intensiv mit dem Segeln, das wird sein absolutes Hobby, ein anderer ist der absolute Sportler oder ein absoluter Asket. Der Dritte hat nur Spaß daran, abends Fernseher zu gucken und sich zu freuen, wenn die Frau gutes Essen gekocht hat, ganz unterschiedliche Dinge. Der Eine lebt ein Leben allein der Lust nach, der andere der Pflichterfüllung. Es gibt so viele Lebenskonzeptionen, wie Menschen leben und es gestalten. Wir haben sogar die Möglichkeit in unserem Leben, sieben-, acht-, neun-, zehn-, elfmal Neuanfänge zu machen. Wenn uns der alte Lebensentwurf nicht mehr gefällt, zack, dann schmeißen wir ihn in die Tonne und fangen etwas Neues an. Nicht alles ist gut und ich kann da nicht weiter drauf eingehen. Eins möchte ich nur sagen: Unser Leben heute, 2012, bietet unwahrscheinlich viele Wahlmöglichkeiten. Das ist erst einmal etwas Gutes, aber natürlich manchmal auch etwas schwierig, wenn man so eine große Freiheit hat.

Bei all den vielen Wahlmöglichkeiten, die wir haben, wie wir Leben gestalten können und könnten, dürfen wir eines nie vergessen: Für unser Leben gibt es einen Kardinalsweg, einen Masterplan, eine Vorherbestimmung. Wählen können wir so Vieles, aber Gott, der HERR, hat, noch bevor er diese Welt geschaffen hat, für unser Leben einen Masterplan gehabt und hat unser Leben vorherbestimmt für Dinge, die wir tun sollen. Weil Gott aber ein Gott der Liebe ist, zwingt er niemanden in diese Vorherbestimmung hinein, er lässt uns die Wahl. Gott lässt es auch zu, dass wir von ihm weggehen und dass wir Wege gehen, die nicht die seinen sind. Etwa in Lukas 15 beim verlorenen Sohn wird das ganz deutlich. Der Vater hat ganz anderes vor für den Sohn und doch lässt er es zu, dass der Sohn eben seine eigenen Wege geht. Und so ist es bei Gott. Gott hat etwas vorherbestimmt, ja und trotzdem lässt er zu, dass wir andere Wege gehen. Aber wissen Sie, das Tolle ist, wenn man Christ sein darf und das weiß, dass das Leben vorherbestimmt ist, dass man dann danach fragen darf: HERR, was ist denn dein Weg? Das macht das Leben so unglaublich toll als Christ, dass man dann erfahren kann, wie der HERR wirklich den Weg weist, wenn er einem zeigt, was für einen dran ist. Wir haben eben gesungen:

*Befiehl du deine Wege und was dein Herze kränkt,*
*der allertreusten Pflege, des, der den Himmel lenkt,*
*der Wolken, Luft und Winden gibt Wege, Lauf und Bahn,*
*der wird auch Wege finden, da dein Fuß gehen kann.*

Nicht nur, dass mir Gott klarmacht, was für mich dran ist, nein, der mich auch durchführt durch dieses Leben, der mich bewahrt und behütet. Das ist so wunderbar, dass wir einen Gott und HERRN haben, der unser Leben vorherbestimmt hat, uns zum Guten und zum Heil. Er weist uns auch diesen Weg. Das, was David hier getan hat, eben um diese Wegweisung ganz intensiv zu bitten, das tut Gott. Das hat er nicht nur bei dem König David getan, das tut er auch bei uns in unserem Leben. Er weist uns ganz deutlich den Weg. Bei all den vielen Möglichkeiten, bei all den Dingen, die uns diese Welt bietet, sagt Gott uns ganz klar, welchen Weg wir zu gehen haben. Da fragen Menschen immer wieder, ja, wie macht er das denn, wie tut er das? Ich sage dann immer wieder, es gibt drei Dinge, wie Gott den Weg weist.

Das Erste ist, er sagt uns durch sein Wort, was dran ist. Das kann ich jedem nur sagen, der Wegweisung von Gott haben möchte: Geh immer den Weg, den dir die Bibel sagt. Zum Beispiel: Also ich bin immer so beim Thema Ehebruch, wenn ich überlege, meine Frau zu verlassen und mir eine neue Frau anzulachen, da sagt die Bibel ganz klar: Du sollst nicht ehebrechen. Also weiß ich, was richtig und falsch ist. So meine Erfahrung als Seelsorger, ich würde es geschätzt sagen, 90 Prozent aller Probleme, die wir haben, erledigen sich, weil die Bibel ganz deutlich sagt, wie wir zu gehen haben. Da weist uns Gott ganz klar Dinge an! Es ist das Erste, das wir den Weg gehen sollen, den Jesus uns in der Bibel sagt.

Für die anderen zehn Prozent der Fälle, wo keine eindeutigen Dinge in der Bibel stehen, gebe ich den Ratschlag: Geht den Weg, den Jesus gehen würde. Also wenn ich mich als erfolgreicher Geschäftsmann frage, soll ich denn den nächsten Geschäftstermin auch noch wahrnehmen oder soll ich mich doch lieber um meinen achtjährigen Sohn kümmern? Wenn diese Alternative besteht, da steht natürlich nichts in der Bibel darüber drin - zumindest nicht ganz direkt – aber wenn man über das nachdenkt, was Jesus getan hat und wie Jesus uns zeigt, wie man zu leben hat, dann wird man dort schnell eine Antwort finden. Also, wenn ich nicht direkt eine Antwort darauf bekomme, was die Bibel direkt sagt, dann einfach drüber nachdenken: Was würde denn Jesus tun? Was hätte er denn gemacht? Das ist das Zweite, wie ich Wegweisung erhalte. Da merken wir ganz schnell, wo wir dran sind. Gott ist da eindeutig. Unser Gewissen spricht zu uns und da merken wir, welche Dinge und Wege wir zu gehen haben oder Dinge, die wir zu tun und zu lassen haben. Wir wollen häufig nur anderes, das ist das Problem.

Ein Drittes als Ratschlag, wie ich die Wegweisungen Gottes finde: Geh immer den Weg, den dir Jesus nicht zumacht. Wenn ich Entscheidungen getroffen habe in meinem Leben, wo ich nicht genau wusste, will Gott das jetzt, dann habe ich die Entscheidung getroffen und Gott ganz intensiv gebeten, „HERR, mach den Weg richtig zu, damit ich den nicht gehen kann." Beispielsweise, als damals die Anfrage kam, hier oben nach Bremen zu kommen und Pastor in Sankt Martini zu werden. Ich bin daran erinnert worden, weil wir heute Michael eingeführt haben mit diesem Formular, das ich damals auch beantwortet habe. Ja, ich bin davon überzeugt, dass Gott mich hierhin geführt hat. Ich hatte eine tolle Gemeinde und hatte keine Notwendigkeit wegzugehen, aber ich habe gemerkt, Gott ruft mich. Natürlich habe ich gefragt: Ist es wirklich der Ruf oder war was bewegt dich da? Als ich den Ruf dann angenommen habe, hab ich nur gesagt: „HERR, wenn's nicht sein soll, mach es zu, mach es zu. Ich habe nicht darum gebeten, dass es gut würde oder sonst irgendetwas, dass es eine gesegnete Zeit wird, sondern einfach nur: HERR, weise mir deinen Weg und wenn es irgendwie nicht richtig sein sollte, dann schließe du die Türen feste zu."

Das macht Gott. Also wenn wir Wegweisung haben wollen, dann lasst uns diese drei Wege beschreiten: Erstens, den Weg gehen, den Jesus uns in der Bibel zeigt. Zweitens, den Weg gehen, den Jesus gehen würde. Und drittens, den Weg gehen, den Jesus uns nicht zumacht. Sie werden jetzt wieder sagen, meine Güte, der redet so viel vom Weg und von Jesus und dieser Verbindung. Jesus ist der Weg und wenn wir Jesus haben und kennen und mit ihm leben, dann werden wir auch immer wieder die Wegweisung für unseren Lebensweg bekommen. Das möchte ich dir als erstes aus dieser Predigt, aus diesem ersten Punkt mitgeben. Frage du neu in deinem Leben nach der Wegweisung Gottes und das, was du hörst, was der HERR dir sagt, das geh dann auch und das tu dann auch. „Weise mir, HERR, deinen Weg."

**Ein Zweites:** ***Weise mir, HERR, deinen Weg, dass ich wandle in deiner Wahrheit.*** Ich möchte als zweites über die Wahrheit des HERRN sprechen. Übrigens haben Wahrheit und Weg viel miteinander zu tun. Je nachdem, welche Wahrheit ich als verbindlich für mein Leben anerkenne, diese Wege gehe ich dann auch. Also wenn ich die Wahrheit erkannt habe, dass es eben schlecht ist, wenn ich jeden Tag fünf Stückchen Schwarzwälder Kirsch esse, dann wird mein Weg so sein, dass ich eben nicht mehr fünf Stückchen Schwarzwälder Kirsch esse. Weg und Wahrheit habe eine Menge miteinander zu tun. So sagt Jesus ja eben auch:

> ***Ich bin der Weg, die Wahrheit und das Leben.*** (Johannes 14,6)

Das eine hat mit dem anderen zu tun. Aber, liebe Brüder und Schwestern, bei den Wahrheiten ist es so, dass es sogenannte tote Wahrheiten gibt und eine lebendige Wahrheit. Es gibt ganz viele tote Wahrheiten. Das sind die menschlichen Wahrheiten, die wir produzieren und die auch für diese Welt hier und jetzt, für eine bestimmte Zeit eine gewisse Richtigkeit haben. Also z.B. alle physikalischen Lehrsätze, die wir so in der Schule oder an der Uni lernen, die kann man zum Teil auch in Versuchen bewahrheiten und nachweisen. Das sind jedoch tote Wahrheiten, die letztlich gar nicht richtig sind. Denken Sie an die Newtonschen Gesetze, die jeder lernt, der in der Schule gewesen ist, der Abitur gemacht oder die Volksschule besucht hat. Die Newtonschen Gesetze, wie z.B. ein Apfel vom Baum fällt oder wie es auf der schiefen Ebene funktioniert, all diese Dinge, die wir in der Schule als Wahrheiten lernen, sind längst schon überholt durch Albert Einsteins Relativitätstheorie. Auch bei dieser Relativitätstheorie wird es eines Tages so sein - wenn der HERR uns noch tausend Jahre gibt – dass es irgendwann überholt sein wird. Das sind tote Wahrheiten. Sie haben ihre Richtigkeit für eine Zeit in dieser Welt, aber letztlich sind die tot.

Neben den physikalischen, naturwissenschaftlichen Lehrsätzen und Wahrheiten ist es genauso mit den gesellschaftlich-politischen Wahrheiten. Die gelten für eine Zeit, dann gelten die wieder nicht mehr. Wir brauchen nur auf die Geschichte des 20. Jahrhunderts in Deutschland zu gucken. Was hat es da nicht alles für „Wahrheiten" gegeben, Wahrheiten, zementiert in Gesetzestexte. Da gab's Wahrheiten bei den Nationalsozialisten, die sagten, die Juden seien gar keine richtigen Menschen, es darf niemand Professor oder Beamter sein, der jüdischer Abstammung ist, und man dürfe keine Juden heiraten. Das waren Wahrheiten in unserem Volk. Tote Wahrheiten, die den Tod gebracht haben. Oder denken wir an den Kommunismus, die Diktatur der Kommunisten in der DDR. Was ist da nicht alles für Wahrheit verkauft worden von der Herrschaft des Proletariats. Alles nur tote Wahrheiten. Auch all das, was wir heute als Wahrheit sehen, wie vermeintlich unsere Welt funktioniert.

Denken Sie nur an die Finanzkrise. Was uns da alles an Wahrheiten erzählt wird. Da gibt's übrigens die eine Wahrheit zum Euro, die nächste Wahrheit zum Euro, es sind alles nur tote Wahrheiten und sie haben eine gewisse Gültigkeit. Die Wahrheit dieser Welt, liebe Brüder und Schwestern, ist immer nur menschliches Werk. Wie alle menschliche Erkenntnis und alle Dinge dieser Welt wanken und sich verändern in Farbe und Gestalt, so ist es auch mit der Wahrheit dieser Welt. Die bleibt nicht, sondern die verändert sich, je nachdem, was für Menschen dran sind und welchen Erkenntnisgewinn die für den Moment haben. Die Wahrheit der Menschen ist nie ewig und sie ist von Menschen gemacht. Weil wir sterblich sind, ist auch die Wahrheit, die wir machen, nur menschlich. Das sind „Turmbauten zu Babel“.

Die Wahrheit ist keine von Menschen formulierte Wissenschaft, die Wahrheit ist keine Philosophie, die Wahrheit ist keine Gesellschaftstheorie und eben auch kein von Menschen formulierter Lehrsatz. Die Wahrheit, liebe Brüder und Schwestern, die einzige Wahrheit, die lebendige Wahrheit ist ein Mensch und Gott zugleich, ist Jesus Christus. Und von diesem Jesus spricht hier auch David. Obwohl er tausend Jahre vor Jesus gelebt hat, spricht er von niemand anderem als eben von diesem Jesus Christus, der einzigen Wahrheit. David spricht hier vom „HERRN“. Und da legt die Bibel ganz großen Wert darauf, dass der HERR Jesus Christus ist. „Wir predigen nicht uns selber“, sagt Apostel Paulus, „sondern dass Jesus Christus der HERR ist.“ Das ist ja das Skandalon für die Juden gewesen, deshalb musste er ans Kreuz gehen, weil er das eingefordert hat. Seine Königsherrschaft, seine Herrlichkeit, dass er der HERR ist, dass Jesus Christus der HERR ist. Die Bibel legt viel Wert darauf, dass gerade David in den Psalmen, wenn er „HERR“ sagt, Jesus meint. Das können Sie nachlesen, etwa bei der Frage nach dem Davidssohn (Matthäus 22) oder eben als Petrus die Predigt zu Pfingsten hält (Apostelgeschichte 2), wo ganz klar darauf Bezug genommen wird, dass im Heiligen Geist, ohne dass er Jesus schon direkt gesehen hat, der König David, Jesus den HERRN nennt. Er ist der HERR. Deshalb ist auch die Wahrheit, von der hier David spricht, niemand anderes als Jesus. Und diese Wahrheit ist eine Wahrheit, die wir im Heiligen Geist offenbart bekommen müssen.

Alle Wahrheiten dieser Welt kann man sich irgendwie durch den Intellekt ergründen oder ergründen lassen. Das ist zwar manchmal schwer, z. B. was Kant, Heidegger oder Adorno gesagt haben, aber wenn ich mich intensiv damit beschäftige, dann werde ich das irgendwann intellektuell mehr oder weniger verstehen. Ich kann mich auch mit mathematisch-physikalischen Systemen beschäftigen. Auch die sind zum Teil sehr, sehr schwer und für die meisten von uns tatsächlich zu hoch - für mich auf alle Fälle - aber wenn ich mich rein denke und viel Mühe gebe, dann werde ich einiges verstehen. Das sind die toten Wahrheiten, die kann ich über meinen Intellekt erfassen. Die wirkliche, lebendige Wahrheit, Jesus, die muss mir offenbart werden. Ohne den Heiligen Geist ist es nicht möglich, dass wir erkennen können, dass Jesus Christus der HERR ist. Das sagt die Bibel eindeutig. Wissen Sie, es ist ganz leicht, diese einfache, wirkliche, lebendige Wahrheit Jesus zu finden, das ist anders als bei den toten Wahrheiten der Menschen. Die sind schwer zu ergründen. Jesus zu finden ist ganz leicht, das Schwere nur ist, dass es kaum Menschen gibt, die die Wahrheit Jesu suchen.

Ganz wenige Menschen suchen Jesus. Gucken Sie mal in Ihrem Umfeld, all diejenigen, mit denen Sie leben, die kennen und suchen Jesus nicht. Wenn die Jesus suchen würden, dann würden sie ihn finden. Gott hat verheißen, dass er sich allen offenbart, die ihn von ganzem Herzen suchen, aber leider suchen ihn viel zu wenige. Auch wir suchen zu häufig die toten Wahrheiten dieser Welt und beschäftigen uns nicht mit der lebendigen Wahrheit. Die lebendige Wahrheit finden wir immer wieder im Wort Gottes. In Johannes 17 bittet unser HERR Jesus Christus Gott im Gebet: Heilige sie in der Wahrheit, dein Wort ist die Wahrheit. Wenn wir wie der König David wollen, dass wir in der Wahrheit, dass wir in Jesus wandeln, dann müssen und sollen wir uns mit dem Wort beschäftigen. Da müssen wir ganz genau hingucken, liebe Brüder und Schwestern, das ist ganz, ganz wichtig, mit dem wir uns zu beschäftigen haben. Da dürfen wir auch keine Abstriche machen bei dieser Wahrheit, denn das ist das Entscheidende. Wenn wir bei dieser Wahrheit anfangen zu wackeln oder irgendetwas zuzugestehen den toten Wahrheiten dieser Welt, dann ist alles verloren. Luther hat einmal gesagt: „Friede, wenn möglich, Wahrheit um jeden Preis.“ Friede, wenn möglich, Jesus um jeden Preis, weil Jesus die Wahrheit ist. Das ist ganz wichtig.

***Weise mir deinen Weg, dass ich wandle in deiner Wahrheit.***

Das muss unsere Bitte sein. Das möchte ich dir mitgeben für die nächste Zeit, dass du wandelst in der absoluten Wahrheit Jesu. Schau immer danach in den nächsten Tagen, dass du wirklich wandelst in Jesus Christus. Lass dir von Gott den Weg weisen und wandle du in Jesus.

**Ein Drittes und Letztes** aus diesem Wort aus Psalm 86: ***Erhalte mein Herz bei dem Einen, dass ich deinen Namen fürchte.*** David bittet darum, dass er mit seinem Herzen, also mit seiner ganzen Einstellung bei dem Einen bleibt, dass er den heiligen ewigen Namen fürchtet. Er bittet nicht darum, dass er das Herz irgendeiner schönen Frau gewinnt. Er bittet nicht darum, dass er irgendeine Schlacht gewinnt und auch nicht darum, dass er irgendwie ein langes Leben und gesundheitliche Wohltaten bekommt. Er bittet um das Eine als allererstes, dass er den heiligen Namen Gottes fürchtet. Das ist etwas, was ganz wichtig ist, was uns immer wieder so ein Stück weit abgeht. Die Ehrfurcht vor dem Namen unseres Gottes ist wichtig, nicht nur vor Gott selber, sondern allein auch vor seinem Namen. Wisst ihr, wenn wir diesen heiligen und ewigen Jesus-Namen ehren und heiligen, dann werden wir erst recht den ehren und heiligen, der diesen Namen trägt. Damit ist es bei uns manchmal ganz schlecht bestellt und das darf nicht sein. Wir sollen den Namen Gottes ehren und heiligen.

Als wir in Israel waren im Urlaub, da war oben auf Masada ein Rabbi, der die Bibel abgeschrieben hat. Er war hinter so einer Scheibe, wir konnten ihn gar nicht berühren, weil er dann vermeintlich unrein geworden wäre. Er schrieb diese Bibel ab und wann immer er den Namen Gottes schrieb, stand er auf und wusch sich fünfmal die Hände, weil er unrein war. Mit dieser Geste machte er deutlich, dass der Name Gottes, den er jetzt schrieb, so heilig ist und dass er das eigentlich gar nicht durfte. Das ist etwas, was ich zwar nicht mache, wenn ich meine Arbeiten und Predigten vorbereite, wenn ich dann in den Computer den Namen Gottes eingebe, aber mir ist da nochmal neu klargeworden, wie heilig der Name Gottes, wie heilig der Name Jesu ist. In den Zehn Geboten werden wir aufgerufen:

***Du sollst den Namen des HERRN deines Gottes nicht missbrauchen. Der HERR wird den nicht ungestraft sein lassen, der seinen Namen missbraucht.***

Es gibt eine Geschichte in 3. Mose 24, eine sehr harte Geschichte mit dem Sohn der Schelomit. Dieser Mann aus Israel, der einen ägyptischen Vater hat, aber eine israelitische Mutter, die Schelomit ist, lästert den Namen Gottes. Da nehmen sie den gefangen und dann fragt Mose nach, was mit ihm geschehen soll. Da sagt Gott:

***Jeder, der die Lästerung gehört hat, der soll zu ihm hingehen und soll seine Hand auf sein Haupt legen. Und dann bringt ihn raus vor das Lager und bringt ihn alle um, denn jemand, der meinen Namen lästert, der hat in meinem Volk nichts zu tun. Er hat meinen Namen nicht geheiligt.***

Das sind harte Worte, die uns auch an unserem Gottesbild manchmal zweifeln lassen, aber das zeigt, wie wichtig das Gott ist. Wenn wir gleich das Vaterunser beten werden, da sprechen wir als erste Bitte - noch vor der Vergebungsbitte und vor der Bitte um das tägliche Brot - Geheiligt werde dein Name.

Da darfst du dich mal fragen, ob du in der letzten Woche wirklich dazu beigetragen hast, dass der Name Jesu Christi geheiligt wurde. Dass dein Leben Zeugnis davon gegeben hat oder dass du vielleicht auch nur die Stimme erhoben hast gegen jemanden, der den Namen Gottes verlästert hat. Oder vielleicht auch nur einen Brief geschrieben hast, wenn wieder in so einer Comedy-Sendung oder in irgendeinem Beitrag im Fernsehen der Name Gottes verlästert wurde. Auch wenn wir tausendmal sagen „bringt ja nichts, ist ja nichts“, wir sind berufen, den Namen Gottes, den Namen Jesu zu heiligen, ihm alle Ehre zu geben. Dem ein oder anderen ist es aufgefallen, da vorne am Eingang, wenn man auf den Parkplatz fährt, steht dieses Schild „Christus ist auferstanden!" Mit diesem Schild versuchen wir ja, Gott und seinem Namen die Ehre zu geben. Das haben sie uns schon zum dritten Mal abgerissen. Wir wissen gar nicht, wo das Schild geblieben ist, es ist weggeschmissen worden und wir müssen es komplett erneuern. Wir werden auch heute für dieses Schild kollektieren. Wir werden dafür sammeln und es immer wieder neu aufstellen, sooft wie sie uns das abreißen, weil wir die Ehre dem Namen Gottes geben, dem Namen Jesus. Das ist auch so eine Sache in dieser Welt. Mit dem Namen Gottes kann man noch einigermaßen in dieser Welt leben, dann lassen einen die Nachbarn in Ruhe, aber wenn wir mit dem Namen des HERRN Jesus Christus anfangen, dann wird die Welt ungemütlich. Dann reißen sie uns die Schilder ab. Also, wenn da draußen stehen würde „Allein Gott in der Höhe Ehre", ich glaube nicht, dass sie das Schild abreißen würden. Aber „Christus ist auferstanden!", den Namen Jesu, den will die Welt nicht. Da „quietscht" die Welt, das will der Widersacher nicht. Wir gehören ja nicht zum Widersacher, wir gehören jetzt zum HERRN Jesus Christus und wir sollen dem HERRN Jesus Christus die Ehre geben.

Ich habe vor einiger Zeit im Vorfeld zur Europameisterschaft einen Bericht darüber gesehen, wie die deutschen Nationalspieler richtig ausgebildet und erzogen wurden, wie sie sich zu verhalten hätten, damit sie dem Deutschen Fußball-Bund in ihrem Auftreten Ehre geben. Sie sollten nicht nur viele Spiele gewinnen, sondern wenn sie nach draußen gehen, hatten sie einen gewissen Dresscode, sollten gewisse Dinge tun und gewisse Kritiken nicht äußern. Sie haben genaue Anweisungen gekriegt, diese Fußballer, diese hochbezahlten Millionäre, wie sie sich dem DFB gegenüber zu verhalten haben, dass ihm ja keine Unehre geschieht. Da hab ich mir nur gedacht, ob das so richtig und sinnvoll ist, was Fußballer da tun, aber so sollen wir uns im Prinzip gegenüber unserem HERRN Jesus und seinem heiligen und ewigen Namen verhalten. Dass wir diesem Namen alle Ehrfurcht geben und dass das Menschen auch spüren in unserem Umfeld, dass wir den heiligen und ewigen Jesus-Namen ehren.

Das wünsche ich dir als Drittes, dass dir in der nächsten Zeit, die vor dir liegt, gelingt, du wirklich dem Namen Jesu, dem Namen Gottes alle Ehrfurcht gibst, du wirklich mit deinem Herzen dabei bist und für diesen Namen Jesus einstehst. Der Weg des HERRN, die Wahrheit des HERRN, der Name des HERRN. Ich möchte noch einmal dieses Wort zurufen aus Psalm 86, Vers 11 für dein Leben, dass Gott dir sagt:

> ***Weise mir, HERR, deinen Weg, dass ich wandle in deiner Wahrheit; erhalte mein Herz bei dem Einen, dass ich deinen Namen fürchte.*** Amen.

> Und der Friede unseres allmächtigen Gottes, der sehr viel höher ist als alle unsere menschliche Vernunft, er bewahre unsere Herzen und Sinne in Christus Jesus, unserem auferstandenen und lebendigen HERRN. Amen.

## Wir haben eine Zuflucht!

Psalm 90,1

> Gnade sei mit euch und Friede von dem, der da war und der da ist und der da sein wird in alle Ewigkeit, unser HERR Jesus Christus. Amen.

Liebe Gemeinde, als Predigttext wollen wir einen einzigen Vers hören, eben aus dem Psalm 90, den wir zu Beginn des Gottesdienstes schon gelesen haben. Wir hören auf Psalm 90, Vers 1:

> ***HERR, du bist unsere Zuflucht für und für.*** Amen.

> **Wir wollen beten:** Lieber HERR und Heiland, von ganzem Herzen wollen wir dir Dank sagen für dieses Trostwort, das du uns jetzt schenkst im letzten Gottesdienst hier in deiner Kirche, in unserer Gemeinde. Wir wollen dir Dank sagen für dieses wunderbare Wort, für diese wunderbare Zusage, dass du unsere Zuflucht bist. Was das konkret bedeutet und warum wir dich als Zuflucht brauchen, HERR, dazu wollen wir uns in dieser Predigt Gedanken machen. Wir wollen dich bitten, HERR, dass du jeden Einzelnen ansprichst, der jetzt hier in der Kirche ist oder zugeschaltet ist übers Internet und Telefon. Dass das passiert, HERR, dass wir deine Stimme vernehmen, dass wir merken, wie du zu uns sprichst, dazu brauchen wir deine Hilfe und dein Geleit. Und darum wollen wir dich jetzt bitten, HERR, für diese Predigt, segne du selber das Reden und das Hören deines heiligen und lebendigen Wortes an uns allen. Amen.

„Hurra!" Dieses Wort kennen Sie alle. Es ist ein Ausruf des Freuens, wenn etwas gut gelungen ist und etwas besonders Schönes passiert ist - Hurra! Aber eigentlich ist dieses Wort „Hurra" nicht das, was es heute meint von seinem Ursprung her, sondern das Wort „Hurra" ist ein Schlachtruf. „Hurra" kommt vom althochdeutschen „hurren", da kommt das Wort „hurtig" her. Oder im Englischen, „to hurry up" heißt hurtig, hastig. Hurra! wurde gerufen, wenn die Soldaten in den Kampf zogen. Wenn sie dann in den Schützengräben lagen und jetzt raus und kämpfen mussten, dann kam der Kompanieführer, der Oberleutnant, der Hauptmann und schwor nochmal die Truppe aus. Das war dann der Schlachtruf, mit dem man nach vorne ging, und dann schrie die ganze Kompanie „Hurra!". Das war der Schlachtruf mit dem man dann nach vorne zog. Das war nicht nur in der deutschen und österreichischen Armee so, auch die russischen Soldaten der Roten Armee zogen mit diesem Schlachtruf immer wieder in den Krieg. Ich erinnere mich an viele Geschichten von Soldaten, die ich befragt habe nach ihren Erlebnissen aus dem Krieg. Sie erzählten, wie furchtbar das gewesen sei, wenn dann diese ganzen russischen Kompanien mit einem „Ura!" motivierend nach vorne preschten. Gott sei Dank, brauchen wir heute nicht mehr solche Schlachtrufe für den Krieg. Aber solche Schlachtrufe gibt es anderorts auch noch, z.B. ist das beim Fußballspielen heute gang und gäbe. Das haben Sie vielleicht schon mal gesehen, dass während sich die Mannschaften aufstellen, der Mannschaftskapitän die Mitspieler zusammenruft. Die stehen alle zusammen und dann wird so ein Schlachtruf ausgegeben, „Alle für einen, einer für alle!", „Wir sind die Besten!", oder ähnliches. Dann ziehen sie so in ein Spiel, um sich zu motivieren.

Schlachtrufe. Jetzt bin ich weder der Kompanieführer dieser Gemeinde noch der Mannschaftskapitän, aber ich bin der Pastor. Wir stehen auch nicht vor einer Schlacht, aber wir gehen in ein neues Jahr. Ich habe uns auch so einen Schlachtruf mitgebracht, denn nichts anderes ist dieses Wort aus Psalm 90,1:

***HERR, du bist unsere Zuflucht für und für.***

Und ich möchte Ihnen und euch dieses Wort mitgeben als einen Schlachtruf für das, was in den nächsten 365 Tagen auf euch zukommt. Das soll unsere Losung, das soll unser Schlachtruf sein! Das sollt ihr immer wieder wissen, gerade wenn es enger wird: Der HERR Jesus Christus ist unsere Zuflucht für und für.

So habe ich dann auch die Predigt überschrieben mit **„Wir haben eine Zuflucht“**, und zwar haben wir:

1. **eine Zuflucht angesichts der Veränderungen, in denen wir stehen und die kommen werden;**
2. **eine Zuflucht angesichts unserer Sündhaftigkeit;**
3. **eine Zuflucht angesichts unseres Sterbens.**

**Das Erste: Eine Zuflucht angesichts der Veränderungen.** Der Psalm 90 thematisiert diese Veränderungen in einer ganz fantastischen bildhaften Sprache. In den Versen 5 und 6 heißt es, vom Menschenleben gesprochen: ***Du lässest sie dahin fahren wie einen Strom; sie sind wie ein Schlaf, gleichwie ein Gras, das doch bald welk wird, das da frühe blüht und bald welk wird und des Abends abgehauen wird und verdorrt.*** Das ist so eine Gegenüberstellung. Auf der einen Seite das Blühen und Sprossen - da ist etwas ganz stark und lebendig - und auf der anderen Seite das Welken und das Verdorren. Diese Veränderungen kennen viele von uns, gerade die Älteren. Man denkt so nach: „Na ja, wie ist das gewesen vor 50, 60 Jahren, als ich noch so richtig im Saft stand, als ich noch blühte und sprosste, und heute wird alles weniger. Ich bin kaum in der Lage, die Kiste Wasser aus dem Auto raus zu heben. Fünfmal die Nacht muss ich aufstehen, ich kann das Wasser nicht mehr richtig halten, ich sehe nicht mehr richtig, ich kann nicht mehr Auto fahren.“ All diese Dinge. Manch ein Bruder, manch eine Schwester sind uns heute Abend zugeschaltet über das Internet und können gar nicht mehr in die Kirche kommen. Diese körperliche Verwelkung, ich denke, die meisten von uns, gerade die Älteren, wissen, wovon ich spreche. Das sind Veränderungen, die wir ganz persönlich erleben.

Ich habe neulich einen Bericht über Franz Beckenbauer gesehen. Den kennen ja nun die meisten, den vielleicht größten deutschen Fußballer, den es je gegeben hat. Ja, was war das in den 60er und 70er Jahren für ein Sportsmann! Der lief über den Platz, konnte spielen, er war nicht einmal geschwitzt und war trotzdem der beste Fußballer am Platz. Was war das für ein Mann im Auftreten, als Bundestrainer, wie er 1990 die Weltmeisterschaft gewonnen hatte. Das war doch jemand, da blickten die Spieler alle auf. Jetzt kam ein Bericht mit Bildern über Beckenbauers Gesundheitszustand. Da hab ich einen Schrecken gekriegt, wie eingefallen er war. Und ich hab gedacht, Mensch, wie das hier passt. Eben noch dieser Bomben-Sportsmann, dieser gestandene Mann, Mittelpunkt der deutschen Gesellschaft und jetzt nur noch ein wackliger, klappriger Greis, der die Gedanken nicht mehr richtig beieinander hat. Körperliches Verwelken.

Aber nicht nur das körperliche Verwelken bei anderen oder bei uns selbst, auch das berufliche Verwelken. Eben waren wir noch blühend und sprossend, wir waren der Meister in der Werkstatt, der Geschäftsführer und dann kommt die Rente, die Pensionierung. Und auf einmal müssen wir uns mit der Ehefrau darüber unterhalten, welche Staubsaugerbeutel eingekauft werden. Berufliches Verwelken. Blühen und Sprossen auf der einen Seite, dann Welken und Verdorren. Da gibt es die sozialen Verwelkungsprozesse. Wenn dann ein lieber Angehöriger stirbt, man auf einmal allein ist, wenn man umzieht, weil die Kinder anderswo wohnen, und aus dem sozialen Umfeld rausgerissen ist - eben war man noch jemand im Umfeld und jetzt auf einmal ganz fremd. Dann kommen all die Fragen angesichts dieser Verwelkungsprozesse. Wie wird es weitergehen? Wie wird das nächste Jahr sein? Eben noch blühend und sprossend, aber ich merke zunehmend, wie die Dinge welken und verdorren. Nicht nur beruflich, körperlich, sozial, auch gesellschaftlich. Da ist so vieles im Verwelken.

Unsere Bundesrepublik Deutschland war vor 50 Jahren ein Staat, fest gegründet in den Grundsätzen der Bibel, unhinterfragt, und heute? In was für einem Land befinden wir uns in den letzten 50 Jahren? Acht Millionen Menschen, getötet bei Abtreibungen. Die Ehe zwischen Mann und Frau, vor 50 Jahren noch geschützt, heute dahin gegeben in irgendwelchen Ideologien. Die Sonntagsheiligung, früher hochgehalten, auch von der Politik, sie wird immer mehr aufgehoben. Ich ärgere mich jedes Mal, wenn wir das zunehmend häufig erleben, dass unsere Leute nicht zur Kirche können, weil wegen einer Sportveranstaltung oder irgendwelchem Klamauk draußen Straßen gesperrt werden. Gesellschaftliches Verwelken. Wir waren mal eine christliche Nation, wo die Zehn Gebote gegolten haben, aber wir sind im Verwelkungsprozess. Die Pietisten, die Evangelikalen, diejenigen, die dieses Land stark gemacht haben mit ihrem Fleiß, aber vor allen Dingen mit ihren Gebeten, sind heute Menschen, die zunehmend diskriminiert an die Ecke gestellt werden. Gucken Sie heute mal einen Tatort-Krimi. Da werden die Homosexuellen gefeiert und diejenigen, die streng gläubig sind und nach der Bibel leben, werden behandelt, als wären sie irgendwelche Idioten. Ein Land, das einmal sprosste und blühte, ist zunehmend im Verwelkungsprozess.

Ich könnte jetzt weitermachen, aber ich will jetzt nicht in so einen Kulturpessimismus verfallen. Ich denke, Sie alle, wenn sie ein Stück weit schauen, nicht nur auf Ihr eigenes Leben, sondern eben auch, was gesellschaftlich um Sie herum passiert, merken die Veränderungen, die da sind. Jeder von euch und Ihnen könnte heute Abend erzählen von Veränderungsprozessen, die in den letzten Jahren bei Ihnen stattgefunden haben. Ebenso von Veränderungsprozessen, die kommen werden, wo man weiß, die Pensionierung, der Umzug, die berufliche Veränderung stehen bevor. Da kommen Fragen auf: Wer wird mir denn da helfen? Werden die Kinder da sein, mein Ehepartner, wird das Geld reichen? Wie werde ich fertig werden angesichts der Veränderungen, in denen ich stehe, privat, beruflich und auch gesellschaftlich. Da möchte ich dir zusagen, es gibt Einen, bei dem du Zuflucht finden kannst angesichts dieser Veränderungen, bei unserem HERRN und Heiland Jesus Christus. Du darfst wissen, bei all den Veränderungen, bei all dem Schwierigen, bei manchem, was kommen wird und nicht schön sein wird, er war und ist immer derselbe. Bei ihm darfst du dich bergen. In seinen Händen darfst du geborgen sein, in den Händen, die dir das Leben gegeben haben. Die Hände, die für dich auf Golgatha durchbohrt worden sind, sind die Hände, die dir Zuflucht sind angesichts der Veränderungen. So möchte ich dir das zurufen, angesichts der Veränderungsprozesse, in denen du stehst und in die du hinein gehst, es gibt eine Zuflucht bei unserem HERRN und Heiland Jesus Christus. ***HERR, du bist unsere Zuflucht für und für.***

**Ein Zweites: Eine Zuflucht angesichts der Sündhaftigkeit.** Wenn ich eben so den Blick ein bisschen nach außen hatte und etwas pessimistisch auf das geguckt habe, was sich verändert, darf ich selbstkritisch nun auf mich selber gucken. Gott ist auch eine Zuflucht angesichts meiner Sündhaftigkeit. Auch das lesen wir in diesem Psalm 90 im Vers 8: ***Denn unsere Missetaten stellst du vor dich, unsere unerkannte Sünde ins Licht vor deinem Angesicht.*** Sünde kann man in unterschiedliche Arten aufgliedern. Man kann einmal sagen, wenn man sie kategorisiert, es gibt diejenigen, die vergeben werden, weil sie unter dem Blut des Heilandes getan werden, oder die, die nicht vergeben werden, weil sie ohne Blut des Heilandes eines Tages ins Gericht kommen. Man kann aber auch sagen, die Sünden kann man unterteilen in die, die willentlich begangen werden, und die Sünden, die eben unerkannt getan werden; nicht unwillentlich, aber unerkannt.

Willentliche Sünde. Das ist ein Problem für mich und für viele von euch. Wir wissen ganz genau, was richtig und was falsch ist, und trotzdem tun wir so häufig das Falsche, tue ich so häufig das Falsche. Ich bin häufig so lieblos, ich bin häufig so jähzornig, bin häufig hochmütig, eingebildet und hart. Viele Dinge in meinem Leben sind nicht in Ordnung und ich weiß das. Ich kenne die Schrift und doch trete ich immer wieder auf dieselben Pfade. Aus der Seelsorge weiß ich, dass es bei vielen Brüdern und Schwestern ebenfalls so ist. Ich weiß vor allen Dingen, und das wisst ihr auch, dass wir einen HERRN und Gott haben, der unsre Missetaten vor sich stellt, und der das weiß und der das nicht möchte. Die Frage ist, wie gehe ich damit um? Es ist gut, dass wir auch in unserer Sündhaftigkeit bei diesem Gott Zuflucht suchen dürfen. Ich werde immer wieder gefragt in der Seelsorge: „Aber ich falle doch so häufig, manchmal dreimal, viermal in der Woche, kann ich denn zu diesem Gott kommen?" Im Schlachtruf in unserem Predigttext heißt es:

***HERR, du bist unsere Zuflucht für und für.***

Immer und immer und immer wieder. Wörtlich heißt es, von Generation zu Generation. Das hört nicht auf. Gerade angesichts unserer Sündhaftigkeit dürfen, ja müssen wir Zuflucht bei diesem HERRN und Heiland suchen für die Sünden, die wir willentlich tun, aber auch für all unsere unerkannte Sünde und Schuld. Es wird hier auch thematisiert: ***Unsere unerkannte Sünde stellst du ins Licht vor dein Angesicht.***

Vor einigen Jahren habe ich am Buß- und Bettag einmal drüber gesprochen, wie wichtig es ist, dass es sich nicht nur um die willentlichen Sünden, die man wirklich aktiv bewusst tut, plant zu machen, sondern es noch ganz vieles zusätzlich gibt, was ich unerkannt tue. Wo ich gar nicht gemerkt habe, wo ich lieblos war, wo ein Wort zu hart und zu viel gewesen ist, wo ich Dinge getan habe und gefehlt habe gegenüber meinem Nächsten und gegenüber Gott. Ich habe das einmal so erklärt. Wenn ich ein Protokoll in unserem Kirchenvorstand schreibe, dann lese ich das nochmal quer und schicke es an die Geschwister. Bei der nächsten Sitzung korrigieren wir das immer und sagen: „Gibt es irgendwelche Fragen?" Und dann sagen die Geschwister: Da ist ein orthographischer Fehler und da ist auch wieder einer." Da ärgere ich mich immer, dass da so viele Fehler sind. Ich gucke drüber, aber es war mir gar nicht bewusst, ich hab's gar nicht gemerkt.

Genauso, wie ich da beim Tippen eines Kirchenvorstands-Protokolls Fehler mache, genauso passiert es mir in meinem Leben, ich merke es gar nicht. Unerkannte Schuld und Sünde.

Es geht nicht nur mir so, auch euch, schätze ich. Unerkannt, weil es mir nicht bewusst ist, unerkannt, weil ich es häufig bagatellisiere. Das wissen wir ja, dass wir alle dazu neigen, so nach dem Motto: Unsere eigenen Vergehen immer ein bisschen niedriger zu hängen. Wir wissen, dass Jesus die Dinge ganz hoch macht, dass er die Sünde in der Bergpredigt ganz aufbläht, so sage ich das mal ein bisschen kritisch. Nicht nur, wenn wir die Ehe brechen in actu, sondern wenn wir nur denken, „hey, mit dieser Frau hätte ich ja mal gerne...", haben wir gegen dieses Gebot ***Du sollst nicht ehebrechen*** verstoßen. Da gibt es nichts zu bagatellisieren. Wenn wir dann in uns schauen und alle Gebote so angucken, dann wissen wir, dass wir mit jedem Atemzug allesamt Sünder sind und gar nicht anders können. Wenn uns das klar ist, dann wissen wir, es gibt nur einen Ort, wo wir Zuflucht suchen können. Das ist Golgatha, das ist das Kreuz von unserem HERRN und Heiland, eine Zuflucht angesichts meiner und deiner Sündhaftigkeit. Ich sage das so deutlich in diesem Punkt dieser Predigt, weil wir gleich nach der Predigt das Abendmahl miteinander feiern wollen. Da wollen wir hingehen zum Tisch unseres HERRN in dem Bewusstsein, dass das unsere Zufluchtsstätte ist - Jesus Christus. Wenn wir in besonderer Verbindung mit ihm gestellt werden, wenn wir „sein Blut trinken" und „seinen Leib essen", dass wir dann wissen, das brauchen wir als Zufluchtsstätte, weil wir sonst nicht vor dem lebendigen Gott bestehen können.

Das ist das Wunderbare. Wir wissen, dass wir Sünder sind und Jesus so notwendig brauchen. Wenn wir uns dann in ihm bergen, dann werden wir rein von all unserer Schuld.

> ***Wenn wir sagen, wir haben keine Sünde, so sagt die Bibel, dann betrügen wir uns selbst und die Wahrheit*** (Jesus) ***ist nicht in uns. Wenn wir aber unsere Sünden bekennen, so ist Jesus treu und gerecht, dass er uns die Sünde vergibt und reinigt uns von all unserer Ungerechtigkeit.***

Deshalb möchte ich euch das als Schlachtruf mitgeben gleich für das Abendmahl, in das wir hineingehen: ***HERR, du bist un-***

***sere Zuflucht für und für.*** Eben auch für das Jahr 2020, in das wir hineingehen. Bei allem Bemühen, das ich und ihr haben werdet, um ein besseres, „christlicheres" Leben vor Gott zu führen, werden wir doch immer wieder scheitern. Wir werden auch in 2020 Sünder bleiben, aber, Gott sei Dank, gibt es Golgatha. Golgatha, wo wir uns bergen können, Golgatha, unsere Zufluchtsstätte. ***HERR, du bist unsere Zuflucht für und für.***

**Ein Drittes: Eine Zuflucht angesichts des Sterbens.** Dieser Moment des Sterbens durchzieht den Psalm 90. In Vers 10, heißt es:

> ***Unser Leben währet siebzig Jahre, und wenn es hoch kommt, so sind es achtzig Jahre, und was daran köstlich scheint, ist doch nur vergebliche Mühe; denn es fährt schnell dahin, als flögen wir davon.***

In Vers 12 heißt es: ***Lehre uns bedenken, dass wir sterben müssen, auf dass wir klug werden.*** Das ist ein Ergebnis aus dem ersten und zweiten Punkt, unsere Sterblichkeit. Alles blüht und sprosst, aber weil es sündhaft ist, welkt und verdorrt es und irgendwann ist es final verwelkt und verdorrt in dieser Welt, eben weil die Welt in Sünde lebt. Wir alle müssen sterben. Wir alle, die wir hier sind, gehen auf den Tod zu. Wir können dann irgendwelche statistischen Tabellen benutzen, um zu schauen, wie viel uns denn noch bleibt. Sie wissen, in Deutschland lebt ein Mann etwa 78,5 Jahre, eine Frau 83,3 Jahre, aber wenn Sie schon 85 geworden sind als Frau, dann sind Sie nicht zwei Jahre in den Miesen. Da gibt's sogenannte Kohorten, Sterbetafeln. Da kann man sich vom Statistischen Bundesamt in Deutschland ausrechnen lassen: Wie viel Lebenszeit habe ich denn noch? Da können Sie genau nachgucken.

Aber wissen Sie, keine Statistik und keine Sterbetafel hilft Ihnen irgendwas, wenn Gott für Sie entscheidet, dass morgen Ihr letzter Tag ist, dass das Jahr 2020 nicht mehr 365 Tage für Sie und mich bereithält, sondern nur einen. Vielleicht werden es ja 365 Tage und vielleicht bist du am Ende des Jahres 2020 wieder unter einer Kanzel, aber dann nur deshalb, weil der lebendige Gott dich hat leben lassen. Irgendwann kommt der Altjahres-Abend, wo du im Gottesdienst sitzt, wo ich im Gottesdienst sein werde, was der letzte Altjahres-Abend unseres Lebens sein wird. Manche nach 70 Jahren, manche nach 80, manche nach 90 Jahren, aber irgendwann kommt der Tag und wir müssen sterben. Die Frage ist dann: Was wird denn dann?

Ich habe vor Jahren immer sehr interessiert diesen Fragebogen im FAZ-Magazin gelesen, wo berühmte Männer und Frauen danach gefragt wurden, wie ihr Leben aussah. Es gab etwa drei Dutzend Fragen, die gestellt wurden - nach eben der Lieblingsgestalt der Geschichte, nach dem Lieblingskomponist, nach dem furchtbarsten Unglück, das sie sich vorstellen konnten. Und da gab es viele, viele tolle Antworten. Ich habe viel daraus gelernt. Es ist sehr spannend zu sehen, wenn kluge Menschen intelligente Antworten geben. Aber bei einer Frage, da war ich jedes Mal vollkommen entsetzt. Ich habe da nie etwas gelesen, was mich irgendwie angesprochen hätte. Ich habe natürlich nicht alles gelesen, aber das, was mir da begegnet war, in dem, was ich wahrgenommen hab - immer die Katastrophe! Nämlich auf die Frage: Wie wollen Sie denn sterben? Eine sehr provokante Frage, aber die Antworten, die da gekommen sind, waren die Katastrophe. Da waren häufig so Antworten wie „schnell und schmerzlos“, „aus dem vollen Leben heraus“, „nicht wissend, dass ich sterbe“. Also Plattitüden, die die Welt eben so sagt.

Zu mir ist noch niemand gekommen, ich bin kein berühmter Mensch, dass ich dieses FAZ-Magazin ausfüllen würde. Wenn mich aber einer fragen würde, „wie willst du denn sterben?“, da gibt‘s für mich nur eine Antwort: An der Hand meines Heilandes Jesus Christus! Im Glauben an meinen Heiland Jesus Christus. Das ist das Wunderbare des christlichen Glaubens, dass ich eine Zufluchtsstätte habe, wenn ich Christ bin. Da, wo die ganzen schlauen und reichen Menschen scheitern, wo sie keine kluge Antwort mehr haben, wo sie eben nicht wissen, wo es hingeht, da wissen wir als Christen Bescheid. Da können wir sagen: Ja, wir haben eine Zufluchtsstätte. Deshalb können wir fröhlich leben und auch noch fröhlicher sterben, weil wir wissen, wo es hingeht - ins himmlische Jerusalem, wenn, ja wenn wir an diesen Jesus Christus glauben. Das ist ganz stark das Thema von Mose am Ende seines Lebens, der diesen Psalm 90 geschrieben hat. Er spricht hier von der Zuflucht. ***HERR, du bist unsere Zuflucht für und für.*** Wenn Sie die Bibel ein bisschen kennen, wissen Sie, die drei letzten Kapitel im 5. Buch Mose, die Kapitel 32, 33 und 34 sind die Inhalte: Mose singt, segnet, stirbt. Am Ende des Kapitels 33, unmittelbar bevor Mose stirbt, da sagt er diesen ganz starken Satz: ***Zuflucht*** - das sagt er den Söhnen Israels, die er segnet - ***Zuflucht ist bei dem alten Gott.*** Er selber, der den eigenen Tod vor Augen hat, sagt: Zuflucht ist bei dem alten Gott. Ebenso hier in diesem Psalm, den er geschrieben hat: ***HERR, du bist unsere Zuflucht für und für.*** Das ist das Großartige, dass wir das wissen dürfen. Wenn wir sterben, kann uns nichts passieren, wenn Jesus Christus unsere Zuflucht ist. Es gibt einen HERRN und Heiland, der für uns ewiges Leben bringt. Das ist etwas ganz Großartiges, das zu wissen und in diesem Bewusstsein nicht nur sein Leben zu verbringen, sondern auch ganz bewusst in den Tod zu gehen.

Als Pfarrer erlebt man viele tiefe, intensive Momente in der Begleitung von Menschen, im Guten wie im Schlechten. Ein ganz tiefer Moment in meinem Dienst ist gewesen in meiner alten Gemeinde im Siegerland, als ich gerufen wurde von einer gläubigen Familie. Ich sollte noch eine Schlussandacht über das Leben eines Menschen machen sollte, der im Koma lag, es war eine alte Schwester. Sie hatte zwei Söhne, hatte Enkelkinder und Urenkel und die waren alle in diesem Krankenzimmer versammelt. Sie hatten mich als Pfarrer gebeten zu kommen, ich möge nochmal eine Andacht halten und sie aussegnen. Sie war noch nicht tot, sondern eben so komatös, hat nichts mehr mitgekriegt, mehrere Wochen nichts gesprochen und nur noch mit ihrer Schnappatmung gelegen. Sie waren alle dabei und wollten eben in Würde Abschied nehmen, weil die Ärzte gesagt hatten, das würde jetzt nicht mehr lange dauern. Ich bin hingegangen, es sind natürlich ernste Minuten. Man kommt da in so ein Krankenzimmer und trifft die Leute an, die zwar geborgen im Glauben sind, aber wissen: Das ist die liebe Mutter, die Großmutter, die jetzt stirbt.

Ich habe dann diese kleine Andacht mit ihnen eröffnet und habe eben diesen Psalm 90 gelesen, den ich Ihnen auch vorgelesen habe. Als ich diesen ersten Vers vorgelesen habe, ***HERR, du bist unsere Zuflucht für und für***, ist etwas ganz Großartiges passiert. Diese Schwester, die im Sterben lag und mehrere Wochen schon nicht gesprochen hatte und nicht ansprechbar war, sagte auf einmal den ganzen Rest des Psalms mit leiser Stimme auswendig vor sich her. Ein letztes Aufbäumen war da. Alle waren ganz elektrisiert. Ich habe dann die Andacht fertiggemacht. Am Schluss habe ich mit der Frau dann noch das Vaterunser gebetet, das hat sie nicht mehr mitgesprochen. Nachher haben die Kinder natürlich versucht, nochmal Kontakt mit der Mutter aufzunehmen, aber da war überhaupt nichts mehr zu machen. Sie ist am nächsten Tag auch gestorben. Aber das war so stark, das brach aus dieser Schwester raus, das einfach nochmal zu sagen, diese Zuflucht, die sie hatte. Hier hat nicht nur einer, der damals im Konfirmandenunterricht den Psalm 90 auswendig gelernt hat, den mal rezitiert, sondern es war klar für alle, die dabei waren - diese Frau hat eine Zuflucht! Das war dann im Ergebnis für die Kinder selbst so eine Tröstung zu wissen, „ja, wir wissen, wo die Mutter ist." Das war nochmal ein ganz besonderes geistliches Geschenk vom HERRN, das wir von der Mutter dieses Wort hören konnten. Das hat nicht nur dieser Familie Trost gegeben, sondern auch mir nochmal einen richtigen Schub im Glauben. Man kommt hin und will jemand anderem etwas zusprechen, aber auf einmal erlebt man etwas ganz Tiefes, wie wirklich eine Schwester an der Pforte zum Tod einem das bezeugt, dass Gott die Zuflucht ist, die wir haben. Ich kann dieses Zeugnis euch heute nur so weitergeben, angesichts deiner Sterblichkeit, angesichts unserer Sterblichkeit.

***HERR, du bist unsere Zuflucht für und für.*** Ja, der ein oder andere von uns wird vielleicht dieses Jahr 2020 nicht überleben. So wie es im letzten Jahr war, dass Geschwister hier gewesen sind, die heute nicht mehr da sind und die wir beerdigt haben im Jahr 2019. Aber das ist nicht schlimm, wenn wir wissen, wo wir die Zuflucht haben, nämlich bei Jesus Christus, unserem HERRN. Ich habe die Predigt begonnen mit einer Interjektion, mit einem Ausruf „Hurra!" und ich habe Ihnen kurz erklärt, woher das kommt. Ich möchte diese Predigt auch schließen mit diesem „Hurra!". Und zwar nicht als militärischen Ruf, sondern wirklich als Ausruf der Freude, so wie es jetzt gebraucht wird. Ich will „Hurra!" rufen. Warum? Weil wir eine Zuflucht haben, eine Zuflucht in Jesus Christus, mit der wir in dieses Jahr 2020 gehen dürfen.

Wir haben eine Zuflucht in Jesus Christus, angesichts der Veränderungen, in denen wir stehen, angesichts unserer Sündhaftigkeit und auch angesichts unseres Sterbens. „Hurra!" Wir haben eine Zuflucht bei unserem HERRN und Heiland Jesus Christus. Amen.

> Und der Friede unseres allmächtigen Gottes, der sehr viel höher ist als alle unsere menschliche Vernunft, er bewahre unsere Herzen und Sinne in Christus Jesus, unserem auferstandenen und lebendigen HERRN. Amen.

## Ich habe keine Zeit!

Psalm 90,10

Gnade sei mit euch und Friede von dem, der da war und der da ist und der da sein wird in alle Ewigkeit, unser HERR Jesus Christus. Amen.

In diesem Gottesdienst geht es um das Thema Zeit und deshalb auch in dieser Predigt. Ich habe diese Predigt überschrieben - das sehen Sie auf Ihrem Predigtzettel - mit einem Schlagwort „Ich habe keine Zeit“. Es ist ein Satz, den ich in diesem zu Ende gehenden Jahr häufig gesprochen habe. Der Terminkalender abgecheckt, „habe leider keine Zeit“, das habe ich häufiger Menschen sagen müssen. Ich hab‘s aber auch häufig gehört von Kollegen, die einen ähnlich gefüllten Terminkalender haben wie ich. Und auch gehört von Leuten, die ich eingeladen habe zur Evangelisation und die nicht kommen wollten. „Würde ich ja gerne, aber ich habe leider keine Zeit. In der Woche ist dieses und jenes“, hieß es dann. Diese Worte habe nicht nur ich gehört und gebraucht. Wenn Sie an 2011 zurückdenken, dann werden auch Sie immer wieder mal diese Antwort gehört und vielleicht auch das ein oder andere Mal gesprochen haben, „ich habe keine Zeit“.

So wahr diese menschliche Erkenntnis ist, dass wir keine Zeit haben, ist das ja noch erst einmal nichts Biblisches. Oder doch? Auch in der Bibel ist davon die Rede, dass wir keine Zeit haben, dass unser Leben nicht ewig lange dauert, sondern dass das ganz, ganz, ganz schnell geht. So wollen wir einen kurzen Vers hören aus dem Psalm 90, Vers 10, der das Leben und Sterben des Menschen hier auf Erden bedenkt. Dort heißt es:

***Unser Leben fährt schnell dahin, als flögen wir davon.***
Amen.

**Wir wollen stille werden und beten:** Lieber HERR und Heiland, wir wollen dir Dank sagen für dieses Wort über unser

Leben und über die Zeit, die wir hier auf Erden verbringen können. Darüber wollen wir jetzt nachdenken in dieser Predigt. Wir wollen dich bitten, dass du uns deinen Geist senden wollest, auf dass er uns heiligen wolle in deiner Wahrheit, in deinem Wort, auf dass wir das erkennen sollen und können, was wir für unser Leben zu hören haben. Das wird nur dann gelingen können, wenn du uns deinen guten Heiligen Geist schenkst für diese Predigt. Darum wollen wir dich bitten, segne du selber das Reden und das Hören deines heiligen und lebendigen Wortes an uns allen. Amen.

**„Ich habe keine Zeit."** Das ist nicht nur ein moderner Ausdruck des gehetzten Menschen des 21. Jahrhunderts, nein, es ist eben auch eine 3000 Jahre alte Erkenntnis unseres HERRN und Gottes aus der Bibel. „Unser Leben fährt schnell dahin, als flögen wir davon." Wir haben in der Tatsache keine Zeit und ich möchte das an drei Punkten noch einmal aufzeigen, warum wir keine Zeit haben.

1. **Ich habe keine Zeit, weil meine Zeit schlecht von mir verwaltet wird.**
2. **Ich habe keine Zeit, weil meine Zeit vom Teufel vergewaltigt wird.**
3. **Ich habe keine Zeit, weil meine Zeit nur sehr begrenzt ist.**

**Das Erste: Ich habe keine Zeit, weil meine Zeit von mir schlecht verwaltet wird.** Nun ist dieses ein 3000 Jahre altes Wort, dass das Leben so schnell vergeht. Aber niemals ist dieses Wort richtiger gewesen als heute Abend im Jahr 2011, denn wir haben mehr Zeit für uns als jede andere Generation. Natürlich hatte auch vor 2000, vor 3000 Jahren das Jahr für einen Menschen nur 365 Tage und auch nur 24 Stunden und doch, das, was wir daraus machen können, ist bei uns um Längen größer als bei allen Generationen, die vor uns gelebt haben. Als erstes ist das so, dass wir länger leben als alle anderen Menschen vor uns. Vor 150 Jahren lag die durchschnittliche Lebenserwartung in Deutschland bei 40 Jahren. Sie ist jetzt fast doppelt so hoch. Die durchschnittliche Lebenserwartung liegt bei 78,5 Jahren. Wir haben also fast das Doppelte als die Menschen früher. Also haben wir eigentlich schon mal mehr Zeit. Dann kommt dazu, dass wir heutzutage viel weniger arbeiten als früher.

Die alten Brüder und Schwestern unter uns, die wissen davon ein Lied zu singen. Damals wurde montags bis samstags gearbeitet und nicht so, nach sieben Stunden fertig, da war die 60-Stunden-Woche die Regel. Und heute? 35-Stunden-Woche im Metall-Gewerbe, 37,5 im Einzelhandel, 38,5 im öffentlichen Dienst. Wir arbeiten auch weniger als jede andere Generation. Dann kommt dazu, dass die Arbeiten, die wir so auch im Privaten zu erledigen haben, komplett entlastet sind. Meine Großmutter hatte acht Kinder und wenn die gewaschen hat, ging das ohne Waschmaschine, mit einem Waschbrett. Das kennen Sie noch, da war sie den ganzen Tag beschäftigt. Und heute? Rein in das Ding, Waschpulver rein, in zwei Minuten läuft die Maschine und macht alles von alleine.

Ich habe im Juni bei der Ernte gesessen an einem Feld, das mit dem Mähdrescher abgeerntet wurde. Da hab ich mich mit dem Mähdrescher-Fahrer unterhalten, als da Pause war. Er und ein Traktorist ernteten ein Riesenfeld mit einem Mähdrescher. Der hatte Reifen, da passte ich dreimal rein von der Höhe. Der Fahrer sagte mir folgenden Satz: „Wir machen heute in einer Stunde zu zweit das, was früher 100 Mann an einem Tag nicht geschafft haben." Industrialisierung der Landwirtschaft. Mehr Zeit als alles. Denken wir an unsere Bremer Kaufleute. Wenn vor 200 Jahren einer ein Geschäft gemacht hat mit Riga, mit unserer Partnerstadt im Baltikum, dann war er eine Woche unterwegs zu seinem Geschäftspartner. Eine Woche Hinfahrt, eine Woche Rückfahrt und wenn er dann noch ein paar Tage in Riga blieb, war der einen Monat unterwegs. Wir waren mit der Gemeinde jetzt da, wo unser Partnergemeinde ist. Wir sind rüber geflogen, zwei Stunden hin und zwei Stunden wieder zurück. So schnell ist das heute, dass wir Zeit sparen. Unglaublich!

Meine Mutter hat bei der Sparkasse gearbeitet, die war Kassiererin. Ich weiß immer noch, zwischen den Tagen vom 24. Dezember bis 1. Januar wurden da die Zinsen zusammengerechnet, es gab noch keine Computer. Da hatte die gesamte Belegschaft Urlaubssperre und sie waren von morgens 6 bis abends 18 Uhr in der Kasse. Sie haben gerechnet und gerechnet und gerechnet. Heute drückt in der Kasse einer am Computer auf einen Knopf und da macht der Computer in einem Bruchteil der Sekunde all das, wo früher hunderte von Menschen mehrere Wochen gebraucht haben. Dazu noch viel genauer, denn er macht keine Fehler. Also, wir sparen Zeit eine ganze Menge ein. Wir haben mehr Zeit vom Lebensalter her. Wir sind so begnadet, dass wir so viel Zeit einsparen, also zur Verfügung haben wir mehr als jede Generation vor uns.

Jetzt kommt aber das Paradoxon mit diesem „Zeit einsparen". Je mehr Zeit wir einsparen, desto weniger Zeit haben wir: „Ich habe keine Zeit." Das können die älteren Geschwister, die schon über 70 oder über 80 sind, sagen: „Ja, früher, damals hatten wir wirklich mehr Zeit füreinander in der Familie. Heute hat ja keiner mehr Zeit." Wie oft höre ich das! Wir haben keine Zeit, obwohl wir effektiv viel, viel mehr davon haben. Auch wenn ich auf mich gucke, was ich als Pastor tue. Wenn ich das sehe, wie vor 100 Jahren die Vorgänger gearbeitet haben und womit ich heute beschäftigt bin mit dem vielen, was mir Zeitersparnis schenkt, habe ich trotzdem weniger Zeit als die Geschwister früher. Das liegt auch an meiner schlechten Verwaltung, weil ich mit der mir gegebenen, von Gott geschenkten Zeit schlecht umgehe.

Wenn ich heute Abend auf dieses Jahr 2011 zurückblicke und sehe auf die Zeit, die ich mit meinem HERRN und Gott verbracht habe, dann muss ich sagen: Olaf Latzel - zu wenig gebetet, zu wenig im Wort gelesen. Ich hatte keine Zeit, zu wenig Zeit mit meinem HERRN und Gott. Wenn ich auf meine Gemeinde schaue - ja, die Sankt Martini ist die Gemeinde Jesu Christi - war sie immer, bleibt sie immer, ist mir aber anbefohlen als meine Schafe und ich darf ihr Hirte sein. Auch da muss ich sagen, ich habe nicht genügend für die Gemeindeglieder gebetet. Ich hätte mir mehr Zeit nehmen müssen, um Geschwister zu besuchen, da bin ich schuldig geworden an Gott, an der Gemeinde, der ich vorstehe. Wenn ich auf mein Privates gucke, ich habe meine Eltern im zurückliegenden Jahr zweimal besucht. Gut, sie wohnen 300 km weit weg, aber ich bin nur zweimal da gewesen. Die hätten es sich gewünscht, dass ihr Sohn häufiger da gewesen wäre. Wenn ich auf meine Tochter gucke, da war ich jetzt gerade zwischen Weihnachten und Neujahr einmal mit ihr im Kino, obwohl ich weiß, wie sehr sie sich darüber freut. Nur einmal im Kino gewesen, ich hatte leider keine Zeit.

Liebe Brüder und Schwestern, ich bin froh, dass wir heute Abend Abendmahl feiern können und dass ich all meine Schuld, die ich mit meinem falschen Zeitmanagement 2011 getan habe, heute Abend auch dem HERRN hinlegen kann. Ich kann sagen: „HERR, ich habe versagt". Sicher, ich habe vieles gemacht, vieles versucht, aber ich hatte häufig auch keine Zeit für wichtige Dinge. Ich bin froh, dass ich heute Abend Vergebung erfahren darf für mein schlechtes Zeitmanagement, wo ich keine Zeit hatte. Auch du darfst darüber nachdenken, wo das vielleicht bei dir nicht geklappt hat, wo du dir nicht für Gott, für deinen Nächsten, für anderes Zeit genommen hast, was wichtig war. Auch du darfst heute Abend die Vergebung nachher im Abendmahl erfahren. Ich habe keine Zeit, weil meine Zeit von mir schlecht verwaltet wird. Dann geht so ein Jahr schnell dahin und dann ist es vorbei. Es ist weggeflogen.

**Ein Zweites: Ich habe keine Zeit, weil meine Zeit vom Teufel vergewaltigt wird.** Es ist nicht nur, dass ich versage, dass ich vielleicht falsche Prioritäten gesetzt habe, sondern ich stehe auch in einem Gesamtkontext in dieser Welt, wie ihr alle auch, wo der Teufel da ist wie ein Dompteur im Zirkus mit der Peitsche. Er hetzt mich und er hetzt uns und dann haben wir keine Zeit. Wer das nicht weiß, dass es einen Teufel gibt, der hat überhaupt nicht angefangen zu verstehen, wie die Welt funktioniert. Es gibt einen Teufel, der der Herr in dieser Welt ist. Gott steht über ihm, das ist auch wahr, aber er ist der Herr dieser Welt. Es gibt eine Stelle in der Bibel, da kriege ich immer wieder einen Schrecken, wenn ich das lese. In Lukas 4 bei der Versuchung des HERRN stellt der Teufel Jesus hin und zeigt ihm die ganze Welt. Dann sagt er: All diese Macht will ich dir geben und ihre Herrlichkeit, denn sie ist mir übergeben und ich gebe sie, wem ich will. Diese Macht hat der Teufel und Jesus widerspricht ihm nicht. Der Teufel ist auch schon besiegt. Wir wissen, am Ende der Zeiten wird er in der Hölle landen und vernichtet sein, aber in dieser kurzen Zeit, die er noch vor dem Ende hat, da wirkt er noch. Da versucht er alles andere mit rein zu reißen. Und er hat Macht in dieser Welt, glauben Sie mir!

Jeder Pastor, der ein bisschen in der Seelsorge drin ist, der weiß von diesen Mächten zu sprechen, von Menschen, die gebunden sind, die was erlebt haben im zurückliegenden Jahr. Da ist ein guter Freund zu mir gekommen und hat mir erzählt, wie seine Ehe kaputt gegangen ist, wie er seine Frau betrogen hat. Er hat gesagt: „Ich weiß nicht, wie das passieren konnte, da hat mich was getrieben. Ich kann das gar nicht erklären. Ich habe so eine fantastische Familie, so eine fantastische Frau." Getrieben von einer Macht, von einer Macht, die der Teufel ist. Der treibt uns. Wenn die Pastoren nichts mehr haben, was sie sagen können, da fangen sie mit dem Teufel an zu reden. Glauben Sie mir, der Teufel ist eine Macht, das wissen auch die Intelligentesten. Goethes Faust. Hier in dieser Runde kann man ja voraussetzen, dass da eine Allgemeinbildung ist. Sie wissen, wovon ich spreche, Goethes Faust. Goethe, einer der klügsten Deutschen, hat die Macht des Teufels zusammengefasst: Das arme Gretchen gerät in die Fänge des Teufels. Unwissentlich vergiftet sie ihre Mutter, führt ihren Bruder in den Tod und lässt ihr neugeborenes Kind töten - ohne dass sie das wollte. Dann sagt sie, als sie das erkennt: „Doch alles, was dazu mich trieb, Gott war so gut, ach, war so lieb."

Da war auch so ein Treiben des Widersachers und wer das nicht erkannt hat, dass es einen Teufel gibt, der treibt, dem ist nicht zu helfen. Der kann auch nicht verstehen, warum es einen Holocaust gegeben hat, warum es den Gulag gegeben hat, der versteht nicht, warum es den Zweiten Weltkrieg gab. Der versteht auch nicht den Wahnsinn in Nordkorea mit diesen wahnsinnigen Potentaten, der versteht nicht, was in Libyen abgelaufen ist. Das hat alles mit dem Teufel zu tun, der zerstören will. Es gibt zwei Dinge, wo der Teufel ganz besonders aktiv ist. Im Krieg ist das ganz klar, aber wenn er es da nicht kriegen kann, dann arbeitet er bei den Menschen mit zwei seiner Lieblingswerkzeuge - einmal mit dem Geld und zum anderen mit der Zeit. Sie hängen übrigens ganz eng zueinander, damit arbeitet der Widersacher, mit Geld und mit Zeit.

Benjamin Franklin hat schon dieses alte Wort gesagt: „Zeit ist Geld". Franklin hat nicht nur den Blitzableiter erfunden und war Unterzeichner der Unabhängigkeitserklärung von Amerika, nein, er hat auch einen Buchladen betrieben. Da kam einer in den Laden rein und wollte ein Buch kaufen. Damals waren die Bücher sehr teuer und der Kunde verhandelte mit dem Ladenverkäufer. Der Verkäufer kam nicht weiter und holte dann den Benjamin Franklin, der mit dem Kunden verhandeln sollte. Benjamin Franklin wollte einen Dollar haben, der Kunde wollte weniger bezahlen. Da sagte Franklin: „Jetzt kostet das Buch nicht mehr einen Dollar, sondern einen Dollar, 25 Cent." Der Kunde empörte sich: „Wie das denn? Ich will doch weniger, eben war's doch ein Dollar." „Nein", sagte Benjamin Franklin, „jetzt bin ich aufgestanden, zu dir gekommen, habe Zeit verbraucht, um dir das Buch zu verkaufen. Und Zeit ist Geld." Remember - time is money. Zeit ist Geld.

Das wissen Sie alle, Sie müssen nur mal Ihren Installateur kommen lassen. Wenn der vier Stunden arbeitet an der Heizung, dann kostet es 150 Euro. Und wenn er acht Stunden arbeitet, dann sind das natürlich direkt über 300 Euro. Zeit ist Geld! Legen Sie Ihr Geld aufs Konto, dann wird das durch die

Zinsen mehr, wenn Sie es ein Jahr liegen lassen. Zeit ist Geld! Just-in-time-Produktion, nicht, das können Sie sich mal von einem Wirtschaftsmenschen erzählen lassen. Was das heißt - unsere Wirtschaft funktioniert just in time, nur in der Zeit, zeitgenau. Kein Konzern hat heute Lagerhallen, wo irgendwelche Dinge bevorratet werden. Nein, die kommen genau auf den Zeitpunkt, wenn sie gebraucht werden, weil alles Geld ist, weil es Geldverschwendung ist. Zeit ist Geld! Deshalb müssen so viele Lastwagen fahren und wehe, wenn die Straßen verschneit sind oder wenn irgendwelche Dinge in der Infrastruktur nicht funktionieren. Da stehen nach zwei Tagen alle Betriebe still. Zeit ist Geld! Und mit Geld arbeitet der Widersacher, davon ist in der Bibel immer wieder die Rede.

Er arbeitet auch mit der Zeit, denn der Widersacher will nicht, dass wir Zeit haben. Der Widersacher will, dass wir geknechtet und gehechtet sind. Am besten noch, dass wir dem Geld hinterherlaufen, damit zieht er uns immer, das ist nämlich die Hauptdroge, die er uns gibt. Geld ist an und für sich nicht schlecht, aber der Widersacher gibt's uns so, dass wir es immer zum Schlechten machen. Und wenn wir dem hinterher laufen, dann haben wir keine Zeit, dann schenken wir alle Zeit dem Geld und wir haben keine Zeit, auf das Evangelium zu hören. Das ist das, was der Widersacher will. Er will, dass wir uns keine Zeit nehmen, um unter das Wort Gottes zu kommen. Er will, dass wir Zeit mit dem Geld verbringen, mit den Freuden und der Lust dieser Welt, aber nicht auf das Wort hören, weil wir dann ja gerettet werden könnten. Der Widersacher will nicht, dass wir uns Zeit für Gott und auch Zeit für unseren Nächsten nehmen.

Gott will das. Deshalb ist auch das längste Gebot in den Zehn Geboten das vierte Gebot, das Sabbatgebot zu halten. „Du sollst den Sabbattag heiligen. Sechs Tage sollst du arbeiten, aber einen Tag, der siebente Tag, da werden alle Stecker gezogen.“ Da wird nicht mehr gearbeitet, nicht dem Geld hinterher, nichts! Da muss absolute Ruhe sein, damit du, Mensch, zur Ruhe kommst, damit du über Gott nachdenkst, damit du auf sein Wort hören kannst und damit du auch für deine Mitmenschen da bist. Dann gucken Sie mal auf die Bedeutung des vierten Gebotes, des Sabbatgebotes, in unserer Gesellschaft. Das spielt überhaupt keine Rolle mehr. Sonntag wird Fußball gespielt im Weserstadion, da werden dann die Geschäfte aufgemacht. Da muss man kein Prophet sein - wenn das so weitergeht, dann fällt in 20 Jahren auch dieses Ladenöffnungsgebot. Es ist ganz klar, das Sabbatgebot wird ausgehöhlt. Das ist eine teuflische Macht. Die Leute meinen das nicht schlecht. Die Geschäftemacher, die Fußballspieler und alle, die meinen das nicht schlecht. „Doch alles, was dazu mich trieb, Gott war so gut, ach, war so lieb."

Wir durchblicken das manchmal gar nicht, wie das alles schneller wird in der Zeit um uns herum. Und da ist der Widersacher, der da arbeitet und uns immer mehr hetzt wie ein Dompteur, damit wir ja keine Zeit finden für unsere Mitmenschen, für Gott, für uns. Nein, wir sind gehetzt und da ist der Widersacher dahinter, der uns vergewaltigt. Das ist eine große Macht und da sollten wir eine Sensibilität dafür entwickeln, dass es diese Macht gibt, die uns auch dazu bringt, dass wir keine Zeit mehr haben. Ich habe keine Zeit. Das ist nicht nur mein eigenes Versagen, es ist auch der Teufel in dem Gesamtsystem, wo er mit der Zeit arbeitet.

**Ein Drittes**, warum ich keine Zeit habe: **Ich habe keine Zeit, weil meine Zeit hier auf Erden nur sehr begrenzt ist.** Das Eine ist mein eigenes Versagen, das andere ist das Gesamtkosmische, dass der Widersacher da ist. Aber meine Zeit als Mensch ist eben nur sehr, sehr begrenzt. Es heißt hier in Psalm 90,19:

> ***Ich bringe meine Zeit zu wie ein Geschwätz, sie fliegt davon und ist so unglaublich schnell.***

Gott sagt in Psalm 90 weiter: „Denke daran, dass das nur ganz, ganz, ganz kurz ist und dann ist es vorbei. Das Leben ist nur ganz kurz, denn dir ist wenig Zeit gegeben.“ Dann heißt es weiter: ***Unser Leben währet 70 Jahre und wenn es hochkommt, sind es 80.*** An einer anderen Stelle lesen wir in der Bibel, dass es eine absolute Obergrenze gibt, die liegt bei 120 Jahren. Das ist schön, dass uns „Jopie“ Heesters in der letzten Woche nochmal gezeigt hat, dass tatsächlich irgendwann mit 108 absolut Schluss sein soll und muss. Aber die Bibel sagte schon vor 3000 Jahren: bei 120 ist Schluss. Die Leute galten damals schon mit 60 als Greis, da hat keiner an 120 Jahre gedacht.

So ist die ewige Wahrheit der Bibel. Aber auch wenn man etwa 100 wird, irgendwann ist Schluss. Gerade die alten Menschen sagen, dass je älter man wird, umso mehr erfährt man die Wahrheit dieses Predigttextes: ***Unser Leben fährt schnell dahin, als flögen wir davon.*** Ein 13-Jähriger, der kann das noch nicht nachempfinden, aber ein 93-Jähriger, der erkennt den Wahrheitsgehalt dieses Wortes. Unsere Zeit ist nur begrenzt. Wir haben eben davon gesprochen, dass die Durchschnittslebenserwartung von uns hier in Deutschland bei 78,4 Jahren liegt. Sie können mal nachrechnen, das sind 28 500 Tage, die wir haben. Jetzt sind wieder 365 weg, denn das Jahr ist wieder zu Ende. Da kann man das aufaddieren, wo wir denn liegen und wie viel wir noch haben. Ich sage das immer wieder, ich bin jetzt 44 und habe schon etwa 16 000 Tage verbracht. Wenn ich 28 000 im Mittel hätte, da muss ich sagen, ich bin jetzt am Ende des zweiten Drittels, rein statistisch. Allerdings richtet sich mein Leben nicht nach dem, was das Statistikamt von Deutschland sagt, sondern was unser HERR und Gott sagt. Es kann sein, dass ich nur noch 20 Tage alt werde, keine Ahnung, das weiß keiner von uns. Wir wissen nicht, wie viel Tage Gott uns nächstes Jahr 2012 aus seiner Gnade schenkt. Vielleicht werden es nochmal 365, aber vielleicht werden es auch nur 120. Keiner weiß es. Aber vielleicht schaffen wir das ja nächstes Jahr wieder, 365 Tage, und im übernächsten Jahr wieder. Aber irgendwann kommt Silvester, kommt der Altjahresabend, der der letzte ist. Wenn man das weiß, das ist manchmal sehr schwer.

Ich denke an die Menschen, die schwer krank sind. Krebskranke, die wissen, „ich mache es nicht mehr lange. Vielleicht noch zwei Monate, vielleicht ein halbes Jahr, aber das war's dann". Wenn einem die Begrenztheit deutlich wird, also das, was ich euch und Ihnen jetzt gerade erzählt habe, nicht, dass unser Leben begrenzt ist. Wir wissen ja alle, dass wir nicht 100 000 Tage haben, sondern maximal so 38 000 Tage und dann ist Schluss. Aber wenn wir es dann ganz aktuell bei uns merken, dass es nur noch so ein paar Dutzend Tage sind, dann wird es ganz eng. Da wird es ganz traurig, da wird es ganz depressiv. Ich weiß nicht, wie ich sterben werde und wie Sie sterben werden. Vielleicht kriegen wir es gar nicht mit, dass Gott uns einen gnädigen Tod schenkt, so dass wir ganz schnell sterben. Aber vielleicht müssen wir ja irgendwann auch ganz offenen Auges in den Tod hineingehen, weil wir krank geworden sind und wissen, es wird jetzt immer weniger. Das sind schwere Zeiten. Das wissen wir alle, dass dann auf einmal alles anders wird. Da hat man Zeit, da spielt das keine Rolle mehr, was einem der Arbeitgeber sagt oder was einem das Geld sagt. Dann hat man auf einmal Zeit. Dann ist das nicht mehr wichtig, was einen so treibt, sondern dann öffnen sich die Augen für das wirklich Wichtige. Dann ist aber die Begrenzung da, dann wünscht man sich mehr Zeit und da kommt natürlich auch Depressivität und Traurigkeit, dann kommt Trübsal, eben weil die Zeit begrenzt ist, wenn man das verstanden hat. Übrigens, nicht nur, wenn man krank ist und sich der Kürze noch bewusst wird. Auch wenn man sich wirklich mal Zeit nimmt und über die eigene Lebenszeit nachdenkt, darüber nachdenkt, was alles schon gewesen ist und was noch kommt. Wie wenig das ist und wie schnell das geht, dass unser Leben schneller hinfährt, als flögen wir davon, wenn man sich wirklich mal Zeit nimmt, da „ganz nackt" drüber nachdenkt, da wird einem Angst und Bange, da wird man traurig - wenn man Jesus nicht hat. Die Losung für den heutigen Tag ist ein wunderbares Wort aus Jesaja 26,16:

***HERR, wenn Trübsal da ist, da suchen wir dich.***

Wisst ihr, und das ist der Trost angesichts unserer Begrenzungen, unserer Lebenszeit, angesichts dessen, dass wir tatsächlich nur ganz, ganz, wenig Zeit haben. Das macht für uns, die wir an Jesus Christus glauben, nichts, denn wir wissen, dass der Tod nicht das Letzte ist. Klar, wir alle gehen auf den biologischen Tod zu. Die Einen noch in diesem Jahrzehnt, die anderen im nächsten oder übernächsten, aber klar ist, in 100 Jahren sitzt keiner von uns mehr hier. Da liegen wir alle auf dem Friedhof. Nur wisst ihr, für die, die in Jesus Christus sind, ist das kein Problem, weil wir ja weiterleben werden beim HERRN. Was sind da schon die paar Jährchen, die wir hier haben, die kurze Zeit? Selbst wenn es noch vierzig oder fünfzig Jahre wären.

Eine Schwester im Glauben hat mich unwahrscheinlich beeindruckt, das ist Sophie Scholl. Sie kennen diese junge Widerstandskämpferin, die in München Flugblätter verteilt hat gegen das Naziregime, die dann verhaftet und verurteilt wurde. Eine junge Frau von 21 Jahren, gerade frisch verlobt, intelligent, attraktiv, gesund, das ganze Leben noch vor sich. Und dann ist das Todesurteil über ihr ausgesprochen worden. Da ist auf einmal die Begrenzung da, nicht weil sie Krebs hat, sondern weil es ein wahnsinniges, teuflisches, faschistisches System gibt. Da ist die Begrenzung auf einmal erlebbar, totaler Horror, nicht mehr weiterleben zu dürfen. Da kommt es zur letzten Begegnung von Sophie Scholl mit ihrer Mutter. Die war Diakonisse gewesen, eine gläubige Frau, und als sie ihren Mann kennenlernt, da ist sie aus der Anstalt ausgeschieden, hat geheiratet und ihre Kinder im christlichen Glauben erzogen. Dann wird es der Mutter von Sophie Scholl noch einmal gestattet, dass sie dort ihre Tochter besuchen kann. Sie weiß, die Tochter ist zum Tode verurteilt und es ist die letzte Begegnung. Da ist keine Zeit mehr! Sie haben nur noch dieses letzte Zusammensein der Mutter mit der Tochter in Anwesenheit eines Gestapo-Beamten. Da sprechen die beiden Frauen und da geht diese Zeit immer mehr aus. Der Gestapo-Beamte klopft auf den Tisch als Zeichen, jetzt führe ich gleich die Tochter wieder raus, und da sagt die Mutter zur Tochter: „Nun wirst du nicht mehr durch diese Tür hindurch kommen." Sophie antwortet: „Ach, Mutter, die paar Jährchen!" Darauf die Mutter: „Gell, Sophie, Jesus!" und Sophie sagt: „Ja, aber du auch." Dann steht Sophie Scholl auf und geht furchtlos mit einem unaufhörlichen Lachen durch die Tür.

„Gell, Sophie, Jesus!" Da ist keine Zeit mehr. Die Mutter wusste, sie wird ihre Tochter nie mehr wiedersehen. Da bleibt nichts mehr, nur eines - Jesus Christus! Die Tochter geht und sie weiß, dass sie die Mutter in der Trauer zurücklassen wird. Es gibt nichts Schlimmeres, als wenn die Mutter das eigene Kind vor sich zu Grabe tragen muss. Sophie sagt es ihr: „Ja, aber du auch." Wohl dem, der Jesus hat, weil er dann auch wie Sophie Scholl mit einem Lachen in den Tod gehen kann. Wir sagen vielleicht, Wahnsinn, das ist doch eigentlich zu viel. Nein, das ist nicht zu viel. Das ist das, was uns Gott gibt angesichts unserer begrenzten Zeit. Wir haben keine Zeit. Unsere Lebenszeit fliegt schnell dahin. Wir alle haben vermutlich noch mehr Zeit als Sophie Scholl. Wir haben mehr Zeit bei der kurzen und wenigen Zeit, die wir haben. Aber wir alle dürfen in Jesus Christus eins haben, die Gewissheit, dass unsere Zeit nicht zu Ende ist, wenn der biologische Tod kommt. Es geht weiter bei dem ewigen Gott, denn bei Gott gibt es kein Ende der Zeit. Er war von Anbeginn und wird immer sein in alle Ewigkeit. Wenn wir an ihn glauben, dann dürfen wir wissen, dass auch unsere Zeit in seinen Händen steht und dass sie niemals ein Ende haben wird, weil wir eben Teil am Glied, am Leib Jesu Christi sind als sein Glied.

Das möchte ich dir am Ende dieses zu Ende gehenden Jahres noch einmal trostreich zusprechen. Bei allem, was misslungen ist im letzten Jahr, wo du keine Zeit hattest, bei allem, wo du vielleicht auch dem Teufel in die Falle getappt bist und bei dem Wissen, wie wenig Zeit dir jetzt noch bleibt - du darfst eins wissen: Der ewige Gott, der die Zeit in Händen hält, Jesus Christus, er ist da und er hält deine Zeit in seinen Händen. Deshalb brauchst du dich nicht zu fürchten vor den Zeiten, die da kommen. Nicht fürchten vor einem Jahr 2012, nicht fürchten vor all den schweren Dingen, die vielleicht da sein werden. Du darfst getrost in dieses Jahr gehen, weil der ewige Gott da sein wird. Ja, du darfst sogar in den Tod gehen, in das Ende deiner irdischen Zeit, weil du wissen darfst, wenn du an Jesus glaubst, dass du weiterleben wirst in alle Ewigkeit. Er hält deine Zeit und auch dich in seinen liebenden Vaterhänden. Wir haben keine Zeit, aber unser HERR und Gott hat alle Zeit für uns auf Golgatha an den Tag gebracht. Amen.

Und der Friede unseres allmächtigen Gottes, der sehr viel höher ist als all unsere menschliche Vernunft, er bewahre unsere Herzen und Sinne in Christus Jesus, unserem auferstandenen und lebendigen HERRN. Amen.

## Lehre uns bedenken, dass wir sterben müssen, auf dass wir klug werden!

Psalm 90, 12

> Gnade sei mit euch und Friede von dem, der da war und der da ist und der da sein wird in alle Ewigkeit, unser HERR Jesus Christus. Amen.

Liebe Gemeinde, ich besitze eine Taschenuhr, eine wunderbare Taschenuhr, die mir die Zeit anzeigt, wenn ich den Deckel aufklappe. Es ist eine silberne Uhr mit schönen Verzierungen. Es ist nicht nur eine wunderbare Uhr, sondern es ist auch ein Geschenk von Menschen, die mir viel bedeuten. Es ist ein Geschenk meiner Eltern zu einem besonderen Moment in meinem Leben. Als ich das erste Theologische Examen bestanden und mein Studium beendet hatte, da fragten mich meine Eltern: „Was möchtest du denn gerne haben? Wir hatten überlegt, dir eine Taschenuhr zu schenken." Da habe ich mich sehr darüber gefreut, und dann hat meine Mutter mich gefragt: „Was sollen wir denn reingravieren, welches Bibelwort soll denn in den Deckel rein?" Da musste ich keine Sekunde überlegen. Da habe ich ihr ein Bibelwort gesagt, ein Bibelwort, das mich in den Monaten zuvor getragen, aber auch immer wieder aufgerüttelt hatte. Die Monate zuvor waren die Monate des Examens gewesen. Da hatte man sechs Jahre Theologie studiert und jetzt musste man in die Prüfungen rein. Das Theologiestudium - das will ich jetzt ohne Stolz sagen, aber das muss man verstehen - ist eines der schwierigsten. Wenn man sich da so richtig anstrengt, dann kann man das gerade so eben bestehen. Da geht es nicht um die Einser oder Zweier, da geht es erst einmal nur ums Überleben, ums Durchkommen. Selbst gute und intelligente Leute sind da schon durchgefallen. Ich darf Ihnen das sagen, ich habe damals in der Vorbereitung auf diese Prüfungen Angst gehabt, Angst gehabt durchzufallen, Versagensängste. Ich denke, die meisten von Ihnen, die schon mal eine Prüfung gemacht haben, die vor wirklich etwas Wichtigem standen, die können das nachvollziehen - solche Ängste vor großen Prüfungen, die da kommen.

Ich bin damals jeden Morgen ganz treu und brav um 9 Uhr in der Universitätsbibliothek gewesen und habe bis abends 21 Uhr gelernt. Ich hatte mir dort einen eigenen Schreibtisch reserviert. Und auf diesem Schreibtisch hatte ich einen Vers hingeschrieben, schön dick mit Edding: PS 90 Komma 12. Psalm 90, Vers 12. Denn jeden Morgen, wenn ich in die Bibliothek ging und an meinem Schreibtisch saß, hat mir dieses Wort gesagt: Das, worüber du hier nachdenkst, das ist nur irdisch, das ist nur für den Moment. Denk' darüber nach, dass du sterben musst, auf dass du klug wirst. Und dieses Wort - Psalm 90, Vers 12 - hat mir jeden Morgen neu Kraft gegeben und war dann zum Abschluss meines Theologiestudiums über allem Nachdenken über Gott, über Jesus Christus und über die Bibel, dann das, was ich jedem als Erstes als Essenz zugerufen hätte. Dieses wunderbare, wichtige, aber auch harte Wort. Und unter dieses Wort, das in meiner Taschenuhr steht, die ich anlässlich meines ersten Examens bekommen habe, wollen wir uns auch heute Morgen stellen. Wir hören auf diesen einen Vers in Psalm 90, den Vers 12. Gott ruft uns hier aus seinem heiligen und lebendigen Wort zu:

> ***Lehre UNS bedenken, dass WIR sterben müssen, auf dass WIR klug werden.*** Amen.
>
> **Ich möchte mit uns beten:** Lieber HERR und Heiland, du Gott über Leben und Tod, du HERR unseres Lebens und Sterbens, du HERR dieser Welt, des Anfangs und des Endes dieser Erde. Du schenkst uns heute Morgen in deinem Haus dieses Wort und wir wollen dich bitten für diese Predigt, dass du sie an uns segnen wollest; dass wir für unser Leben verstehen können, was die Bedeutung dieser Verse ist. Das wird nur gelingen können, wenn du selber deinen guten Geist zu dieser Predigt gibst. Und so wollen wir dich bitten, dass du mit deinem Heiligen Geist das Reden und das Hören deines

heiligen und lebendigen Wortes an uns allen segnen wollest. Amen.

Liebe Gemeinde, darüber wollen wir uns heute Morgen Gedanken machen: über das Sterben. Ich könnte jetzt eine Menge Dinge zum Sterben sagen, wie Sterbeprozesse aussehen. Ich könnte darüber berichten, dass das Wort *sterben* vom altgermanischen *sterf*, „steif werden", kommt. Ich könnte ein wenig diese Prozesse beschreiben, medizinisch, biologisch. Aber ich will nicht in solche Allgemeinplätze gehen. Sondern ich will es dir zusprechen für dein Leben, was Sterben mit dir zu tun hat. Drei Punkte:

**1. Du wirst bald sterben!**
**2. Deine Mitmenschen werden bald sterben!**
**3. Es gibt eine Hilfe im Sterben, Jesus!**

**Der erste Punkt: Du wirst bald sterben!** Ich bin zwar kein Arzt, um Ihre Blutwerte jetzt auszuwerten. Aber ich kann mich umgucken im Internet und kann mir einfach mal die Statistiken zu Gemüte führen, wie viel Lebenserwartung wir da noch haben. In den aktuellen Zahlen des Statistischen Bundesamtes in Deutschland für 2010 wird unter „Lebenserwartung" klar unterschieden zwischen neugeborenen Kindern und älteren Menschen. Also, wenn Sie ein neues Kind bekommen haben im letzten Jahr, dann dürfen Sie wissen: Wenn es ein Junge ist, wird er etwa 77 Jahre leben; bei einem Mädchen ist es ein bisschen besser, es kann 82 Jahre werden - nach der Statistik. Wenn man 20 Jahre ist, dann hat man als Mann noch 57 Jahre vor sich, als Frau 63 Jahre. Mit 40, das ist so meine Kragenweite, da hat man noch so 38 Jahre zu erwarten laut Statistik, als Frau 43 Jahre. Mit 60 sind es dann nur noch 21 Jahre, für die Frauen 24. Und wenn wir 80 geworden sind, dann sind wir im einstelligen Bereich. Dann dürfen Sie sich statistisch noch auf sieben Jahre freuen und die Frauen auf neun Jahre. Soweit das Statistische Bundesamt. Aber das wissen wir alle: Nicht das Statistische Bundesamt legt fest, wann wir sterben, sondern da gibt es einen anderen, unseren HERRN und Gott, der uns ins Leben gerufen hat und ER ruft uns auch wieder ab. ER, dem unser Leben gehört, unser Eigentümer, unser Schöpfer, hat vor Anbeginn der Zeiten schon einen Tag festgesetzt, wann wir sterben.

Wir alle kennen unser Geburtsdatum, aber unser Sterbedatum kennt keiner. Es braucht keiner dereinst vor den Allmächtigen treten und sagen: „Ich hätte aber noch fünf Jahre mehr gehabt, nachdem, was das Statistische Bundesamt gesagt hat." Das Statistische Bundesamt hat bei unserem HERRN und Gott keine Bedeutung. Was bei unserem HERRN und Gott gilt, das ist das Wort unseres Gottes. Und da steht drin, dass wir sterben müssen und - dass wir *bald* sterben. Jakobus 4, Vers 14:

> ***Was ist euer Leben? Dunst seid ihr, der eine kleine Zeit bleibt und dann verschwindet.***

Unser Leben ist eine „kleine Zeit" vor diesem Gott, vor dem Tausend Jahre wie ein Tag sind. Daher das *bald,* du wirst *bald* sterben. Letztes Jahr um diese Zeit, am Ewigkeitssonntag, da saßen noch einige Brüder und Schwestern hier in den Reihen, die wir eben vorgelesen haben. Die haben genauso wenig daran gedacht, in dem Jahr 2010 zu sterben, wie wir darüber nachdenken, im Jahr 2011 zu sterben. Aber dann ist es passiert. Der Tod ist hereingebrochen und hat alles beendet, was hier auf Erden ist. Wir alle wissen das. Es ist nichts Neues, was ich uns jetzt erzähle. Als abstrakte Wahrheit kennen wir das, wir haben es auch schon schmerzlich erlebt in unserem Verwandten- und Bekanntenkreis. Aber für *mich,* dass *ich* auch bald sterbe? Also der Gedanke ist so unangenehm, den verdränge ich doch lieber. Und da stört auch so eine Predigt, die vermeintlich wieder so hart ist, die das so richtig reindrückt. *Du* wirst bald sterben! Da sollst du drüber nachdenken, damit - so sagt es hier unser Wort - du klug wirst! Wo liegt denn die Klugheit in diesem unangenehmen Nachdenken über die eigene Endlichkeit?

Es sind viele Facetten, die uns auf einmal klar werden, wenn wir darüber nachdenken, wenn wir klüger werden über unser eigenes Sterben. Da ist zum Beispiel, dass wir unsere Zeit richtig nutzen werden, die uns noch gegeben ist. In Epheser 5,16 heißt es:

***Kauft die Zeit aus.***

Gott sagt uns: Nutzt die Zeit, die euch gegeben ist, die wenige kurze Zeit, für die richtigen und wichtigen Dinge. Wir denken ja immer, wir wären die Herren über unsere Zeit, wir könnten tun und lassen, was wir wollen. Aber es ist *nicht unsere Zeit*, die wir hier haben. Psalm 31,16:

***MEINE Zeit steht in DEINEN Händen.***

Die Zeit, die mir gegeben ist und die dir gegeben ist, ist Geschenk des gnädigen Gottes. Und dereinst stehen wir vor dem Allmächtigen. Da wird ER uns fragen: „Was hast du denn gemacht mit *deiner* Zeit?“ Gott warnt uns und sagt: „Nutze die Zeit; kauf die Zeit aus, die dir gegeben ist; denn über deinem Leben steht ein Verfallsdatum.“ Damit ist es ganz anders als bei dem Joghurt im Kühlschrank, bei dem wir genau wissen, in zwei Wochen ist es zu Ende und ich habe noch 14 Tage Zeit, bis ich ihn essen muss. Bei unserem Leben wissen wir das nicht! Alles aufzuschieben, den Dienst im Reich Gottes, das Kümmern um den Nächsten, das hat keine Zeit, weil wir nicht wissen, wie viel Zeit uns gegeben ist und weil wir bald sterben. Nicht nur, dass wir unsere Zeit recht nutzen, wenn wir über den Tod nachdenken - nein!, ein anderes ist, dass wir uns dann nicht mehr so viel Unruhe machen um so viele vergebliche Dinge. In Psalm 90 lesen wir das, es ist alles ***nur vergebliche Mühe***. Was quälen wir uns mit all diesen vergeblichen Dingen? Wir müssten uns jetzt mal zurückversetzen in die Zeit vor fünf oder zehn Jahren. An welchen Problemen haben wir damals gehangen, die uns bestimmt haben, die vielleicht unser Leben auch gelähmt haben? Und heute? Ja, da hat sich alles in Luft aufgelöst. So ist das! In Psalm 39 heißt es:

***Ach, wie gar nichts sind alle Menschen, die doch so sicher leben! Sie gehen daher wie ein Schatten und machen sich viel vergebliche Unruhe; sie sammeln und wissen nicht, wer es kriegen wird.***

Du machst dir viel vergebliche Mühe, auch jetzt, gerade in diesem Moment. Du machst dir viel vergebliche Gedanken über dein Leben, was nächste Woche sein wird, im nächsten Jahr, in zwanzig Jahren. Wenn du über deinen Tod wirklich nachdenkst, über dein Sterben, dann lösen sich diese vergeblichen Gedanken. Dazu bist du aufgerufen, zu einem Leben ohne all die vergebliche Unruhe.

Ich habe eben erzählt von meinem Leben, als ich im Examen war und gedacht habe, „wie wird es weitergehen, wenn du durchfällst, wenn du das nicht schaffst, was wird denn dann? Dann bist du gescheitert!" Was habe ich mir für Ängste gemacht! Wie gut, dass ich dieses Psalm-90-Vers-12-Wort hatte, das mir immer wieder gesagt hat: „Da gibt es einen anderen. Denke über das nach, was nach dem Tod kommt, das ist wichtig; und nicht so ein kleines Examen. Wirf all deine Sorgen auf den HERRN Jesus." Da ist meine Unruhe weniger geworden. Dieses Nachdenken über den Tod hat mir wirklich geholfen, sodass ich wirklich Ruhe bekam im Leben und nicht in der Unruhe dieser Welt verharrte.

Und ein anderes macht uns klug, wenn wir über den Tod, über das Sterben nachdenken: dass du auf das Wort Gottes aufmerksam wirst. Wer nicht über den Tod nachdenkt, über das eigene Sterben, ja was braucht der denn Jesus Christus, was braucht der denn das Wort Gottes? Wenn ich mir diese Todesangst richtig reingeknallt und mir gesagt habe, hier ist ja eh alles bald vorbei, dann wird mich das Evangelium ganz anders erreichen. Denn dann weiß ich, welcher Trost da entsteht, dass mir dieser eine Gott sagt: „Ich bin für dich in meinem Sohn in den Tod gegangen, auf dass du leben kannst. Du musst nur noch an mich glauben." Alles in dieser Welt vergeht, nur eins bleibt, das Wort unseres ewigen Gottes. Jesaja 40, 6 und 8:

***Alles Fleisch ist Gras, und alle seine Güte ist wie eine Blume auf dem Felde. Das Gras verdorrt, die Blume verwelkt, aber das Wort unseres Gottes bleibt ewiglich.***

Und ich ergänze: Der, der diesem Wort glaubt, der bleibt ebenfalls in Ewigkeit. Wenn ich vorher nicht darüber nachgedacht habe, dass ich Fleisch bin, dass mein Leben nur wie Gras ist - für einen ganz kleinen Moment auf der Wiese, dann ist es weg -, dann werde ich auch gar keine Zuflucht nehmen wollen zu dem wunderbaren Wort unseres Gottes. Deshalb ruft Gott dir als Erstes zu aus dieser Predigt: Du wirst bald sterben!

**Ein Zweites -** nicht minder hart und brutal: **Deine Mitmenschen werden bald sterben!** Hier steht ja nicht drin, „du Menschenkind stirbst bald", sondern *wir, wir, wir* sterben: ***Lehre uns bedenken, dass wir sterben müssen.*** Erste Person Plural. Nicht nur *ich*, sondern auch all die Menschen, die um uns herum sind. Das ist ein weiterer Aspekt. Wenn ich mir das klar mache, dass meine Frau und meine Tochter, meine Eltern, meine lieben Geschwister in der Gemeinde bald sterben, glauben Sie mir, dann gehe ich barmherziger mit denen um. Dann werde ich den Wert der Tage, die uns geschenkt sind, besser ermessen können, wenn ich weiß: Jeder neue Tag ist keine Selbstverständlichkeit, sondern ein wunderbares Geschenk unseres Gottes. Heute sitzen Menschen hier, die einen lieben Angehörigen im letzten Kirchenjahr oder in den Jahren davor verloren haben. Die wissen genau, wovon ich spreche und was es heißt, dass ein lieber Mensch gegangen ist. Wenn wir uns das immer wieder klar machen, dass unsere Mitmenschen, über die wir uns manchmal ärgern und auf die wir manchmal böse sind, uns nur für kurze Zeit geschenkt sind und dass jede menschliche Bindung hier auf Erden früher oder später sein Ende nimmt, dann werden wir anders damit umgehen. Wir werden andere Schwerpunkte setzen in unserem Leben.

Ich möchte jetzt nicht darüber sprechen, was es heißt, hier auf Erden zusammen zu sein und irgendwann Abschied zu nehmen. Sondern ich möchte auf *den* Punkt zu sprechen kommen, dass Menschen nicht nur einmal sterben (nämlich den biologischen Tod), sondern wenn sie Jesus *nicht* haben, dann noch ein zweites Mal sterben müssen, nämlich den ewigen Tod. Es ist schwer, schlimm und schmerzlich, einen geliebten Menschen hier auf Erden zu verlieren. Aber viel, viel schwerer, schlimmer und unendlich schmerzlicher ist es, einen Menschen *für immer* zu verlieren. Keiner von uns kann etwas dagegen tun, dass wir früher oder später in den Tod müssen, nicht für uns und auch nicht für unsere Mitmenschen. Vor dem *biologischen* Tod kann uns kein Arzt, kein Theologe, niemand retten, aber vor dem *ewigen* Tod, da können wir gerettet werden. Darum geht es in der ganzen Bibel - um Rettung vor dem ewigen Tod.

Sie alle kennen die Geschichte von dem reichen Mann und dem armen Lazarus, Lukas 16. Da geht es darum, dass der arme Mann bettelt und der reiche Mann ihm nichts gibt. Dann sterben der Lazarus und der reiche Mann und sie werden beide emporgehoben, der eine in die Hölle und der andere in Abrahams Schoß. Dieses Gleichnis wird ja leider immer so missbraucht, dass man für soziale Gerechtigkeit sorgt - das ist ja ein Thema unserer Kirche. Da geht es *nicht* um soziale Gerechtigkeit, da geht es um ewigen Tod und um ewige Verdammnis und um ewiges Leben. Denn das ist der Kernpunkt dieses Gleichnisses, dass dann eine Diskussion entsteht zwischen dem reichen Mann und dem Abraham. Der reiche Mann sagt als Erstes: ***Vater Abraham, erbarme dich meiner und sende Lazarus, damit er die Spitze seines Fingers ins Wasser tauche und kühle meine Zunge; denn ich leide Pein in dieser Flamme.*** Er ist nämlich in der Hölle. Das wird ihm verwehrt. Dann geht es richtig los, da sagt dieser reiche Mann: ***So bitte ich dich, Vater, dass du ihn sendest in meines Vaters Haus; denn ich habe noch fünf Brüder, die soll er warnen, damit sie nicht auch kommen an diesen Ort der Qual.*** Das verwehrt Abraham wiederum und dann sagt dieser reiche Mann: ***Nein, Vater Abraham, sondern wenn einer von den Toten zu ihnen ginge*** (wie Lazarus)***, so würden sie Buße tun.*** Dann sagt Abraham: ***Hören sie*** (das Wort Gottes) ***Mose und die Propheten nicht, so werden sie sich auch nicht überzeugen lassen, wenn jemand von den Toten auferstünde.***

Darum geht es im Kern dieser Geschichte und darum geht es im Kern des Evangeliums. Darum ist Gott Mensch geworden. Nicht, dass wir in vier Wochen hier Weihnachten feiern und schöne Familienfeste haben können. Dieser Gott ist Mensch geworden in Jesus Christus, damit alle, die verloren sind und in die ewige Verdammnis müssen, gerettet werden - weil wir es selber nicht können. Das ist auch die einzige Existenzberechtigung dieser Kirche hier, dass wir von hier aus das in diese verlorene Stadt hineinrufen, dass es Rettung gibt, angesichts des ewigen Todes, angesichts der ewigen Verdammnis. Rettung in Jesus Christus. Das müssen wir immer treuer und immer intensiver tun. Deshalb werden wir nächstes Jahr versuchen, in der Evangelisation das noch einmal auf einem besonderen Weg zu tun. Das wird aber längst nicht das Einzige sein, sondern wir werden immer und immer wieder diese Rettungsbotschaft reinrufen müssen, angesichts der Verlorenheit unserer Mitmenschen. Wem das nicht gefällt oder wer meint, wir hätten auch andere Aufgaben, bitte, der möge sich noch einmal intensiv die Bibel durchlesen. Und ich bin es leid - ich sage das ganz deutlich! - mich dafür rechtfertigen zu müssen, dass ich Menschen einlade, nicht in der ewigen Verdammnis zu landen, sondern das ewige Leben zu haben. Meine Aufgabe als Hirte ist es, dem nachzugehen, was verloren ist. Lukas 15, das verlorene Schaf, 99 sind im Pferch und eins ist weg, dann läuft der Hirte dem Verlorenen hinterher. Das ist unsere Aufgabe hier in Sankt Martini, zu helfen, dass Verlorene gerettet werden. Und das ist *deine* Aufgabe, denn *deine* Mitmenschen um *dich* herum, die werden *bald* sterben.

Was willst du einst in der Ewigkeit sagen, wenn du wiedergeboren und gerettet bist. Wir, die wir wiedergeboren sind, die wir in der ersten Auferstehung dabei sind, wir sitzen bei der zweiten Auferstehung mit zu Gericht. Dann werden sie vor uns stehen: mein Nachbar, den ich gut leiden konnte; mein Kind; meine Enkeltochter; mein Arbeitskollege. Und die stehen dann vor dem Allmächtigen. Ich weiß nicht, ob die uns dann erkennen werden, ob die dann zu uns sagen werden, „Warum hast du mir nichts gesagt?“ - Was soll ich denn dann sagen? „Du, das konnte ich leider nicht, also die Gemeinde wollte das nicht“ oder „Ich habe mich nicht getraut, ich fand anderes wichtiger, eine Stunde weniger arbeiten“ oder sonst was, „soziale Gerechtigkeit und all diese Dinge.“ Es ist deine Aufgabe, den verlorenen Menschen das zu sagen, dass es Rettung in Jesus Christus gibt.

Nehmen wir mal an, du hast einen Nachbarn, den du gut leiden kannst, also wo die Nachbarschaft richtig stimmt und wo man nicht im Clinch liegt. Ihr helft euch und kennt euch schon seit 20 Jahren. Du kommst an so einem Novemberabend gegen 22 Uhr nach Hause, fährst bei dir in die Garage und siehst, da steht sein Auto noch vor der Haustür, da brennt noch das Licht und das Radio läuft auch noch. Du siehst aber, da sind schon am Haus die Jalousien runter, und du weißt, wenn der morgen auf die Arbeit fahren will, dann wird das Auto keinen Saft mehr in der Batterie haben. Ja, was wirst du da machen? Da wirst du natürlich rübergehen, an der Tür klingeln und sagen: „Du, Karl-Heinz, hör mal, dein Auto ist noch an, wollte ich dir nur sagen.“ Was sagt der Nachbar? „Mensch, du bist ein toller Kerl!“ - Stell dir mal vor, du würdest sagen, „das ist mir doch egal“, du gehst bei dir rein, legst dich schlafen und siehst am anderen Morgen, wie der Nachbar da rumwerkelt. Da gehst du hin und sagst: „Das habe ich ja gestern Abend schon gesehen, aber ich weiß nicht, irgendwie hatte ich keine Lust, dir Bescheid zu sagen.“ Also, dann kriegt die Nachbarschaft einen Knacks. - Klar, selbstverständlich, wir sind ja anständige Menschen und gehen hin zum Nachbarn und sagen ihm das, damit die Batterie eben nicht leer ist.

Bist du auch ein anständiger Christenmensch, der du gerettet bist und auch mit dazu Sorge tragen willst, dass andere gerettet werden? Für deinen Nachbarn, wenn der dir lieb und am

Herzen liegt, kannst du nichts Wichtigeres tun, als ihn einladen zu Jesus Christus. Ob dein Nachbar, wenn du ihm wegen des Autos Bescheid sagst, dann runtergeht, das Auto aufschließt und das Licht ausmacht oder nicht, das ist nicht mehr dein Problem. Und genauso ist es beim Evangelium. Ob einer zum Glauben kommt und das Hilfsangebot Jesu annimmt, das können wir nicht machen, das muss jeder selber tun. Aber das Angebot im Namen Gottes zu unterbreiten, das ist unsere Pflicht und Schuldigkeit. Da bist du gerufen, das zu tun an deinen Mitmenschen, die du kennst, die nicht wiedergeboren sind und bald sterben werden. Und zwar nicht nur den biologischen Tod, sondern auch den ewigen Tod.

Du wirst bald sterben, deine Mitmenschen werden bald sterben. Aber, liebe Brüder und Schwestern, und damit kommen wir zum **dritten Punkt: Es gibt Hilfe angesichts dieses Sterbens, Jesus Christus!**

Ich weiß nicht, ob Sie diesen Fragebogen aus der Frankfurter Zeitung kennen, den alle möglichen berühmten Männer und Frauen vorgelegt bekommen. Es sind so drei Dutzend Fragen. Es ist sehr interessant, sie zu lesen und es gibt mittlerweile auch mehrere Bücher, wo diese Antworten zusammengestellt sind. Da werden intelligente Leute gefragt nach ihren Lieblingskomponisten, nach ihren Lieblingsgestalten in der Geschichte, nach den vermeintlich wichtigsten Personen der gegenwärtigen Zeitgeschichte, nach Lieblingskuchen und und und. Ganz viele interessante tolle Antworten. Ich habe mich für vieles interessiert und habe da viel gelernt, so über Allgemeinbildung, als ich das gelesen habe. Und ich habe manches Buch gelesen, auf Anregung dieser Fragebögen hin. Aber bei einer Frage, ganz zum Ende des Fragebogens, da habe ich mich immer wieder gewundert, was schlaue Leute für einen Riesenblödsinn sagen. Da lautet nämlich eine Frage „Wie möchten Sie sterben?" Während die vorherigen Fragen und auch die Antworten sehr breit gefächert waren, kam hier unisono fast immer nur eines, so nach dem Motto: „schnell, schmerzlos und aus dem vollen Leben heraus." Als ob es darauf ankäme!

Das ist schön und gut, kein Thema, ich wünsche niemandem ein langes Leiden. Aber es gibt etwas viel Wichtigeres! Wenn die mir den Fragebogen geben würden, (ich könnte nicht so tolle Antworten sagen und es wird sich vielleicht keiner dafür interessieren), hätte ich an dem Punkt „Wie wollen Sie sterben?“ schon was zu sagen. Da würde ich sagen: „Ich möchte sterben an der Hand meines Heilandes Jesus Christus und im festen, unerschütterlichen Glauben an IHN.“ Da ist mir alles andere egal! Das allein ist wichtig, weil, wenn ich das tue, gehe ich zwar in den Tod und muss vielleicht ein bisschen leiden, aber ich kriege ewiges Leben! Dieser HERR und Heiland hat mir und auch dir zugerufen in Johannes 11,25 und 26:

> ***Ich bin die Auferstehung und das Leben, wer an mich glaubt, der wird leben, auch wenn er stirbt. Und wer da lebt und glaubt an mich, der wird nimmermehr sterben.***

Es gibt Rettung! Und zwar nur eine Rettung: in Jesus Christus! Du darfst angesichts deines baldigen Todes eines wissen: Du brauchst dich vor nichts zu fürchten, wenn du Jesus Christus als deinen HERRN hast und wenn du an IHN glaubst. Wenn du allerdings nicht an IHN glaubst, dann darf ich dich heute, hier und jetzt zum lebendigen Glauben an diesen Gott anrufen. Dann bitte ich dich, komm direkt im Anschluss an den Gottesdienst zu mir, sprich mich an. Und wenn du mit mir ein Problem hast, dann geh zu unserem anderen Pastor Bernd Bierbaum, geh zu den Brüdern aus dem Vorstand, sprich einen gestandenen Christen an, auf dass du zum lebendigen Glauben kommst. *Gott* ruft dich heute hier in diesem Gottesdienst! Es sind zwar meine Worte, aber *Gott* ruft dich. Du stehst einst vor IHM und erzähle IHM dann nicht „Ich habe es ja nicht gewusst, ja, wenn ich das gewusst hätte...“ Der 21.11.2010 war *ein* Versuch dieses Gottes, dich zu IHM zu ziehen, denn ER hat dich lieb und will nicht, dass du verloren gehst. Er ist in Jesus Christus für DICH gestorben und ER will die Ewigkeit mit dir verbringen. Du musst nur dieses Hilfsangebot von Gott annehmen. Du darfst angesichts deines Sterbens Zuflucht nehmen bei Gott, bei unserem HERRN Jesus. So beginnt ja dieser Psalm 90: ***HERR, du bist unsere Zuflucht für und für.*** Egal, was in dieser Welt kommt, und erst recht im Sterben. Wir, die wir Jesus haben, wir haben eine Zuflucht, bei der uns nichts passieren kann!

Ich möchte diese Predigt schließen mit einer Geschichte, die für mich eine unglaubliche Predigt war, die mich bis zum heutigen Tag bewegt. In der alten Gemeinde im Siegerland wurde ich von der Familie Dudek gerufen zum Sterbebett der alten Oma. Die war schon über 90 und immer klar mit unserem HERRN Jesus gegangen. Nun war sie komatös, nicht mehr ansprechbar und die Ärzte hatten festgestellt, das wird keine 24 Stunden mehr dauern. Sie hatte mehrere Wochen kein Wort mehr gesagt. Alle ihre Kinder, die Enkelkinder waren in dem Krankenzimmer versammelt. Ich bin dann hineingekommen und habe erstmal mit den Angehörigen gesprochen, weil die Frau ja nicht ansprechbar war. Sie machte nur ihre Schnappatmung. Nach etwa 10 Minuten, nachdem wir so Allgemeines besprochen hatten, wollte ich noch einmal eine Andacht halten und für und mit der Frau beten. Dann habe ich diese kleine Andacht im Namen des Vaters und des Sohnes und des Heiligen Geistes begonnen und den Psalm 90 gelesen. Während ich anfing zu lesen, ***HERR, du bist unsere Zuflucht für und für...***, ist dann diese komatöse Frau, ohne dass sie die Augen aufgemacht hat, noch einmal zu sich gekommen und hat mit leiser, aber fester Stimme den ganzen Psalm auswendig aufgesagt, bis zu dem Vers 12. Sie hat das mit geschlossenen Augen mir, ihren Kindern und den Enkeln zugerufen: ***Lehre uns bedenken, dass wir sterben müssen, auf dass wir klug werden.*** Da war eine - ich sag das mal - Heiligkeit und eine Fülle in diesem Krankenzimmer, ich kann das kaum beschreiben. Das war so stark, wie ich niemals hätte diesen Psalm lesen können!

So hatte diese sterbende Frau ein Zeugnis gegeben. Als wir danach das Vaterunser gebetet haben, hat sie kein Wort mitgebetet, obwohl sie das natürlich auch auswendig konnte. Sie ist einige Stunden später gestorben. Aber für uns stand das noch einmal im Raum, dieses Wort, dass wir darüber nachzudenken haben, ***dass wir sterben müssen, auf dass wir klug werden***. Man merkte bei dieser Frau, die das so zusprach, dass sie jetzt Abschied nahm, Abschied nahm an der Hand *des* Heilandes und HERRN, an den sie geglaubt hat und der ihre Zuflucht war. Und da war ein solcher Trost bei den Menschen, die da waren, das war unbeschreiblich, das war eine Feier - anders kann man das nicht sagen -, einfach zu wissen, da geht jemand aus dieser Welt in die wunderbare Herrlichkeit zu unserem HERRN Jesus Christus. Da war keine Angst mehr vor dem Sterben, sondern da war nur Freude darüber, weil eben diese Frau schon zu Lebzeiten über ihr Sterben nachgedacht und sich mit ihrem Leben und Sterben festgemacht hatte bei unserem HERRN und Heiland.

Das wünsche ich dir für dein Sterben, dass du genauso eines Tages von dieser Welt gehen kannst, in der festen Gewissheit, dass dich der HERR Jesus fest an Seiner Hand hält und dass dir nichts, aber auch gar nichts passieren kann, sondern dass du das Beste noch geschenkt bekommst bei IHM im himmlischen Jerusalem. ***HERR, lehre uns bedenken, dass wir sterben müssen, auf dass wir klug werden.*** Amen.

Und der Friede unseres allmächtigen Gottes, der sehr viel höher ist als alle unsere menschliche Vernunft, er bewahre unsere Herzen und Sinne in Christus Jesus, unserem auferstandenen und lebendigen HERRN. Amen.

## Wie ist Gott?

*Olaf Latzel*

Wie ist Gott? - Eine Frage, die immer aktuell war und bleibt. Eine Frage, die mit ihrer Beantwortung über das Wohl und das Wehe einer jeden Gesellschaft entscheidet. Eine Frage, die für die persönliche Lebensführung zentral ist. Eine Frage, deren Antwort Klarheit über das ewige Leben schafft. Eine Frage, die letztlich nichts anderes ist als das Herz der Theologie. Eine Frage, der viele Menschen heute nichts mehr entgegnen können, und in diesem Buch anhand der Bibel beantwortet wird.

96 Seiten, Hardcover
**548431** **€ 9,95**